긍정조직혁명의 파워

다이아나 휘트니 & 아만다 트로스텐-블룸 저
이영석 이지영 김명언 역

ORP PRESS

| 추천사 |

"「긍정조직혁명의 파워」는 매력적이고 다양한 방법론들에 대한 실용적이고 실제적인 지침서이다. 에이아이 프로세스에는 개인, 팀, 조직 그리고 지역 공동체까지도 참여할 수 있고, 이 과정에서 임파워먼트될 수 있으며, 그 결과 전례없는 긍정변화가 일어난다. 에이아이의 잠재력을 탐구하고자 하는 사람이라면 누구나 이 책을 훌륭한 자원이자 지속적인 참고서로 삼게 될 것이다."

― Darlene Van Tiem, International Society for Performance Improvement 대표

"「긍정조직혁명의 파워」는 내가 고객들을 대하는 방식을 변화시켰다. 이 책을 숙독한 것은 내가 했던 최고의 투자였다! 이 책은 에이아이의 이론적 배경을 명확하게 설명하는 동시에 조직변화와 개발에 에이아이를 활용하는 방법에 대한 실용적 지침을 제시한다."

― Carlos Aguilera Muga, 칠레 Gestar Blanchard International Group, 창설자·대표이사

"「긍정조직혁명의 파워」는 '우리가 어떻게 더 긍정적인 세상을 만들 것인가?' 라는 본질적인 질문에 답을 찾도록 하는 사려 깊고, 완벽하며, 실용적인 지침서이다."

― Marilee Adams 박사, Change your Questions, Change Your Life 저자

"「긍정조직혁명의 파워」는 그 어떤 책보다도 우리의 개인적 삶과 직업적 삶을 더 긍정적으로 변화시킬 수 있도록 영감을 준다. 이 책은 우리가 과거에 발휘한 최고의 역량을 바탕으로 미래를 꿈꾸고 실현하도록 지원하는 완벽한 자원이었다. 이제 우리는 남미와 미국 전체에서 우리의 고객들과 일할 때 에이아이를 활용하고 있다."

— Jeff Jackson & Maurice Monette, 멕시코 The Vallarta Institute 코디네이터

"「긍정조직혁명의 파워」는 내가 접한 에이아이 관련 저서 중에서 최고이자 가장 포괄적인 책이다. 이 책은 에이아이를 연구하는 사람들, 참고 자료를 원하는 사람들 또는 그 주제에 정통해지고 싶어하는 사람들에게 너무나 유용한 '안내서'이며, 에이아이에 관심이 있는 사람이라면 누구나 반드시 읽어야 하는 필독서이다."

— Tenny Poole, Experian Americas HR 부사장

"우리는 다이아나 휘트니와 아만다 토르스텐-블룸에게 감사하고 싶다. 그들의 책, 「긍정조직혁명의 파워」는 다이아나가 일본에서 개최한 수차례의 에이아이 워크숍과 더불어 일본에서 조직 개발이 실천되고 있는 방식을 대단히 크게 변화시켰다. 에이아이에 대해 알게 된 조직의 구성원들은 이제 엄청난 에너지를 가지고 행복하게, 그리고 생산적으로 성장하고 있다."

— Kunio Takama, 일본 Human Value Inc. 대표

"이 책은 에이아이의 이론 및 응용에 대한 독창적 지침서이다. 컨설턴트, 코치, 퍼실리테이터 그리고 변화 리더들은 모두 새롭고 긍정적인 가능성들을 향해 나아가는 인적 조직을 지향한다. 이 영향력 있는 책은 이러한 가능성들에 접근하고, 이를 활용하는데 필요한 핵심적 원칙과 기준들을 명확하게 천명하고 있다."

– Doug Silsbee, Presence-Based Coaching 저자

'더 나은 세상이 가능하다.'라는 명제를 실현하기 위해서, 우리는 새로운 형태의 사회적 상호 작용을 구축해야만 하며, 이는 개인, 팀, 조직, 사회적 변화를 요구한다. 에이아이는 이런 변화 노력에 활용할 수 있는 매우 유용한 도구이다. 그러나 이러한 사실을 인식하는 차원에 머무르지 않고 실천을 하기 위해서는 그 철학과 기준을 설명하는 지침서가 필요하다. 「긍정조직혁명의 파워」는 바로 그런 역할을 한다. 이 책은 우리의 사회적 발달 과정에서 성취한 발전을 지속하고 심화시키기 위해 사람들을 한 데 모으도록 우리에게 영감을 주었다. 다이아나와 아만다, 당신들의 가르침에 대해 감사드린다."

– Patricia Arenas Bautista 박사, 쿠바 Community of Learning on Human Change 코디네이터

"에이아이는 북미 지역 브리티시 에어웨이 고객 서비스 부문의 긍정변화를 가능하게 한 촉매제였다. 에이아이를 활용함으로써 우리 조직 전체가 상상할 수 없었던 방식으로 변화되었다. 이제 우리 회사의 매니저들은 에이아이를 그들의 현안을 해결하는데 일상적으로 활용하고 있다. 이 책은 그들에게 훌륭한 도구가 될 것이다."

- Dave Erich, British Airways 부사장

| 목차 |

머리말 ··· 12
저자 서문 ··· 20
감사의 글 ··· 23

| 1장 | 에이아이란 무엇인가? ··· 27
| 2장 | 에이아이에 대한 접근법들 ································· 53
| 3장 | 에이아이의 여덟 가지 원칙들 ····························· 83
| 4장 | 에이아이 적용 사례: 탄생에서 현재까지 ············ 117
| 5장 | 에이아이 프로젝트의 시작 ································· 141
| 6장 | 긍정 주제의 선택 ·· 171
| 7장 | 발굴하기: 긍정 인터뷰와 강점 발견 ··················· 189
| 8장 | 꿈꾸기: 미래에 대한 비전 구상 ··························· 229
| 9장 | 디자인하기: 가치와 이상에 형태 부여하기 ········ 253
| 10장 | 실현하기: 자발적 행동 및 유연한 실행 ············ 277
| 11장 | 에이아이: 이상적 공동체를 구축하기 위한 프로세스 ········ 305
| 12장 | 에이아이가 효과를 발휘하는 이유 ···················· 329

주석 ··· 352
저자 소개 ··· 360
역자 소개 ··· 362

| 표 그림 보기 |

| 표 1 | 결함기반 변화에서 긍정변화로의 전환 ················· 46
| 표 2 | 에이아이에 적절한 변화 주제 ························· 56
| 표 3 | 참여의 형태 ······································· 64
| 표 4 | 탐구 전략 ··· 82
| 표 5 | 에이아이의 여덟 가지 원칙 ························· 86
| 표 6 | 단계별 시작하기 ··································· 148
| 표 7 | 인터뷰 진행의 네 가지 접근법들 ····················· 157
| 표 8 | 변화 주제와 긍정 주제 조율 ························ 174
| 표 9 | 긍정 주제 선정을 위한 단계별 활동 ·················· 181
| 표 10 | 발굴하기의 단계별 활동 ···························· 192
| 표 11 | 꿈꾸기의 단계별 활동 ······························ 240
| 표 12 | 변화 주제와 디자인 연결 ·························· 258
| 표 13 | 디자인하기의 단계별 활동 ·························· 263
| 표 14 | 실현하기의 단계별 활동 ···························· 280

| 그림 1 | 에이아이의 4-D 사이클 ···························· 34
| 그림 2 | 에이아이 적용 시 고려해야 할 질문들 ················ 54
| 그림 3 | 에이아이에 대한 접근법들: 변화 주제 ················ 55
| 그림 4 | 에이아이에 대한 접근법들: 참여의 형태 ·············· 62

| 그림 5 | 에이아이에 대한 접근법들: 탐구 전략 ·································· 80
| 그림 6 | 에이아이 코칭에 대한 제언들 ··151
| 그림 7 | 주제선정 ···172
| 그림 8 | 미니 인터뷰의 핵심적 질문들 ···182
| 그림 9 | 발굴하기 ···190
| 그림 10 | 긍정 인터뷰 질문 예시 ··194
| 그림 11 | 서사적 분석 예시: 의료 산업에서의 탁월성 ·····················215
| 그림 12 | 꿈꾸기 ··230
| 그림 13 | 디자인하기 ··254
| 그림 14 | 설계 워크시트 예시 ··270
| 그림 15 | 도발적 제안의 예시 ··272
| 그림 16 | 실현하기 ···278

| 보기 1 | 조직의 리더들에게 에이아이를 소개하기 위한 미팅 주제 ············165
| 보기 2 | 타운 미팅을 위한 안건 ···168
| 보기 3 | 헌터 더글러스에 맞게 변형된 에이아이의 네 가지 핵심 질문들 ········169
| 보기 4-5 | 핵심적 긍정 요소의 맵 ··217
| 보기 6 | 기회 맵의 예 ···245
| 보기 7 | IHS 프로젝트 설계 양식 ··284

| 머리말 |

 2003년에 「긍정조직혁명의 파워」 초판본이 출간된 이래로, 많은 사람들이 에이아이AI라고 부르는 Appreciative Inquiry의 이론 및 사례에 엄청난 폭발적 관심을 가져왔으며, 에이아이를 조직혁신이나 사업에 적용하고 있다. 맥킨지와 PWC 같은 주요 컨설팅 회사들의 상당수가 에이아이의 개념을 외부적으로는 자신들의 고객 참여를 유도하기 위해 그리고 내부적으로는 리더십 및 조직 개발을 위해 도입했다.

 2004년 당시 유엔 사무총장이었던 코피 아난Kofi Annan은 에이아이 서밋 기법을 활용한 월드 서밋을 구상하고, 약 500명의 CEO들을 한데 불러 모았다. 월드 서밋의 목적은 "보편적인 가치 추구를 통해 시장이 가진 강점을 통합하는 것"이었으며, 이는 경제적 역량 강화에 불을 붙이고, 극단적인 빈곤을 근절하며, 보다 친환경적인 제품 개발과 서비스, 지속 가능한 경영 등의 친환경 혁신eco-innovation을 촉진시키기 위해 사업상의 최고 역량을 발휘할 것을 촉구하는데 있었다. 휴렛-패커드, BP, 노키아, 필립스, 그린 마운틴 커피 로스터스 그리고 그 밖의 기업들 중 상당수에게는 에이아이가 생소한 개념이 아니었다. 왜냐하면 기업들이 이미 에이아이의 강점 기반, 긍정변화 등의 철학을 자신들의 많은 조직 개발 및 변화 관리 기준에 이미 불어 넣고 있었기 때문이었다.

 개정 및 확장판인 「긍정조직혁명의 파워」가 입증하고 있는 것처럼 이런 결과들은 이례적인 것이 아니다. 또 이들은 용두사미이거나, 단명하거나, 매달 하나씩 선보이는 이 달의 프로그램change-program-of-the-month 식의 경험도 아니다. 아마도 이 책의 제 2판이 가지는 가장 큰 추가적 자산은 십여 년에 걸쳐 수집된 에이아이의 영향력에 대한 증거들일 것이다. 특히 에이아이의 장기적 영향에 대한 증거를 찾는 사람들에게는 그 의미가 더욱 클 것이다. 조직개발에 대한 그 많은 책들 중에서 여러분들은 빠른 성과 뿐만 아니라 장기적으로 지속되는 개선이나 결과물을 가져다 주는 에이아이와 같은 조직의 DNA의 일부가 되는 방법들을 알려주는 책을 몇 권이나 알고 있는가?

여러분들이 나와 같다면, "시간이 지나도 변화가 사라지거나 잊혀지는 것이 아니라, 지속되고 유지되며 심지어 향상되기까지 하는 방법을 정확하게 입증하는 성공적인 기업 변화에 대한, 그저 이론적이거나 꿈에 불과한 것이 아닌 실사례들을 알려주는 이 책을 좋아하게 되리라고 생각한다.

만약 여러분이 이 책의 상세한 내용들을 읽을 여유가 없다면, 여기서 제시된 사례들 만큼은 반드시 읽기를 바란다. 이 책에는 북미 지역의 선도적인 맞춤식 윈도우 커버링 제조업체이자 판매회사이며, 전 세계의 수백 만 가정과 상업용 건물들에서 제품을 볼 수 있는 「헌터 더글러스」의 인상적인 일화가 실려 있다. 헌터 더글러스의 일화는 단지 에이아이 뿐만 아니라 장기적이고 지속적인 조직 개발에 관한 세계적인 사례이기도 한데, 저자들은 이 이야기를 1996년 초창기에서부터 서술하기 시작해, 그 후 거의 15년 간 진행 과정을 분석해 왔고, 이 책의 출판 마감 시한 바로 전까지도 그 결과물들을 추적해 왔다.

다이아나 휘트니와 아만다 트로스텐-블룸이 내게 자신들의 역작인 이 책의 머리말을 써달라고 부탁했을 때, 나는 즉시 그러겠다고 대답했다. 나는 수 년 동안 버라이존, 종교 연합 기구, 헌터 더글러스 등 여러 프로젝트들을 다이아나, 그리고 아만다와 함께 했었고, 이론을 실천에 옮기는 그들의 초인적인 능력에 대해서는 몇 번이고 거듭해서 탄복해왔다. 나는 선$_{goodness}$을 추구하는 인간 본성에 대한 믿음을 중심으로 그들의 생활과 일이 구성되어 있다는 것을 잘 알고 있었으며, 에이아이가 개인들, 조직들 그리고 세상에 제시하고자 하는 것들을 그들이 탁월하게 전달했으리라 확신했다.

이 책은 정말 특별한 영혼과 깊은 신념으로 쓰여 있다. 그리고 우아하면서도 즐겁고, 수없이 많은 사람과 조직에 긍정적이고 활기를 주게 될 운명을 타고난 책이다. 내가 확신컨대 다이아나와 아만다는 이 책을 쓰면서 틀림없이 두 눈이 반짝거렸을 것이다. 여러분이 믿든 안 믿든 이 책은 여러분을 행복하게 만들어 줄 조직 변화에 관한 책이다.

여러분은 이전에 시종일관 얼굴에 미소를 띤 채로 조직 변화에 관한 기업의 역사를 읽은 적이 있는가? 아마 없을 것이다. 분명히 이 책은 변화의 이론을 긍정적으로 다루고 있기 때문에 구태의연한 책이 아니다. 여러분이 헌터 더글러스의 감동적인 사례들에 의해 고무되고, 제 12장 "에이아이가 놀라운 영향력을 발휘하는 이유"에 도달할 때쯤이면, 여러분은 우리가 전통적인 변화 관련 서적에서 적용했던 아이디어들의 대부분이 사실상 시대에 뒤졌으며, 더 이상 필요하지 않다는 것을 깨닫게 될 것이다. 이 책은 기존의 책과는 전적으로 다르며 매우 신선하다. 예를 들어 여러분은 이 책의 그 어디에서도 "저항resistance"이나 "갭Gap 분석" 또는 "불타는 플랫폼burning platforms (급박한 조직 변화가 불가피한 상황을 말함. 역자 주)"같은 일반적인 변화 관리 용어들을 발견하지 못할 것이다. 대신에 이 책은 긍정성positivity이 변화를 일으키는 힘, 그리고 강점이 강점을 만나거나 한 사람의 희망이 다른 사람의 희망과 연결될 때 일어나는 변화들을 탐구한다. 그리고 이 책이 일차적으로는 경영 관련 서적이긴 하지만, 빠르게 성장하는 긍정 심리학 분야의 주목할 만한 새로운 발견들과 사회 구성주의적 사고social constructive thinking를 이해하기 쉽게 통합하고 있어, 이 책을 읽는 내내 여러분은 분명히 미소 짓게 될 것이다. 이것이 바로 내 동료들의 눈이 반짝거렸을 거라고 상상하는 이유이다. 다이아나와 아만다는 그들이 보석과도 같은 이 책을 썼을 때, 그들 스스로 행복에 빠졌을 것이다.

이 책에 소개된 생생한 기업 사례들이 보여주는 바와 같이 이 책의 명제는 다음과 같다.

- 에이아이는 조직을 자유롭고 활기 넘치는 곳으로 변화시키고, 그 조직의 사람들은 열의에 차 있고 긍정적인 힘으로 채워져 있으며, 조직 전체가 지속적으로 창의성을 발현하기 때문에 사람들의 경탄과 놀라움, 혁신은 결코 중단되지 않는다.
- 이 책은 전 조직의 긍정변화를 위해 조직 전체의 역량을 향상시키며, 강점 관리 및 긍정 심리학에 대한 현재의 관심을 개인적 차원을 넘어 전체 시스템에 적용하는 것이다.
- 그리고 앞서 언급한 바처럼, 이 책은 윈도우 커버링 업계의 주요 제조사이자 세계 시장의 리더가 된 헌터 더글라스의 사례를 통해 에이아이가 어떻게 수십 년 동안 반향을 불러일으킬 수 있는지를 실질적으로 보여준다.

피터 드러커Peter Drucker 박사가 세상을 떠나기 얼마 전, 나는 그를 만나 '나의 피터 드러커 모멘트'라고 부르는 소중한 시간을 가졌다. 그는 에이아이에 관해 들으면서 지대한 관심을 가졌고, 나는 그에게 한 가지 질문을 했다. "피터, 당신은 역사상 그 누구보다도 많은 경영 철학과 변화의 리더십에 대해 쓰셨는데요, 누구나 알고 있어야 할 교훈 한 가지를 말씀해 주실 수 있는지요?" "물론이죠."라고 답하며 다음과 같이 그가 말했다. "그건 본질적으로 영원한 교훈입니다. 리더의 임무는 조직의 강점들을 정렬함으로써 조직의 약점이 드러나지 않게 하는 것이라는 교훈이지요." 나는 그의 말을 즉시 받아 적었다. 그리고 나는 그 말에 대해 거듭해서 생각했다. 드러커 박사의 요지는 변화를 이끄는 것이 약점이 아닌 강점이고, 강점은 조직이 가능하는 것 이상의 효과, 즉 변혁transform을 가져 온다는 것이었다. 하지만 그는 이것이 어떻게 이뤄지는 지에 대해서는 정확히 얘기하지 않았으며, 조직 변화에 대해서 결함 기반의 접근법 대신 긍정 기반의 접근법을 제시하지도 않았다. 다행히도 이 책은 그 두 가지 접근법이 모두 있다. 이 책은 매우 실용적이며, 실질적으로 모든 경영자들이나 변화 선도자들이 반드시 읽어야 할 책이다. 이 책은 거의 모든 페이지에 걸쳐 강점에 기반한 도구와 방법들이 실려 있다.

또한 이 책은 개념적인 측면에서도 매력적이다. 이 책에는 긍정 변화 단계와 용어들, 확장적인 전망에 대한 수십 개의 가설들이 실려 있다. 나는 여러분들이 이 책에서 지난 20여년 동안 발표되었던 "대화"의 중요성, "전체성wholeness"이 인간에게 내재된 최상의 역량을 이끌어낼 수 있는 이유가 무엇인가?", "지속 가능한 변화의 기반이 되는 이야기 나누기", "해방으로의 여정 – 억제로부터 긍정의 힘" 같은 주제들을 탐구하는 박사 학위 논문의 궤적을 발견할 것이라 확신한다.

다이아나와 아만다가 기술하고 있는 변화 이론에 필적하는 이론이 과학 영역에도 존재하는데, 그것은 바로 "핵융합 에너지fusion energy"의 개념이다. 핵융합은 태양과 별이 가지는 힘의 원천이다. 이는 두 개의 양전하 원소들이 하나로 결합될 때 일어난다. 이 책 전체를 통해 저자들은 우리가 조직에 활기를 불어 넣기 위해 여러 가지를 융합할 때 조직 안에서 방출되는 강력하고 긍정적인 에너지를 묘사하고 있다. 기쁨이 기쁨을 만나고, 강점이 강점을 만나며, 건강이 건강을 만나고, 영감은 또 다른 영감과 결합되는 순간에 무슨 일이 일어나는지, 그리고 결합이 보다 빨리, 빈번하게 일어나도록 하는 방법은 무엇인지 대한 내용이 이 책의 상당 부분을 차지하고 있다. 다이아나와 아만다에 따르면, 에이아이는 정말로 스릴 있고, "힘을 발현하고 그 힘이 세상에 미치는 효과를 한 번 경험하고 나면 사람들은 영원히 변화된다."는 놀라운 가능성을 보여준다고 말하고 있다.

내가 이 책에서 가장 좋아하는 한 이야기는 이 융합 에너지를 완벽하게 묘사하고 있다는 점이다. 그 이야기는 가능성들을 탐구하는 에이아이를 통해 영감을 받은 한 기계 운전공에 관한 것이다. 긍정 인터뷰를 하는 동안에, 그는 다른 작업반에서 하고 있는 긍정 사례를 발견하였다. 그 작업반에서는 날염 작업을 2배로 하기 위해 직물 프레스를 사용해 오고 있었다. 그는 자기가 속한 작업반의 날염기도 다른 작업반과 똑같은 작업을 할 수 있는지 궁금해 하기 시작했다. 사람들은 처음에는 그 아이디어를 비웃었다. "바보 같으니라고. 불가능해. 우리도 전에 시도해봤지만, 실패했어." 그러나 그 기계 운전공은 탐구에 열정을 쏟기 시작했다. 그는 자신의 세계를 정적인 것이 아닌, 무수히 많은 배열을 할 수 있는 역동적 에너지로 보기 시작했다. 그는 지적으로 충만감을 느꼈고, 발명가다운 끈질김을 갖게 되었고, 처음에는 그저 희미한 가능성의 느낌이었던 것에 실체를 부여함으로써 온 마음을 쏟았다. 그는 토요일에 시간 외 근무를 신청했고, 하루가 채 지나기도 전에 $110,000 짜리 기계 한 대를 두 배의 가치가 있는 기계로 바꾸어 놓았다. 이제 그 기계는 두 배의 작업을 할 수 있게 되었다. 그의 마음은 기쁨, 창의적 행동이 주는 스릴, 그리고 현실을 바꾸는 경험으로 가득 찼다. 그 조직의 리더들 역시 똑같은 스릴을 느꼈다. 그가 해 낸 하나의 발견이 두 개의 새 프레스를 구매하는데 들 뻔 했던 $220,000에 대한 비용을 회사 측에 절감하게 해 준 것이다.

광범위하고 빠르게 늘어나는 에이아이에 관한 문헌들 속에서 최우선적인 관심을 받을 만한 주제는 무엇일까? 내 생각에 그것은 인간의 자유와 조직 생활에서의 긍정적 힘의 발휘에 관한 것이다. 그리고 다이아나와 아만다가 제 12장 "에이아이가 놀라운 영향력을 발휘하는 이유"에서 흥미진진한 새로운 지평을 열면서, 자신들의 최상의 스킬을 발휘한 것도 바로 이 주제이다. 파울로 프레이리의 억눌린 사람들에 대한 교수법을 따르면서, 저자들은 우리 모두를 한 차원 높은 긍정변화의 개념으로 이끈다. 과도한 낙천주의를 의미하는 것은 아니다. 다이아나와 아만다는 조직 내에서 매우 빈번하게 회피되거나 간과되어온 조직화organizing라는 현안에 관해 직접적으로 숙고한다. 그리고 그들은 긍정변화의 힘에 관한 재고를 촉구한다. 나는 그들이 제기한 질문들을 정말로 좋아하는데, 예를 들어 다음과 같은 것들이 있다.

> 자연스럽고 편안하게 긍정의 힘을 발휘하는 사람의 가치는 무엇인가? 그 사람이 개인적으로 세상을 바꿀 긍정의 힘이 있다는 것을 누가 아는가? 누가 전체의 이익을 위해 그 힘을 사용하려고 하는가? 누가 자기 주변의 사람들에게 긍정의 힘을 행사하도록 권하고 가르치는가? 에이아이의 어떤 측면이 사람들에게

이와 같은 긍정의 힘을 발휘하도록 하는가?

저자들에 따르면 힘의 발현을 위해서는 "여섯 가지 자유Six Freedom"라고 불리는 여섯 가지의 조건들이 있으며, 그것들은 다음과 같다. 관계 속에서 알려질 자유Freedom to be known in relationship, 경청될 자유Freedom to be heard, 공동체 안에서 꿈 꿀 자유Freedom to dream in community, 기여 여부를 선택할 자유Freedom to choose to contribute, 지지를 받으며 행동할 자유Freedom to act with support, 긍정적이 될 자유Freedom to be positive. 각각에 대해 활발하게 논의한 후에, 저자들은 결론을 내린다. "긍정조직혁명은 단 한 번의 완전한 4-D 사이클 과정에 걸쳐, 여섯 가지 자유 모두가 발휘되는 방식으로 이루어진다."

내가 이 표현에 대해 가장 좋아하는 것은 인적 조직 변화에 관해서 그렇게 자주 언급되지 않는 것들에 대한 관심이다. 예를 들자면, 저자들은 이렇게 쓰고 있다. "놀랍게도 조직 내에서 경청되는 경험에 관해서는 기술된 것이 거의 없다." 그리곤 그들은 에이아이가 단지 모든 사람이 충분한 발언권을 가진 조직이 아니라, 의미 부여의 심오한 수준에 이르기까지 제대로 듣는 것이 규범인 조직을 어떻게 만들 것인가에 대해 기술한다. 이와 비슷하게 그들은 대부분의 경영학 책들이 비전을 가진 리더들의 역할만을 중시하고 있음을 지적한다. 물론 여기에 대해서는 이론의 여지가 없다. 하지만 그들은 이 점에 대해 예의를 갖추고 반문한다. "구성원들의 꿈에 대해서는 어떨까?" 헌터 더글러스 윈도우 패션부문은 이 질문을 사랑했다. 그들의 놀라운 성공 스토리는 여러분이 이와 같은 질문들을 마음속 깊이 되새길 때 어떤 일이 일어나는지를 보여주고 있다. 사람들은 헌터 더글러스를 사랑한다. 나는 그곳에서 다이아나와 아만다와 함께 일했었기 때문에 그 사실을 알고 있다. 그들의 자부심을 확연하게 느낄 수 있었다. 세 번째 교대 조에서 일하는 한 여성의 말을 빌리자면, "나는 나의 가장 간절한 꿈이 실현되는 것을 실제로 보고 있습니다."

나를 가장 매료시킨, 즉 나로 하여금 가장 많이 생각하게 했던 자유는 긍정적일 자유Freedom to be positive이다. 우리는 거의 모든 것이 대중 매체의 홍수 속에 있는 세계, 그리고 심각하고 문제적이며 결핍에 기반한 견해들이 가장 큰 목소리를 내는 세계 속에서 살고 있다. 다이아나와 아만다는 우리가 그 문화에 대한 인식적 논리를 버리고, 우리가 속한 조직의 긍정적 혁명이 수행될 수 있는 중앙 무대를 만들도록 우리를 도와주며, 긍정변화에 관한 풍부한 어휘들을 우리 모두에게 제시해준다.

아마도 이것이 내가 처음에 다이아나와 아만다의 눈이 반짝거렸을 것이라고 쉽게 상상할 수 있었던 이유일 것이다. 그렇다. 그들은 이 글을 쓰는 동안 그들이 행복한 소녀가 될 것을 알고 있었다. 이 책에 담긴 도구들은 여러분을 매혹시킬 것이다. 약간의 시험과 실천을 통해서도 그 도구들은 그리고 특히 그 결과들은 여러분을 놀라게 할 것이다. 또한 여러분이 그것을 채 알기도 전에, 이 실용적인 지침서는 여러분이 이전에 상상했던 것보다도 더 대담하고, 더 중요하며, 더 폭 넓은 변화 관리 임무를 맡게 할 것이다.

여러분이 일단 이 놀라운 책이 제공하는 기회들 속으로 발을 들여놓게 되면 자신의 경험을 이렇게 말하게 될 것이다. "환상적이야. 인생이 바뀌어 가고 있어. 아주 강력하게"

데이비드 L. 쿠퍼라이더, Ph.D
Fairmont Minerals Professor of Social Entrepreneurship
웨더헤드 경영대학원, 케이스 웨스턴 리저브 대학교
클리블랜드, 오하이오
2009년 7월

| 저자 서문 |

여러분의 가치를 실천하십시오.

만약 여러분도 우리처럼 조직이 공동체와 의미의 원천이 될 수 있고, 더 나은 세상을 창조하기 위한 매개체가 될 수 있으며, 인류가 번영하고 성장할 수 있는 무대가 될 수 있다고 믿는다면, 계속 읽어 보십시오. 여러분은 여러분이 속한 조직에서 최고 경영자, 매니저, 컨설턴트, 사회 활동가, 인사 전문가 혹은 비공식적 리더일 것입니다. 여러분은 여러분의 가치를 실현할 도구와 방법을 찾는 새로운 리더들 중 한 명입니다.

이 책은 뛰어난 재무적 성과, 모든 계층에서의 뛰어난 리더십, 구성원들의 탁월한 성과 및 충성심을 얻는 새로운 방법에 관한 실용적 지침서입니다. 그리고 그 방법은 에이아이Appreciative Inquiry, AI라고 불립니다.

제 2판에 오신 걸 환영합니다.

에이아이도 이제 성숙기에 접어 들었습니다. 독자께서 에이아이에 관해 가장 읽기 쉬운 책이라고 얘기해 주신 이 책은 에이아이를 디자인하고 이끌고자 하는 사람들을 위한 실용적 지침서로서 중요한 역할을 수행해 왔습니다. 우리는 이 책의 제 2판을 소개하게 된 것을 진심으로 기쁘게 생각합니다. 에이아이에 관한 새로운 도구들과 정보들이 각각의 장 속에 삽입되었으며, 이 책의 가장 중요한 사례인 헌터 더글러스 윈도우 패션 부문의 사례가 업데이트 되었습니다. 또한 짧지만 유용한 내용을 제 10장에 추가했는데, 이 장의 제목은 "지속 가능성Sustainability : 긍정변화를 오래 지속하는 역량"입니다. 이 장은 사람들이 가장 빈번하게 묻는 "에이아이가 만들어 낸 긍정적 모멘텀을 어떻게 지속할 수 있습니까?"라는 질문에 대한 답을 제시합니다. 마지막으로 우리는 완전히 새로운 제 11장, "에이아이: 공동체 구축을 위한 프로세스"를 추가했는데, 이 장은 세 개의 사례와 함께 10가지 실용적인 팁들을 담고 있습니다.

초판의 핵심적 내용들과 독자 및 서평자들이 공통적으로 공감한 부분은 유지하면서, 우리는 어떻게 에이아이를 실시할 것인가에 대해 배우기 위한 유용한 안내서가 되게끔 이 책을 보강했습니다. 우리는 제1판을 보완해 책을 좀 더 나은 안내서로 만들었다고 믿고 있습니다. 우리는 조직이나 공동체에서 긍정변화를 이루는 데 이 책이 어떻게 사용되었는지에 대한 여러분의 의견을 기대하고 있습니다.

이 책으로부터 도움을 받는 방법

이 책에서 여러분은 에이아이의 원칙과 기준을 배우게 될 것입니다. 또한 여러분이 진심으로 갈망했던 조직을 구축하는데 에이아이를 어떻게 이용할 것인가에 대해서도 배우게 될 것입니다.

이 책은 크게 세 부분으로 나뉠 수 있습니다. 제 1장부터 제 4장까지는 에이아이를 소개하고, 에이아이가 무엇이며, 어떻게 효력을 발휘하는 지에 대해 설명합니다. 제 5장부터 제 10장까지는 어떻게 에이아이를 수행할 것인지에 대해 기술하고 있습니다. 제 11장은 새로운 장으로서 공동체 기획과 구축에 에이아이를 적용하는 방법을 소개하고 있습니다. 마지막으로 제 12장은 왜 에이아이가 효력을 발휘하는지에 관한 이야기를 하고 있습니다.

이 책에는 에이아이의 이론과 사례들이 전 세계에서 시행되었던 에이아이 성공사례들과 함께 소개되어 있습니다. 특히 "적용방법론"에 관한 장에서는 헌터 더글러스 윈도우 패션 부문의 성공적 실천 사례를 중점적으로 다루고 있습니다. 이 사례 연구는 조직의 모든 이해 관계자들을 참여시키며, 조직이 보다 긍정적인 미래를 구축하는 데 에이아이를 활용할 때 조직이 리더십을 전사적으로 구축할 수 있으며, 생산성, 수익성, 혁신, 구성원 충성도에 있어서도 현저한 증가를 달성할 수 있다는 것을 입증해 보이고 있습니다.

이 책을 통해 여러분은 창의성, 혁신 그리고 세상과 모든 생명체에게 더 나은 결과를 줄 수 있는 삶의 중심으로 여러분의 조직을 변화시키기 위해 어떻게 에이아이, 즉 긍정조직혁명을 독특하고 창의적인 방식으로 적용할 것인가에 대해 배우게 될 것입니다.

| 감사의 글 |

이 책은 30년 간의 우정, 직업적 파트너십, 협력적 학습에 대한 소중한 증언입니다. 그 과정에서 우리는 지적인 용기를 지니고, 창의적이며, 인간에 대한 지극한 사랑을 통해 건설적인 활동을 촉진시키고, 영혼의 관대함을 통해 다른 사람들이 걸어갈 문을 열어주는, 많은 사람들을 많이 만났습니다. 그런 사람들 중 하나가 데이비드 쿠퍼라이더입니다. 데이비드와 케이스 웨스턴 리저브 대학의 그의 동료들, 특히 수레쉬 스리바스트바와 로날드 프라이의 독창적인 연구와 사려 깊은 리더십에 마음 속 깊이 감사드립니다. 마찬가지로 타오스 인스티튜트의 창립자들의 혁신적인 기여에 대해 감사드리고, 날로 성장하는 긍정변화 분야에 우리 CPC(코퍼레이션 포 포지티브 체인지) 동료들이 지속적인 기여를 하고 있는 것에 감사드립니다.

본 「긍정조직혁명의 파워」 제 2판은 초판본을 읽고 이를 사랑해 준 전 세계 수천 명의 독자들 덕분에 탄생하게 되었습니다. 폴 챠피, 바바라 차일드, 테니 풀, 아니타 산체즈, 키트 테니스, 프란치스코 고메즈 드 마토스, 밀트 마케비츠, 조이 살몬, 루스 셀리거, 레이 웰스, 쉐렌 졸노, 캐시 카민, 래리 드레슬러, 마크 파인, 빌 고드프리, 밥 헤드릭, 크리스 호프만, 베아 마 홀랜드, 하워드 램버트, 마이크 닐, 밥 뉴, 헬렌 슈가맨 등이 이 책을 읽고, 검토하고, 이전 판에 대해 사려 깊은 소감을 저희에게 보내 주셨습니다. 또한 무엇보다 우리가 더 좋은 책을 만들도록 도와주신 분들께 특히 감사드립니다.

우리는 헌터 더글러스 윈도우 패션 부문에 계신 분들께 새로운 업무 방식의 하나로 에이아이를 채택했던 분들의 용기와 에이아이가 어떻게 그리고 왜 효력을 발휘하는 지 이해할 수 있도록 도와주신 데 대해 깊이 감사드립니다. 우리는 특히 릭 펠렛(대표이사)와 인사부서 책임자인 마이크 번스와 다이아나 사디히에게 감사드립니다.

브리티시 에어웨이, 버라이즌, 뉴트리멘탈 푸드, 종교 연합 운동, 로드웨이 익스프레스, 러브레이스 헬스 시스템즈, 존 디어 하베스터 웍스, HIS 그리고 우리의 새로운 장에 소개된 세 공동체인 보울더 카운티의 노인 복지국Boulder County Senior Bureau, 시스터즈 오브 더 굿 쉐퍼드the Sisters of the Good Shepherd, 콜로라도 롱몬트 시Longmont City를 포함하여 이 책에 에이아이의 사례를 제공하고 생기를 불어 넣어 준 다른 많은 분들과 조직들에게도 감사드립니다. 우리의 친구이자 스승인 하워드 배드 핸드, 우리의 영적 가족, 전 세계의 우리 종교 연합 운동(URI) 공동체에게도 여러분의 기도와 평화에 대한 헌신에 감사의 말씀을 전합니다.

다이아나로부터: 많은 분들이 제 인생에 있었기에 이 책을 쓸 수 있었습니다. 제 아들과 딸 브라이언과 사라 카플린, 그리고 사랑, 지지, 나눔으로 제 인생에 본질적인 의미를 주신 분들, 여러분의 용기, 지혜, 성실성, 유머로 제게 영감을 주신 데 대해 감사드립니다. 내 어머니이신 엘레노어 스트라톤 여사께, 평생 사랑해 주시고, 원고를 읽고 당신의 명확하고 유용한 의견을 주신 데 대해 감사드립니다. 수 년 동안 저에게서 최고의 역량, 생각, 이상주의를 이끌어 내준 동료들과 친구들, 케네스와 마리 거겐, 쥬디스 슈스터, 톰 카니, 짐 그래디, 짐 루데마, 앨런 홀맨, 찰스 깁스, 마지 페리, 데이빗 쿠퍼라이더. 나의 오빠, 루이스 코치오로네, 내가 이 책의 제 2판 작업을 하는 동안 내 집의 "제 2판"을 위해 일해 주셨죠. 당신의 성실함과 가족에 대한 헌신, 그리고 단지 그 존재 자체만으로도 감사드립니다. 특히 당신이 내 집의 리노베이션을 통해 내 인생에 더해 준, 그 멋진 디자인과 뛰어난 아름다움이 너무나 고맙습니다. 그리고 아만다. 그 길고 사랑스러운 여정 동안 친구로서, 영적 자매로서, 동료로서, 작가로서 함께 해준 데 대해 감사드립니다. 당신의 존재

가 나의 존재와 나의 일을 한층 끌어 올려 주었습니다.

아만다로부터: 저는 이 책이 탄생하는 데 도와주신 모든 분들의 후원에 감사드립니다. 제 남편인 배리, 나의 딸, 한나 조이, 당신들의 사랑, 헌신적인 애정, 재미난 놀이, 그리고 두 번씩이나 나 때문에 너무 많은 것을 포기해준 데 대해 감사드립니다. 내 인생에 있어 당신들의 존재가 다른 모든 것들을 가능하게 해주었습니다. 나의 자매, 제시카 루이스 그리고 모든 "올드 레이디들", 여러분들이 거기 있어 주고 항상 나를 믿어 주는 데 대해 감사드립니다. 나의 부모님, 아르테아, 레오나드 그리고 제인, 항상 빛을 찾기에 너무 늦지 않았다는 것을 가르쳐 주셔서 감사합니다. 나의 친구 수잔과 존 마리너, 그리고 나의 오랜 공동체, 여러분의 배후 지원에 대해 감사드립니다. 여러분의 제 일에 대한 호기심과 믿음은 제가 다른 사람들과 그것을 나누도록 영감을 주었습니다. 내가 나의 일을 배우고, 나의 목소리를 찾고, 나의 강점을 알도록 도와주신 모든 분들, 톰 카니, 밥 포산자, 나의 ACI 커뮤니티, 많은 고객들, 동료들, 학생들께 감사드립니다. 무엇보다도 특히, 다이아나, 그 모든 우정, 가족애, 협력, 멘토링의 세월에 대해 당신께 감사드립니다. 당신의 폭 넓은 비전과 나의 삶과 일을 넓혀 준 그 모든 방식들에 대해서 감사드립니다.

함께: 우리는 본 제 2판이 탄생하도록 도와준 네 분의 독자, 신디 버겐, 페기 홀맨, 페르비즈 란데리아, 잭키 스타브로스의 창의성, 헌신, 협력에 사의를 표합니다. 또한 우리의 에디터, 조안나 폰데링과 베렛-쾰러 스태프들에게 그들의 사려 깊은 조언과 직업 정신에 사의를 표합니다. 마지막으로 우리는 베렛-쾰러의 사장인 스티브 피에르산티에게 "긍정적인 인쇄 회사"를 이끌고, 모범적인 협력을 통해 모두를 위해 일하는 세상을 추구하는 데 있어 모든 이해 관계자들, 즉 고객들, 작가들, 주주들 등에게 봉사해 주신 것을 감사드립니다.

우리가 이 책을 여러분께 권해 드리게 된 것은 크나 큰 기쁨이자 부끄러움입니다. 에이아이는 우리들에게 삶의 방식이 되었으며, 우리의 가장 심오한 영적 믿음의 실천적 표현이 되었습니다. 우리는 에이아이를 컨설팅하고 가르치는 것을 통해, 보다 최근에는 「긍정조직혁명의 파워」의 제 2판을 쓰는 작업을 통해 변화되었습니다. 우리는 여러분 자신, 여러분의 동료, 그리고 여러분의 조직으로부터 최상의 역량을 이끌어 내기 위한 유용하고, 영감적이며, 도전적인 소명을 발견하기를 희망합니다.

다이아나 휘트니
채플 힐, 노스 캐롤라이나
2009년 7월

아만다 트로스텐-블룸
골덴, 콜로라도
2009년 6월

에이아이란 무엇인가?

이제 우리는 "무엇에 대해 긍정적이 되란 것입니까? 당신이 말하는 에이아이란 무엇입니까?"라는 고객들의 질문에 더 이상 놀라지 않는다. 이 용어들은 일반적으로 사용되는 용어가 아니며, 오히려 전략, 조직 구조, 사업상의 문제점들과 이윤에 관한 내용을 포괄하는 새로운 경영학 용어이기 때문이다. 그러나 일단 우리의 고객들이 에이아이의 위력과 가능성을 이해하게 되면, 고객들은 "우리도 에이아이를 하고 싶지만, 우리 조직 내에서 이에 대한 흥미를 불러일으키기 위해서는 뭔가 다른 이름으로 불러야만 할 것 같습니다."라고 말한다.

에이아이는 조직이 최고의 상태로 기능할 때 이 조직에 활력을 불러일으키는 것이 무엇인가를 연구하는 것이다. 조직에 속한 개개인과 조직 전체의 변화에 대한 이 접근법은 강점, 성공, 가치, 희망, 꿈에 대한 질문과 대화 자체만으로도 변화를 유발한다는 가정에 바탕을 두고 있다. 간단히 말해서, 에이아이는 최상의 상태로 사람들을 조직하고 변화시키는 것은 다름 아닌 확신과 긍정에 기초한 탐구의 관계적 과정이라고 말한다. 에이아이는 다음에 제시된 인간의 본질과 인간 조직에 대한 믿음에 근거하고 있다.

- 사람들은 개인적으로나 집단적으로 독특한 재능과 스킬 그리고 삶에 기여할 수 있는 능력을 보유하고 있다.
- 조직은 인간의 사회적인 시스템이자, 무한한 관계적 역량의 자원이며, 언어를 통해 창조되고 생명력을 갖는다.
- 미래에 대해 우리가 가지고 있는 이미지는 사회적으로 창조되고, 일단 명료해지면 개인적인 행동과 공동체적인 행동을 유발한다.
- 사람들은 상호 간의 의사소통 – 긍정질문과 대화 – 을 통하여, 문제의 집착에서 벗어나 가치 있는 이상과 미래를 위한 생산적 가능성을 고양할 수 있다.

언어는 세상을 만들어내며, 에이아이에 사용되는 언어들도 예외는 아니다. 우리의 고객들은 그들의 에이아이 프로젝트를 "열성 요원 프로그램The Zealots Program", "둘의 힘Power of Two", "가치에 영감을 받은 사람들Value Inspired People" 등의 이름으로 불렀고, 헌터 더글러스의 경우에서는 이를 "포커스 2000 Focus 2000"이라고 불렀다. 이들 모두는 에이아이와 함께 기업의 브랜드 또한 지속적으로 높이는데 기여하였다. 사람들이 에이아이의 원리에 대해 더 많이 이해하고 이를 실천에 옮길수록, 그들은 이것이 얼마나 놀라운 긍정혁명을 가져오는지, 그리고 일상적인 비즈니스와 얼마나 다른지를 점차 깨닫게 된다. 에이아이를 제대로 설명하고 이해하기 위해서, 우선 두 가지 용어의 의미를 살펴보자.

가치 발견Appreciation: 인정과 가치 추구

가치 발견은 인정, 가치 부여, 감사 등을 통해 구현된다. "가치발견"이라는 단어는 인정이라는 행위와 가치 증진의 행위 모두를 가리키는 이중적 의미를 가지고 있다. 이러한 정의를 고려했을 때 가치 발견은 다음과 같이 풀어볼 수 있다.

1. 우리를 둘러 싼 사람들과 세상에 내재하는 가장 좋은 점을 인정하는 것
2. 인간 시스템에 생명과 건강, 활기, 탁월함을 제공해 주는 것들을 인지하는 것
3. 과거와 현재의 강점과 성공, 자산, 잠재력을 확신하는 것
4. "투자를 통해 가치가 상승하듯이", 가치가 증진되는 것

실제로 조직, 기업, 공동체들은 가치 발견의 활동을 함으로써 많은 혜택을 얻을 수 있다. 모든 사람들은 인정받는 것에 목말라 하고 있다. 그들은 자신이 가진 강점을 발휘하여 자신이 가치 있다고 느끼는 일을 하고 싶어 한다. 회사의 간부들과 경영자들은 그들의 가치에 입각하여 회사를 이끌어 나간다. 회사는 주주들이나 조직구성원들, 그리고 세상에 자기 조직이 더 가치 있다는 점을 인식시키기 위해 노

력한다. 에이아이는 존중, 인정, 가치 증진에 한정된 것이 아니라 탐구 또한 포함하고 있다.

탐구Inquiry: 고찰과 발견

탐구란 고찰과 발견의 행위를 가리킨다. 탐구의 핵심은 배우고자 하는 정신이며, 이는 새로운 가능성과 미지의 상태, 경이로움에 대한 추구와 배우고자 하는 의지, 변화에 대한 개방성을 필요로 한다. 탐구라는 단어는 다음의 세가지를 의미한다.

1. 질문을 하는 것
2. 연구를 하는 것
3. 찾아보고, 고찰하며, 파고들고, 조사하는 것

탐구는 개인과 조직 모두에 있어 학습해 나가는 과정이다. 우리가 이미 확실하게 알고 있는 것에 대해 조사나 탐구, 연구를 하는 일은 드물다. 우리가 연구하는 대상은 우리에게 익숙하지 않은 영역이나 분야일 경우가 많다. 탐구를 잘 하기 위해서는 진지한 호기심과 새로운 가능성을 찾아보려는 노력과 그러한 방향으로 움직이려는 노력, 그리고 새로운 것을 이해하려는 열린 마음이 있어야 한다. 에이아이가 모든 것을 해주지는 않는다. 즉 우리는 "탐구한다고 해서 모든 해답을 얻을 수는 없을 것"이고, "어떤 것이 옳은 답인지를 항상 알게 된다는 보장이나 완벽한 확신을 가질 수도 없을 것"이다.

조직이 지속적으로 성공하기 위해서는 더 많은 탐구 활동을 해나가야 한다. 소수의 몇몇 사람들이 탐구를 명령하거나 총괄하기보다는 많은 조직 구성원들이 에이아이에 참여하여 가능성을 발견해 가는 것이 중요하다. 즉, 계획과 전략을 수립하는데 있어 확실성을 강조하기보다는 세상의 변화를 신속하게 감지하고 이에 순응하는 조직의 능력이 더 절실히 요구된다. 또한 조직에는 자신이 모르는 것을 인정할 수 있고, 진취적이고 다른 사람을 격려하는 질문을 적극적으로 할 수 있는 리더가 필요하다.

에이아이가 성과를 거두기 위해서는 아무 질문이나 사용해서는 안 된다. 에이아이에서 사용하는 질문은 반드시 긍정적이어야 하며 관련 당사자가 가치 있다고 생각하는 주제에 초점을 맞추어야 하며, 그 내용은 조직의 성공에 핵심적인 주제와 고려사항, 현안을 다루어야 한다. 에이아이의 가치발견의 방향이 탐구적일 때, 비로소 에이아이의 위력이 발휘된다.

에이아이의 촉매적 효과

지구상에서 가장 영양소가 많은 물질인 물을 구성하기 위해 수소와 산소가 결합하듯이, 가치발견Appreciation과 탐구Inquiry가 서로 결합하여 리더십과 조직 변화에 생기를 불어넣고, 힘을 발휘하게끔 하며, 변화를 일으키는 촉매적인 역할을 한다. 최상의 상태로 가동되고 있을 때에 조직의 가치들을 발견하는 에이아이 과정을 통해 조직에 대한 정보가 얻어지게 되고 사람들이 열심히 참여하게 되는데, 이것이 바로 긍정적인 변화를 낳게 하는 원동력이 된다.

오늘날 상당수의 조직들은 의사결정 과정에서 그 결과에 가장 영향을 많이 받는 사람들을 배제시키고 있다. 에이아이는 이런 조직 구조를 진취적이고 지식이 풍부하며 서로 참여하여 자발적으로 구성하는 자율 조직으로 변화시킨다. 이러한 변화를 가장 극명하게 보여주는 사례로 브리티시 에어웨이 항공사의 에이아이를 들 수 있다. 2002년 9. 11 테러 이후, 대부분의 항공사들은 극심한 항공 여행 수요 감퇴로 인해 원가를 절감하고 인력을 축소해야 했다. 브리티시 에어웨이 항공사의 북미지역 고객 서비스 부문도 예외는 아니었다. 그러나 이전에 에이아이를 한 적이 있던 이 회사는 인건비를 줄이는 최선의 방법을 찾아내는데 구성원들을 참여시켰다. 구성원들은 서로의 직업적 이상과 꿈을 나누고, 다양한 방법을 제시했으며, 안식년이나 일자리 나누기job sharing, 시간제 근무 등에 자발적으로 동참했다. 에이아이는 그 힘들고 어려운 시기 내내 구성원들이 참여할 수 있고, 이들의 의견에 귀를 기울이게 해 주는 환경을 제공해 주었다. 에이아이는 상명하달의 조직 문화를, '발견과 협조의 공동체적 문화'로 탈바꿈 시킨다. 이를 입증해 주는 한 가지 예로, 에이아이를 1년 동안 시행했던 회사의 구성원에게 회사에 어떤 변화가 일어났는지를 물었다. 그는 다음과 같이 대답했다.

> 에이아이를 하기 전후로 많은 변화가 있었습니다. R&D 그룹이 내가 다루는 기계로 원형(프로토타입)을 제작한다고 합시다. 전 같으면 R&D 그룹이 제 매니저와 약속을 하고 매니저는 저에게 그 사람들이 언제 와서 그 일을 할 지에 대해 일방적으로 알려줍니다. 그러나 지금은 R&D 그룹이 직접 제게로 찾아 와서 그 작업을 함께하기에 가장 좋은 시간을 협의합니다.

이 조직은 권위적인 관리 스타일에서 벗어나, 구성원들로 하여금 자신의 경험과 노하우를 서로 공유함으로써 그들 자신, 고객, 비즈니스를 위해 최고의 것을 만들어낼 수 있도록 된 것이다.

우리가 수천 명의 구성원들을 해고했던 GTE와 일하기 시작했을 때, 구성원들의 사기는 바닥이었다. GTE의 구성원들은 직급에 관계없이 "끔찍한 일이야", "도대체 뭐가 잘못된 거지?", "왜 좀 더 나아지지 않는 거야?"라는 말을 입에 달고 다녔다. 우리는 이 구성원들이 일하기에 보다 더 나은 곳이 되도록 하기 위해 이 조직에게 에이아이를 제안하였고 이들은 이를 수용하였다. 수천 명의 구성원들이 에이아이 기본과정, 에이아이를 활용하는 현장 리더십과정, 긍정적 노사 관계 과정에 대해 훈련을 받았다. 그 후 GTE의 현장 구성원들은 고객 만족 조사, 콜 센터 최우수 사례들에 대한 고찰, 구성원 채용, 신입사원 교육과 유지 등에 대한 긍정 프로세스 등을 포함하는 광범위한 방안들을 자발적으로 도출했다. 상당한 조직변화를 거친 끝에, GTE는 1997년에 미국 교육 훈련 협회American Society for Training and Development가 수여하는 경영 변화 분야의 우수 실천 사례 상Excellence in Practice Award을 받기도 하였다.

마지막으로, 에이아이는 조직 및 공동체와 함께 그 지도자들도 변모시킨다. 헌터 더글러스 윈도우 패션 사업부문의 대표이사이자 총괄 매니저인 릭 펠렛Rick Pellet은 헌터 더글러스를 자발적인 조직으로 이끈 후 자신 또한 근본적으로 변했다고 이야기 하였다.

> 에이아이는 - 단지 회사에 관한 것뿐만 아니라 내 삶에 있어서도 - 내 자신을 바꾸게 만들었습니다.
> 우리가 했던 질문들과 우리가 꾸었던 꿈들은 내 자신을 위해서도 새로운 문을 열어 주었습니다. 내가 향하고 있던 곳이 어디였는지 그리고 그것이 진정 내가 만들고 싶어 하는 미래였는지에 대해 다시 한 번 생각하게 해주었습니다. 나로 하여금 다람쥐 쳇바퀴 돌듯 살아왔던 삶들을 바로 잡기 위한 행동을 하도록 만들었습니다.
> 나는 이런 나의 경험이 모든 사람들에게 "깨달음"을 주지는 않을 것이란 사실을 압니다. 하지만 적어도 내 개인적으로 이 경험은 혁명과도 같은 것이었습니다. 그리고 미국 기업의 최고 지위에까지 오른, 핵심적이고, 빠른 의사 결정이 요구되는 여타 최고 경영자들에게도 에이아이는 더 나은 방향으로 나아가기 위한 삶의 변화가 될 수 있을 것입니다.

4-D 사이클

에이아이는 어떻게 하는 것인가? 에이아이의 위력을 발휘하는 데 사용되는 과정은 소위 4-D로 불리는 사이클(그림 1) – 발굴하기Discovery, 꿈꾸기Dream, 디자인하기Design, 실현하기Destiny – 이다. 이 과정의 기저에는 인적 시스템, 개인, 팀, 조직, 공동체들은 그들이 탐구하는 방향으로 성장하고 변화한다는 가정이 깔려 있다. 에이아이는 한 조직의 가장 긍정적인 잠재력 – 조직의 핵심적 긍정요소Positive Core – 에 관심의 초점을 두고, 변화와 지속적인 성공을 위한 핵심적 긍정 요소의 에너지가 발휘되도록 함으로써 효력을 발휘한다. 이것은 조직의 유형·무형적인 강점, 역량, 자원, 자산들에 대해서 조직 구성원들이 총체적 지혜를 모았을 때 달성되는 최고의 상태 창출이며, 이것이 바로 조직의 핵심적인 속성이다.

4-D 사이클은 조직 내의 의사소통, 대규모 그룹 미팅, 혹은 조직의 총체적 변화를 이끌어 내는 데 활용될 수 있다. 그리고 개인의 자기개발이나 코칭, 조직간

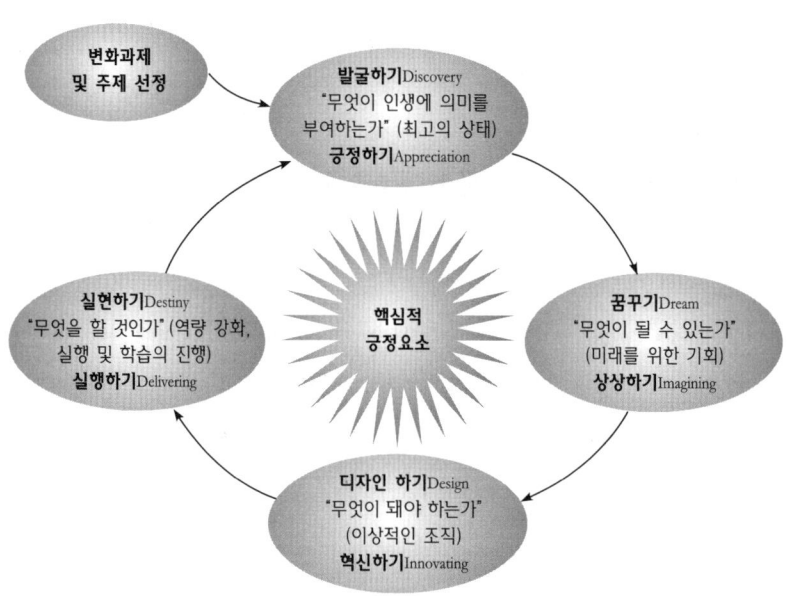

〈그림 1〉 에이아이의 4-D 사이클

제휴나 연합의 구축, 대규모 공동체나 조직 발전을 위한 틀로서도 활용될 수 있다. 그 목적이 무엇이건 간에, 에이아이의 4-D 사이클은 변화과정의 기반이 될 수 있다.

긍정 주제의 선택

4-D 사이클은 탐구되어야 할 대상, 즉 긍정 주제Affirmative Topics를 선정하는 것으로 시작된다. 인적 시스템은 그들이 탐구하는 방향으로 움직여 가기 때문에 탐구 주제, 즉 조직이 무엇에 주목할 것인가를 정하는 것은 매우 중요하다. 이러한 과정을 거쳐 선택된 주제들은 학습과 혁신을 위한 조직의 과제가 된다.

긍정 주제들은 전략적 중요성을 가지는 주제들이다. 그 주제들은 여러 부류일 수 있다. 즉 더 강화되었을 때 조직의 성공을 배가해 주는 조직의 핵심적 긍정 요소일 수도 있고, 긍정적인 눈으로 보고 연구할 경우 조직의 기능을 향상시켜 줄 수 있는 조직이 가진 문제점일 수도 있다. 이외에도 조직이 성장하고 변화하기 위해 습득할 필요가 있는 경쟁 조직의 성공 요인이 긍정 주제가 될 수도 있다.

긍정 주제를 선택한 후에는, 이를 가지고 발굴하기Discovery, 꿈꾸기Dream, 디자인하기Design, 실현하기Destiny로 연결되는 4-D 사이클을 진행한다. 이 책의 6장에는 긍정 주제를 선택하는 방법, 좋은 주제를 선정하는 기준, 좋은 주제의 예 등에 대한 설명이 소개될 것이다.

발굴하기Discovery

발굴하기는 "현재와 과거에 최고(이거나 또는 였던) 것best of what is and what has been"을 이해하기 위한 광범위하고 협력적인 탐색 과정이다. 통상 일 대 일 인터뷰(1:1 interview)를 많이 사용하지만 때로는 포커스 그룹focus group 및 대규모 그룹 미팅을 이용할 수도 있다. 어떤 형식이 되었든 간에, 발굴하기 활동은 외부 이해당사자들, 동종업계의 모범 조직, 조직 내 지역 공동체 구성원들을 포함하는 조직 내의 다수, 혹은 전체 구성원들 간의 대화를 통해 이루어진다. 이 때 대화는 의도적으로 긍정적인 면에 초점이 맞춰져야 한다. 발굴하기 단계에서 이루어지는 활동에 대한 상세한 설명 및 전개 과정의 안내는 제 7장 "발굴하기: 긍정 인터뷰와 강점 발견"에 제시되어 있다.

발굴하기 과정의 결과물은 다음과 같은 다음과 같은 것들이다.

- 조직의 핵심적 긍정 요소에 대한 맵핑과 설명
- 우수 사례 및 모범적인 역할 수행을 범조직적으로 공유
- 조직 지식 및 집단 지혜의 증진
- 4-D 사이클의 남은 단계를 시행하기도 전에 일어나는 계획하지도 않았던 변화 태동

꿈꾸기*Dream*

꿈꾸기는 "무엇이 될 것인가"에 대한 열정적인 탐구 과정이다. 이 단계는 사람들이 자신들의 일, 업무 관계, 조직 그리고 그들이 속한 세계에 대한 희망과 꿈을 함께 그려보고 나누는 시간이며, 크고, 원대하며, 과거의 틀을 벗어난 가능성들을 그려보는 시간이다. 꿈꾸기 단계는 현실적인 동시에 창조적이다. 이 단계는 사람들이 보다 가치 있고 활기 찬 미래, 더 나은 성과 그리고 보다 나은 세상을 만드는데 기여할 계획을 구상함으로써, 핵심적 긍정요소를 증대시키고 현상 안주의 경향성을 타파한다. 또한 대규모 그룹 포럼을 통해 이루어지는 목표 설정 활동을 통해 가장 긍정적인 잠재력과 전략적 기회들, 혁신적이고 전략적인 비전들 그리고 향상된 목표 의식들에 관한 창조적 이미지들을 서로 연계한다. 꿈꾸기 단계에 대한 보다 상세한 설명 및 안내는 제 8장 "꿈꾸기: 미래의 비전과 의견"에 제공할 것이다.

디자인하기*Design*

디자인이란 이상적인 조직, 혹은 "무엇이 되어야만 하는가?"에 대해 도발적 제

안Provocative Proposition을 수립하는 것이다. 디자인하기는 대규모 그룹 포럼이나 소규모 팀 단위로 수행된다. 참석자들은 파급효과가 큰 디자인 요소들을 선정하기 위하여 발굴하기 단계나 꿈꾸기 단계에서 얻은 정보를 활용하며, 그들이 갖추기를 원하는 이상적인 조직의 모습과 상태를 그려본다. 에이아이의 원칙에 따라, 이들 도발적 제안들은 긍정적으로 작성되어야 한다. 이러한 제안들은 조직의 핵심적 긍정 요소가 전략, 프로세스, 시스템, 의사결정, 협력 관계 속에서 뚜렷이 구현됐을 때 조직이 어떻게 달라질 수 있는가에 대한 명백하고 필연적인 그림을 제시함으로써 조직의 이미지를 구체화하는 역할을 한다. 디자인하기 단계에 대한 보다 상세한 설명 및 안내는 제 9장 "디자인하기: 가치와 이상에 형태를 부여하기"에 제시되어 있다.

실현하기 Destiny

실현하기는 현재 진행 중인 학습과 혁신, 혹은 "무엇을 이룰 것인가"를 뒷받침해주는 일련의 행위들로서 4-D 사이클의 최종 단계이다. 4-D의 과정 하나하나가 구성원들이 조직 발전에 기여할 수 있는 장을 마련해 주기 때문에 긍정적인 변화는 모든 에이아이 단계에서 일어날 수 있다. 이중에서도 특히 실현하기 단계에서는 조직의 발전을 위한 개인과 조직의 헌신과 미래의 실천방안에 중점을 둔다. 에이아이는 리더십과 지속적인 조직 개발을 위한 근거를 제공하기 때문에 대다수의 조직들은 실현하기 단계에서 에이아이의 4-D 사이클을 새로 시작하게 된다.

실현하기 활동은 보통 대규모 그룹 포럼 형태로 시작되지만 구체적인 실행은 소규모 그룹이 주도해 나가게 된다. 실현하기 단계의 결과는 일반적으로 경영 원칙, 인사관리 프로세스, 측정 및 평가 시스템, 고객 서비스 시스템, 업무 프로세스, 조직 구조 등과 같이 다양한 영역에서 이루어지며, 조직 전반에 걸친 광범위한 변화들로 이어진다. 실현하기 단계의 보다 상세한 설명 및 안내는 제 10장 "실현하기: 영감에 근거한 자발적 행동과 유연한 조치"에 제시되어 있다.

에이아이의 차별성

조직 변화에 대한 하나의 접근법으로서, 에이아이는 조직 개발 분야의 기타 많은 접근들이 가진 강점들을 활용한다. 오픈 스페이스 테크놀로지Open Space Technology의 창시자인 해리슨 오웬Harrison Owen으로부터, 우리는 자기조직화Self-organizing 프로세스의 힘을 적용했다. 총체적 변화Whole-Scale Change 기법의 "어머니"인 캐서린 대니밀러Kathleen Dannemiller와 대니밀러 타이슨 어소시에이츠에 속한 그녀의 동료들이 수행한 기초 연구로부터는 대규모 미팅을 설계하고 촉진하기 위한 다수의 방법들을 빌려왔다.

조직 학습의 대가인 피터 셍게Peter Senge – 그리고 조직 학습 협회Society for Organizational Learning의 그의 동료들 – 를 통해, 우리는 집단적 의미 구축의 흐름을 깨달았고, 조직 학습을 고양시키는 대화의 실천 가치를 부여하게 되었다. 그리고 미래탐색의 창시자인 마빈 웨이스보드Marvin Weisbord와 샌드라 야노프Sandra Janoff로부터, 우리는 모든 이해 당사자들로 하여금 다 함께 미래에 초점을 두고 이를 창조해 나가도록 참여시키는 것의 중요성에 대해서 이해하는 법을 배웠다.

위에서 소개한 조직 개발 분야 선구자들의 공헌에 대해 찬사를 보낸다. 하지만 우리는 에이아이가 원칙과 실천적 측면에서 이들과는 근본적으로 다른 새로운 분야를 제시하고 있다고 믿는다. 사회구성주의 이론과 경험에 바탕을 둔 에이아이는 변화를 이끄는 긍정 혁명으로의 초대이다. 에이아이는 세 가지 중요한 측면에서 차별성을 갖는데, 그것은 에이아이가 온전히 긍정적affirmative이고, 질문에 기반을 두고 있으며inquiry based, 즉흥적이다improvisational라는 점이다.

에이아이는 온전히 긍정적이다.

긍정변화의 한 과정으로서, 에이아이는 온전히 긍정적이다. 에이아이는 4-D 사이클을 통해 조직의 성공 사례를 기반으로 삼고, 미래를 위한 긍정적 가능성들이 표현되고 발견될 수 있도록 영감을 불어 넣는다. 다른 변화 기법들과는 달리, 에이아이는 실패, 격차, 장벽, 전략적 위험, 변화에 대한 저항의 근본 원인 등과 같은 조직적 분석에 대한 결점기반 접근법을 포함하지 않는다. 모든 에이아이 활동과 기준, 그리고 프로세스들은 과거, 현재, 미래에 대하여 그 최상의 상태에 있는 조직에 초점을 맞춘다.

가능성보다는 문제점들에 초점을 맞추는 조직의 관습 때문에 조직이 긍정적 잠재력을 충분히 깨닫거나 이를 활용하는 데 장애를 겪는 경우를 많이 볼 수 있으며, 이러한 조직의 관습은 조직의 역량이 감소되는 결과를 낳게 한다. 이에 대해 데이비드 쿠퍼라이더David Cooperrider와 다이아나 휘트니Diana Whitney는 다음과 말하고 있다.

> 문제 분석적 기법들은 부정적 화법에 바탕을 두고 있습니다. 시간이 지날수록, 그들은 '왜 사물들이 뜻대로 되지 않는가'에 대한 이야기들, 해석들, 무수한 단어들로 조직을 채워 갑니다. '제대로 작용하지 않는 것은 무엇인가', '왜 만사가 잘못되어 가는가', '누가 그들의 일을 완수하지 않았는가'에 대한 강박적 우려는 조직 구성원들의 도덕성을 사라지게 하고, 학습 속도를 감퇴시키며, 구성원들 간의 관계와 진취적 움직임을 근본적으로 훼손시킵니다.[1]

에이아이가 긍정과 관련되어 있다는 것을 보여주는 고전적 예는 미국의 자동차수리 회사인 브리티쉬 페트롤륨의 프로케어British Petroleum's ProCare의 사례에서 찾아볼 수 있다. 회사를 시작한 첫 해를 마감하면서 프로케어는 고객 만족도를 조사했는데 전체 고객의 95%가 100% 만족했다는 결과가 나왔다. 이것이 놀라운 통계치라는 데는 어떤 자동차 수리회사도 반박하지 않을 것이다. 그러나 프로케어는 이에 만족하지 않았다. 그들은 고객으로 구성된 포커스 그룹과 면담을 하였다. 그러나 불행히도, 그들은 불만족스럽다고 응답한 5%의 고객들에게 그들의 불만 사항에 대해 질문했고 그 후, 그들은 모든 정비소의 벽 위에 고객들의 불만과 그 원인에 대해 생생한 설명을 게시해 놓았다. 얼마 지나지 않아, 고객 만족도는 더욱 떨어졌고 구성원들의 사기는 기존 고객 유지율과 함께 급락했다.

방향을 잃고 성공으로부터 멀어져 가는 이들의 사정을 들은 에이아이의 컨설팅 팀은 실패로 치닫고 있는 사업을 구원하기 위한 방안을 제시했다. 컨설팅 팀은 100% 만족한 고객들로 구성된 포커스 그룹과의 미팅을 할 것을 제안하였다. 프로케어의 리더들은 회의적인 태도와 약간의 호기심을 가진 상태로 이 제안에 동의했다. 그 결과는 실로 놀라운 것이었다. 고객 만족도는 다시 한 번 반등했으며, 오히려 이전보다 더 나아졌다. 이러한 놀라운 변화가 일어날 수 있었던 사람들이 그들의 성공의 근본적 이유들을 학습하고 따라하기 시작했기 때문이었다. 에이아이의 온전히 긍정적인 자세는 풍부한 학습 환경을 창출했으며, 높은 수준의 고객 만족도를 회복함으로써 성과를 거두게 하였다.

에이아이는 질문Inquiry에 기반을 두고 있다.

에이아이의 핵심은 "질문의 기술art of the question"로, 무조건적으로 긍정적인 질문들을 만들어 내고, 수십, 수백, 심지어 수천 명의 사람들과 조직의 적절성과 활력에 대해 인터뷰를 할 수 있는 능력을 말한다.

조직에서의 삶은 지속적인 질문과 분석의 연속이다. 무엇이 이와 같은 생산성 저하를 가져왔는가? 우리는 어떻게 하면 시간 외 근무를 줄일 수 있는가? 왜 당신은 일을 그런 식으로 처리했는가? 이 결정에는 누구누구를 포함시켜야 하는가? 어떻게 하면 원가를 줄이면서 매출을 증가시킬 수 있는가? 에이아이에서는 모든 질문들이 중요하지만, 무엇보다도 질문의 본질이 더욱 중요하다. 에이아이는 조직이 지속적으로 질문을 던지는 방향으로 움직여가며, 그 질문들이 보다 긍정적일수록, 조직의 대응도 보다 희망적이고 긍정적이 될 것이라 가정한다.

모든 에이아이 과정의 시작점이자 핵심적인 요소는 긍정 인터뷰이다. 긍정 인터뷰가 없는 에이아이는 에이아이일 수 없다. 긍정 인터뷰가 없다면, 질문도 없을 것이며, 배울 수 있는 기회도 없고, 변화를 위한 최소한의 가능성 역시 없을 것이다. 거기에는 단지 긍정적인 시각만이 있을 뿐이다. 긍정적인 시각과 에이아이 간에는 중요한 차이점이 있다. 긍정적인 시각은 인식, 가치, 확언에 초점을 두는 반면, 에이아이는 탐색, 탐구를 위한 의지와 학습에 대한 개방성에 초점을 둔다.

이 차이점을 이해하기 위해서, 공유된 가치Shared Values를 가지고 구성원들 합치alighment를 만들어내는데 이 방법을 사용했던 두 조직의 프로세스를 살펴보자. 첫 번째 조직은 사실상 많은 것들을 행했다. 우리는 이 조직을 긍정적 시각을 가진 조직으로 묘사하고자 한다. 최고 경영진과 잠재력이 높은 몇몇 구성원들로 구성된 소규모 그룹의 사람들이 회의를 하여 회사의 가치들을 규정했다. 그들은 그 가치들을 정의하고 그 기업에 있어서 그 가치들이 얼마나 중요한지 설명하는 화려한 책자를 발간했다. 그들은 모든 구성원들에게 그 가치들이 전달되기를 바랐으며, 구성원들이 이를 이해하고, 이 가치들의 그 연장선상에서 성과를 냄으로써 보상 받기를 원했다. 그 가치들을 전파하기 위해, 그들은 설명회를 개최하고, 가치에 바탕을 둔 포상 시스템을 시행했다. 구성원들은 자신들의 지갑에 보관할 "가치 카드"와 사무실 벽에 부착할 "가치 선언문"을 지급 받았다. 대부분의 구성원들은 이 포스터를 붙여 놓았지만, 그 과정에서 뭔가를 배우거나, 실제로 가치 있다고 느낀 사람들은 별로 없었다.

두 번째 조직인 미국 적십자사American Red Cross는 그들의 생생한 가치를 탐색하고 규명하는 데 에이아이를 활용하기로 결정했다. 그들은 그들의 구성원들이 일상적인 업무 속에서 구현되는 가치를 발견하고 이를 배우도록 하는 데 진지하게 관심을 쏟았다. 어떤 가치들이 그 구성원들에 의해 제공되는 서비스를 이끌어내는지 알아보기 위해, 그들은 실현되고 있는 가치에 관한 3천 건의 긍정 인터뷰를 수행했다. 이 과정에서 그들은 미국 적십자사의 도전적이고, 헌신적이며, 긍휼적인 업무에 대해 수천 건의 가슴 훈훈하고 감동적인 이야기들을 수집했다. 이 이야기들을 유형별로 묶은 후, 열 개의 가장 빈번하게 지속된 가치들을 밝혀냈다. 이후 한 전국 규모의 컨퍼런스에서, 2천명의 참가자들이 적십자사의 생생한 가치들을 듣고, 그들 자신과 동료들이 그들의 실제 가치에 대해 이야기하는 비디오들을 보았다. 구성원들이 이야기들을 공유하고, 비디오를 시청함으로 인해서, 그 조직의 집단 지식은 증가하였다.

탐구의 정신에 입각하여 모든 구성원들은 인터뷰를 할 기회를 가졌으며, 이 생생한 가치 프로세스 안에서 그들의 이야기들을 공유하였다. 수천 명의 참가자들이 이 이야기들에 감명을 받고, 이를 알게 되었으며 미국 적십자사를 대표하여 자신들이 수행하고 있는 가치 기반의 업무에 자긍심을 가지게 되었다.

에이아이는 유연 improvisational 하다

에이아이는 변화에 대응하는 무한한 방법을 가진 접근법이기 때문에 유연하다고 할 수 있다. 에이아이는 뚜렷하게 확립된 진행 방법에 바탕을 두고 있는 것이 아니기 때문에, 하나의 단일한 방법론이 아니다. 컨설턴트인 프랭크 바렛Frank Barret은 에이아이를 위대한 재즈 즉흥 연주에 비유했다. 에이아이는 하나하나가 최상의 인적 조직을 이끌어 내는 새로운 창조이자, 하나의 실험이다. 에이아이는 명백한 목표를 가지고 시작된다. 그러나 그 이후에 어떤 일이 일어날지 누가 정확히 알 수 있겠는가? 많은 경우들에 있어서 가장 위대한 결과들은 계획되지 않고, 예상되지 않았던 것들이며, 이런 결과들은 그 조직만의 독특한 에이아이가 실행됐을 때 비로소 나타난다.

또한 음악의 즉흥 연주처럼, 에이아이 역시 느슨하게 구성되어 있다. 일련의 원칙들과 일반적인 4-D 사이클의 틀을 유지하며 이 책은 그들 나름의 고유한 목표들을 달성하기 위해 4-D 사이클을 이용했던 개인과 조직들이 놀랍고 긍정적인 결과를 거두기까지의 다양한 방법들을 묘사하는 이야기들로 채워져 있다. 그러나 4-D 사이클 그 자체마저도 상이한 문화와 상황들에 맞춰 채택될 수 있다. 예를 들어,

사회 운동가 맥 오델Mac Odell은 네팔의 시골 지역 전반에 걸쳐 수천 명의 여성들에게 거대한 즉흥 연주를 요구했는데, 그것은 여기에 제시된 세 가지의 D 즉, 지금 즉시Do It Now, 연주하고Drumming, 춤 추시오Dancing 라는 것이었다. 이와 유사하게, 국제 컨설팅 법인인 캡 제미니 언스트 & 영Cap Gemini Ernst & Young의 에이아이 프로세스는 그들만의 독자적인 방법을 가지고 e-포지티브 체인지e-Positivie Change라는 브랜드를 탄생시켰다. 이 프로세스는 정의하고Define, 탐구하며Discover, 꿈꾸고Dream, 설계하며Design, 실행하라Deliver는 다섯 개의 D로 이뤄져 있다.

에이아이는 변화에 대한 유연한 접근법으로, 다음과 같은 일련의 질문들을 통해 이루어진다.

- 당신이 바라는 변화 주제Change Agenda는 무엇입니까?
- 어떤 형태의 몰입Engagement이 당신이 가장 필요로 하는 것입니까?
- 당신의 전반적인 탐구 전략Inquiry Strategy은 무엇입니까?
- 당신은 4-D 사이클의 각 단계에서 어떤 조치들을 취할 것입니까?

"에이아이에 대한 접근법들"에 관한 제 2장에서 우리는 이 질문들을 폭넓게 다룰 것이며, 에이아이를 이용했던 많은 방법들 중 일부를 집중적으로 살펴 볼 것이다.

그린 마운틴 커피 로스터GMCR사는 에이아이를 이용한 매우 성공적인 실험을 통해 다음의 질문들에 대답했다. '우리의 변화 주제는 무엇인가?' 그 답은 기존 사업 진행 팀의 효율성을 높이고, 이를 통해 전반적인 일반 관리비들을 줄이는 것이었다. 그렇다면 '우리는 어떤 형태의 참여 형식을 선택할 것인가?' 그들은 질문을 통해 새로운 접근법을 만들어냈다. 그들은 에이아이를 수행하기 위해 5개의 비즈니스 프로세스 팀들을 훈련시켰고, 이들로 하여금 자유롭게 자신들의 프로세스와 관련된 질문들을 던질 수 있도록 만들었다. 그러나 3개월간의 탐구 기간 중에 수회에 걸쳐 하나 이상의 질문들이 원래의 방향에서 벗어나는 경우가 여러 번 발생했다. 이런 일이 발생될 때마다 최고 경영진과 운영 스태프들로 이루어진 그룹은 이 탐구 과정의 지속적인 적절성과 성공을 보장하면서 프로세스를 채택하고 변경하였다. 결국 GMCR은 에이아이 기법을 활용하여 25%의 관리비 절감을 달성함과 동시에 조직 전반에 걸쳐 진취적인 전략적 실현 의지를 심어줄 수 있었다.

에이아이가 내포하고 있는 유연한 성격 때문에 새로운 것을 창안하는 능력과 지속적인 학습은 에이아이에 반드시 필요하다. 교수이자 에이아이의 사고기법 리더인 데이비드 쿠퍼라이더는 긍정적 탐구에 대한 창출 가능한 실천 경험, 적용법, 모델, 방법론, 접근법 등은 단 5%만 만들어져 있다고 믿고 있다. 우리는 여러분이 에이아이의 기초를 익히는 데 도움을 주고 이를 통해 여러분이 여러분 스스로의 에이아이에 대한 주도권을 계획하여, 긍정변화를 이루기 위한 지식의 폭을 늘릴 수 있기를 바란다.

결함기반 변화에서 긍정적인 변화로

에이아이는 조직의 변화에 대해 생각하고 접근하는 방식에 있어 혁신적인 전환이라 할 수 있다. 에이아이의 궁극적인 역설은 그것이 뭔가를 변화시키는 데 목표를 두고 있지 않다는 것이다. 에이아이는 조직의 핵심적 긍정 요소를 규명하고 이를 확대하기 위해 조직 내에 이미 존재하고 있는 강점들, 희망들, 꿈들을 밝혀내고 드러내는 데 목표를 둔다. 이 과정 속에서 조직과 그 구성원들은 긍정적변화를 경험하게 된다. 에이아이에 있어서 관심의 초점은 긍정적 잠재력에 있다. 즉, 과거와 현재 그리고 미래에 있어 무엇이 최상이었는가를 의미하는 것이다.

변화에 대한 대부분의 여타 접근법들은 에이아이와는 반대로 결함에 기반을 두고 있고 문제점들과 그것을 극복하는 방법에 초점을 둔다. 이런 접근법들의 성공 여부는 문제점들의 명확한 규명과 진단, 적절한 해결책의 선택 그리고 이 해결책의 실행 여부에 달려 있다. 우리의 경험에 따르면, 결함에 기반을 둔 변화는 많은 시간이 필요함에도 불구하고 긍정 변화만큼 효과적이지 못하다.

에이아이는 변화에 대한 결함 기반의 접근법으로부터 긍정 중심의 접근법으로의 전환을 가져오게 했다. 25년간에 걸쳐 조직 컨설팅에 종사한 우리가 이러한 전환의 산증인이라 할 수 있다. 우리가 이 일에 종사하기 시작했던 초창기에, 우리는 자신만만하게 우리 고객들의 시스템에 관한 정보를 모으고, 조직상의 문제점들을 진단했으며, 우리 고객들이 잘못된 사항들을 바로잡을 수 있는 프로세스들을 고안했다. 이러한 접근들을 계속해서 이용하는 동안에도 우리는 주기적으로 대안을 모색했고, 그것을 위해 새로운 실험적인 시도를 하였다.

우리는 조직의 구성원들을 그들 자신의 행동에 관한 연구에 참여시키는 실험을 하였다. 스미스클라인 코퍼레이션SmithKline Corporation과 베크만 인스트루먼트 Beckman Instruments의 합병에 관한 컨설팅을 수행하면서, 우리는 사업 담당 매니저들과 일선 구성원들, 인사 관리 스태프들로 구성된 연구팀을 구성하여 각 조직의 최상의 경험 사례들을 연구하도록 하였다. 60명의 사람들이 수천 명의 참가자들과 인터뷰 및 포커스 그룹 인터뷰를 수행했다. 우리는 그들이 서로 자신들의 이야기와 자료를 공유하게 하였고, 다섯가지 핵심역량을 규명하도록 권장 하였다. 이후 이들로 하여금 이 다섯 가지 핵심 역량에 관한 워크숍을 계획하고 이끌도록 함으로써, 실험을 진척시켰다. 전 세계적으로 3천 명의 구성원들이 기업 합병 후 통합 방안의 일환으로 이 워크숍에 참가하게 되었다.

이와 동시에, 우리는 구성원들과 조직으로 하여금 그들이 가진 가능성들, 즉, 그들이 무엇을 하고 싶어 했고, 무엇이 되고 싶어 했는지, 그리고 그들의 업무 프로세스 및 서비스를 협력적으로 창출하는 방안에 대해 초점을 맞추도록 하였다. 뉴욕의 방문간호 서비스Visiting Nurse Service 조직에서 우리는 행정인들, 간호사들, 의료 조무사들, 사회 복지사들, 환자 권익 보호관Patient Advocate들로 이루어진 팀을 구성하여, 이들이 서로 배우며, 그들의 서비스 수행을 위한 프로세스를 공동으로 계획하고 정의하도록 했다. 우리는 구성원들이 그들의 시각과 대화를 그들이 한 일과 그들이 할 수 있기를 바라고 희망했던 일들에 초점을 맞추도록 함으로써 이들이 성공을 거둘 수 있도록 촉진시켰다.

이러한 노력의 결과로 우리는 현재 우리가 긍정 변화라고 묘사하는 새로운 업무 방식과 과정을 정의할 수 있게 되었다. 결함 중심의 변화와 긍정 변화를 대비한 내용이 〈표 1〉에 묘사되어 있다.

보는 바와 같이, 변화의 방향이 결함 중심의 변화로부터 긍정 변화로 전환함에 따라 연구의 대상이 문제점들로부터 핵심적 긍정 요소로 바뀌었다. 이뿐 아니라 참

〈표 1〉 **결함기반 변화에서 긍정 변화로의 전환**

	결함 중심의 변화	긍정변화
개입 과제(초점)	드러난 문제점들	긍정 주제들
참여 형태	구성원들의 선택적 참여	전체 조직
행동 연구	문제의 진단 원인 및 결과 정량적 분석 요구의 프로파일 외부 인원에 의해 수행됨	핵심적 긍정 요소의 탐구 최상의 상태에 있는 조직 대화적 분석 핵심적 긍정 요소 지도 구성원들에 의해 수행됨
전달체계	의사 결정자들에 의한 피드백	최상의 경험들이 광범위하고 창조적으로 공유
창조적 잠재력	브레인스토밍으로 얻어지는 대안들의 리스트	더 나은 세상을 이루기 위한 꿈과 조직에 대한 기여
결과	문제 해결을 위한 최선의 해결책	꿈과 인간적인 열망을 실현하기 위한 계획
획득되는 역량	계획을 실행하고 측정하기 위한 역량	긍정변화를 추진할 수 있는 역량

여형태, 즉 누가 관련되어 있고, 누가 정보에 접근할 수 있는 권한을 가지고 있는가에 대해서도 한정된 일부 인원들로부터 모든 인원들로 그 범위가 변화하였다.

마지막으로, 이러한 변화는 얻고자 하는 결과 또한 바꾸었는데 이전에는 문제점에 대한 최상의 해결책이었던 것이 이제는 긍정적 가능성에 관한 가장 원대한 꿈으로 되었으며, 획득되는 역량들은 특정 계획을 실행하고 측정하는 역량으로부터 긍정 변화를 추진할 수 있는 역량으로 전환되었다.

이제 우리가 과거로 돌아갈 일이란 없다. 결함 기반의 변화로부터 긍정 변화로의 전환을 통해 우리는 우리 자신의 강점을 발휘하여 일하고 다른 사람들의 강점을 가지고 사람들을 돕고 그리고 조직의 사기가 최고조에 달하는 성공적인 조직을 구축하는데 전념하게 되었다.

하지만 문제점들에 대해서는 어떻게 할 것인가?

문제점들을 외면하는 것은 비현실적인 것이 아닐까? 문제점들을 무시하거나 마치 그 문제점들이 존재하지 않는 것처럼 행동하라고 요구하지 않았나? 에이아이 전문가들은 이러한 질문들을 매우 자주 받게 된다. 이 점에 대해서 분명하게 짚고 넘어가자. 우리는 문제점들을 외면하거나 이를 무시하라고 얘기하고 있는 것이 아니다. 만약 여러분이 상황, 관계, 조직, 혹은 공동체를 변화시키고자 한다면, 강점에 초점을 맞추는 것이 문제점들에 초점을 맞추는 것보다 훨씬 더 효과적이라는 것이 바로 우리의 입장이다. 제 4장, "에이아이 적용 사례: 최초부터 현재 사례까지"에서 우리는 에이아이 기법을 활용하여 문제점이 아닌 가능성에 초점을 맞춰, 상당한 효과를 거둔 조직들과 공동체들에 관한 많은 사례들을 제시하였다.

우리는 때때로 노사 관계, 기업의 합병 후 통합, 부서 간 갈등과 같이 불안, 긴장, 스트레스로 가득 찬 상황들 속에서 일한다. 우리가 사람들의 관심을 "여기서 무엇이 잘못되어 있는가?"라는 것으로부터 "우리가 최상의 상태에 있을 때 우리는 과연 누구인가?"라는 것으로 돌리면, 갈등이 협조로 바뀌는 것을 심심치 않게 볼 수 있다.

우리는 갈등, 문제점, 혹은 스트레스에 대한 설명을 잊고자 하는 것이 아니다. 우리는 단지 이것을 분석이나 행동의 근거로 삼지 않을 뿐이다. 우리는 이러한 상황들이 발생하면, 이를 경청하고, 생생한 경험으로 삼아 다른 시각에서 재구성하려고 시도한다. 예를 들어, 구성원 이직employee turnover의 문제가 있을 때 에이아이는 매력적인 업무 환경에 대한 탐구나 구성원의 근속 유지 방법이 무엇인가를 질문한다. 경영진에 대한 낮은 신뢰도의 문제는 경영진에 대한 신뢰의 계기나 감동적인 리더십의 모색으로 바뀐다. 직장 내 성희롱에 대한 문제는 긍정적인 이성 간 근무 관계에 대한 물음으로 전환된다.

이렇게 문제점들을 긍정적인 주제로 재구성하는 능력이 에이아이의 핵심이다. 제 6장, "긍정 주제의 선택"에서는 몇몇 흥미로운 사례들과 함께 이와 같이 질문을 재구성을 하는 방법에 대한 설명이 제시되어 있다.

에이아이가 파워를 발휘하는 이유는 무엇인가?

오래 전 부처가 말하길 "인생은 고해라"라고 했다. 문제점들은 고난과 같아서 어디에서든 존재한다. 하지만 인생이나 조직 속에 항상 고난과 문제점들만 있는 것은 아니다. 고난이 있으면, 이에 더해 기쁨이 있다. 문제점들이 있으면 여기에는 성공, 희망, 꿈들도 있는 것이다. 에이아이는 분석의 초점이 맞춰지는 방향을 바꿔준다. 이 간단한 발상의 전환이 사람들과 조직들로 하여금 원래 문제점들이 존재했던 환경을 떨치고 일어나 앞으로 나아가도록 해주는 것이다.

에이아이는 사람을 기계처럼 다루는 것이 아니라, 있는 그대로의 사람으로 다루기 때문에 파워를 발휘한다. 인간인 우리는 사회성을 가지고 있다. 우리는 다른 사람과의 관계 속에서 우리 자신의 정체성과 지식을 구축해 간다. 우리는 사물에 대한 호기심을 가지고 있으며, 이야기를 하고, 이야기를 듣는 것을 좋아한다. 우리는 우리 자신의 가치, 믿음, 지혜를 이야기들 속에 담아낸다. 우리는 배워서 익히는 것을 좋아하며, 우리 자신의 최상의 상태를 이룩하기 위해 우리가 배운 것을 활용한다. 그리고 우리는 우리가 보살피고 존중하는 이들의 눈에 좋은 모습으로 비춰지는 것을 기뻐한다. 에이아이는 리더들이 풍부한 지식, 감정기반 그리고 적응적인 학습조직인, 즉 인간중심적 조직을 창출할 수 있도록 해 준다.

우리는 이런 일들이 일부는 경험을 통해서 그리고 일부는 우리의 연구를 통해서 이뤄진다는 것을 알고 있다. 우리는 에이아이가 왜 그렇게도 효력을 잘 발휘할까에 대해 궁금증을 가졌으며, 이에 대한 탐구를 수행했다. 사람들과의 인터뷰, 포커스 그룹을 통해 우리는 에이아이가 최고의 효과를 나타냈을 때의 이야기를 해달라고 요청했다. 즉 에이아이가 어떻게 영향을 미쳤으며, 그렇게 효력을 발휘할 수 있었던 원인 등에 대해서 물었다. 이를 통해 우리가 발견한 사실은 우리를 놀랍고도 기쁘게 만들었다. 에이아이는 "긍정의 힘power"을 자유롭게 함으로써 효력을 발휘하게 한다. 에이아이는 개인적인 힘과 조직적인 힘 모두에 대해 속박을 없앤다. 에이아이는 사람들로 하여금 최상의 능력을 발휘하게 만들고, 아울러 다른 사람들의 최상의 능력에 대해서도 이를 인정하고 지지하게 하여, 일찍이 존재하지 않던 협력과 혁신을 이끌어낸다.

우리가 인터뷰 했던 사람들은 우리에게 여섯 가지 이유 때문에 에이아이가 효과를 발휘한다고 말했는데, 여기서는 그 이유를 간략하게만 소개하고 자세한 내용은 제 12장, "에이아이가 놀라운 영향력을 발휘하는 이유"에서 다루고자 한다.

- 에이아이는 관계를 구축하여, 사람들이 역할보다는 관계 속에서 서로를 알 수 있도록 해 준다. 한 참가자가 지적한 바와 같이, "에이아이의 인터뷰들은 인터뷰를 수행할 때마다 활기를 준다. 이 인터뷰들은 관계를 구축하고, 다른 사람과 연계할 기회를 준다. 또한 에이아이 인터뷰를 통해 사람들은 매우 소

중한 존재이며, 다른 이들과 잘 어울리고 있음을 확인시켜 준다." 많은 이들이 에이아이의 진행 과정에서 동료들, 매니저들, 관련 구성원들과 고객 및 조직 구성원들 간의 관계에서 만족감을 느끼게 되고, 생산적인 친화 관계를 구축하게 됐다고 말했다.

- 에이아이는 자신의 이야기를 다른 사람이 듣게 하는 기회를 부여한다. 인정, 상호 존중, 도덕성은 모두 사람들이 자신의 말이 경청되고 있다고 느낄 때 상승한다. 한 매니저는 다음과 같이 자신의 경험에 대해 설명했다. "에이아이를 통해 제 팀원들은 결국 조직에 기여를 한 사람들로 인정받았습니다. 우리는 수년간 조직의 블랙홀로 간주되었습니다. 에이아이의 기법을 활용하여 일을 진행함으로써, 우리는 처음으로 진정 주목의 그리고 경청의 대상이 될 수 있었습니다."

- 에이아이는 사람들로 하여금 꿈을 꾸고, 이 꿈을 함께 공유할 수 있게 해준다. 사람들은 자신의 꿈에 대해 얘기하도록 요청 받았을 때 기쁨을 느낀다. 그리고 그들은 자신의 꿈이 다른 사람들과 공유하고 있다는 것을 발견하면 흥분을 느끼게 된다. 에이아이에 열광하는 한 사람의 표현을 빌자면, "우리의 이야기와 꿈을 공유했던 것이 내가 이전에 경험했던 그 어떤 것보다도 긍정변화를 가능하게 한 최고의 계기였다. 이제 나는 내가 더 나은 회사와 더 나은 세상을 만드는 데 일조했음을 알고 은퇴할 것이다."

- 에이아이는 사람들로 하여금 자신이 기여할 방식을 선택할 수 있는 환경을 만들어 준다. 사람들이 자신들의 관심사와 열정에 바탕을 두고 자유롭게 나설 수 있다면, 그들이 뭔가를 배우고 기여할 수 있는 능력은 현저하게 증가한다. 자유로운 선택의 가치를 이해한 한 임원은 다음과 같은 메모를 자신의 스태프들에게 보냈다. "여러분도 아시다시피, 에이아이는 강제성을 띠는 것이 아닙니다. 다른 말로 하면, 만약 에이아이가 여러분의 업무 스타일에 맞지 않는다 해도, 다른 사람들이 선택하는 것을 방해하지 마십시오. 우리는

전적으로 우리의 배움을 지속하고 자신감을 얻기 위해, 이런 과정에 대해 얘기하고 우리의 접근법들을 공유할 필요가 있습니다."

- 에이아이는 사람들이 행동하는데 필요한 재량권과 지원을 제공한다. 한 참가자는 다음과 같이 언급했다. "조직을 대표하여 행동을 할 때, 우리는 언제나 조직의 지원을 받았다. 하지만 이제는 사람들이 가용한 자원을 만들고, 우리가 하고 있는 것이 무엇인지에 주의를 기울이고 있다. 사람들은 우리를 지원해 주었고, 우리가 할 필요가 있는 것들을 할 수 있게 해 주었다."

- 에이아이는 사람들이 긍정적이 되도록 격려하고, 긍적적이 될 수 있게 한다. 한 구성원이 언급한 바와 같이, "긍정적이라는 것이 항상 좋은 평을 듣는 것은 아닙니다! 사람들은 당신을 놀려대고, 당신이 지나친 낙관주의자 Pollyannaish라고 얘기할 것입니다. 에이아이는 나의 긍정적인 태도를 의무감이라기보다는 하나의 자산으로 바꿔주었습니다. 에이아이는 내게 일하는 것에 대한 어떤 기대감을 주었습니다."

이 책 전반에 걸쳐 헌터 더글러스 윈도우 패션부문과 함께했던 에이아이에 대해서 설명하고자 한다. 이 회사의 일화는 제 4장 "에이아이 적용 사례: 시초부터 현재까지"에서 소개된 후, 제 5장에서 제 10장에 이르기까지 지속적으로 등장한다. 각 장의 말미에서 여러분은 헌터 더글러스가 어떻게 에이아이의 4-D 사이클의 각 단계를 수행했는지에 대해 기술하는 사례들을 보게 될 것이다. 헌터 더글러스의 일화는 다른 사례 연구들과 더불어 에이아이가 긍정의 힘을 발휘한다는 명백하고도 본질적인 증거를 제시해 준다. 또한 이 사례들에서 더욱 중요한 것은 이런 사례들이 여러분들에게 에이아이의 효과를 입증해 보인다는 점이다.

제 2 장

에이아이에 대한 접근법들

대부분의 에이아이 프로세스는 4-D 사이클의 일반적인 흐름을 따른다. 그러나, 에이아이를 활용하고자 하는 이유는 제각기 다르며, 이 때문에 선택되는 접근법들과 그 과정 속에서 핵심적인 단계들이 수행되는 방식 역시 달라지게 된다.

그 결과, 어떤 에이아이 프로세스도 기존의 것과 정확하게 동일한 것일 수는 없다. 에이아이가 하나의 방법론이라기보다는 오히려 접근법이라고 한다면, 여러분은 이를 어떻게 응용하겠는가? 여러분은 일련의 질문들을 검토하고 이에 대해 답변함으로써 에이아이를 어떻게 적용할 것인가를 결정할 것이다.

에이아이에 대한 접근법들
변화 주제
참여의 형태
탐구 전략

〈그림 2〉 **에이아이의 적용 시 고려해야 할 질문들**

〈그림 2〉는 에이아이를 적용할 때 반드시 고려해야만 하는 세 가지 광범위한 질문들을 제시하고 있다.

- 당신의 변화 주제는 무엇인가? 당신이 달성하고자 시도하고 있는 것은 무엇인가? 당신의 목적은 무엇인가?
- 당신의 변화 주제, 당신이 속한 조직의 문화, 일정, 자원들을 감안할 때 가장 적절한 참여의 형태는 무엇인가?
- 당신의 탐구 전략은 무엇인가? 참여의 목적과 형태를 정한 후에 당신은 어떤 결정과 조치를 취할 것인가?

이 장에는 여러분이 이 질문들을 포함하여 또 다른 질문들에 답변하는데 도움이 되는 많은 정보들이 수록되어 있다.

이 장에 소개된 에이아이의 다양한 활용 사례를 보면, 여러분 자신의 변화 주제를 결정하는 데 도움이 될 것이다. 여기에 제시한 에이아이의 가장 빈번한 활용 형태 여덟 가지는 적절한 참여 형태를 선택하는 데 도움이 될 것이다. 그리고 마지막으로 여기에 소개한 탐구 전략을 수립하기 위한 틀은 여러분이 수행하고 있는 에이아이 프로젝트에 필요한 인재들을 적재적소에 배치하는데 도움이 될 것이다.

이제부터 에이아이의 접근법에는 어떤 유형이 있는지를 개괄하고, 각 유형별로 그 정의와 에이아이 프로세스에 미치는 영향을 보다 자세히 살펴보자.

변화의 주제: 당신이 이루고자 하는 것은 무엇인가?

여러분이 에이아이를 선택한 데는 많은 이유들이 있었을 것이다.

이 책에서 보여주고 있는 것처럼, 에이아이는 조직적인 변화, 글로벌적인 변혁, 개인적인 개발 등의 목적을 위해 사용되고 있다. 짧게 말하자면, 에이아이는 무수히 많은 변화 주제를 위해 활용될 수 있는 것이다. 그 목적이 무엇이든 간에, 에이아이는 사람들, 공동체 및 조직들이 그들이 가진 최고의 잠재력을 발견하고 이를 실현하도록 도와준다.

〈표 2〉는 여러분이 에이아이에 적용할 수 있는 변화 주제들 중 일부를 예시하고 있다.

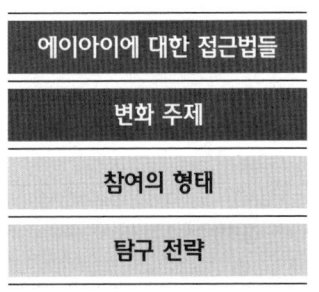

〈그림 3〉 **에이아이에 대한 접근법들: 변화 주제**

〈표 2〉 에이아이에 적절한 변화 주제

변화 주제	예
조직변화	문화 변혁 culture transformation 고객 만족 사기와 유지 관리 조직 설계 리더십 개발 경영 개선
조직 및 공동체의 기획	전략적 사업 기획 참여적 공동체 기획
조직 간 역량 구축	합병 후 통합 연대 구축 노사 간 파트너십 전략적 자원 공유
공동체 개발	자산 매핑 asset mapping 경제 개발 교육 개혁 평화 구축
글로벌 변화	글로벌 조직 구축 다지역 기획 의식 증진
팀 및 소집단 개발	팀 빌딩 사업 개발 미팅 관리 교육 설계
그룹 간 변화	갈등 해결 프로세스 개선
개인 관계 변혁	리더십 개발 코칭 성과 평가 조직 구성원 오리엔테이션 경력 계획 관계 향상 의식 개발

조직 변화

이 책의 내용은 대부분 조직 변화에 관한 것이다. 조직의 성격(영리 혹은 비영리)에 관계없이 에이아이는 범조직적 변화를 가져오는 강력한 장치이다. 많은 조직들이 조직변화에 에이아이를 활용하여 좋은 결과를 얻었다. 이들 중 여덟 개의 사례가 제 4장, "에이아이 적용 사례: 시초부터 현재까지"에 설명되어 있다.

조직 간 역량 구축

조직 간 변화 주제는 둘 이상의 조직으로 하여금 관계를 구축하고, 공통적인 정체성을 창출하거나, 공유된 목적을 달성하도록 해주는 것 등을 말한다. 실제로 에이아이는 IBEW와 CWA라는 두 개의 전국 단위 노조와 GTE 간에 혁신적인 노사 간 파트너십을 구축하는데, 네바다 주Nevada State와 클라크군 아동 복지 서비스 Clark County Child Welfare Services의 합병, 덴버 시의 교통 엔지니어링 부서Traffic Engineering와 교통 운영 부서 합병 등의 목적에 사용된 바 있다.

공동체 개발

에이아이는 국제 공동체 개발에 있어 그 효과가 입증된 수단이다. 케이스 웨스턴 리저브 대학의 GEM(Global Excellence in Management, 글로벌 우수 경영 사례) 및 SIGMA(Social Innovation in Global Management, 글로벌 경영의 사회적 혁신 사례) 프로그램 연구를 시작하면서, 에이아이는 이 목적을 위해 전 세계에서 활용되었다.

수백 건의 지역사회 프로젝트들이 이매진 시카고Imagine Chicago라는 혁신 사례에 영감을 받았다. 이매진 시카고 프로그램은 이 장의 뒷부분에 자세히 소개되어 있다. 예를 들어 스벤 샌드스트롬Sven Sandstrom과 리젠 케브Lisen Kebbe가 이끄는 스웨덴의 한 컨설팅 팀은 고트란트의 지역 공동체가 지역 내 최대 일자리 제공자인 군 기지가 없어질 상황에 대비하여 이 지역의 미래를 설계하는데 이매진 고트란트 Imagine Gotland라고 불린 에이아이 프로젝트를 수행했다. 이 외에도, 세이브 더 칠드런Save the Children, 루터교 세계 구호 협회Lutheran World Relief, 유니세프 등과 같은 단체들이 전 세계 여러 나라 사람들의 삶의 질을 향상시키는데 에이아이가 활용되었다. 이와 유사하게 21세기 초, 국제 컨설턴트인 라비 프라드한Ravi Pradhan은 동남아시아 전반에 걸친 공동체들에서 임산부들의 사망률을 줄이는 데 에이아이를 이용하였다.

1990년대 후반기에 들어서면서, 에이아이는 덴버 시와 덴버 군, 애리조나 주의 벅아이 시, 콜로라도 주의 래리머 카운티, 마라포사 정부 연합Maricopa Association of Government를 포함한 많은 지역 자치정부 및 군 단위 정부의 기획 단계에서 채택되었다. 이런 자발적 사례들 중 가장 주목할 만한 두 가지 사례는 둘 다 콜로라도 주에서 시작된 포커스 온 롱몬트Focus on Longmont 프로젝트와 그리팅 아워 퓨처 Greeting Our Future 프로젝트로서, 해당 지역, 지방, 국가 그리고 국제적인 관심을 모으면서 많은 상들을 받았다. 이 프로젝트들에 관해서는 제 11장, "에이아이: 공동체 기획을 위한 프로세스"의 상당 부분이 할애되어 있다.

전 세계적 규모의 변화

에이아이 프로젝트를 하면 할수록, 우리는 글로벌한 변화를 일으키는 이 기법의 역량에 대해 더 많이 알게 된다. 에이아이는 전 세계적으로 산악 문화와 환경을 보살피고 보존하기 위해 설립된 조직인 "마운틴 포럼Mountain Forum"과 현재 전 세계 179개 지부를 두고 있는 글로벌 범종교 기구인 "종교 연합 운동United Religions Initiatives" 등을 포함하여, 많은 글로벌 기구들을 조직하는 데 성공적으로 활용되었다.

현재 에이아이는 케이스 웨스턴 리저브 대학의 "BAWBBusiness As an Agent of World Benefit" 프로젝트와 종교 연합의 "Global Peace Inquiry" 프로젝트, 최적의 건강상태에 관한 생각을 널리 전파하기 위한 프로젝트인 Valeo 등을 포함하여, 지구상의 생명에 대한 경각심을 불러일으키고, 인류의 삶을 변화시키기 위한 목적으로 발의된 다수의 글로벌 탐구 프로젝트에 활용되고 있다.

소규모 그룹·팀 개발

에이아이는 교육과정 설계, 회의 관리, 팀 빌딩에 그 유용성이 입증된 프로세스이다. 실제로 에이아이는 비즈니스 리더십 개발, 고등학교 커리큘럼 개발, 대학 교육 등에 활용된 바 있다. 조직 관련 컨설턴트이자 교육자인 찰스 프랫Charlese Pratt은 에이아이를 고등학교 학생들을 대상으로 한 학습 프로세스에 이용하면서 삶의 변화에 대한 실험을 했다. 그 한 예로, 클리블랜드의 쇼 고등학교는 교육 비상사태를 선포하였다. 기초 학력 시험 통과자보다 낙제 학생들이 더 많았던 것이다. 이 학교에 에이아이 기법을 도입한 후, 찰리(찰스 프랫의 애칭)는 더 많은 일들을 신속하게 하기로 결정했다. 그녀는 3주에 걸친 에이아이 여름 캠프를 개설했다. 학생들을 이 캠프에 참여시킬 것인지를 결정하기 위해 세 가지 기준을 세웠는데, 첫째 참석 대상이 되는 학생들이 기초 학력 시험에 3회 이상 낙제한 경험이 있어야 했고, 둘째 이 학생들의 담임교사들이 이 학생들은 대학에 갈 기회가 전혀 없을 것이라고 믿어야 했으며, 셋째 학생들이 자발적으로 참여 여부를 결정해야 했다.

과정은 간단했다. 학생들은 담임교사들, 교육 행정가들, 부모들 그리고 공부로 성공한 성인들과 인터뷰를 실시했다. 그들의 인터뷰는 성공한 사람들이 어떻게 공부했으며 대학 졸업생들에게는 어떤 종류의 일자리들이 존재하고, 대학이란 곳이 어떤 곳인가를 알아보기 위한 것이었다. 인터뷰를 한 후, 학생들은 서로 자신이 인터뷰한 이야기들과 자료들을 공유하고 프리젠테이션을 준비하여 발표했으며 인터뷰를 통해 알게 된 사실을 서로 나누었다. 총 31명의 학생들이 이 프로그램에 참여하였고, 그 중 29명이 프로그램을 수료했으며 28명이 프로그램이 끝난 후 기초 학력 시험에 합격한 후 대학에 가기로 결정했다. 그 과정에서 학생들의 자존감과 학업 성취도가 모두 현저하게 향상되었다.

감독자와 관리자들이 에이아이의 원칙을 알게 되면, 그들 역시 변화를 경험한다. 구체적인 예를 들면, 회의 서두에 긍정적인 질문을 하나 하는 것이 성공적인 회의로 이끄는 분위기를 조성한다는 것이다. 이들은 "지난주에 우리가 성공적으로 수행한 업무가 무엇이었습니까?" 혹은 "지난 번 회의 이후에 부서 내에서 여러분이 경험하고 목격하고, 혹은 들은 것들 중에 가장 감동적인 고객 서비스는 무엇이었습니까?"와 같은 질문들을 하기 시작한다.

마지막으로 기존의 그룹들과 팀들이 에이아이의 이점을 발견하게 되면 근본적인 변화를 경험하게 된다. 팀 정체성을 구축하는 것, 구성원들의 강점들을 한 데 묶는 것, 동료애와 신뢰를 구축하는 것, 팀의 규범을 확립하는 것, 프로젝트의 비전과 목표들을 수립하는 것 등과 같은 기본적 활동들은 모두 에이아이 프로세스에 바탕을 둘 때 보다 효과적이다. 우리가 저술한 "긍정 팀 빌딩Appreciative Team building: 당신 팀의 최고 역량을 끌어내기 위한 긍정적 질문들"이란 책은 이런 환경에서 에이아이에 적응하기 위한 특정한 방법들과 사례들을 제시하고 있다.²

그룹 간 변화

에이아이는 그룹 간 협력 및 신뢰를 향상시키는 데 효과적인 수단임이 입증되었다. 예를 들어, 선도적인 유럽 컨설턴트인 루스 셀리거Ruth Seliger는 창업주 겸 CEO가 은퇴를 준비하고 있다는 이유로 붕괴 위기에 처한 한 조직으로부터 도와달라는 요청을 받았다. 이 조직 내에는 미래에 대한 공포가 만연했고, 그 결과 물러나는 리더의 공로는 전혀 인정받지 못하고 있었다. 루스는 에이아이가 그 간극을 메워줄 것이라고 제안했으며, 그 리더는 이 제안이 훌륭한 아이디어라고 생각하며 받아들였다. 새로운 경영 팀 중에서 몇몇 구성원들은 그다지 내켜하지는 않았지만, 그들은 함께 인터뷰에 참여했다. 놀랍게도 이틀 간 진행된 에이아이 서밋Appreciative Inquiry Summit 기간 동안에 구성원들은 회사의 과거 리더십과 업적들에 대해 소리 높여 지지하였으며, 또한 긍정적인 태도를 취했다. 서밋의 첫째 날은 과거 업적 중 조직과 그 리더십에 관해 최고였던 점들에 중점을 두었다. 다음 날에는 미래에 초점을 맞췄다. 이틀간의 서밋이 끝나자 그 조직은 미래에 대해 명확한 비전을 가지게 됐고 현재의 강점들 중 무엇을 지속적으로 지켜나갈 것인가에 대한 확고한 생각을 가지게 됐는데, 바로 그 순간에 이 조직은 성장하고 변화한 것이다.

개인적 관계 변혁

에이아이는 코칭, 멘토링 그리고 심지어 치료에 있어서도 개인적 변화를 이끌어 내는 강력한 매개 수단이 될 수 있다. 많은 조직들이 에이아이를 채용, 성과 평가, 조직 구성원 오리엔테이션, 경력 계획을 위한 자신들의 프로세스에 도입하였다. 예를 들어 맥데이터 코퍼레이션McDATA Corporation은 조직이 빠르게 성장함에 따라 발생한 인적 자원 문제 중 일부를 해결하기 위해 에이아이를 기반으로 한 멘토링 프로그램을 기획하고 시행하였다. 신입 사원들이 입사한 후 몇 주 후, 모든 신입 구성원들은 그들의 멘토와 같이 식사를 하도록 초대 받았다. 식사를 하는 동안, 멘토mentor와 멘티mentee 간에 긍정 인터뷰를 하였다. 멘토들은 자기 멘티 신입 사원들이 느끼는 조직에 대한 긍정적인 첫인상, 멘티들의 강점, 희망, 미래에 대한 꿈 등에 대해 인터뷰를 했으며, 신입 사원들은 회사의 문화와 핵심 가치들에 관해 자신들의 멘토에게 질문을 하였다. 이러한 인터뷰와 멘토링을 통해 맺어진 관계들은 이 회사 문화의 가장 긍정적인 측면들이 강화되고 확대됨에 따라 더욱 견고해졌다.

실제로, 코칭 및 리더십 개발 분야들은 지난 십여 년 간 워크숍, 기사, 책들을 통해 가장 빠르게 성장하는 에이아이의 적용 분야가 됐다. 특히, "긍정 코칭 Appreciative Coaching"[3]과 "긍정 리더십Appreciative Leadership"[4] 등의 책들은 에이아이를 수행하는 데 있어 실질적인 사례와 방법들을 제시해 주고 있다. 이와 유사하게, Appreciatve Leadership Development Program[5]은 고유한 강점, 능력, 재능 등과 같은 핵심적 긍정 요소들을 발견하고 구축하기 위한 포럼이다. 우리는 최고 경영진과 관리자들을 일대일로 코칭할 때 긍정적인 조직 문화를 조성하는 방법과 여러 가지 측면 중에서 최고의 강점을 부각시키는 방법을 찾는데 있어 에이아이를 이용했다.

또한, 에이아이는 개인의 영적 성장을 돕고, 다양한 그룹들 안에서 상처 입은 사람들을 치료하며, 개인적 관계를 향상시키기 위한 광범위하고 다양한 목적에 활용될 수 있다. 예를 들어, 신학자인 페기 그린Peggy Green은 동성애자와 독실한 기독교도들을 함께 대화에 참여시키는 수단으로 에이아이를 이용했다. 그녀의 용기 있는 프로젝트인 "우선 화해합시다First Be Reconciled"는 이 극단적으로 나뉜 사람들을 치유하고 협동하도록 만드는 것을 가능하게 했다.

개인적 차원에서 에이아이는 가족 간의 재화합, 기념, 은퇴, 생일 축하 등과 같은 목적들을 위해, 활용될 수 있다. 예를 들어, 친구들과 가족들은 그 사람이 자신의 삶을 바꾸어 놓은 그 순간을 이야기하고 그 사람의 미래에 대한 염원을 담은 비디오테이프와 스크랩북을 만들어 줄 수 있다. 이와 같은 자료들은 개개인의 삶을 축복하고, 개인적 성장에 필요한 자양분을 제공한다.

참여의 형태: 에이아이의 접근법 중 어떤 접근이 가장 당신의 필요에 적합한가?

어떤 에이아이 프로세스들은 몇 시간, 혹은 며칠에 걸쳐 진행되는 반면, 어떤 경우에는 아주 오랜 기간 지속되기도 한다. 일부는 상당한 자원이 소요되고 조율을 필요로 하는 반면, 또 다른 것들은 이미 진행 중인 업무에 적용되기 때문에 크게 두드러지지 않는 자기 관리적self-managing 접근법이 될 수도 있다. 어떤 상황이 되었든, 여러분은 항상 당신의 변화의 주제, 일

〈그림 4〉 에이아이에 대한 접근법들: 참여의 형태

정, 자원 그리고 기타 환경에 가장 적합한 참여의 형태를 선택하기를 원할 것이다.

이 책을 집필하는 동안, 우리는 최소한 여덟 가지에 이르는 에이아이의 참여 형태를 알게 됐다. 이러한 방법들은 전 세계의 전문가들이 새롭고 예기치 못한 상황에 부딪히면서 오랜 시간에 걸쳐 시험하고, 재고하고, 다듬는 과정을 거쳐 만들어 낸 성과물이라 할 수 있다. 〈표 3〉은 이 여덟 가지 참여 형태를 요약한 것이다. 이들 여덟 개의 참여 형태가 별개로 나열되어 있기는 하지만 실제로 이들 간에는 겹쳐지는 부분이 많다.

〈표 3〉에 제시된 참여형태 중 몇 개는 다른 것에 비해 프로세스가 복잡하기 때문에 긴 설명을 필요로 하는 반면, 나머지 것들에 대한 설명은 짧고 간단하다. 설명의 길고 짧음에 상관없이, 〈표 3〉의 모든 설명은 긍정 변화에 대한 새롭고도 의미 있는 접근법을 상상하고 만들어 내는데 도움이 될 것이다.

범 시스템적 4-D 협의

범 시스템적 4-D 협의는 조직 전체가 여러 명의 이해 관계자들과 함께, 완전한 4-D 사이클 즉, 발굴하기Discovery, 꿈꾸기Dream, 디자인하기Design, 실현하기Destiny를 오랜 기간에 걸쳐 수행해 나가는 것이다. 조직의 구성원들 중 일부가 긍정 주제들을 선택하고, 인터뷰 지침(들)을 만들어 낸다. 다른 구성원들은 자문 역할을 한다. 또 다른 구성원들은 인터뷰를 실시하고, 의미를 찾아내며, 자신들이 발굴한 결과에 대해 의견을 교환한다. 또 다른 사람들은 미래를 계획하고 이상적인 조직을 설계하는 데 합류한다.

그리고 또 다른 사람들은 꿈과 설계를 실현하기 위한 변화 프로젝트들을 기획한다. 어떤 사람들은 전체 프로세스에 참여하기를 원하는가 하면, 다른 사람은 어느 한 과정에만 도움을 주는 것을 선호한다. 전체든 일부이든 상관없이, 모든 구성원들이 4-D 사이클의 과정 속에서 에이아이에 참여하게 된다.

범시스템적 4-D 협의는 통상 2개월에서 1년에 걸쳐 수행된다. 범시스템적 탐구

〈표 3〉 **참여의 형태**

참여의 형태	요약 설명
1. 범 시스템적 4-D 협의 Whole System 4-D Dialogue	조직의 모든 구성원들과 일부 이해 관계자들이 하나의 에이아이 4-D 프로세스에 참여한다. 이는 장기간에 걸쳐 여러 장소에서 수행된다.
2. 에이아이 서밋 AI Summit	대규모 인원 그룹이 2일에서 4일 간의 에이아이 4-D 프로세스에 동시에 참여한다.
3. 집단 - 확장 탐구 Mass-Mobilized Inquiry	사회적인 함의가 있는 주제에 대한 대규모 인터뷰(수천 명에서 수백만 명)를 한 도시, 공동체, 혹은 전 세계로 확장하여 수행한다.
4. 핵심 그룹 탐구 Core group inquiry	소규모의 인원들이 주제를 선택하고 질문들을 만들어 인터뷰를 수행한다.
5. 긍정변화 네트워크 Positive Change Network	한 조직의 구성원들을 에이아이 기법에 대해 훈련시킨 후, 프로젝트를 개시할 자원들을 제공하고, 자료, 이야기, 최우수 사례들을 공유하도록 한다.
6. 긍정변화 컨소시엄 Positive Change Consortium	복수의 조직들이 공조하여 에이아이의 4-D 프로세스에 참여하여, 공동의 관심 영역에 대해 탐구하고 이를 개발한다.
7. 에이아이 학습 팀 AI Learning Team	특정 프로젝트에 관련된 소규모의 인원들, 즉, 혁신 팀, 프로세스 개선 팀, 고객 포커스 그룹, 벤치마킹 팀, 혹은 학생들 등이 하나의 에이아이 4-D 프로세스를 수행한다.
8. 단계적 에이아이 미팅 Progressive AI Meetings	하나의 조직, 소규모 그룹, 혹은 팀이 각각 2시간에서 4시간 정도 지속되는 10회에서 12회 가량의 회의 과정을 통해 에이아이의 4-D 프로세스를 경험한다.

는 해당 회사뿐 아니라, 고객들의 회사나 사업장 등 여러 장소에서 이루어진다. 또한 범시스템적 탐구는 사업 단위, 부서, 직능 단위 전반에 걸쳐 탐구의 결과를 통합하는 과정을 거친다. 이 장의 후반부에 나와 있는 에이아이 서밋과 에이아이 학습 팀 등과 같은 여타 에이아이의 참여 형태들은 범시스템적 4-D 협의를 거쳐 조직 전반에 걸친 통합 및 학습의 과정에서 이루어지게 된다.

범시스템적 4-D 협의의 각각의 단계에서는 신참들과 고참들을 하나의 공통된 스토리 라인, 공유된 비전, 집단 지혜를 가진 단일하고도 강력한 그룹으로 연결하기 위해 긍정 인터뷰 기법을 활용한다. 긍정 인터뷰는 사람들로 하여금 새로운 사람들을 만나고 새로운 아이디어들을 찾아내도록 하며, 이 방법에 따라 수행된 업적들을 존중하고 이를 기반으로 하여 진취적인 삶을 지속할 수 있도록 해 준다. 범 시스템적 4-D 협의가 시간과 장소에 따라 어떻게 이루어지는가를 보다 더 잘 이해하기 위해, 브리티시 에어웨이 항공사의 사례British Airway Customer Service NA를 살펴보자. 40명의 사람들이 긍정 주제들을 선택하고 인터뷰 지침을 작성하기 위해 이틀에 걸쳐 모임을 가졌다. 그로부터 2개월 동안, 1백 명의 사람들이 긍정 인터뷰 하는 방법에 대해 훈련을 받았다. 이 사람들은 그 후 6개월에 걸쳐 9백 여명의 구성원들을 인터뷰했다. 인터뷰 과정이 끝난 후에는, 데이터 통합과 꿈꾸기 작업이 18곳의 공항에서 수행되었다. 한 달 후, 90명의 인원들이 참가한 에이아이 서밋에서 조직의 디자인 선언문Design Statement이 작성됐고, 지역 간, 직능 간 혁신 팀들이 발족됐다. 이 팀들은 행복한 직장Happiness at Work, 지속적인 인재 개발Continuous People Development, 작업 그룹 간의 조화Harmony Among Work Groups, 탁월한 도착 경험Exceptional Arrival Experiences 등의 캠페인 영역에서 조직에 현저한 기여를 하면서 3개월에 걸쳐 활동했다.

언제 범시스템적 4-D 협의를 시작할 수 있는가? 이 접근법은 조직이 다음과 같은 사항의 일부 또는 전부를 달성하고자 할 때 특히 효과적이다.

- **리더십 역량 구축**. 범시스템적 4-D 협의는 기존 리더십을 강화하는 한편, 미래의 리더들을 발굴해내고, 이들의 능력을 개발하기 시작한다. 리더십 역량 구축은 사람들이 리더십 스킬을 연습해 보도록 하며, 에이아이 환경이나 그렇지 않은 환경 모두에서 긍정적이고 생산적인 리더로서 성장할 수 있는 스킬들을 가르친다.

- **의사소통의 장벽 해소 및 극복.** 범시스템적 4-D 협의는 사람들이 서로 교류하도록 만들어 주고, 이들이 직위, 직무, 임기, 의사소통을 막는 기타 사회적 장벽을 초월하는 긍정적 관계를 구축하도록 도와준다. 이는 조직 전반에 걸쳐 협력적 노력들이 발휘되도록 하고, 생활 중심적 조직에 잘 들어맞는 시스템 및 구조로 발전할 수 있는 토양을 제공한다.
- **학습 문화 형성.** 범시스템적 4-D 협의는 조직의 정보 및 학습 내용이 전달될 수 있는 관계망을 확립하는데 기여한다. 범시스템적 4-D 협의를 통해 최우수 사례들을 공유하기 위한 포럼을 구성하고, 조직 구성원들로 하여금 과거에 효과가 있었던 사례들을 긍정적 변화를 위한 본보기로 하여 자신들에게 알맞은 구체적인 실천 사례와 접근법들을 새롭게 만들어 내려는 의지를 불어넣어 준다.
- **사람들이 최상의 능력을 발휘하도록 해 줌.** 범시스템적 4-D 협의는 사람의 잠재력과 능력이 발휘될 수 있도록 해주며, 그렇게 하는 동안 조직이 도달할 수 있는 최상의 상태가 되도록 돕는다. 이를 위해서 조직 구성원 자신이 도달할 수 있는 최상의 상태의 개인들과 그룹들로 변화해야 한다.
- **긍정변화를 위한 역량 증진.** 범시스템적 4-D 협의는 사람들이 편하게 느끼고, 참여하며, 서로의 이야기를 들을 수 있는 분위기를 조성함으로써 긍정적인 변화가 발생하도록 하는데, 바로 이것이 조직의 경쟁 우위가 되는 것이다.

에이아이 서밋 AI Summit

에이아이 서밋은 이틀에서 나흘간에 걸쳐 4-D 사이클을 시행하는 대규모 회합이다. 에이아이 서밋에 참가하는 사람들은 다양하며, 조직의 모든 이해 관계자들, 즉 구성원들, 고객들, 공급업체들, 지역 공동체의 구성원들, 정부 기관들 그리고 그 외에도 다양한 사람들을 포함한다. 참가하는 사람들의 인원수는 대략 50명에서 2천명 이상에 이를 수 있다.

에이아이 서밋은 "많은 사람들이 함께 모이면 적은 수의 사람들이 할 수 있는 것을 훨씬 넘어서는 성공을 거둘 수 있다"는 아이디어에서 그 이름을 따온 것이다. 에이아이 서밋은 사람, 조직 그리고 세계를 위한 최고의 선(善)을 위해 봉사할 수 있는 긍정적 가능성을 고양하는 역할을 한다.

서밋마다 저마다의 고유한 형태와 구조를 갖고 있지만, 성공적인 에이아이 서밋에는 다음과 같은 공통점이 있다. 서밋 주제는 업무에 직접 관련이 있는 전략적인 것이어야 한다. 서밋은 이 주제와 관련되어 있거나 영향력을 갖고 있는 사람들을 모두 한 자리에 처음으로 불러 모으게 한다. 각 서밋은 발굴하기, 꿈꾸기, 디자인하기, 실현하기로 이루어지는 에이아이의 4-D 사이클을 거치게 되고, 소규모 및 대규모 그룹 프로세스와 함께 일대일 인터뷰를 병행한다. 그리고 서밋에 참가한 모든 이들은 동일한 발언권을 갖는다.

에이아이와 그 원리를 인정하는 조직들은 전략 기획, 역량 구축 그리고 조직 변화를 위해 정기적으로 에이아이 서밋을 개최한다. 예를 들어, 로드웨이 인터내셔널 Roadway International은 이익 증대와 사업 능력을 향상시키기 위해 일련의 에이아이 서밋을 개최했다. 뉴트리멘탈 푸즈 SA Nutrimental Foods SA도 해마다 서밋을 개최하며, 조직 전체가 참여하여 업무 방식을 재설계한다. 또한 종교 연합 운동 United Religions Initiative은 산하 신설 조직의 목적, 원칙 그리고 조직에 부여된 새로운 역할을 고양하기 위해 1년에 일곱 차례의 지역별 서밋을 주최했다.

에이아이 서밋이 가장 적합한 참여방법인 경우는 언제인가? 에이아이 서밋은 종종 범시스템적 4-D 협의의 핵심적 부분이 된다. 또한 에이아이 서밋은 다음과 같은 상황에서 가장 효력을 발휘하는 효과적이고 독자적인 에이아이의 참여 형태이다.

- **기획, 의사결정, 혁신을 가속화하고자 할 때.** 소규모 그룹 프로세스와 커뮤니케이션 전파에 바탕을 둔 기획 및 의사결정에 대한 전통적 접근법들은 영향력을 발휘하는 데는 시간이 걸린다. 그리고 대부분의 조직들은 빠르게 변

화하는 시장과 사업 환경에 직면했을 때 이에 제대로 대응할 자세가 되어 있지 않다. 에이아이 서밋을 통해 모든 이해 관계자들을 한 자리에 불러 모음으로써, 좀 더 신속하게 의사결정을 할 수 있으며 조직 전체가 한 마음으로 앞으로 나아갈 수 있게 된다.

- **미래에 대한 고무적이고 창조적인 비전을 수립해야 할 때.** 이미지는 행동을 유발한다. 많은 조직들이 미래에 대한 고무적인 비전을 갖지 못해서 성과를 제대로 내지 못하고 있다. 에이아이 서밋은 새로운 가능성과 비전들을 고양시키기 위한 최상의 방법들 중 하나이다. 대규모 그룹의 사람들이 그들의 꿈을 공유하면, 총체적인 역량들이 발휘되고 새로운 방향들이 생겨난다.
- **합병, 연합, 파트너십을 구축해야 할 때.** 조직들이 합병 과정에서 겪는 가장 큰 어려움은 사람들 간의 관계와 유대감을 형성하지 못하는 것이다. 에이아이 서밋의 최대 강점 중 하나는 다양한 인적 그룹을 한데 모으는 능력이다. 한번의 4-D 사이클을 수행하는 동안, 외부인들은 파트너들이 되고 이러한 과정을 통해 사람들 간에는 전례 없는 수준의 협조 체제가 생겨난다.
- **새로운 조직 혹은 사업을 위한 모멘텀을 수립 혹은 구축해야 할 때.** 조직이나 사업의 초기 단계에서 구상이나 계획의 폭과 깊이가 미래의 성공을 좌우한다. 에이아이 서밋을 통해 사람들은 목적 및 원칙, 전략과 구조, 사람과 정책 등 신설 조직의 모든 측면을 충분히 검토하는 기회를 갖는다. 시작 단계에서 쌓는 유대감을 바탕으로 조직 구성원들은 조직이나 사업에 지속적으로 헌신하고 참여하게 된다.

집단 - 확장 탐구 Mass-Mobilized Inquiry

집단 확장 탐구는 많은 인원들을 면 대 면 대화에 참여시키기 위한 프로세스이다. 한 그룹의 인원들이 인터뷰 진행자들로 나서서 일련의 인터뷰들을 진행, 완결하는 것으로, 예를 들어 50명의 사람들이 각자 10건의 인터뷰들을 수행하는 식이다. 인터뷰가 끝나면, 각 인터뷰 진행자들은 자신이 인터뷰했던 사람들에게 인터뷰 진행자가 되어줄 것을 요청한다. 이에 동의한 사람들은 인터뷰하는 방법을 안내받고 아울러 인터뷰 지침서를 제공받는다. 이런 식으로 각자 10건의 인터뷰를 수행하는 50명의 사람들은 상대적으로 짧은 시간 안에 자신들이 맡은 500건의 인터뷰들을 수천 건의 인터뷰들로 바꿔 놓을 수 있다. 백, 천, 혹은 백만으로 곱하면, 집단 탐구는 하나의 조직, 공동체, 혹은 세계 안에서 혁신적인 변화를 일으킬 수 있다.

1990년대 중반에, 퍼스트 시카고 뱅크First Chicago Bank의 임원이었던 블리스 브라운Bliss Brown은 이매진 시카고Imagine Chicago라는 프로그램을 계획하고 조직하기 위해서 회사를 그만두었다. 그 후 이매진 시카고는 가장 초기에 진행된 집단 확장 탐구 중 매우 성공적인 실험을 해낸 프로그램이 되었다. 에이아이를 "도시 혁신을 위한 촉매제"로써 활용하면서, 그녀는 혁신적인 일련의 질문들과 가정들로 이루어진 계획을 구상하였다.

> 만약 시카고의 모든 시민들이 이 도시의 건강한 미래에 대해 그들이 상상하는 것들을 공개적으로 표현할 수 있다면, 어떤 일들이 일어날까? 만약 어떤 단체나 시청이 그 비전을 실현하는데 필요한 자신의 역할을 설명해 달라고 요청한다면? 3백만 명의 인구를 가진 우리 시에서 긍정적이고 의미심장한 미래가 결실을 맺도록 돕기 위해 개인 및 조직들이 참여하여, 긍정적인 집단적 이미지를 만들어내는 일이, 가장 풍성하게 결실을 맺는 활동이 될 수 있다는 것이 가능한 일 일까?

수백 건의 세대 간 인터뷰가 이루어졌는데, 특히 가장 성공적이었던 것은 아이들이 이 도시의 원로들, 즉 신부, CEO, 학교 교장, 부모, 연예인, 예술가, 사회운동가, 과학자들과 진행한 인터뷰들이었다. 인터뷰를 받은 한 사람은 인터뷰 경험을 통해 깊은 감명을 받기도 했다.

뭐랄까, 그 인터뷰를 하는 동안 나는 말 그대로 미래의 모습을 보았고, 밝은 사회의 핵심적인 요소를 탐구했습니다. 그 대화는 정말 소중했습니다.[7]

이와 동시에, 인터뷰를 수행한 어린이들은 수학, 독해, 작문을 포함한 모든 영역에서 학교 성적이 향상되었다.

이매진 시카고 운동이 성공함에 따라 세계 각 곳에서 이매진 운동이 일어났는데, 이 책이 발간된 당시에도 6대륙을 망라하는 20여 개 국에서 70개의 프로젝트들이 진행되었다.[8] 아울러, 이는 종교 연합 운동의 세계 평화 탐구 Global Peace Inquiry 프로젝트와 제 11장, "에이아이: 공동체 구축을 위한 프로세스에 게재된 공동체 기획 프로젝트들의 삼분의 이에 해당하는 집단 확장 탐구들이 생겨날 수 있는 모태가 되었다. 이들 프로젝트들은 모두 수백, 수천, 혹은 수백만의 인터뷰들을 통해 공동체를 하나로 화합시키고, 미래에 대한 긍정적 이미지를 고양하며 더 나은 세상을 만들어 나가기 위해 수행되었다.

어느 경우에 집단 확장 탐구가 가장 적합한 참여형태가 될 수 있을까? 많은 사람들을 단일한 조직 혹은 공동체나 산업분야로 통합시키고자 한다면, 집단 확장 탐구가 최선책이다. 이 접근법은 다음과 같은 목적에 특히 적합할 것이다.

- **공동체의 이미지를 자체적으로 변화시키고자 할 때.** 도시 공동체의 일상적인 스토리 라인들이 가난, 부패, 마약, 폭력 그리고 그보다 더 나쁜 상황들을 포함하고 있다면, 도시의 핵심적 긍정요소를 재발견하기 위한 프로세스가 필요하다. 집단 확장 탐구는 한 공동체가 수 세대에 걸쳐, 사람 대 사람, 그룹 대 그룹 간에 자신들이 이전에 가졌던 최상의 상태를 전파하는 것을 도울 수 있다.
- **다양하고, 때로는 갈등하는 그룹들 간에 관계를 구축하고자 할 때.** 크고 다양한 공동체들이 비극적인 오해와 무의미하고 지속적인 갈등의 무대가 되는

경우가 종종 있다. 집단 확장 탐구는 차이점들을 넘어서는 관계를 구축하는 데 도움이 된다. 집단 확장 탐구는 다양하고 때로는 서로 충돌하는 공동체들이 경이와 기쁨으로 가득 찬 용광로가 될 수 있는 가능성을 보여준다.
- **긍정적인 혁신이나 선을 전파하고자 할 때.** 집단 확장 탐구는 사람이 선한 방향으로 움직일 수 있게 격려해 주며 이러한 움직임은 쉽게 다른 사람들에게 전파된다. 서로 연관될 가능성이 별로 없는 사람들이 집단 확장 탐구 덕택에 연대감을 갖게 된다. 집단 탐구는 사람들이 서로 만나고, 가능성을 검토하며, 미래를 위한 그들의 꿈과 희망을 이루는 일에 함께 참여할 수 있는 기회를 제공한다.

핵심 그룹 탐구 Core Group Inquiry

경우에 따라서는 프로젝트를 즉시 시작해야 하거나, 작은 규모로 일을 해야 할 때가 있다. 또 다른 경우에는 에이아이를 도입하고 대규모의 참여를 유도하는 개방적인 프로세스가 필요하다. 이러한 상황에는 핵심 그룹 탐구가 유용하다.

핵심 그룹 탐구는 범시스템적 4-D 협의와 유사하지만, 그보다는 더 작은 규모로 그리고 더 짧은 시간 동안 수행된다. 이를 위해서 조직을 대표하는 5명에서 50명의 사람들로 구성된 하나의 핵심 그룹이 조직된다. 핵심 그룹은 주제들을 명확히 하고 질문들을 정교화하여, 긍정 인터뷰들을 수행한다. 꿈꾸기, 디자인하기, 실현하기 단계에서 추가적인 인원들이 이 핵심 그룹에 추가되거나 핵심 그룹이 전체 프로세스를 독자적으로 운용해 나갈 수도 있다.

인젠더 헬스Engender Health는 기업 업무의 본질과 자금 확보에 있어 주요한 변화가 일어난 시점에서 에이아이 기법을 활용하는 전략 개발 프로세스를 발족했다. 이 조직은 전 세계에 걸쳐 활동하고 있는데 그 조직의 목적은 인간의 생존과 출산에 관련된 보건 서비스를 안전하고, 이용 가능하며, 지속될 수 있는 것으로 만듦으로써 개개인의 삶을 개선시키고자 하는 것이었다. 이 조직은 자원이 부족한 곳에서 생존과 출산과 관련된 건강 서비스를 개선하기 위한 실질적인 해결책에 초점을 두고, 스킬 지원, 훈련, 정보 등을 제공한다. 이 조직은 30개국에 걸쳐 활동 중이며, 이들 중 20개 국가에 사무실을 두고 있다. 에이아이 프로젝트를 수행하기 위해서 이들은 핵심 그룹 탐구와 에이아이 서밋을 조합한 참여형태를 채택하였다. 60명이 참여하는 에이아이 서밋을 준비하면서, 이들의 자문 팀은 국제 환경 조사팀 International Environmental Scan Team이라고 불리는 핵심 그룹을 시험 운용했다. 그 핵심 그룹의 목적은 직원들 중 일부를 선정하여 이들 표본 집단과 인터뷰를 수행하고, 인터뷰 주제에 대한 요약본을 작성하여 그들의 조사 결과를 서밋에 제출하는 것이었다.

핵심 그룹의 탐구 결과를 협의하고 4-D 사이클을 완료한 후에 서밋 참가자들은 몇 가지 시도와 계획을 당해 회계 연도에 발족시켰으며, 이와 더불어 보다 광범위한 탐구 과정을 시작하였다. 이 과정에서는 새로운 핵심 그룹을 구성하여 인터뷰를 수행하였는데 여기에는 전 세계의 모든 스태프들과 외부의 협력자들, 기증자들 그리고 잠재적인 파트너나 경쟁자들이었던 기타 조직들이 참여했다.

핵심 그룹 탐구 기법을 활용함으로써 이 조직은 신속하게 변화 활동을 시작할 수 있었으며 더 큰 효과를 얻어, 보다 총체적인 에이아이 프로세스로의 참여를 구축할 수 있었다. 이를 통해 이 조직은 조직의 핵심 사업 저변을 확대하고 자금 확보 다변화에 대한 전략적 계획을 수립하여 조직의 폭 넓은 지지를 이끌어 낼 수 있었다.

핵심 그룹 탐구가 적절한 경우는 다음과 같다.

- **일을 빨리 시작하고 결과를 빠른 시간 내에 얻고자 할 때.** 핵심 그룹 탐구는 소규모 그룹의 구성원들이 전체적인 업무를 신속하게 처리할 수 있도록 해준다. 특히 상대적으로 소수의 인터뷰 진행자들을 교육시키고 정보를 제공하며 다른 사람들의 의견을 도입함으로써 전반적인 영향력을 행사할 수 있다.

- **구성원들의 열의를 가질 수 있는 기반을 조성하고자 할 때.** 핵심 그룹 탐구는 관리가 쉬운 작은 규모로 시작하여 점차 확대되어 나간다. 이를 통해 구성원들이 열의를 가질 수 있는 기반이 만들어지는데, 이를 통해 더 크고 보다 총체적인 노력을 할 수 있는 분위기가 조성된다.

긍정변화 네트워크 Positive Change Network

몇 년 전 GTE(현재는 버라이즌Verizon)에서 에이아이 프로젝트를 진행하면서 일선 구성원들이 "교육"을 통해 변화됨으로써 조직도 변화된다는 것을 알게 되었다. 그 당시 우리의 임무는 6만 7천 명의 구성원들이 에이아이를 하도록 돕는 것이었다. 당시 우리의 임무였다. 우리는 이 프로젝트를 주제 선택이나 전체적인 규모의 탐구가 아닌 교육 프로그램으로부터 시작했다. 교육을 통해 에이아이를 이해하는 핵심 그룹을 만들어 이들이 전체적인 규모의 탐구를 준비하게끔 한 것이다. 그 결과는 놀라운 것이었다. 이틀간의 에이아이 워크숍에 참여한 후, 사람들은 그들 자신의 탐구 활동을 개시하기 시작했고 에이아이를 자신의 부서에 도입하여 그들이 비즈니스를 영위해 나가는 방식을 바꾸기 시작했다.

위의 사례는 오늘날 우리가 긍정변화 네트워크라고 부르는 에이아이 참여형태, 즉 한 조직에 에이아이를 체계적으로 도입하고 사업 및 조직의 모든 국면에 이것이 적용될 수 있도록 지원하는 프로세스를 탄생시켰다. 프로젝트 초기에 2일 ~ 4일간의 에이아이 교육 과정을 거친 후, 참가자들은 자신의 관심 및 전문 분야에서 자발적으로 에이아이를 수행해 나간다. 예를 들어, 한 사람이 우수 구성원 채용 사례에 대해 에이아이를 적용하고 다른 사람들은 특정 비즈니스 프로세스 개선에 에이아이를 적용하는 것이다. 그들은 스스로 주제를 선택하고, 자신이 던질 질문들을 만들며, 스스로 인터뷰를 수행할 뿐만 아니라 그들 자신의 데이터에 의미를 구성한다. 그들은 에이아이 프로세스에 다른 사람들을 참여시키기도 하고 때로는 혼자 진행하기도 한다. 또한, 그들은 에이아이 프로세스의 특정 시점에 자신들이 개인적 탐구 활동을 통해 배운 결과를 가지고 디자인하기나 실현하기 활동에 참여하기도 한다.

다음 세 가지 요소는 긍정변화 네트워크가 단순한 에이아이 교육과 다른 점이다.

1. 에이아이 교육을 받는 동안 참가자들은 에이아이를 그들의 일상적 업무에 적용할 수 있는 방법에 대해 고민하게 된다. 참가자들은 그들의 업무가 최상의 상태에 도달할 수 있는 철학과 방법론을 훈련을 통해 배우게 된다.
2. 참가자들은 최우수 사례들과 영감을 공유하고, 에이아이에 관한 이론 및 지식을 증진하기 위해 지속적으로 만나게 된다. 긍정변화에 관한 지식 교환 a Positive Change Knowledge Exchange이라고 불리는 온라인 지식 네트워크 등을 통해 구성원들은 질문과 이야기들을 교환하고, 더 많은 탐구 활동을 위한 아이디어를 내며 지침과 프로젝트 계획을 공유하기도 한다.
3. 참가자들은 그들의 탐구 결과를 공유하고 조직의 미래를 상상하기 위해 주기적으로 에이아이 서밋이나 기타 미팅에서 직접 만날 수 있는 기회를 갖게 된다.

긍정변화 네트워크들은 GTE버라이즌 이외에도 다양한 조직에서 성공적으로 전개되었다. 예를 들어, 콜로라도 주 웨스트민스터에 소재한 프론트 레인지 커뮤니티 대학교Front Range Community College는 대학 안에 긍정변화 네트워크를 상설 위원회로 설치하였다. 이 그룹의 구성원들은 인건비 절감, 인재 채용, 시설 설계, 전략 기획 등과 같은 분야에서 더 큰 공동체에 대한 내부 자문 및 지원을 제공하기 위해 자신들의 에이아이 스킬들을 이용하였다. 그들은 또한 에이아이와 그 적용방안들을 다른 교육 기관들에 소개하였다.

조직 변화에 대한 하나의 대중적 접근법으로서, 긍정변화 네트워크는 하나의 조직과 그 문화에 있어 상당한 정도로 긍정적인 영향을 미칠 수 있다. 이는 전체 구성원들이 아이디어와 자발적 계획들을 자유롭게 발휘하도록 하고, 때로는 서로 다른 지역에서 다양한 분야에 종사하고 있는 사람들을 쉽게 연결시킨다. 이 접근법은 소수의 자발적인 참가자들을 통해 진행되기 때문에, 규모가 매우 크거나 복잡한 시스템을 가지고 있는 조직에서 에이아이를 도입하거나 지속시키는데 효과적인 방법이다. 그렇다면 여러분은 언제 긍정변화 네트워크를 실행할 수 있을까?

- **유연한 긍정변화를 장려할 때.** 긍정변화 네트워크는 개인과 일반 구성원들이 주도하게 함으로써 긍정 변화를 유도한다. 이는 사람들에게 자기 안에 있는 선한 본성을 일깨워 개인의 업무 및 조직 전반에 걸쳐 변화를 일으킬 수 있는 도구를 제공한다.
- **전략적인 조직 학습을 증진시킬 때.** 긍정변화 네트워크는 시스템 전반에 걸쳐 탐구와 발견의 정신이 발휘되도록 만든다. 이에 더하여, 이 네트워크들은 지역적으로 멀리 떨어져 있는 다양한 분야에 종사하는 사람들을 공식적으로 연결해 준다. 긍정변화 네트워크는 이 사람들에게 공통의 언어와 스킬, 의사소통에 대한 창의적 방법들을 제공하여 사람들이 자신의 발견, 질문, 그리고 전통적인 영역 전반에 걸친 최우수 사례들을 공유하도록 장려한다.

긍정변화 컨소시엄 *Positive Change Consortium*

긍정변화 컨소시엄은 서로 다른 조직 또는 공동체들로부터 온 5명 ~ 8명의 사람들로 이루어진 팀들이 4-D 사이클에 대해 서로 협력하도록 하는 고도로 협조적인 에이아이의 참여 형태이다. 이와 같은 참여형태에 바탕을 둔 에이아이는 변화 주제change agenda에 초점을 두게 되는데, 그 예로는 콜 센터 운영에 관한 우수 사례나 지역 사회 보건 관리 개선 사례와 같은 것을 들 수 있다.

다양한 조직에서 온 인원들로 구성된 팀은 더 크고 범 조직적인 탐구 팀으로서

약 6개월에서 9개월의 시간에 걸쳐 활동하게 된다. 그들은 함께 공통 관심사가 될 만한 주제들을 선택하고, 인터뷰 지침을 수립한다. 그 후에 그들은 일종의 상호 벤치마킹을 통해 자신의 조직이 아닌 다른 조직에서 긍정 인터뷰를 수행한다. 수 주, 혹은 수개월 후, 그들은 자신들이 모은 데이터에 의미를 부여하고, 도발적 제안 Provocative Proposition을 작성한 후, 에이아이 서밋으로 복귀하여 자신들이 배운 것을 적용하기 위한 팀을 자발적으로 조직한다.

긍정변화 컨소시엄들은 하나의 조직을 대상으로 한 이니셔티브를 넘어서는 강점들을 많이 갖고 있다. 여러 조직들이 하나의 컨소시엄을 구성하여 대규모 변화를 시도할 경우, 이에 대한 자문료를 분담할 수 있게 된다. 서로 다른 분야에 종사하는 사람들이 다양한 시각으로 변화 주제에 대해 함께 고민하는 과정에서 창의적이고 혁신적인 아이디어가 많이 나오게 된다. 마지막으로, 이 조직은 지속적인 학습 공동체를 구축할 수 있다.

그렇다면 어떤 때 긍정변화 컨소시엄을 이루어야 하나? 긍정변화 컨소시엄은 업계 최고의 노하우와 혁신에 바탕을 둔 시스템과 구조를 구축하는데 도움이 된다. 특히 이 접근법은 다음과 같은 목적을 위해 사용된다.

- **고객들의 의견을 수렴할 때.** 긍정변화 컨소시엄은 내부적, 외부적 그리고 회사 간 이해 당사자들을 긍정적 프로세스 안으로 끌어들임으로써 고객들에게 발언권을 부여한다. 컨소시엄은 꿈꾸기와 디자인하기 과정에서 고객의 의견을 경청하며 수렴하는데 유용한 도구의 역할을 한다.
- **업계를 변화시킬 때.** 긍정변화 컨소시엄은 구성원들로 하여금 선입관이 없는 참신한 시각을 갖도록 함으로써 개별적인 조직들의 핵심적 긍정요소를 탐구하고, 사업 추진을 위한 새로운 모델을 창출할 뿐 아니라, 그 업계를 새롭게 정의하고, 이상적인 모습을 그려 나가며 일하는 방식을 새롭게 창조할 수 있도록 해준다.

- **가치 사슬value chain을 조정할 때.** 긍정변화 컨소시엄은 특정 산업에 속한 고객들, 공급업체들, 제공업체들을 한데 모음으로써 이들의 역할 및 책임을 재정의하고, 협력 방식 및 업무 프로세스들을 더 정교하게 정열하여 탁월한 성과 획득 방법을 체화할 수 있는 기회를 제공한다.

에이아이 학습 팀

에이아이 학습 팀은 비교적 단순한 에이아이의 참여 형태이다. 이들은 혁신 팀, 행동 그룹 팀, 개선 팀, 실행 팀, 혹은 프로젝트 팀과 같은 다양한 이름들로 불려진다. 에이아이 학습 팀은 에이아이에 대해 잘 훈련 받은 소수의 인원들로 구성된 팀으로서, 특정 목표를 달성하기 위해 4-D 사이클을 활용한다. 에이아이 학습 팀은 현재 진행 중인 업무에 에이아이를 적용하거나 변화를 시도하기 위한 이니셔티브를 추진하는데 특히 효과적인 참여 형태이다. 에이아이 학습 팀들은 프로세스 개선, 프로그램 평가, 고객 만족도 평가, 벤치마킹, 제품 혁신 등에 활용되어 왔다.

에이아이 학습 팀은 범 시스템적 4-D 협의 중 실현하기 단계에서 구성되는 것이 통례이다. 발굴하기, 꿈꾸기, 디자인하기 단계 다음에 자발적인 팀이 구성되어 프로젝트들을 수행하고 새롭게 설정된 조직의 핵심적 긍정 요소, 꿈꾸기, 디자인 활동과 부합하는 혁신을 이뤄낸다. 경우에 따라서 에이아이 학습 팀은 단일한 참여 형태로 활용될 수도 있다. 이 경우, 학습 팀들은 에이아이 프로세스에 따라 조직되고 훈련 받은 후, 자신들의 책임 영역 내에서 개선과 혁신을 장려하는 데 기여하게 된다.

그렇다면 에이아이 학습 팀이 가장 적합한 경우는 언제일까? 이 참여 형태는 다음과 같은 과제를 수행하는데 특히 유용하다.

- **혁신을 촉진할 때.** 에이아이 학습 팀은 일선 구성원들에게 그들이 수행하는 업무를 변화시키기 위해 필요한 정보, 스킬, 자원들을 제공해 준다.

- **구성원들의 자기개발을 장려할 때.** 에이아이 학습 팀은 팀에게 사업 정보 및 최우수 사례들을 보여줌으로써 구성원들이 자기 개발을 할 수 있도록 자극하고, 이들에게 능력, 자원 그리고 서로 다른 기능 및 비즈니스에 종사하는 사람들과 만날 기회를 제공함으로써 직원들의 자기 개발을 촉진한다.
- **직급 간, 부서 간 팀워크를 개선하고자 할 때.** 에이아이 학습 팀은 사람들에게 공통의 관심 사항에 관한 프로젝트를 함께 수행하고, 팀워크에 대한 역량을 향상시키며, 더 큰 시스템 또는 조직에 대한 소속감을 가질 기회를 부여해 준다.
- **비즈니스 프로세스를 개선하고자 할 때.** 에이아이 학습 팀은 조직이 업무 프로세스를 재구성하고, 업무 수행 방식을 긍정적으로 전환시키도록 도와준다. 이에 더하여, 에이아이 학습 팀의 운용은 특정한 프로세스의 수행 과정에서 조직의 긍정적인 핵심 요소를 밝혀내고 이를 전개하는데 적합하며 효과적인 방법이다.

단계적 에이아이 미팅

단계적 에이아이 미팅은 또 하나의 소규모의 참여 형태이다. 한 그룹 또는 팀이 7개월 간의 과정에 걸쳐, 각각 2시간 ~ 4시간 정도 소요되는 10 ~ 12회의 짧은 회합을 통해 4-D 사이클을 수행한다. 회합의 안건은 다음과 같은 것이 있을 수 있다.

- 회의 1: 에이아이를 소개하고, 미니 인터뷰를 수행한다.
- 회의 2: 주제를 선택한다.
- 회의 3: 질문들을 작성한다.
- 회의 4: 이해 관계자들을 명확히 하고, 탐구 프로세스를 계획하며, 인터뷰를 개시한다.
- 회의 5: 인터뷰로부터 나온 결과들을 공유하고, 핵심적 긍정 요소를 밝혀낸다.

- 회의 6: 가능성들을 구상한다.
- 회의 7 및 회의 8: 조직을 재설계한다.
- 회의 9 및 회의 10: 실행을 위해 자발적으로 조직을 구성한다.
- 회의 11 및 회의 12: 후속 조치, 지원, 유연한 조치를 수행한다.

단계적 에이아이 미팅은 사람들이 일상적인 업무에 큰 방해를 받지 않고도 탐구와 변화에 참여할 수 있는 기회를 제공해준다. 그러나 이 회의들에는 지켜야 할 원칙이 있으며 일관성을 유지하기 위한 각별한 노력이 요구된다. 사람들이 회의에 불참하거나 우선적으로 처리해야 할 업무 때문에 자리를 비우게 될 경우 회의 참가에 대한 동기를 잃기가 쉽다.

이너 런던 법원의 치안판사실Inner London Courts Magistrates Office에서는 그들의 조직에 대해 단계적인 에이아이 미팅을 실시했다. 컨설턴트인 에이드리안 맥린Adrian McLean과 마샤 죠지Marsha George는 사전 계획된 일련의 경영진 교육 일정 속에 에이아이 과정을 도입하였다. 첫 번째 회의에서 참가자들은 에이아이에 대해 배우고, 주제를 선택했으며, 인터뷰 지침들을 만들었다.

첫 번째 세션을 마친 후 그들은 인터뷰를 수행했다. 그런 후 두 번째 회의 때 그들은 자신들의 데이터를 제출했으며, 인터뷰를 통해 배운 것들을 공유하고, 핵심적 긍정 요소를 규명한 후 이상적인 조직을 구상하고 이를 구체화했다.

두 번째 세션이 끝난 후, 그들은 자신들의 구상과 연관성을 가지는 프로젝트들을 발족했다. 마지막으로 세 번째 회의에서, 그들은 자신들의 노력이 낳은 결과들을 공유하고 그 프로세스로부터 배우기 위해 돌아왔다.

그렇다면 단계적인 에이아이 미팅은 어떤 경우에 이용해야 할까? 이에 대한 대답은 매우 간단하다. 이 참여 형태는 어떤 목적을 위해서든 어떤 규모로도 채택될 수 있다. 여러분에게 변화를 만들어내는 일에 헌신할 수 있는 사람들이 있고 제한적이라 해도 이들이 함께 할 수 있는 시간이 현재 이용 가능하다면 단계적인 에이아이 미팅을 활용하는 것을 고려해 보라고 권하고 싶다.

참여 형태에 대한 고찰

우리가 앞에서 요약했던 여덟 가지 참여 형태들은 완성된 것이 아닌 출발점에 서 있으며, 에이아이는 여전히 시작 단계에 머물러 있다. 앞으로도 수 년 간은 에이아이에 대한 새로운 접근법들이 쏟아져 나올 것이라고 기대하고 있다.

여러분이 에이아이의 활용을 고려 중이라면 여러분의 변화의 주제와 조직의 환경에 가장 알맞은 참여 형태를 먼저 선택하라. 그런 후에 이를 시험 해보라. 여러분이 실제로 에이아이를 적용해야 할 때는 채택과 변경을 실시한 후에 여러분의 조직에 적합한 방식으로 전개하라.

탐구 전략: 어떤 의사결정과 수행 단계들이 프로젝트의 성공을 보장하는가?

앞에서 이미 말한 바와 같이, 에이아이의 참여 형태는 매우 다양하다. 무엇을 바꿀 것인가와 어떻게 바꿀 것인가 하는 두 개의 거시적 선택은 시간이 흐름에 따라 변화를 거듭해간다. 또한, 탐구 전략Inquiry Strategy의 미시적 수준의 단계에서도 많은 다양성이 존재한다.

탐구 전략은 하나의 이니셔티브가 시간의 흐름에 따라 어떻게 전개되어 갈 것인가에 대해 주의깊게 계획하며 이루어져야 한다. 이에는 전반적인 변화의 주제를 달성하기 위해 누가, 무엇을, 언제 할 것인가가 포함되어 있다.

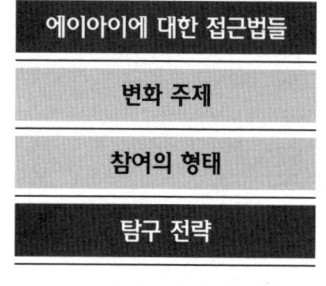

〈그림 5〉 **에이아이에 대한 접근법들: 탐구 전략**

다음 페이지에 제시된 〈표 4〉는 여러분의 탐구 전략을 결정하기 위해 4-D 사이클의 각 단계별로 이뤄져야 하는 결정 혹은 선택들을 간략하게 요약하여 제시하고 있다. 제 5장부터 제 10장까지는 이 선택들에 대해 보다 상세한 정보를 제공한다.

에이아이의 메뉴: 유연한 조치Improvisation의 기준

지금까지 여러분은 에이아이의 메뉴를 살펴보았으며, 이제는 여러분 스스로 선택을 해야 하는 시점이다. 여러분의 조직이 현재의 강점, 기회, 사업상의 과제 등을 분석한 후 여러분 스스로에게 다음과 같이 물어 보라.

에이아이가 어떤 목적을 위해서 여러분의 조직에 이용될 것인가? 에이아이가 여러분에게 개인적으로 어떻게 도움이 될 수 있는가? 어떤 에이아이 참여 형태가 여러분의 조직과 리더십 스타일에 가장 적합한 것으로 보이는가? 그리고 당연한 질문이지만, 여러분 외에 누구를 에이아이 프로세스에 관련시킬 것인가?

이 질문들에 답하고 그에 따라 행동함으로써, 여러분은 긍정변화를 시도하는 것이다. 에이아이는 틀에 짜인 것이 아니라 상황과 필요에 따라 유연하게 변경하면서 해 나가는 것이다. 이러한 점을 고려하면서, 본 장에서 소개한 메뉴들을 규정지어 공식화하기 보다는 기획 및 의사 결정의 틀로써 이용하길 권한다.

〈표 4〉 **탐구 전략**

4-D 사이클의 단계	내려야 하는 의사 결정
사이클 개시. 변화를 위한 프로세스로서의 에이아이를 도입하기 위한 의사 결정자를 관련시키고, 기반을 구축하며, 참가자들을 프로세스에 참여시킴	• 에이아이가 우리에게 적합한가? • 우리의 변화의 주제는 무엇인가? • 누가 우리의 자문 팀으로서 역할을 수행할 것인가? • 우리의 자문 팀이 필요로 하는 훈련은 무엇인가? • 우리는 어떤 참여의 형태를 이용할 것인가? • 무엇이 우리의 탐구 전략이 될 것인가? • 어떻게, 그리고 언제 우리는 조직 전반에 걸쳐 이 프로세스를 도입할 것인가?
긍정 주제의 선택. 조직의 학습 및 변화를 위해 조직이 거쳐야 할 과정을 결정하는 주제들을 선택	• 누가 주제를 선택할 것인가? • 우리는 어떤 주제를 고찰할 것인가?
발굴하기 Discovery. 에이아이의 인터뷰 가이드를 개발하고, 인터뷰들을 수행하며, 여기서 배운 것들에 의미를 부여함	• 누가 질문을 작성할 것인가? 인터뷰 지침은? • 누구를 인터뷰할 것인가? • 누가 인터뷰를 수행할 것인가? 각각 얼마나 많이? • 인터뷰 진행자들은 어떤 교육을 받아야 하는가? • 누가 데이터에 의미를 부여할 것인가? 어떻게? • 이야기들과 우수 사례들을 어떻게 전달할 것인가? • 누구를 참여시켜야만 하는가?
꿈꾸기 Dream. 우리가 속한 세계에 대한 희망과 꿈을 그려봄	• 미래에 대한 우리의 이미지를 구체화하기 위해 우리는 어떤 경험적 활동을 이용할 것인가? • 우리의 꿈은 어떤 결과를 낳을 것인가?
디자인하기 Design. 이상적인 조직의 모습과 도발적 제안을 확립함	• 우리는 무엇을 구상하고 있는가? • 누가 관련되어야 하는가? • 우리가 꿈꾸는 조직을 어떻게 그려나갈 것인가?
실현하기 Destiny. 이를 통해 미래에 구현될 자기 조직의 혁신적 촉발을 수반함	• 우리가 성취한 것들에 대한 이야기들을 어떻게 모을 것인가? • 우리의 업적을 자축하는 방법은? • 자발적인 팀 조직에 대한 지침은 무엇인가? • 어떻게 자기 조직화를 수행해야 하는가? • 현재의 성공을 어떻게 지속해 나갈 것인가?

제 3 장

에이아이의 여덟 가지 원칙들

에이아이의 원칙과 기준들은 서로 밀접하게 연관되어 있다. 에이아이는 여덟 가지 원칙들을 기초로 실행되는데, 이러한 원칙들은 사람들을 조직하고 변화시키는 것에 관한 본질적인 신념들과 가치들에 대한 것이다. 다시 말해, 이 여덟 가지 원칙들은 긍정적인 변화가 "어떻게 효력을 발휘하게 하는가"에 대한 새롭고도 다양한 성공적 사례들을 통해 도출된 것이다.

에이아이의 여덟 가지 원칙들은 이를 통해 만들어진 기준들만큼이나 독특하다. 사회적 구성주의Social Constructionism, 이미지 이론Image Theory, 근거 이론Ground theory 등의 이론으로부터 도출된 원칙들에서는 인간을 조직하고 변화시키는 것은 긍정적 삶을 추구하고 만들어가는 사회적 상호작용 과정이며, 미래에 대한 이미지를 이끌어 가는 과정이라고 설명한다. 이 세 가지 이론이 에이아이에 미친 영향에 대해 간단히 살펴보기로 하자.

사회적 구성주의Social Constructionism는 인간의 의사소통이 현실을 창조하고 유지하며 변화시키는 핵심적 과정이라고 가정한다. 사회학자인 피터 버거Peter Berger와 토마스 럭맨Thomas Luckmann이 그들의 고전적인 저서인 "현실의 사회적 구성주의The Social Constructionism of Reality[9]"에서 처음 소개한 이 이론은 최근 타오스 연구소Taos Institute의 창립자들인 케네스 걸건Kenneth Gergen, 다이아나 휘트니Diana Whitney, 데이비드 쿠퍼라이더David Cooperider, 수레쉬 스리바스트바Suresh Srivastva, 쉴라 맥나미Sheila McNamee, 할렌 앤더슨Harlene Anderson 등에 의해 한층 더 발전되었다. 여기에서는 긍정 인터뷰, 소규모의 에이아이 활동, 그리고 모든 이해 관계자들을 한데 모으는 것 등이 건설적인 조직 변화의 핵심이라 여기고 있다.

"The Future: Images and Processes[10]"라는 책에서 엘리스와 케네스 보울딩Elise Boulding Kenneth Boulding이 주장한 바에 따르면, 이미지 이론Image Theory은 우리가 미래에 대해 가지고 있는 이미지가 현재에 내리는 의사결정 및 취하는 행동들에 영향을 미친다는 점을 시사한다. 이들의 저서와 네덜란드의 사회학자 프레데릭 폴락Frederik Polak의 저서 "The Image of the Future[11]"는 에이아이에 미래의 이미지와 이야기들에 대한 그 독특한 관점을 부여한다. 이미지 이론Image Theory은 조직 변화에 있어 가장 덜 활용된 자원들 중 하나가 조직 구성원들의 이야기와 꿈속에 담긴 집단적 이미지라는 것을 시사하고 있다.

근거 연구 방법론Grounded Research methodology은 조직 구성원들의 시각으로 문화, 사회, 혹은 조직을 이해할 수 있도록 해준다. 이는 참가자들의 관찰 결과가 생생한 문화들을 이해하고 설명하고 싶어 하는 사람들이 자료를 수집하기 위한 최상의 수단이라고 말하며, 모든 연구가 개입Intervention이라는 생각을 한층 더 강하게 해준다. 탐구는 개입이라는 생각에 의거하여, 에이아이는 한 조직의 구성원들을 자기들의 조직에 관한 연구 - 그들의 조직에 가장 생기를 불어 넣는 탐구, 그들의 성공에 대한 근본적 원인들, 그들의 핵심적 긍정 요소에 대한 탐구 등 - 에 참여시킨다.

에이아이를 시작할 때, 여러분은 두 가지 상황에서 이러한 원칙들이 매우 유용하다는 것을 알게 될 것이다. 첫 번째로, 에이아이를 소개하거나 가르칠 때이다. 에이아이의 원칙은 에이아이와 조직 변화에 대한 기타 접근법들 간의 미묘한 차이점을 설명하는데 도움이 된다. 두 번째로, 에이아이를 위한 계획을 세울 때 조직의 요구와 에이아이의 의미를 제대로 살릴 수 있는 활동과 프로세스를 구상하는데 도움이 될 것이다.

〈표 5〉는 에이아이의 여덟 가지 원칙들을 요약한 것이다. 이 요약본은 에이아이의 원칙을 짧은 시간에 이해하는데 도움이 될 것이다. 그 다음에는 각각의 원칙을 정의, 의미, 중요성에 대해 구체적인 인용을 곁들여 자세하게 설명하였다. 앞부분에 소개한 다섯 가지 원칙들은 스라바스트바와 쿠퍼라이더[12]의 저서에서 옮겨 온 것이다. 본 서의 저자들이 이 다섯 가지에다 세 가지 원칙들을 추가했으며, 이 것들은 대규모 조직 및 공동체의 변화 노력에 적용했던 에이아이 경험들로부터 나왔다.

〈표 5〉 **에이아이의 여덟 가지 원칙**

원칙	정의
1. 구성주의 원칙 The Constructionist Principle	말이 세상을 창조한다. • 우리가 알고 있는 현실은 객관적 상태라기보다는 주관적 상태이다. • 현실은 언어와 대화를 통해 사회적으로 창조된다.
2. 동시성의 원칙 The Simultaneity Principle	질문이 변화를 만들어 낸다. • 질문은 개입이다. • 우리가 질문을 던지는 순간에, 우리는 변화를 만들기 시작하는 것이다.
3. 은유의 원칙 The Poetic Principle	우리는 우리가 탐구하는 것을 선택할 수 있다. • 열려 있는 책처럼, 조직은 탐구와 학습의 무한한 원천이다. • 무엇을 탐구할 지를 결정하는 그 자체가 변화를 유발한다. 이는 우리의 기준 프레임 Frame of Reference 즉 은유를 통해 묘사하거나 만들어 내기도 한다는 것이다.
4. 예측의 원칙 The Anticipatory Principle	이미지는 행동을 낳는다. • 인간 조직은 그들이 가지는 미래에 대한 이미지의 방향대로 움직인다. • 미래에 대한 이미지가 보다 긍정적이고 희망적일수록, 현재의 행동도 더 긍정적으로 될 것이다.
5. 긍정성의 원칙 The Positive Principle	긍정적 질문은 긍정변화로 이어진다. • 대규모 변화가 일어나기 위해서는 엄청난 긍정적 열정과 사회적 결속 Bonding이 필요하다. • 이런 계기는 핵심적 긍정요소를 증대시키는 긍정적 질문들을 통해 가장 효과적으로 생겨난다.
6. 전체성의 원칙 The Wholeness Principle	전체성이 최상의 상태를 가져온다. • 전체성이 사람들과 조직에 최상의 상태를 가져 온다. • 모든 이해 관계자들을 대규모 그룹 포럼에 한데 모이도록 하는 것은 창조성을 촉발하고, 집단적 역량을 구축한다.
7. 실행의 원칙 The Enactment Principle	"마치…인 것처럼" 행동하는 것은 자기 충족적 활동Self-fulfiling이다. • 진정으로 변화를 이끌어 내기 위해 우리는 "우리가 보고 싶은 변화된 모습"이 되어야만 한다. • 변화를 만들어 내는 데 사용된 프로세스가 이상적인 미래에 대한 생생한 모델일 때 긍정변화가 일어난다.
8. 자유 선택의 원칙 The Free-Choice Principle	자유로운 선택이 능력을 발휘하게 한다. • 사람들은 어떻게 그리고 무엇에 기여할 것인가에 대해 선택할 자유를 가지고 있을 때 더 좋은 성과를 내고 보다 헌신적이 된다. • 자유로운 선택은 조직의 우수성과 긍정변화를 북돋운다.

원칙 #1: 구성주의 원칙 The Constructionist Principle

말이 세상을 창조한다 Words Create Worlds

구성주의 원칙에서는 인적 조직화와 그 변화에 있어 의사소통과 언어가 가장 핵심적인 역할을 한다. 대화 속에서 의미가 구성되고, 현실은 의사소통을 통해 창조되며, 지식은 사회적 상호 작용을 통해 만들어진다고 가정한다. 결국, 지식이란 주관적인 현실이며 인적 집단 간의 의사소통으로부터 도출되는 사회적 산물이라고 얘기한다.

한 걸음 더 나아가, 구성주의 원칙은 말, 언어, 은유가 단순한 현실의 비유 그 이상임을 시사한다. 세상을 창조하는 것은 말이라는 것이다. 톨텍[고대 멕시코 문명: 역자 주]의 교사이자 샤먼인 돈 미구엘 루이즈Don Miguel Ruiz는 말이란 세상을 기록하는 매개 수단이라고 주장한다.

> 말은 창조의 능력을 지닌다. 당신의 말은 신으로부터 직접 부여 받은 선물이다. 우주의 창조에 대해 설파하고 있는 성경의 요한복음에서는 "태초에 말씀이 계시니라. 이 말씀은 하나님과 함께 하셨으니 이 말씀은 곧 하나님이라"고 했다. 말을 통해서 당신은 당신의 창의적 능력을 표현한다. 당신이 모든 것을 표현하는 수단은 결국 말이다. 당신이 어떤 언어를 말하는지와 상관없이, 당신의 의도는 말을 통해 기록된다.[13]

이와 유사하게, 미국 리더십 포럼의 의장인 요셉 야보르스키Joseph Jaworski는 사회적 변화와 궁극적으로는 현실 그 자체를 만들어 내는 언어의 힘에 대해 다음과 같이 말했다.

내가 언어의 중요성과 인류가 세상과 상호 작용하는 방식에 대해 살펴본 결과,

언어의 발달은 여러 측면에서 인류 역사에서 가장 경이롭고도 원천적인 힘인 불의 발견과 유사하다는 것을 알게 되었다. 나는 항상 우리가 세상을 묘사하기 위해 언어를 사용해 왔다고 생각했었다. 이제 나는 이것이 사실이 아니라는 것을 깨달았다. 우리는 언어를 통해 세상을 창조하고 있다. 세상은 우리가 묘사하기 전에는 그것이 아무것도 아니다. 왜냐하면 우리가 세상을 묘사하는 대로 우리의 행동이 따라가기 때문이다. 다르게 표현하면 우리는 우리가 보는 대로 세상을 묘사하는 것이 아니라, 우리가 묘사하는 대로 세상을 보는 것이다.[14]

구성주의적 원칙에 따르면, 언어는 개인이 사용할 때보다 "집단"이 공동으로 사용할 때 지식과 의미를 창조하는 힘을 더 발휘할 수 있다. 저명한 사회 심리학자인 케네스 걸건에 따르면, "우리는 관계로부터 지식을 얻게 되며, 개개인의 생각으로부터 얻는 것 보다 집단 속에서의 해석 또는 전통 안에서 더 많이 얻게 된다. 집단이 가진 전통이나 해석하는 지식의 의미 안에 배어있다."[15] 선량하고, 진실되며, 의미 있는 것으로 간주되는 지식은 의사소통을 통해 사람들 사이에 형성된 폭넓은 사회적 합의이다.

"사회적 구성주의로의 초대An Invitation to Social Construction"에서 걸건은 사회적 구성주의의 이론과 사례를 설명하고 있으며, 의미 창출의 관계적 본질을 추가적으로 설명하는 네 가지 가정을 제시하고 있다.

- 우리의 세상 및 우리 자신을 이해하는 데 사용하는 단어들이 반드시 "실제로 존재하는 것"일 필요는 없다.
- 묘사, 설명, 그리고/또는 표현하는 방식들은 관계로부터 도출된다.
- 묘사, 설명, 혹은 표현할 때, 우리의 미래도 함께 형성된다.
- 무엇을 이해하고 있는가는 우리 미래의 안녕과 직결되어 있다.[16]

말은 중요하다 – 말은 단지 차이를 만들어 내는 것만이 아니며, 문자 그대로 사물에 생명을 부여하고 우리가 아는 대로 세상을 창조한다.

구성주의적 원칙의 실천

조직은 처음부터 언어와 함께 이루어진다. 조직은 이야기 속에서 존재하며, 대화를 통해 생명력을 얻는다. 조직의 변화는 언어, 이야기, 인간의 의사소통을 통해 발생한다. 모든 이해 관계자들이 협력하고 탐구하며, 목표를 설정하고 그들이 가장 높이 평가하고 바라는 조직을 구체화하도록 지원한다는 측면에서 에이아이는 매우 건설적인 변화 접근법이다. 에이아이는 고도로 상호작용적인 프로세스이며, 때로 하향식과 상향식 프로세스 모두로 묘사된다. 에이아이는 조직의 모든 계층 및 직능으로부터 사람들을 한 데 모아 서로를 통해 배우도록 해주고, 앞으로 더 나아가 그들의 총체적 지혜를 증진시키기 위한 관계를 구축하도록 해준다.

에이아이의 실시에서 사람들이 함께 모여 사용하는 방식들로는 긍정 주제의 선택, 긍정 인터뷰, 의미부여 세션, 목표 설정 협의 및 관련 활동들, 도발적 과제의 수립, 자발적 행동의 선택 등이 포함된다. 본질적으로, 에이아이 프로세스의 각 단계는 통상적으로 이런 일들을 하려는 의도나 생각이 없는 사람들에게 조직을 근본적으로 변화시키는 과정에 참여할 수 있는 기회를 제공한다.

사회적 구성을 통해 현실을 이룬 사례

의미가 관계를 통해 만들어진다는 것을 인식한 네바다 주의 지도자들은 주State와 군County의 아동 복지 서비스를 통합하는 데 에이아이를 활용하기로 결정하였다. 그들의 목표는 이전에 자원 확보로 인해 경쟁했던 사람들이 서로 긍정적이고 협조적인 관계를 구축하고, 통합된 서비스 제공 시스템을 설계하기 위해 협력하도록 하는 것이었다. 그들은 이해 관계자 전원 – 사회 복지사들, 행정인들, 위탁 부모들, 조부모들과 젊은이들, 카운슬러들, 입법부의 의원들, 변호사들과 판사들, 양

부모들, 집단 수용시설group home의 매니저들 - 을 일련의 에이아이 서밋 대화에 참여시켰다. 서로 간에 거의 이야기를 하지 않던 사람들이 긍정 인터뷰를 통해 연결되면서, 통합의 길은 그 어떤 때보다도 분명해졌다. 각자 가지고 있던 꿈들이 공유되면서, 하나의 조직과 하나의 통합된 서비스 제공 시스템에 대한 이미지는 명백해졌다. 그리고 그들은 가족 보전family preservation이 가장 중요하다는데 생각을 같이 했기 때문에, 가족 보전을 위한 최상의 서비스를 제공하는 시스템을 다 함께 구상하고 통합했다. 이는 말이 세상을 창조한 예를 보여준다. 그들은 수천 명의 아동들과 그 부모들의 삶에 긍정적인 변화를 창출했다.

원칙 #2: 동시성의 원칙 The Simultaneity Principle

탐구가 변화를 만든다 Inquiry Creates Change

동시성의 원칙은 우리가 질문을 하는 순간에 변화가 일어난다는 것을 의미한다. 임상치료사인 마릴리 골드버그Marilee Goldberg는 이렇게 말했다. "질문을 하는 순간은 선택의 순간이기도 하며, 이는 효과적인 행동과 긍정적인 변화를 위한 방법과 프로세스를 선택하는데 가장 큰 영향을 미친다."[17] 이는 질문과 변화가 동시적이며, 질문을 하는 것이 사건이나 상황에 개입하는 것을 의미하며, 질문이 가장 효과적인 변화의 방법이 될 수 있다는 점을 시사한다.

자신에게 던지는 질문이건 다른 사람에게 던지는 질문이건 질문을 통해 정체성이 밝혀지고 이전에 희망이 존재하지 않았던 곳에 희망을 가져다 줄 수 있다. 임상 치료사들은 사람에게 삶의 정체성, 관계, 패턴들을 이해하도록 하는데 질문이 아주 큰 힘을 발휘한다는 사실을 오래 전에 인정한 바 있다. 골드버그는 다음과 같이 말했다.

> 질문을 통해 우리는 행동하고, 소유하고, 목표를 이루고, 성장하게 되며, 우리의 삶을 표현하기도 한다. 질문은 본질적으로 행위와 관련되어 있기 때문에, 우

리로 하여금 주목하고, 인식하게 하며, 힘을 내어 노력할 수 있도록 우리를 자극하며 우리의 삶의 형태를 변화시키는 원동력이 된다.[18]

저명한 정신과 의사이자 집단 수용 캠프의 생존자인 빅토르 프랭클Viktor Frankl은 자신의 생존 능력에는 끊임없이 자신을 따라 다니는 질문과 관련 있다고 생각한다. 다른 사람들이 "우리가 생존할 수 있을까?"라고 묻고 있었던 동안, "프랭클은 이 모든 고통, 우리를 둘러싼 죽음들이 의미를 가지고 있을까?"[19]라는 의문에 사로잡혔다. 그와 같은 질문을 한 결과, 프랭클은 그의 동료들과 매우 다른 세상을 살고 있었다. 심지어 집단 수용 캠프에서 조차 다른 사람들이 삶과 죽음의 갈림길에 서 있는 동안에도 그는 의미와 가능성의 세계에 살고 있었다.

골드버그는 그들의 이야기 속에서 그리고 관계 속에서 이루어지는 질문들이 변화의 핵심 열쇠라고 제안한다. 이와 비슷하게 질문 중심의 임상 치료사들 또한 이러한 사실에 동감하며 다음과 같이 제안한다. 이들은 환자들이 자신의 삶에 대한 질문을 새롭게 할 수 있도록 돕는데 힘쓴다.

> 임상 치료사들은 환자들의 질문들(내적인 것이든 외적인 것이든, 자각하고 하는 질문이건 그렇지 않건 상관없이)을 매우 가치 있게 여기고 있으며, 질문들은 환자들이 벗어나기 원하는 세계를 떠나 새로운 세계로 옮겨 가는 것을 돕는 열쇠를 갖고 있는 것과 같다고 생각한다.[20]

질문들은 아이디어, 혁신, 개입을 낳는다. 새로운 지식, 이론, 발명 등은 비상식적인 질문들을 통해 만들어진 것이 대부분이다. 이러한 비상식적인 질문은 지치지 않는 사고, 역설적 가능성, 다양한 분야들에서 나온 통합적 사고들을 포함한다. 많은 과학자들과 발명가들은 그들을 사로잡았던 답이나 새로운 아이디어나 발견이 나올 때까지 몰두하고 해결 방안을 간절하게 찾았던 질문들에 관해 얘기한다.

예를 들어, 구텐베르크의 인쇄기 발명은 그 당시로서는 상상할 수 없는 것으로 보여졌던, 심지어 역설적이기까지 했던 다음과 같은 질문에 대한 고찰로부터 나온 것이었다. 어떻게 하면 성스러운 글귀들을 대중들도 접할 수 있게 대량으로 만들어 낼 수 있을까? 목판 인쇄(손으로 쓴 글, 문서들을 복사하기 위한 인쇄 기술로 나름 발전된 것이기는 했으나 여전히 느리고 비싼 인쇄 공정이었음)에 익숙했던 구텐베르크는 밤낮으로 계속해서 자신의 질문에 대해 깊이 생각했다. 그를 걱정하던 친구들이 잠시 휴식을 가지고 와인 축제에 함께 가자고 제안하여 행사에 참여한 동안에도 여전히 그 질문은 머릿 속을 꽉 채우고 있었고, 이때 그는 와인 압착기를 본 순간 해답을 찾을 수 있었다. 그 후, 수 일 내에 그는 첫 번째 프로토타입 인쇄기를 만들어냈으며, 이 이야기의 뒷부분은 역사가 얘기해줄 것이다.

동시성의 원칙의 실천

조직의 변화가 계획적이고 장기적인 개입을 통해 일어난다는 일반적인 믿음과는 반대로, 동시성의 원칙은 질문이 바로 개입이라고 가정한다. 조직과 구성원을 포함하는 인적 시스템은 그들이 연구하고, 질문하며, 탐구하고, 호기심을 가지고 고찰하는 방향으로 움직인다.

에이아이는 우리가 던지는 첫 번째 질문에 변화의 씨앗이 들어있다고 생각한다. 이러한 점을 감안하면, 답이 맞고 틀린지 또는 질문에 신뢰성이 있는지에 대해서는 더 이상 스스로 우려할 필요가 없다. 대신에 우리는 질문 속에서 나타난 방향을 검토하고, 그 질문이 우리의 삶을 향상 시킬 수 있는가에 대해서만 생각하면 된다. 도덕경을 현대어로 번역한 윌리엄 마틴Willian Martin은 다음과 같이 말했다.

> 당신이 나누는 대화가 당신의 세상을 창조하는 것을 도와준다. 즐거움에 대해 말하고, 불만족에 대해서는 말하지 말라. 희망에 대해 얘기하고, 자포자기를 얘기하지 말라. 당신의 말들이 상처를 감싸도록 하되, 상처를 내지는 않도록 하라.[21]

이렇게 볼 때 에이아이에서 중요한 것은 바로 질문을 만들고 이러한 질문을 잘 수행함으로써 긍정적인 가능성을 도출하는 스킬이다. 긍정 인터뷰와 최상의 상태에 있는 조직에 관한 이야기에 영감을 불어넣는 질문들을 던짐으로써, 미래를 위한 꿈과 희망을 불러일으키고 조직이나 사람에 생명을 불어 넣는 일을 가능하게 할 수 있다. 이것이 에이아이의 핵심이다.

개입을 활용한 탐구 사례

성당 재단Cathedral Foundation의 구성원들은 CEO부터 사원에 이르기까지 그들의 일에 대해 열의를 잃고 있었다. 성당 재단은 노인들을 보살피는 것을 전문으로 하는 사회봉사 단체로서, 식사 배달 서비스Meals on Wheels와 노인들에 대한 낮 돌봄day care 같은 서비스들을 제공했다. 이러한 문제점을 해소하기 위해, 그들은 에이아이를 통해 전략 기획을 하기로 했다. 에이아이 프로세스를 수행하는 과정에서 이들은 탐구의 초점을 "우리가 어떻게 노인들을 보살필 것인가?"라는 질문으로부터 "우리가 어떻게 하면 나이를 먹는다는 것에 대해 긍정적인 경험을 하도록 할 수 있을까"라는 질문으로 바꾸었다. 조직의 목표 또한 동일하게 후자의 질문으로 바꾸었다. 변화를 만들어냄으로써 그들은 매우 다양한 배경을 가진 구성원들 간의 협력을 증진시키고 기존의 서비스에 더해 매우 효과적인 서비스를 추가할 수 있었다. 일에 대한 새로운 열의는 구성원 모두가 이 새로운 미션에 헌신하기로 결심할 때 이루어지게 되었다.

원칙 #3: 은유의 원칙 The Poetic Principle

우리는 우리가 탐구할 것을 선택할 수 있다

은유의 원칙은 조직을 열려 있는 책과 같은 것으로 보는데서 출발한다. 조직은 끝없는 배움, 영감, 해석의 원천이다. 위대한 문학 작품, 시, 혹은 종교 서적에 나오는 이야기처럼, 조직은 어떤 틀이나 기준, 혹은 탐구의 주제 안에서 들려지고, 다시 들려지며, 해석되고, 다시 해석될 수 있다. 무엇을 탐구할 것인가에 대한 선택은 오로지 우리만의 몫이다. 따라서 우리는 고객 불만족이나 고객의 만족, 관료주의적 압력을 약화시키거나 민주적 프로세스를 고무시키는 것, 부서 간의 갈등이나 협력, 구성원들의 욕구 불만이나 직업 만족도 등 인적 조직과 관련된 주제를 자유롭게 선택할 수 있다.

우리가 탐구할 주제를 정하는 것은 중요한 일일 뿐만 아니라 결정적인 결과를 낳기도 한다. 탐구 주제는 우리가 발견하고 학습하는 것들을 단지 결정하는 것이 아니라, 실질적으로 되고자 하는 것을 창조하게 한다. 직장에서의 행복과 열의에 관한 질문들은 행복에 관한 이야기들, 이미지들, 경험들을 떠올리게 한다. 반대로, 스트레스에 관한 질문들은 스트레스에 관한 이야기들, 이미지들, 경험들로 연결된다.

탐구 주제가 우리에게 영향을 미치는 가장 중요한 방법 중의 하나는 인간이 조직을 만드는 현상을 묘사하기 위해 우리가 사용하는 비유 혹은 은유를 통한 것이다. 예를 들어, 우리는 조직이 기계, 자연 생태계, 가족, 전장, 혹은 네트워크 같다고 말한다. 이들 각각의 은유는, 조직화에 대한 하나의 아날로그로서 생생한 이미지들을 빠르게 자극하고, 독특한 존재 방식을 불러일으킨다. 퀘이커 활동가이자 교사인 파커 파머Parker Palmer는 은유가 어떤 현상을 언어로부터 실체로 변환시킨다고 주장하며, 우리가 은유를 사용할 때 이름뿐인 경험을 넘어서 진정한 경험을 하게 된다고 했다.

> 은유는 우리가 아는 현실을 설명하는 것보다 훨씬 더 많은 일들을 한다. 우리는 이미지에 의해 고무되며, 은유는 우리가 가진 가장 필수적인 능력들 중 하나이다. 은유는 종종 현실이 되고, 스스로를 언어로부터 우리의 삶 속에 살아 있는 것들로 바꾼다.[22]

따라서 은유는 문화를 규정한다. 저명한 심리학자인 롤로 메이Rollo May에 따르면, "은유는 사람들에게 어떻게 학습하고, 조직하며, 창조하고, 변화해야 하는지를 가르쳐준다."[23] 은유는 우리가 궁극적으로 선택하는 세상을 창조한다.

은유의 원칙의 실천

조직 속의 삶은 다양한 이해 관계자들에 의해 함께 만들어진 하나의 이야기, 거창한 스토리로서 표현된다. 각각의 구성원들, 혹은 이해 관계자들은 서로 다른 이야기, 서로 다른 설명 퍼즐의 조각들을 가져온다. 마치 시인들처럼, 신중하게 감정과 이해를 펼쳐나가기 위해 단어들을 고르면서, 이해 관계자들은 그들의 조직을 묘사하고, 이에 의미를 부여하기 위해 언어, 주제, 은유들을 선택한다. 때로 그들의 말과 은유들은 협조, 고객, 경쟁에서의 이점을 제공하며, 또 어떤 때는 갈등, 불만족, 사업 손실을 자극한다. 모든 경우들에 있어 그들의 선택은 이야기와 행동 모두를 통해 조직 전반으로 퍼져 나간다.

에이아이는 긍정 주제를 선택하는 것으로부터 시작된다. 성공 지향적이고 활기에 찬 언어와 은유를 선택하는 것이 전략적으로 매우 중요하다. 인적 조직이 그들이 탐구하는 방향으로 움직여 가듯이, 탐구 주제 역시 조직이 최고의 이상과 가치를 향해 나아갈 수 있도록 전략적으로 선택된다.

결정적인 주제 선택의 사례

2002년 초, 조직 개발 컨설턴트인 도나 스톤햄Donna Stonehan은 캘리포니아 대학교 버클리 캠퍼스UCB와 버클리 시가 지속적인 협력 관계를 구축하도록 지원하는 데 합의했다. 시와 대학 대표들로 구성된 12명의 기획팀과 함께, 그녀는 파트너 관계를 만들어 내기 위한 6개월간의 과정을 시작했다. 시와 대학으로부터 파견된 75명의 사람들이 회의를 통해 파트너십에 관한 주제를 탐구했다. 긍정 인터뷰, 의미 부여, 꿈꾸기 과정을 통해 시와 대학 간에 이미 존재하고 있었던 효과적 파트너십이 무엇인가를 규정했다. 프로젝트 리더 중 한 명은 이 모임에 관해 다음과 같이 회상했다.

> 파트너십에 관한 주제를 선정함으로써, 우리는 새로운 형태의 대화의 문을 열었습니다. 그것은 매우 색다른 경험이었습니다. 우리는 서로 비슷한 점을 갖고 있다는 것을 발견하고는 매우 놀랐습니다. 우리는 서로를 적이라기보다는 친구로 보기 시작했습니다. 이러한 경험을 통해 우리는 우리 각자의 조직 내부와 두 조직 간에 아주 강력하고도 새로운 관계를 구축해 나갈 수 있었습니다.

이 모임은 두 조직 모두에 큰 감동을 주었으며, 향후 더 큰 이해 관계자들의 공동체 간에 대화가 이루어지기 위한 초석이 되었다. 파트너십에 대해 지속되는 대화들은 시와 대학 간의 협력 증진에 크게 기여하였으며, 그 결과 다음과 같은 새로운 공동 이니셔티브를 추진하게 되었다.

- 범죄 예방 전략들과 프로그램들을 촉진하기 위한 법령을 만들고 이에 필요한 자원들이 무엇인지를 밝혀내고 공유함
- UCB와 시의 스태프들이 하나의 정보 기반을 공유하고, 서로를 알게 되며, 공통의 현안을 협의하기 위해 정기적으로 "대학 도시 주민과 대학 관계자 Town and Gown" 회의 개최
- 다양한 소득 수준 및 가족 형태를 모두 고려한 공동 주택 제공 및 대출 방법들을 모색하고 그 적합성을 평가하기 위한 계획
- 버클리 남서부의 보건 상의 불균형을 해소하기 위해 시와 UCB의 참여도를 높이기 위한 사우스웨스트 버클리 보건 계획 Southwest Berkeley Health Initiative
- 시와 캠퍼스 간에 공동 구매의 기회를 모색하기 위한 계획

그들의 주제 선택은 결정적인 것이었다. 이는 이전에 상상하지 못했던 수준의 협력과 파트너십을 촉진시켰으며, 이는 시와 대학 이해관계자들 모두의 삶의 질을 현저하게 향상시켰다.

원칙 #4: 예측의 원칙 Anticipatory Principle

이미지는 행동을 낳는다.

예측의 원칙은 미래에 관한 이미지가 현재의 행위와 성과들을 유도한다는 의미이다. 조직은 아주 불확실하고 피할 수 없는 일들로 가득한 미래에 대한 이미지에 이끌리고 이러한 이미지를 서로 공유하고 있다. 사이버네틱 과학자들은 이를 불확실성으로 인식하며, 복합성 이론가들은 이를 카오스chaos로 묘사하고, 미국 원주민들은 이를 위대한 신비Great Mystery라고 부른다. 간단히 말해서, 놀라운 요소와 미지의 존재는 언제나 존재해 왔고, 앞으로도 항상 그럴 것이다. 이런 놀라운 요소를 감안하면, 우리가 미래에 대해 알 수 있는 것이라고는 우리가 소망하고, 꿈꾸며, 상상하는 것들이 전부이다. 요약하면, 우리는 우리가 향하고 있다고 믿는 곳에 대한 이미지를 만들어내며, 그 후에 그 이미지들을 향해 조직화를 하는 것이다.

네덜란드의 사회학자인 프레데릭 폴락은 미래에 대한 이미지가 사회생활의 모든 부분에 있어서 행동에 영향을 미친다고 말한다.

> 모든 인식 수준에 있어, 개인으로부터 거시적인 사회활동에 이르기까지, 우리는 "아직 오지 않은 것not-yet"에 대해 지속적으로 그려보게 된다. 이러한 모습은 우리가 의도적으로 앞으로 나아가게끔 하는 영감을 불어넣는다. 그들이 취하는 일상의 행동을 통해 개인, 가족, 기업, 공동체, 국가들은 그들이 그리는 바람직한 미래 모습을 향해 움직인다.[24]

따라서 성공, 혹은 실패는 우리가 미래에 대해 어떤 이미지를 가지고 있는가에 따라 상당부분 결정된다고 볼 수 있다. 1929년 미국의 은행들에 지불 청구가 쇄도한 것처럼 두려움 속에서 나온 이미지들은 공포를 부추길 수 있다. 이와는 반대로, 1960년대 미국-소련 간의 우주 진출 경쟁처럼 분명하고, 지속적이며, 동기 유발적인 이미지들은 강력하고, 긍정적이며, 집단적인 행동들을 유발할 수 있다. 교수이자 이론가인 윌리엄 벅퀴스트William Bergquist는 포스트모던 조직들에 관한 그의 저작에서 "어떤 사회의 존속 여부는 상당 부분 그 사회의 총체적 미래에 관한 지속적이고 동기 부여적인 이미지가 그 사회 안에 존재하는가에 달려있다."[25]고 주장했다.

그렇다면, 우리가 미래의 이미지를 통해 말할 수 있는 것은 무엇인가? 그 이미지들은 어떻게 창조되는가? 그리고 한 조직의 미래에 대한 총체적인 이미지는 어디에서 찾을 수 있는가? 이미지는 감각적으로 풍부하게 묘사된 잠재력, 가능성에 대한 구체적인 표현, 미지의 것에 관한 상세한 설명이다. 작가인 린다 존스Linda Jones에 따르면, 미래의 이미지들은 "우리를 진보시키고 앞으로 나아가게 하는 예언자들의 말씀"[26]이다. 이미지는 그림 이상의 이야기들인 것이다. 일부 이미지들이 시각적으로 그려지고, 때로는 심지어 비전으로 불리기도 하지만 대부분의 경우 이미지는 이야기Narrative Accounts 라고 할 수 있다. 이것은 우리가 우리 자신에 대해서 스스로에게 말하는 이야기들이다. 대화 속에서 형성된 이미지는 개인 간, 집단들 간의 일상적 대화 속에 존재하고 있다.

예측의 원칙의 실천

미래에 관한 조직의 이미지들은 조직 내 이해 관계자들의 대화 속에서 창조되고 존속된다. 그들은 조직 내 비공식적 의사소통 안에 존재한다. 휴게실에서, 커피 한 잔 하는 동안에, 그리고 카페테리아 안에서, 조직 구성원들 간의 대화는 미래와 성공의 잠재력에 관한 조직의 총체적 이미지들을 결정하는 키를 쥐고 있다.

에이아이를 통해 조직 내 구성원들 간의 대화는 과거에 이루었던 성공 및 미래의 잠재력에 관한 풍부한 이미지들로 채워질 수 있게 된다. 핵심적 긍정요소 탐구, 꿈꾸기, 도발적 과제 수립 등의 활동을 통해 우리는 조직이 현상 유지에 만족하지 않고 더 나은 모습을 꿈꿀 수 있도록 유도한다. 에이아이를 통해 조직의 미래에 관한 새로운 이미지들을 창조하고, 마치 꽃이 햇살을 향해 피어나는 것과 같이 시간이 지남에 따라 그 이미지들이 실현되도록 할 수 있다.

이미지가 행동을 이끈 사례

종교 연합 운동United Religions Initiative의 창시자는 원래 이 전 세계적인 종교 간 단체를 종교 연합United Religions이라고 부를 계획이었다. 창시자는 이를 그 범위와 지위에 있어 국제 연합에 맞먹는 것으로 만들 계획이었다. 국제 연합이 많은 국가들을 한 자리에 모은 것과 같이 250명의 사람들을 글로벌 서밋에 오게 하여 종교 연합의 조직에 대한 비전과 가치를 논의하도록 한 것은 실로 대담한 비전이었다. 초창기의 협의 과정에서 종교 연합의 이미지가 대다수의 참석자들에게 매력적인 것이기는 했지만, 일부 사람들에게는 겸손함이 부족한 것으로 비춰지고 있었다. 따라서 이것은 종교 연합이 아닌 종교 연합 "운동Initiative"이라는 아이디어와 이미지가 탄생하게 되었다. 원래는 이 운동이라는 단어는 전 세계적으로 수천 명의 사람들이 헌장과 조직을 구성한 기간인 처음 5년 동안만 사용할 계획이었고 그 후, 헌장이 서명 완료되는 2002년 6월에는 이 조직을 종교 연합으로 만들 예정이었다.

그런데 두 가지 흥미로운 상황이 이 과정에서 발생했다. 첫 번째는 사람들이 헌장을 작성하고 조직을 구상하고 있던 그 당시에 일부 사람들이 서로 다른 종교와 믿음을 가진 사람들 간에 다리를 놓고 종교 간 평화 구축을 촉진하기 위한 행동을 시작했다는 사실이었다. "운동initiative"이란 이미지는 사람들에게 아직 생기지도 않은 조직을 대표하여 행동을 시작했다는 느낌을 주었다. 두 번째는 헌장에 서명을 하기 위한 시한이 가까워올수록, 이 조직의 명칭에 관한 자발적인 논의들이 나타나고 진행되었다는 것이었다. 종교 연합 운동이라는 이름은 항상 자발적이고 결코 식상하지 않을 것이라는 행동적인 이미지를 풍겼다. 전 세계의 창립자들 간에는 종교 연합보다는 종교 연합 운동이 더 필요한 조직이라는 여론이 있었다. 그리고 결국 그렇게 됐다.

원칙 #5: 긍정성의 원칙

긍정적 질문들이 긍정변화로 이어진다.

긍정성의 원칙은 그렇게 추상적인 것이 아니다. 이는 수년 간 에이아이를 수행하면서 얻은 경험으로부터 나온 것이다. 간단히 말하자면, 긍정성의 원칙은 긍정적 질문들이 긍정변화로 이어진다고 말한다. 에이아이 팀 빌딩에 대한 그들의 연구에 기초해서, 경영학 교수인 저베이스 부쉬Gerbase Bushe와 그레이엄 코이쳐Graeme Coetzer는 다음과 같이 설명한다.

> 우리가 팀 빌딩이나 조직 개발 계획을 유도하기 위해 사용하는 질문들이 긍정적이면 긍정적일수록, 변화의 노력 또한 더욱 오랫동안 지속되고 더 효과적이었다.[27]

가장 간단히 말해서, 변화를 위한 모멘텀은 긍정적 열정과 희망, 영감, 행복감 등을 포함하는 사회적 유대감을 필요로 한다는 것이다. 서비스 혹은 매력적인 근무 환경에 관한 수 천 건의 인터뷰는 구성원들의 사기가 저조한 이유나 작업 과정에 있어서의 비효율성에 관한 연구보다는 긍정적 행위들을 유지시켜 주는 데 있어 사뭇 다른 능력을 갖고 있다.

긍정 질문들은 사람들로부터 최상의 능력을 이끌어 내고, 긍정적 행동을 촉진하며, 긍정적 미래를 위한 가능성들을 창출한다. 하지만 긍정 질문들이 조직 내의 열의와 긍정변화를 왕성하게 이끌어 내는 이유는 무엇일까? 그것은 긍정 질문이 조직의 핵심적 긍정요소를 증대시키기 때문이다. 긍정 질문은 과거에 가장 좋았던 상태, 개선된 현재, 꿈꾸는 미래의 모습을 포함한 조직의 최상의 상태를 증폭시킨다. 핵심적 긍정요소에 관해 탐구하고, 학습하고, 목표를 설정하는 기회들이 주어지면, 사람들과 조직들은 희망을 느끼고, 흥분하며, 자연히 효과가 있는 것에 이끌리기 마련이다.

데이비드 쿠퍼라이더와 다이아나 휘트니는 한 조직의 핵심적 긍정요소란 그 조직의 지혜, 지식, 성공적인 전략, 긍정적 태도와 정서, 우수 사례, 스킬, 자원, 역량이라고 밝혔다.[28] 이는 조직에 생기를 불어 넣어주는 잠재력의 근원으로서, 조직의 창의성, 생명 존중 태도, 능력, 자원 등으로 이루어져 있다.

한 조직의 핵심적 긍정요소가 표현될 수 있는 많은 방법들 중에는 아래와 같은 것들이 있다.

사업상의 우수 사례	긍정적 정서
핵심역량	제품의 강점
숭고한 사상	관계적 자원
각인된 지식	사회적 자본
금융 자산	전략적 기회들
획기적인 기술, 특허, 저작권	기술적 자산, 핵심가치
조직의 성과	가능성의 비전들
조직의 지혜	필수적인 전통들

역설적이게도, 핵심적 긍정요소는 그 자체에 내재되어 있기도 하고 또는 아울러 이와 관련해서 존재하기도 하며, 에이아이의 결과로서 나타나고 전개된다. 탐구 및 관심은 모두 핵심적 긍정 요소를 강화하고 증대시킨다. 작가인 헨리 밀러Henry Miller는 "누군가 깊은 관심을 가지는 순간 풀 한 포기조차도 그 자체로 신비롭고,

경이로우며, 형언할 수 없이 장엄한 세계가 된다."라고 말했다.

긍정성의 원칙의 실천

우리가 탐구를 하면 할수록 핵심적 긍정 요소가 부각되고 그 결과 사람들은 문제점으로부터 사람들의 재능, 역량, 잠재력, 꿈, 비전을 향한 변화에 관심을 돌리게 된다. 에이아이 실천의 중심에는 조직이 최상의 상태에 있을 때 무엇이 조직에 생기를 불어넣는가를 알아내고자 하는 탐색에 있다. 이런 의미에서, 에이아이를 실행한다는 것은 온전히 긍정적이 되어야 한다. 에이아이는 부정의 반대적 의미로서의 긍정, 혹은 나쁜 것의 반대로서의 선을 추구하는 것이 아니다. 더 나은 성과와 조직의 탁월성을 이루려면 사람들을 어떻게 교육해야 하는지, 또는 구성원들, 고객들, 공급업체들과 조직 공동체에게 활력을 불어 넣기 위해서는 무엇을 해야 하는지를 탐색하는 것이다.

에이아이는 매우 다양한 방법으로 긍정성을 표방하지만 특히 발굴하기Discovery와 핵심적 긍정요소를 규명하는 과정에서 긍정성을 가장 크게 강조한다. 긍정 주제들을 선택하고 긍정 인터뷰를 수행하며 거기서 얻어진 자료를 가지고 조직의 강점을 규명하는 데 사용한다.

핵심적 긍정 요소의 규명 사례

캡 제미니 에른스트 & 영Cap Gemini Ernst & Young의 선임 컨설턴트인 제인 파딩Jane Farthing은 두 개의 대형 연방 기관의 도서관을 통합하는 지원업무를 맡았다. 그 프로젝트는 매우 중요한 것인데 반해 이를 위해 할당된 시간은 상대적으로 매우 적었다. 두 기관의 구성원들이 함께 모일 수 있는 시간은 고작 이틀이었다. 그녀는 이 짧은 시간 동안 에이아이를 어떻게 활용할 것인지를 고민했다. 결국 그녀는 두 기관 간에 긍정 인터뷰를 하도록 했으며, 그 후 공동 장서 시스템의 핵심적 긍정요소를 두 기관이 함께 규명해 보도록 하였다. 공동 시스템의 일부로 편입되는 것에

별 흥미가 없었던 사람들은 매우 놀랐다. 이틀 간의 과정을 거치면서, 회의론은 확신에 찬 열의로 바뀌었고 구성원들은 통합된 자원을 인식하고 서로의 역량을 인정하면서 기쁨에 젖었다. 이틀 간의 세션이 끝나자, 그들은 자신들의 강점, 자원, 스킬, 자산, 역량들의 모자이크인 핵심적 긍정 요소 맵positive core map에 전시함으로써 그들 자신의 최상의 모습과 고객들에게 공동으로 제공해야만 하는 서비스를 시각적으로 상기시켰다.

원칙 #6: 전체성의 원칙

전체성이 최상의 상태를 이끌어 낸다.

　전체성의 원칙은 전체성에 관한 경험이 사람, 관계, 공동체, 조직에서 최상의 상태를 이끌어낸다고 가정한다. 양자 물리학자인 데이빗 봄David Bohm이 제시한 것처럼 전체적인 이야기, 전체적인 시스템, 전체 인원과 같은 전체성은 잘 살아온 삶의 핵심이다.

> 영어의 "건강health"이라는 단어가 "전체whole"를 뜻하는 앵글로 색슨어의 단어인 "꿋꿋한hale"에서 유래됐다는 사실, 즉, 건강해진다는 것은 일체감을 갖는다는 사실은 매우 교훈적이다 … 이러한 사실들로 미루어 볼 때 전체성 혹은 통합성은 살맛나는 인생에 필수불가결한 것이라는 사실을 사람들이 항상 알고 있었다는 것을 입증하는 것이다.[29]

　전체성을 경험하는 것은 전체적인 그림이나 상황을 이해하는 한 방법이다. 이는 사람들이 들을 수 있고, 지켜 볼 수 있고, 서로의 다른 시각, 인식, 공유된 사건에 대한 다른 해석을 인정할 때 가능해진다. 정신적 스승이자 "식탁의 지혜(Kitchen Table Wisdom, 한국어 부제는 그대 만난 뒤 삶에 눈 떴네 임. 역자 주)"의 저자인

레이첼 나오미 레멘Rachel Naomi Remen은 사람들은 동일한 사건에 대해서 서로 다른 이야기를 한다는 것을 우리에게 상기시킨다.

> 이야기란 누군가의 인생에 있어 일어난 사건들에 대한 그 사람의 경험이며, 사건 그 자체가 아니다. 우리들 대다수는 동일한 사건을 매우 다르게 경험한다.[30]

따라서, 전체적인 이야기는 결코 단일한 한 가지 이야기가 아니며, 통상적으로 다양한 이야기들을 엮은 종합편으로서 이에 관련된 많은 사람들이 이야기를 공유하고 함께 엮어 나가는 것이다.

전체성의 원칙은 참가자들로 하여금 보통의 수준보다 한 차원 더 높은 수준에 초점을 두게 만든다. 전체성과 치유의 경험은 공통성을 발견하는 것이 아니라 오히려 차이를 이해하고, 받아들이며, 이를 인정하는 데서 나타난다. 차이점과 차별성을 모두 포괄하는 전체를 이해하게 되면 만족감이 찾아오게 되고 굳이 합의를 도출해야 할 이유를 찾지 못하게 된다. 따라서, 사람들이 전체를 위해 더 숭고한 목적과 더 위대한 선을 이루는데 몰두할 수 있는 환경이 조성된다. 소련의 전 대통령인 미하일 고르바초프Mikhail Gorbachev는 더 숭고한 목적에 헌신하기 위해 차이점들을 초월하는 것에 대한 중요성을 다음과 같이 강조한다.

> 우리가 살고 있는 시대는 모진 어려움과 전례 없는 기회들로 가득 찬 시대입니다. 우리는 우리의 정치적 성향, 종교적 신념, 혹은 철학이 무엇이든 간에 오직 우리가 서로를 이해하고 도우려고 시도하며, 더 나은 미래를 위해 화합해서 행동할 때에만 우리의 유산을 발전시켜 나가야 하는 역사적 임무를 달성할 수 있을 것입니다.[31]

전체성의 원칙 실천

현실적인 의미에서 전체성은 모든 이해 관계자들 혹은 조직의 전체를 닮은 일부 조직(미니어처 조직)을 한 공간에 모아 놓음으로써 변화의 과정에 전체 조직을 참여시키는 것을 의미한다. 전체 시스템이 같은 공간에 있게 되면, 신뢰가 지속적으로 쌓이고, 할 수 있다는 태도가 우세해진다. 한 워크숍 참가자는 이를 다음과 같이 이야기했다.

> 전체성은 신뢰를 불러일으킨다. 모든 사람들이 함께 있다면, 당신은 다른 사람들이 무엇을 할 것인가에 대해 의심할 필요가 없다. 왜냐하면 다른 사람들이란 없을 테니까 말이다. 총체적으로 권한을 부여하는 것이며 당신의 계획을 승인해야 하는 다른 누군가란 없다. 여러분 모두가 결정하는 일은 무엇이든 이루어질 수 있다는 것을 알고 있게 된다.

전체 시스템을 참여시키는 것은 전체의 이름으로 독특한 행위들을 촉발하기도 한다. 베네딕틴 대학Benedictine University의 교수인 제임스 루데마James Ludema는 다음과 같은 경험에 대해 얘기했다.

> 개개인의 고유한 시각은 다른 사람의 시각과 결합되었을 때 행동을 위한 새로운 가능성, 즉 이전에 잠자고 있었거나 발휘되지 않았던 가능성들을 창출한다.[32]

에이아이는 전체 시스템을 한 데 모아 긍정 인터뷰를 거쳐 장벽을 허물어 서로를 존중하고, 고정관념을 극복하고, 새로운 관계를 정립할 수 있는 환경을 창조한다. 갈등 관계에 있는 사람들로 이루어진 대규모의 에이아이 회의는 그 갈등의 원인이 업무에 관련된 것이든, 문화적인 것이든, 세대적, 종교적, 정치적, 혹은 다른 그 무엇이든 간에, 치유를 위한 기회를 제공한다. 사람들이 범시스템적 대화 속에서 서로를 만나면, 그릇된 생각은 멀리 사라진다. 그들은 상대방이 그러할 것이라고 상상했던 것과 똑같지 않다는 것을 깨달으며, 배경, 경험, 비전 상의 차이에 대해 존중하는 마음을 갖게 된다.

전체성과 생산성에 관한 사례

부정적인 견해와 위협적인 태도가 최대의 관심을 받는 문화 속에서, 존 디어 하베스터 웍스John Deere Harvester Works는 유연하고 자기 주도적인 팀들을 통해 더 높은 성과를 달성하고 싶어했다. 그들은 250명의 일당제 및 월급제 구성원들을 5일간의 에이아이 서밋에 참여시킴으로써 이를 달성했다. 이 시기 동안 구성원들은 그들의 냉소적인 태도를 무너뜨리고 굳건하고, 안정적이며, 평온한 존 디어 구성원들로 거듭났다. 전체 시스템이 한 공간에 모여 있는 동안, 그들은 고도로 생산적이고 협력적인 관계를 회복하고, 이를 확립하는 한편 제품 개발 주기를 현저하게 감소시키고 미래의 성과에 대해 공유된 자신감을 만들어 냈다.

원칙 #7: 실행의 원칙The Enactment Principle

"마치…인 것처럼" 행동하는 것은 자아 성취다.

실행의 원칙은 가장 바라는 미래의 삶의 모습을 현재의 삶에 구현함으로써 변화가 일어난다는 것을 가리킨다. 더 쉽게 말하자면, 보다 바람직한 미래에 관한 이미지들과 비전들이 현재에 구현될 때 긍정변화가 일어난다는 것이다. 이런 개념에 관해서 잘 알려진 표현으로 인도의 지도자 마하트마 간디Mahatma Gandi의 말이 있다. "당신이 이 세상에서 보고 싶어 하는 변화, 그 자체가 되십시오Be the change you want to see." 사회 운동가로서, 간디는 미래에 의롭고 비폭력적인 세상을 만드는 유일한 길은 오직 현재의 의롭고 비폭력적인 행동을 통해 이룩하는 것뿐이라는 자신의 신념을 실현했다. 그의 생애는 살아 있는 모델이자, 그의 깊은 신념과 미래를 향한 꿈의 구현이었다.

1960년대에 인권 운동의 지도자였던 마틴 루터 킹Martin Luther King Jr.은 미국인들에게 모든 사람을 위한 더 큰 정의, 평등, 존중을 실현하라고 가르쳤다. 그렇게 하는 동안, 그는 지속적으로 세상을 바꾸는 유일한 길은 차이점을 있는 그대로 인정하는 것뿐이라고 거듭 단언했다.

> 여러분이 정의를 위해 나아갈 때, 오직 존엄성과 자제심만 가지고 사랑이라는 무기를 이용하여 나아갈 것을 믿으십시오. … 어둠으로는 어둠을 물리칠 수 없으며, 오직 빛만이 그렇게 할 수 있습니다. 증오는 증오를 물리칠 수 없으며, 오직 사랑만이 그렇게 할 수 있습니다.[33]

정신적 견지에서 보면, 현재는 존재하는 전부이다. 우리는 지금 여기에 있고to be here now, 존재하며to be present, 현재 속에 살라to live in the moment고 충고를 받는다. 무용가이자 안무가였던 마사 그레이엄Martha Graham은 그녀의 무용가들이 공연할 때 완전히 현재에 집중하도록 격려하면서, 다음과 같이 가르쳤다. "정말로 중요한 것은 움직이고 있는 지금 이 순간입니다. 이 순간을 생기 넘치고 살 가치가 있는 것으로 만드십시오. 그것을 깨닫지 못하고 쓰지 않은 채로 흘려 보내지 마십시오."[34]

프랭클린 D. 루즈벨트 대통령은 '사람들의 꿈을 현재에 실현한다'라는 개념은 이해하고 있었다. 사상 최악의 경기 침체의 고통에 깊이 빠져 있는 나라를 이끌면서, FDR(프랭클린 D. 루즈벨트의 애칭. 역자 주)은 미국 국민들에게 가능성의 비전을 환기시켰다. 그의 취임식 연설에서 그는 번영이 다시 돌아오기만을 그저 기다리기보다는 모든 이를 위한 일자리와 정의가 있는 바람직한 미래를 용기 있게 구현해 나갈 것을 온 나라에 촉구했다. 그는 그가 이끌어 나갈 미래에 대해 단언하기를 계속했다.

이 나라에서 저는 지금 바로 이 순간에도 수천만 명의 시민들, 우리나라 전체 인구의 중심을 차지하고 있는 시민들이 삶의 최소 요건이라고 부르는 최저 생계 수준 이하의 삶을 살고 있는 모습을 봅니다.

저는 여러분에게 이 모습을 절망적으로 묘사하고 있지 않습니다. 오히려 희망을 갖고 이 모습을 말하고 있습니다. 왜냐하면 우리나라가 지닌 불의를 인식하고 이해하지만, 그 모습을 그려내기를 원하고 있기 때문입니다. 우리는 모든 미국 시민이 조국의 관심과 보살핌을 받게 하자고 결의하였습니다. 그리고 우리는 우리의 국토 안에서 충실하게 법을 지키는 어떤 국민들도 결코 저버리지 않을 것입니다. 우리의 발걸음 앞에 놓인 시험은 우리가 다수의 많이 가진 이들에게 더 많은 것들을 주느냐가 아니라, 우리가 너무나 적게 가진 이들에게 충분히 주느냐의 여부인 것입니다.[35]

미래를 구현할 것을 결정한, FDR은 수백만 명의 실직된 미국인들에게 일자리를 제공해주는 급진적인 뉴딜 정책을 시행하면서 나라를 이끌었다. 그 과정에서 미국의 자존감을 회복하고 그 당시에 당면한 도저히 넘을 수 없을 것 같았던 도전을 넘어서 앞으로 나아갈 수 있도록 나라를 이끌었다.

실행의 원칙의 사례

사람들의 꿈을 현재에 실현하는 것은 단순하지만 역설적인 행위이다. 수십 년간 금주모임Alcoholic Anonymous의 회원들은 마치 그들이 되고 싶어 하는 사람들인 "마치 … 인 것처럼 행동함으로써" 변화를 실현했다. 그들은 자신들이 두려움에 빠진 것이 아니라 용기 있는 사람들인 것처럼 행동하며, 이기심을 드러내지 않고 관대한 사람들인 것처럼 행동한다.

변화에 이용된 프로세스들이 바람직한 미래를 생생하게 예시하거나 구현한 것이 될 수 있을 때 효과적인 조직 변화가 일어난다. 달리 말하면, 변화를 위한 프로세스의 과정과 목적이 일치해야만 한다는 것이다. 간디의 말을 다시 인용하면, 조직은 그들이 보고 싶어 하는 변화, 그 자체가 되어야만 한다.

에이아이는 조직이 더 바람직한 문화와 리더십 스타일을 구현할 기회를 제공한다. 예를 들어, 만약 조직이 사람들을 사업에 참여시키고 싶어 한다면, 모든 이들을 긍정 인터뷰에 초대하고, 사람들이 에이아이의 전 과정에서 비공식적 리더로 활동할 수 있도록 독려함으로써 높은 참여와 헌신을 조직 내 대세로 만들어야 한다. 만약 사람들이 서로에 대해 이야기를 하고 이를 듣도록 하게 하고 싶다면, 포럼을 개최하여 인터뷰에서 나온 이야기들과 통찰력을 공유하고 모든 의견들을 동등하게 간주해야 할 것이다. 만약 직급을 평준화하고자 한다면, 모든 직급과 모든 부서들에서 온 사람들이 에이아이 자문 팀에 포함되도록 함으로써 상위 계층과 경영진들이 의사결정을 독점하지 않도록 해야 한다.

"마치…인 것처럼" 행동한 사례

2001년 말, 덴버 시의 교통 엔지니어링 그룹과 교통 운영 그룹들이 통합을 준비하고 있었다. 그들은 이전에 분리돼 있던 두 그룹들 간의 경계를 허물고, 새롭고도 고기능적인, 완전히 통합된 조직을 만들어 줄 프로세스를 원했다. 두 조직으로부터 동일한 수의 대표들이 참석하여, 에이아이 서밋을 계획하고 수행할 자문 팀을 구성했다. 시작 단계부터 그 목적을 달성하기 위해 자문역들은 서로 소개를 하고 공통된 목표를 수립하여 그 목표를 달성하기 위해 모든 영역에 걸쳐 파트너십을 구축하는 데 시간을 보냈다.

서밋 수주일 전부터 조직의 다른 부서에서 일하는 디렉터들은 이들에게 무슨 일이 있었는지를 묻기 시작했다. 외부에서 볼 때 새로운 조직은 통일성이라는 그 목표를 이미 달성한 것처럼 보였던 것이다! 하나의 조직이 되기 위한 계획을 수립하기 위해 마치 그들이 하나의 조직인 것처럼 행동함으로써 원했던 통합은 기대보다 훨씬 빨리 그리고 훨씬 쉽게 이루어졌다.

원칙 #8: 자유 선택의 원칙 The Free Choice Principle

자유로운 선택이 능력을 발휘하게 한다

자유 선택의 원칙은 사람들이 자신의 조직을 위한 일의 속성과 범위를 자유롭게 선택할 때, 사람과 조직이 발전한다고 가정한다. 이는 사람들을 자기가 가장 바라는 대로 기여할 것을 선택할 자유를 가진 자발적인 사람들로 대우할 때 사람들은 개인적인 능력과 조직적인 능력 모두를 가장 잘 발휘한다는 것을 의미한다.

사람들을 자발적으로 다루라는 것은 무엇을 의미할까? 의지 volition라는 단어와 자발적 지원자 volunteer라는 단어는 둘 다 라틴어의 "velle"라는 단어에 뿌리를 두고 있는데, 이 단어는 "바란다" 또는 "선택한다"를 뜻한다. 따라서 자발적 지원자들은 성취를 위한 충동, 차이를 만들고 싶은 욕구, 또는 더 나은 세상을 위한 희망을 갖고 헌신할 것을 결심한 사람들이다. 사람들을 자발적으로 대우하는 것은 사람들로 하여금 그들의 강점, 관심사, 가치, 희망, 꿈에 기초하여 어떻게 그리고 언제 참여할 것인가를 결정하도록 하는 프로세스와 함께, 민주적 업무 환경을 만들어 내기 위한 것이다.

자유로운 선택은 사람들로 하여금 조직에 대해 열의와 헌신을 갖게 하고, 높은 성과를 낼 수 있도록 한다. 사람들이 자유롭게 선택을 할 때, 조직은 높은 성과를 낸다. 자유로운 선택은 경영 컨설턴트인 제인 세일링 Jane Seiling이 "멤버십 조직 Membership Organization"이라고 부른 것의 기반이 된다. 동일한 제목의 저서에서 세일링은 비록 종업원들이 경제적인 이유 때문에 일을 해야만 할지라도, 이들을 조직 내에서 일할 것을 선택한 구성원으로서 대우해 줄 것을 권했다. 그녀는 자유로운 선택의 강점에 대해서 다음과 같이 설명한다.

> 멤버십 조직 내에서는 구성원들이 개인적으로 그리고 집단적으로 단순한 참여 그 이상으로 일을 한다. 여기에는 더 평등한 작업 공동체의 존재가 가능하도록

해주는 높은 개인적 책임감, 공유된 의무, 구성원들 간의 연대감과 같은 정신 자세가 존재한다. 멤버십의 개념은 조직의 목적에 대한 참여를 조성하고, 최고의 성과를 내어야 한다는 절박함을 공유하게 하여 직장 공동체 안의 모든 개인 및 집단을 위해 헌신하고 성공하게 만드는 기회를 확대해 준다.[36]

조직 개발 컨설턴트인 탐 맥기Tom McGehee 역시 크리에이션 컴퍼니Creation Company를 설명하면서, 자유로운 선택의 이점을 강조한다. 맥기에 따르면, 크리에이션 컴퍼니의 구성원들은 자발적인 지원자로서 팀에 합류하고 헌신함으로써 조직에 여러 가지 장기적인 혜택을 제공했다.

크리에이션 컴퍼니는 가능하면 언제든 사람들로 하여금 그들이 원하는 어느 곳에서든 일하고, 그들 스스로 변경하게 한다. 사람들은 최고의 리더를 위해 그리고 최상의 기회들을 가지고 일할 것을 선택한다. 이러한 방식은 최고의 아이디어가 어디에 있고, 무엇이 최고의 프로젝트이며, 누가 최고의 리더인지를 가려주는 강점을 가지고 있다. 이를 내부적인 자유 시장이라고 생각해 보라.[37]

개인에게 자유로운 선택권을 부여할 때 개인은 능력을 발휘하게 되고 좋은 성과를 내게 되는데 그 이유는 선택적 의지가 인간의 핵심 요소이기 때문이다. 심리학자인 롤로 메이에 따르면, 선택을 하는 것은 인간의 존재와 정체성에 핵심적인 요소이다.

인간은 자신의 선택과 다른 인간에 대한 헌신을 통해서만 완전한 인간이 된다. 사람들은 매일매일 내리는 수많은 결정을 통해 가치와 존엄성을 유지하는 것이다.[38]

인간의 존엄성과 일의 존엄성은 선택으로부터 도출된다. "당신의 서명 경로

Your Signature Path"의 저자인 제프리 벨만Geoffrey Bellman은 다음과 같이 말한다. "우리 삶의 매 순간마다 우리는 우리가 원하는 것과 원하지 않는 것, 하고자 하는 것과 하고 싶지 않은 것, 좋아하는 것과 싫어하는 것을 선택하고 있다."[39] 사람들에게 자신들이 원하는 것을 할 기회가 주어진다면, 그들은 보다 자유롭게 자신의 직관적인 욕구에 대응할 수 있을 것이고, 매우 창의적인 잠재력을 발휘할 수 있을 것이다.

그리고 실제로 우리가 스스로를 다른 사람들과 구별되게 하고, 우리가 가진 재능을 통해 세상에 헌신하며, 유산을 남기게 되는 것은 선택을 통해서이다. CEO인 맥스 드프리Max DePree는 다음과 같이 말했다.

> 무엇이 희망을 이루고 있는 것일까? 그 답의 일부는 선택을 하는 능력에 있다는 것이 자명하다. 선택을 할 수 없게 된다는 것은 크나 큰 비극이며, 이 비극은 절망이나 냉소주의로 이어진다. 선택을 하는 능력은 또 다른 결과들로 이어진다. 우리는 무엇을 선택하는가? 어떻게 선택하는가? 우리의 선택들은 결국 우리 자신을 독립적인 존재로 만들고 유산을 형성한다."[40]

자유 선택의 원칙은 우리에게 시종일관 선택을 위한 기회를 만들고, 사람들에게 선택권을 부여하며, 그들이 자신의 직관적 통찰력, 관심사, 강점, 소명에 따라 자신의 일을 선택하도록 장려하라고 가르친다.

자유 선택의 원칙의 실천

변화 관리 분야는 우리가 몸담아 온 지난 25년 간 현저하게 발전했다. 변화의 방식은 하향식 프로세스로부터 전 구성원 참여 체제로 바뀌었다. 우리는 어떤 조직이 "서두르지 말고, 프로세스를 시험해보자"라고 말했던 것으로부터 "가능한 한 신속하게 모든 사람들을 참여시키자"라고 말하는 것으로 변해가는 모습도 지켜보았다. 이 두 가지 전환 모두 구성원들의 참여를 확대했지만, 필연적으로 종업원의 헌신까지 이끌어 낸 것은 아니었다. 모든 사람들에게 필수적으로 변화에 솔선수범 하도록 요구하는 것은 종종 역효과를 낳을 수 있다. 선택의 여지가 없으면 그 변화가 얼마나 바람직한 것이든지 간에, 사람들은 강요당한다고 느끼고 이에 저항할 수 있다.

에이아이는 사람들에게 제공하는 선택의 양적인 측면에서 변화에 대한 다른 접근법들과 구분된다. 일반적으로 사람들은 어떻게 그리고 언제 그들이 이 프로세스에 참여할 것인지의 여부를 선택할 완전한 자유를 부여 받는다. 사람들은 긍정 주제들의 초기 선택 단계에서부터 참여하거나, 혹은 인터뷰 단계에서 참여한 후 탈퇴할 것을 결정할 수 있다. 또는, 그 반대로 사람들은 발굴하기 단계가 끝난 지 한참 후인 실행 팀들이 구성되는 시점에서 자신들을 필요로 하는 프로젝트에 참여하기로 선택할 수도 있다. 짧게 말하면, 사람들은 호기심이 발동되고, 자극을 받고, 혹은 임무, 활동이나 미래의 꿈에 감동을 받았을 때 참여를 결정할 수 있고 또 실제로 그렇게 한다는 것이다.

*고객 해방*Customer Liberation *사례*

3일 간의 에이아이 서밋 중 마지막 날에 한 고객이 자발적으로 조직된 세션에서 일어나 자신이 진행하는 프로젝트의 다음 단계를 어떻게 추진할지 브레인스토밍하자고 사람들에게 요청했다. 그 요청과 그녀의 자유로운 선택의 행동은 서밋의 목적에서 벗어난 것으로 보였으며, 서밋 주최 측의 사업과는 아무런 연관도 없는 것 같았다. 그녀는 그 서밋에 고객을 대표하는 멤버로서 조직 설계에 있어 클라이언트 시스템 작업을 돕기 위해 초대되었다. 주최 측은 그녀의 제안에 놀랐지만 이를 진행시키기로 결정하고 거의 12명의 멤버들을 한 시간 정도 걸리는 그녀의 세션에 합류하도록 지원했다. 그 때를 돌이켜보면서, 그 조직의 리더가 말했다. "그녀의 프로젝트는 우리와는 아무런 연관이 없었습니다. 하지만 동시에 그것은 우리가 해야 하는 전부이기도 했습니다. 우리는 그 프로젝트에 대한 조언을 필요로 했고, 이러한 상황이 일어나지 않았더라면 결코 그것을 얻지 못했을 것입니다. 이제 우리는 그녀가 추진하는 일에 우리의 흔적을 남겼고, 우리의 선의는 그녀의 기억 속에 영원히 남아 있을 것입니다."

본질적 대화 Conversations That Matter - 여덟 가지 원칙의 요약

에이아이의 여덟 가지 원칙을 합하면 한 가지 간단한 메시지를 발견할 수 있다. 에이아이는 본질적 대화에 관한 것이라는 점이다. 우리의 원래 생각은 이 섹션을 "차이를 만드는 대화"라고 부르자는 것이었지만, 다시 한 번 생각한 끝에 현재의 제목으로 결론지었다. "본질적 대화 conversations that matter"라는 문구는 사물에 활기를 가져다주는, 즉, 글자 그대로 본질을 만들어주는 에이아이의 위력을 명확하게 묘사하고 있다. 이는 또한 에이아이의 대화들이 사람들에게 대부분 어떤 문제에 대한 대화인가 하는 의미도 내포하고 있다. 최고의 상태에 있을 때, 질문, 담화, 토론, 논쟁을 포함한 대화는 한 조직과 그 구성원들의 최고의 잠재력을 현실적이고 가시적인 것으로 만든다.

그와 같은 대화의 위력은 전통적 조직에서 행해지기 쉬운, 일방적인 의사소통으로 대화가 제대로 이루어지지 않는 상황에서 더 명확해진다. 명령체계를 타고 최정상에 있는 사람들끼리 조직의 미래에 대해 얘기하고 결정을 내린 다음, 자기 아랫사람들에게 이를 전달하는 식이다. 이 과정 내내 리더들은 자신들이 세운 계획을 추종할 헌신적인 인력을 애타게 찾을 것이다. 그들은 비전, 가치, 전략을 세운 후에, 조직의 구성원들과 그 이해 관계자들에게 그들의 계획을 체계적으로 설명하고 납득시킨다.

이런 의사소통 시스템에서, 조직 내 인력, 고객, 이해 관계자들의 대다수는 전달된 정보와 아이디어 전체를 있는 그대로 받아들일 것으로 예상된다. 업무 및 고객들과 가장 가까운 사람들이 아무런 발언권도 없이 창의적 프로세스로부터 배제되는 것이다. 끝으로 이 일방적인 대화들은 도덕성이 결여되고, 획일화되었으며, 비헌신적인 구성원들이 낮은 품질의 제품들을 생산하고, 목표를 상실하며, 고객들을 자신의 감독자들이 자신들을 다루는 방식으로 대우하도록 만든다.

에이아이에서는 이와 반대의 일이 일어난다. 대화는 일방적이고 하향적인 의사전달로부터 개발적이고 범시스템적인 대화로 전환된다. 에이아이는 누가 무엇에 대해 누구에게 말하는가를 획기적으로 바꾸며, 선임 매니저와 기계 운전공, 고객 및 구성원, 서로 대응되는 부서 등 일반적으로 팀이 될 법하지 않은 사람들을 묶어 improbable pairs 양방향의 탐구와 대화를 하게 하는 한편 그들이 가치 있게 생각하는 것에 에너지를 쏟고 노력을 경주하게 한다. 그렇게 함으로써, 에이아이는 긍정적 가능성의 영역을 늘려가는 것이다.

이 책 전반을 통하여 여러분은 전 세계의 기업, 정부, 비영리 단체들에서 본질을 만들어 주는 대화에 대한 이야기들을 읽게 될 것이다. 여러분은 이 여덟 가지 원칙들이 고도로 유연한 긍정변화, 즉 사람들과 조직을 절망으로부터 가능성으로 향하게 할 수 있는 변화로 옮겨 가게 하기 위해 어떻게 활용되는가를 보게 될 것이다.

제 4 장

에이아이 적용 사례:
탄생에서 현재까지

1985년에 시작된 이래로 에이아이는 "오늘날 변화에 대해 가장 대중적이고 새로운 접근법"으로 인정받으면서, 전 세계로 확산되어 갔다. 데이비드 쿠퍼라이더가 에이아이 기법을 창시했을 때, 그는 자신이 조직 변화 분야에서 대담하고 새로운 기법을 열었다는 사실을 알지 못했거나 적어도 의도하지는 않았었다. 그럼에도 불구하고, 그 일은 실제로 일어났다.

지난 수 십 년 간 에이아이는 조직에 약간의 실험을 하는 수준에서 긍정변화를 위한 지속 가능한 철학이자 수행 기법으로 발전되어 왔다. 이 책에 담긴 일화들이 묘사하고 있는 것처럼, 전 세계의 많은 조직들은 에이아이를 업무의 중요한 방법 중의 하나로 받아들였다. 에이아이를 4~5년 간 활용함으로써 그들은 재무성과, 고객 만족도, 구성원 참여 등에서 긍정적인 성과를 달성하였다. 에이아이를 통해 성공을 거두게 되면서 이 분야에 관한 지식, 혁신적 사례, 도구들도 함께 늘어났다.

이 장은 에이아이의 탄생에서부터 시작해 에이아이와 나란히 발전해 온 심리학 분야의 부상에 대해 설명하고 있다. 여기에 실린 여러 사례 연구들은 에이아이 프로세스와 이를 통해 성취된 탁월한 결과들을 입증해 준다.

마지막으로, 이 장은 헌터 더글러스에 대해 소개하고 있다. 여러분은 에이아이를 도입하기 전에 이 회사가 어떻게 생겨났고, 급속한 성장을 이루었는지 그리고 기업 문화를 변화시켜야 했던 이유 등을 살펴보게 될 것이다.

에이아이의 기원

에이아이는 오하이오 주 클리블랜드에 위치한 케이스 웨스턴 리저브 대학의 웨더헤드 경영대학원에서 탄생했다. 이는 그 당시 대학원생이었던 데이비드 쿠퍼라이더와 그의 패컬티 멘토(faculty mentor, 대학원의 교과 과정 및 연구 진행에 대해 교수진들이 조언 및 멘토링을 진행해 주는 것. 역자 주)인 수레쉬 스리바스트바를 통해 첫 발을 내딛게 되었다. 세계적 수준의 보건 기관인 클리블랜드 클리닉과의 컨설팅을 진행하면서, 이들은 전통적인 행동 연구Action research 기법을 변형하여 적용하는 실험을 했고, 놀라운 결과를 얻었다

조직 내에서 무엇이 효과가 있었고 무엇이 없었는지에 대한 탐구를 수행하는 대신에 그들은 조직의 효과적인 운영에 기여하는 요소들을 분석하는 데 중점을 두었다. 그 결과는 심오했다.

인터뷰를 진행하는 것은 사람들로 하여금 그들의 참여도가 최상인 상태에서 조직에 관한 성공담을 한층 더 강화하도록 사람들을 격려하는 것으로 보였다. 탐구가 진행된다는 소문은 빠르게 퍼져 나가 조직 내의 일상 대화 속에 스며들어 이 조직의 강점, 최상의 상태, 효율성 등에 관한 토론과 논쟁의 주제가 됐다. 탐구는 그 자체로 사람들의 두드러진 관심을 받으며 그들이 탐구하기 시작한 행동들에 대한 평가로 이어졌다. 그들이 발견한 사실들에 바탕을 두고 쿠퍼라이더, 바렛, 스리바스트바는 다음과 같이 결론을 내렸다.

> 모든 탐구 활동이 계몽적인 효과를 가지고 있음은 엄연한 사실이다…미세한 인지적 신호cue와 틀을 밝혀내고, 논리적인 가정을 제시하며, 미묘한 가치들을 전달하고, 새로운 언어를 창조하며, 매력적인 이미지와 요소를 제공하는 등 조직 이론은 아마도 이 모든 방법들을 통하여 규범, 신념, 문화적 관습을 바꾸는 건설적인 수단이 될 것이다.[41]

최초의 피드백 보고서가 클리닉 측에 제출되자 매우 강력한 긍정적 움직임이 일어났고, 클리닉의 이사진이 에이아이 접근법을 전체 그룹에 적용해 달라고 요청하기에 이르렀다. "에이아이"라는 용어는 클리블랜드 클리닉에 제출된 이 피드백 보고서의 각주에 처음으로 사용된 것이었다.

쿠퍼라이더, 스리바스트바, 케이스 웨스턴 리저브 대학의 동료들 – 론 프라이Ron Fry, 프랭크 바렛Frank Barrett, 베로니카 호퍼Veronica Hopper, 존 카터John Carter

등 초기의 선구자들 – 은 인간의 조직화와 변화에 관한 일련의 긍정적 가정을 바탕으로 긍정적 경험에 관한 실험을 계속했다.

> 사람, 부서, 조직은 성공을 통해 많은 것을 배우고 또 배울 수 있다. 조직이 성공을 거둘 때는 사람, 부서, 조직 전체가 최상의 상태가 되는데, 이러한 상태는 조직이 평소보다 훨씬 더 긍정적인 모습을 할 때가 많다. 이러한 모습을 제대로 이해하기 위해서는 최고의 경험, 또는 좋았던 때가 언제였던가를 질문해야 한다. 이러한 질문은 의도적으로 준비되고 선정되어야 한다.
> 그러한 질문들은 우리가 무엇을 발견할지를 결정해준다. 이러한 질문을 통해 구체적인 사례, 이야기, 대화들이 나올 것이고, 이를 바탕으로 최고의 성과와 가장 높은 잠재력을 내도록 조직을 구성하는 방법을 배울 수 있게 될 것이다.[42]

쿠퍼라이더의 1985년도 논문은 에이아이의 이론과 실제에 관한 최초의 개념화를 제시하였다. 인간의 조직화, 행동 연구, 조직 개발, 변화에 관한 새로운 개념들에 힘입어, 쿠퍼라이더와 그의 동료들은 에이아이를 조직 변화를 위한 이론 및 실천 방안으로서 소개하기 시작했다.

1990년 대 초반, 에이아이는 국제 비정부 기구international nongovernmental organizations, NGO들의 개발을 돕는 도구로서 빠르게 성장했다. 그 결과, 미국 국제 개발처U.S. Agency for International Development, USAID로부터 지원된 수백만 달러의 지원금들을 이용해 케이스 웨스턴 리저브 대학의 글로벌 경영 우수화Global Excellence in Management, GEM 프로젝트를 시작할 수 있었다. 에이다 조 만Ada Jo Mann이 이끄는 GEM은 국제 NGO들로부터 온 사람들이 에이아이를 배우고, 이를 자신들의 조직 개발의 기초로 활용하도록 지원했다. 오늘날까지 백 개 이상의 국제 NGO들이 에이아이를 활용하여 도움을 받았다.

그 시초부터, 미국, 캐나다, 유럽 각지의 기업들 역시 에이아이에 대한 실험을 시작했다. 한 대형 회계 법인은 리더십 변화에 에이아이를 활용했고, 또 다른 주요 기업은 성희롱을 근절하기 위한 훈련 프로그램에 이를 사용했으며, 한 자동차 수리 회사는 고객 만족도 제고에 이를 이용했다. 각각의 성공적인 실험을 통해 에이아이 및 새로운 실천 방안의 잠재력에 대해 더욱 많은 이해가 이루어졌다.

클리블랜드 클리닉에 에이아이가 최초로 적용된 지 12년 후, 쿠퍼라이더와 그의 사업 파트너인 다이아나 휘트니Diana Whitney는 GTE에서 250명으로 이루어진 그룹에 에이아이를 소개했다. 그 당시 텔레커뮤니케이션 부문의 회장이었던 톰 화이트Tom White가 막 연설을 마쳤을 때였다. 한 젊은이가 손을 들고 물었다. "지금 무슨 일을 하고 계신지 알고 계신가요?" 그러고는 말했다. "당신께서는 긍정 혁명을 수행하고 계신 겁니다! 당신은 우리에게 도구를 주시고, 우리로 하여금 이를 통해 달려 나가도록 하고 있습니다. 이건 절대로 멈출 수 없는 긍정 혁명입니다!" 그리고 실제로 에이아이는 GTE에서 긍정 혁명을 시작했고, 1997년 미국 교육훈련 협회American Society for Training and Development의 우수 실천 사례 상(경영 변화 분야)을 수상했다.[43]

이와 같은 초기의 실험과 에이아이에 대한 최초의 개념화 이래로, 전 세계에 걸쳐 수백 개의 조직들과 수천 명의 사람들이 에이아이를 통해 긍정 혁명에 눈을 떴다. 그리고 이제 에이아이는 조직 변화의 떠오르는 분야이자 잘 알려진 철학 및 방법론이 되었다.

긍정 심리학의 부상

에이아이가 조직 변화의 실용적인 접근법으로서 뿌리를 내리고 있는 동안, 심리학 분야에서도 이와 유사하게 그 원리 및 수행 방법들에 대한 재정의 및 재고가 이루어지고 있었다. 1998년, 미국 심리학회의 회장인 마틴 셀리그만Martin Seligman 은 심리학회의 연구들이 진행되는 경향을 검토하였다. 그가 발견한 것은 충격적인 사실이었고, 이 발견은 사회 여러 분야에 시사점을 던져줄 만한 것이었다. 1970년부터 2000년까지, 4만 5천 건의 연구들이 우울증, 정신 이상, 다른 정신 질환들을 주제로 수행됐다. 놀랍게도 같은 기간 중 단 3천 건의 연구들만이 인간의 기쁨, 정신 건강, 행복well-being과 관련된 주제를 다룬 것이었다. 셀리그만은 심리학 연구가 정신 질환이나 병리학에 그렇게 많은 중점을 두고 있다는 것을 발견하리라고는 예상하지 못했었다. 그는 심리학 분야가 그 원래의 목적, 즉 사람들이 보다 나은 환경에서 행복한 삶을 영위할 수 있도록 아픔을 치유하며 궁극적으로 인간이라는 존재에게 가장 좋은 상태란 어떤 것인지 탐구하는 것으로부터 너무나 멀리 벗어나 있다고 결론 내렸다.

그는 즉시 심리학계의 연구를 재편성하기 시작했다. 그는 단순히 "상처의 회복"에만 중점을 둔 기존의 심리학 연구 추세를 "정신적 질환에 대한 불완전한half-backed의 접근법"이라고 묘사하고 심리학계가 새로운 방향으로 전환할 것을 촉구했다.[44] 그 대안으로 "최적의 인적 기능과 인간의 강점 및 미덕에 초점을 두는 분야의 구축"에 대한 정밀한 탐구를 제시했다. 그는 다음과 같은 임무를 가지고 긍정 심리학 네트워크를 창설한 것이다.

> 과학적 연구를 통해 심리학적 지식을 탐구하고, 이를 용기, 낙천주의, 대인 관계의 스킬, 직업윤리, 희망, 정직, 인내 등과 같은 강점과 미덕을 신장시키는 데 적용한다. 그렇게 하는 과정에서, 우리는 개인 및 조직의 능력이 가장 높은 수준으로 발휘되도록 신장시키고, 사람들이 최대한 만족스러운 관계를 가지도록 돕게 될 것이다.[45]

불과 십 년 만에, 긍정 심리학 운동은 대중적인 서구 문화 속에서 두드러진 위치를 점하게 되었다. 긍정 심리학은 종전에는 대안적인 학문에 불과했던 이 분야에 대해 사회 주류의 관심을 끌어올린 베스트셀러, "진정한 행복 만들기(Authentic

Happiness, 셀리그만의 저서로 국내 출판명은 긍정심리학임. 역자 주)"[46]를 포함하여, 많은 책들의 주제가 되었다. 펜실베이니아 대학의 긍정 심리학 센터는 긍정 심리학에 관한 연구, 훈련, 교육의 전파를 촉진시켰다.[47] 이와 유사하게 응용 긍정 심리학 마스터 프로그램[48] 및 긍정 심리학 코칭 프로그램[49](전 세계적으로 1천 명이 넘는 전문가들이 이 두 프로그램에 관해 훈련을 받았다) 등이 긍정 심리학의 이론, 평가, 개입방법, 훈련법 등을 가르쳤다. 분명한 것은 긍정 심리학이 국제 심리학계의 새롭게 떠오르는 세력이라는 점이다. 왜일까? 조직 개발 컨설턴트들과 마찬가지로, 심리학자들도 인적 조직들이 자신들이 탐구하는 방향으로 움직여 간다는 것을 인식했기 때문이다. 인간 및 사회적인 행복에 건설적으로 기여하기 위해서, 우리는 기쁨, 희망, 건강에 관한 용어들을 개발할 필요가 있다. 긍정 심리학의 급속한 발전은 에이아이와 더불어 우리가 살고 일하는 방식과 우리의 가족들, 공동체들, 기업들을 조직하는 방식을 혁신할 수 있다.

긍정적 일탈Positive Deviancy의 힘

에이아이는 2백만 명이 넘는 사람들의 삶을 뿌리부터 바꿔놓은 한 프로젝트의 결과로서 공동체 개발 분야에 확산됐다. 하버드 비즈니스 리뷰Harvard Business Review를 통해 보고된 이 프로젝트는 베트남 지방 촌락들에 살고 있는 어린이들의 영양실조를 줄이기 위한 세이브 더 칠드런Save the Children의 집중적인 노력의 일환이었다. 케이스 웨스턴 리저브 대학에서 에이아이를 공부한 컨설턴트들이 탄호아 지방에 있는 몇몇 마을들을 방문했다. 이들은 소위 "긍정적 일탈자"를 찾아보았다. 여기에서의 보통 이상의 긍정적 일탈자란 외부로부터 도움을 받지 않고 자녀들이 먹을 것을 마련할 수 있는 사람들을 말한다. 이 마을 사람들은 긍정적인 결과를 얻는 방법을 알고 있었다. 컨설턴트들은 곧 이 가족들의 어머니들이 조개를 채집하고, 인근의 논으로부터 야채를 구해서, 하루에 서너 번씩 자신들의 아이들을 먹인다는 사실을 발견했다. 이 마을의 전통은 하루 두 끼를 먹는 것이었다. 이 마을 사람들이 성공하게 된 이유를 알게 된 컨설턴트들은 동일한 프로그램을 다른 마을에도 시행하였다. 2년 내에 이 프로젝트에 참가한 어린이들의 80%가 더 이상 영양실조로 인해 고통 받지 않게 되었다.[50]

그 뒤 이 프로그램은 다른 마을과 지방에서도 연이어 반복적으로 실행되었고 비슷한 성공을 거두었다. 작가는 긍정적 일탈의 힘을 다음과 같이 묘사한다.

> 중요한 것은 각각의 지역 공동체와 관련된 긍정적 일탈자나 일탈 사례를 밝혀내고, 그 후에 모든 이들이 이 습관을 받아들이도록 하는 것이다. 달리 말하자면, 공동체 스스로 치유해 나가도록 하는 것이다.[51]

이 운동은 성공적 혹은 효과적인 현상에 대한 의도적인 에이아이가 매우 혁신적이고 사람을 살릴 수 있는 힘을 갖고 있다는 점을 명백하게 입증한다. 자신들의 강점을 드러내기 위한 정보와 수단이 주어졌을 때, 사람들은 최상이라고 생각되는 것을 받아들이고, 이를 따라 할 것이다. "긍정적 일탈" 즉 성공적이지만 일반적이지 않는 상호 작용의 패턴이 발견되고, 공유되면 공동체 혹은 조직에 생기를 불어넣어주는 지식이 확산된다.

글로벌 조직의 발전

긍정적 탐구에 관한 가장 초기의 글로벌적 실험들 중 하나는 북 캘리포니아의 주교Episcopal bishop였던 윌리엄 스윙William Swing이 국제연합으로부터 한 통의 전화를 받았을 때 시작되었다. 이때는 1993년 가을이었는데, UN은 1945년의 국제연합 헌장 채택의 50주년을 기념하기 위한 행사를 준비 중에 있었다. 이 기념식을 조직하고 있던 사람들은 기념식이 최초의 헌장 서명 장소였던 샌프란시스코의 그레이스 대성당Grace Cathedral에서의 범종교적 의식을 포함할 수 있기를 바라고 있었다. 스윙 주교가 그와 같은 의식에 협조할까?

스윙 주교는 전화를 받고 심사숙고했다. "전 세계에서 일어나고 있는 분쟁들의 대부분은 종교적 동인을 가지고 있긴 하지만," 하고 그는 생각했다. "세계의 종교적 지도자들은 지난 50년 간 UN의 지도자들이 했던 것처럼 분쟁을 종식시키고 평화를 구하기 위해 함께 모인 적이 결코 없었지. 왜일까?"

그는 이런 생각을 다른 사람들에게 얘기하고 선택 안들을 고려하면서, 전 세계에 걸쳐 자신에 필적하는 종교적이고 정신적인 지도자들을 방문하기 시작했다. UN 헌장 체결 50주년 기념식에서 스윙 주교는 매우 도전적인 비전을 천명했다. 그는 종교 및 정신적 지도자들이 한데 모여 폭력을 종식시키고 평화를 위해 일하게 될 조직인 일종의 "종교 국제 연합United Nations of Religions"을 창시하고자 했다.

스윙의 고심은 거기서 그치지 않았다. 그가 전 세계적인 조직을 세울 뜻을 굳혔을 때, 그는 자신이 이를 어떻게 실행할 수 있을까에 대해 생각하기 시작했다. 주변에서는 데이비드 쿠퍼라이더와 그의 대학원 학생들 중 한 명이었던 구루데브 칼사Grudev Khalsa가 함께 스윙 주교를 만나도록 해주었다. 칼사는 종교 연합의 전개 과정을 연구하고 싶어 했다. 스윙 주교는 이에 동의하고, 에이아이의 전문가 팀을 종교연합 발족 과정에 참여하도록 초빙했다.

1995년부터 2000년에 이르기까지 이 팀은 역사상 가장 복잡한 조직 개발 프로젝트 중의 하나를 만들어냈다. 이 기구는 지역과 전 세계적인 임무를 자체적으로 감당할 수 있는 포괄적이고, 대중적이며, 범종교적인 조직을 구상하고 발전시켰다. 이 조직은 종교 연합 운동(United Religions Initiative, 기구 대신 운동으로 명명된 이유는 제 3장에 기록되어 있음. 역자 주)으로 알려지게 되었다. 전 세계 및 각 지역별 에이아이 서밋의 조합, 소규모 조직 설계팀, 정기적인 인터넷 교류를 통해서, 종교 연합 운동은 구상되고 설계되고 수립되었다.

이 5년 간의 격동적 시간 속에서, URI와 에이아이는 나란히 성장하였다. 이 여정의 각 단계마다 팀은 이전에 결코 행해진 적이 없었던 프로세스들과 실천방안들을 만들어 냈다. 전 세계에 걸쳐 모든 종교 및 신앙적 전통으로부터 사람들이 참여하도록 하기 위해서, 우리는 에이아이 서밋의 방법론을 재정의하였다. 서로 전쟁 중인 종교를 가진 사람들 간에 다리를 놓기 위해, 우리는 신중하게 긍정 인터뷰의 질문들을 작성했다. 맨 처음 시작 단계부터 행동에 대한 비전의 균형을 맞추기 위해, 우리는 상이한 현안들을 가진 고도로 다변화된 사람들의 집단들을 장려하는 방법을 익혀 나갔다.

URI가 발전되어 가는 한 해 한 해마다 독특한 과제가 주어졌다.

- 1995년 6월, 최초의 에이아이 서밋이 캘리포니아에서 열렸다. 서로 다른 종교들과 함께 기업, 학계, 공동체로부터 55명의 지도자들이 참석했다. 그들은 글로벌 범종교 기구에 대한 비전을 세우고, 이 비전을 실현하기 위해 시작해야 할 계획의 개요를 만듦으로써 이 서밋의 제목이었던 "행동으로의 초대 A Call to Action"에 응답했다.
- 1996년 6월, 2백 명의 사람들이 URI에 대한 비전, 가치, 행동 안건을 밝히기 위해 캘리포니아 주의 스탠포드 대학교에 함께 모였다. 이듬해에 지역별 서밋이 유럽, 아프리카, 남미에서 열렸다.
- 1997년 6월, 서밋에 참석한 250명의 사람들은 헌장을 작성하는 지난한 임무를 논의했다. 그들은 헌장과 관련된 주제들을 연구하고, 그 다음 해 서밋이 열릴 때 제안서들을 제출 할 12개의 R&D 그룹들로 조직되었다. 이들 중, 대안 조직 설계 방안을 연구하기 위해 조직된 R&D 그룹이 비자 코퍼레이션 Visa Corporation의 CEO이자, 캐이오딕 얼라이언스(Chaordic Alliance, Chaordic은 혼돈을 나타내는 chaos와 질서를 나타내는 order를 합성하여 이 둘의 공존 상태를 뜻하는 신조어임. 역자 주)의 설립자인 디 호크 Dee Hock를 URI에 소개하였다. 호크와 그의 팀이 프로젝트에 참여했고, 설계팀의 작업을 이끌었다.

- 1998년 6월 약 200명의 사람들이 설계팀에 의해 입안된 전문, 목적, 원칙의 초안을 검토하기 위해 모였다. 그들은 세기가 바뀌는 것을 기리기 위해 "72시간의 평화 72 Hours of Peace"라고 불린 프로젝트를 천명했고, 이는 후에 전 세계에 걸쳐 12군데의 장소에 서 실행되었다.
- 1999년 6월 헌장 체결을 단 1년 앞두고, 회합은 안건으로 가득 차 있었다. 참석한 200여 명의 사람들은 조직 설계안 초안에 대해 검토하고, 의견을 제시했다. 그들은 URI의 조직을 코퍼레이션 서클 Cooperation Circle이라는 지역 단위로 쪼개어 조직하는 방안을 검토하였다. 그리고 글로벌 카운슬 Global Council의 구성원들이 가져야 할 이상적인 특성들에 대해 논의했다.
- 2000년 6월 3백여 명의 사람들이 종교 연합 기구 헌장 체결 및 축전의식을 위해 피츠버그에 모였다. 참석자들은 다음과 같은 URI의 목적을 실현하기 위해 자발적으로 조직되었다. "지속적이고도 일상적인 종교간 화합을 장려하고, 종교적인 갈등이나 이유 때문에 폭력을 행사하는 행위를 종식시키며, 지구와 모든 생명체를 위한 평화, 정의, 치유의 문화를 확립한다."

그 10주년에 즈음하여, URI는 27개 국가에 걸친 4백 개의 코퍼레이션 서클과 함께 20개가 넘는 지역 클러스터들을 갖추게 되었다. 청소년들에 대한 지원, 환경 보호 프로젝트, 경제 개발, 평화 구축, HIV/AIDS 연구 등을 포함하는 URI의 활동들은 전 세계적으로 연간 일백만 명이 넘는 사람들을 그 대상으로 하고 있다. 여기에 더하여, 이 조직은 세계 평화와 평화 구축 모두에 대해 정보를 탐구하는 사람들을 위한 교육 허브로서의 역할을 수행하고 있으며, UN 세계 평화의 날 UN International Day of Peace의 적극적인 후원자이기도 하다.

종교 연합 운동의 전무이사 Executive Director를 맡고 있는 찰스 깁스 Charles Gibbs는 다음과 같이 말했다.

URI는 에이아이를 통해서 종교 연합 운동의 구현 가치를 반영할 조직을 만들기 위해 프로세스를 찾게 되었다. 그 가치들의 중심에는 다양성을 존중할뿐 아니라 오히려 더 나은 세상을 만들기 위한 방안 비전을 공유하기 위해 즐기면서 끊임없이 노력하는 면도 있다.[52]

전 세계의 URI 회원들의 파트너로서 우리는 종교 간의 협력 및 평화 구축 분야에 에이아이를 전파시켰다. 그 결과, 전 세계의 종교 단체, 교회, 유대교회당, 종교 간 연합 집단들이 조직 개발을 위해 에이아이를 활용하고 있다.

빠른 변화에 대처하는 능력

수 년 간에 걸친 경험을 통해, 에이아이는 그 자체가 긍정변화를 가속시키기 위한 조직의 수행 능력을 향상시키는 프로세스로서 입증되었다. 한 조직의 모든 이해 관계자들을 한 자리에 모으고 에이아이 기법을 활용함으로써 상대적으로 짧은 시간 내에 공유된 비전들이 생겨나고 의사결정이 이루어지며, 또한 조치들이 이루어 질 수 있다. 전체 시스템이 조직의 핵심적 긍정 요소에 대한 탐구에 참여할 경우, 결코 가능할 것으로 생각되지 않았던 변화들이 빠르고도 용이하게 진척될 수 있다.

브라질 꾸리찌바Curitiba에 소재한 뉴트리멘탈 푸드Nutrimental Food의 경우보다 더 명백하게 이를 입증한 사례는 없다. 창립자이자 CEO인 로드리고 루레스Rodrigo Loures가 처음으로 에이아이에 대해 알게 됐을 때, 그의 회사는 자본 조달이 불충분한 상태였으며 극심한 어려움을 겪고 있었다. 루레스는 이런 상황을 전환하려면 인재 개발에 초점을 둘 수 있는 조직의 역량과 조직 학습이 신속하게 이루어져야 한다고 믿었다.

이를 계기로 삼아 그는 에이아이를 활용하는 대담한 실험에 착수했으며, 전체 조직을 에이아이 서밋에 참석하게 했다. 그는 회사의 창고 중 한 곳에서 식료품 가공 및 포장 장비를 치우고, 여기에 플라스틱 의자, 플립 차트, 무대, 마이크를 설치함으로써 이곳을 거대한 회의실로 바꾸었다. 그는 7백 명의 전체 구성원들을 이곳에 모으고, 여기에 수십 명의 고객들 및 납품업자들도 참여시켰다. 그들은 나흘 동안 에이아이의 4-D 사이클을 진행하여 조직의 목표와 단기 운영 전략을 확정지었다.

그 회의는 즉각적인 성공을 거두었다. 서밋은 구성원들에게 회사를 흑자로 전환시킬 수 있는 아이디어를 말할 수 있는 기회를 제공했다. 에너지와 사업의 미래에 대한 열정이 생겨났다. 6개월 내에 이 회사는 400%의 수익성 증가와 함께 구성원 만족도에서도 두드러진 증가를 보였다.

뉴트리멘탈 사의 루레스와 그의 리더십 팀은 매우 성공적이었던 범시스템적 에이아이 서밋을 매년 개최하기로 결정했다. 후속 서밋에는 전 구성원은 물론 더 많은 고객들, 공급업체들, 관심 있는 외부 인사들을 지속적으로 초대했다. 그리고 해를 거듭할수록 그들은 조직의 목표, 전략, 구조, 관리, 전략적 사회적 책임 등과 같이 중요성이 더 큰 주제들을 택했다. 더 많은 노력이 쏟아질수록, 얻어진 결과들도 놀랄만한 것들이었다.

- 판매량 66% 증가
- 수익성 422% 증가
- 생산성 42% 개선
- 구성원 만족도 95%

여기에 더하여, 중요한 변화들을 짧은 시간에 감당할 수 있게 되자 비용 절감 효과도 매우 커졌다. 예를 들어, 2000년에 이 회사는 Enterprise Resource Planning ERP 시스템을 바꾸었다. ERP 시스템을 전환하기 위해서는 통상 1년 반에서 2년이 걸리는데 반해, 뉴트리멘탈 사는 그 시스템을 단 6개월 만에 전환을 마쳤다. 이 예기치 못한 성과로 인해 이 회사의 최종 이윤은 이미 집계된 것을 훨씬 넘어서게 되었다.

뉴트리멘탈 사는 최근 브라질 내에서 일하기 가장 좋은 100대 기업 중 최상위권에 그 이름이 올라 있다. 루레스는 이러한 성과들이 그 회사의 긍정적인 문화로부터 그리고 세 가지 핵심 요소, 즉 '사람, 환경, 이익 간의 균형에 대한 수그러들지 않는 헌신'으로부터 자연스럽게 도출된 것이라고 믿고 있다. 그 5년 간의 여정에 걸쳐, 뉴트리멘탈 사는 에이아이가 빠른 변화를 이룰 수 있는 능력을 촉진시킨다는 사실을 거듭해서 입증하였다. 에이아이는 조직이 민첩하게 움직일 수 있게 도와준다. 이러한 조직적 민첩성은 혼돈에 가까운 오늘날의 비즈니스 환경 속에서 필수적인 요소까지는 아니지만 전략적 강점이 될 수 있다.

구성원 참여를 통한 최적의 재무 성과

에이아이에 대한 가장 대담한 실험들 중 일부는 재무적 성과 향상을 시도하는 회사들에 의해 이루어졌다. 로드웨이 익스프레스Roadway Express사의 최고 경영진이 에이아이에 대해 알게 됐을 때, 그들은 에이아이를 모든 계층의 구성원들을 참여시키고자 하는 자신들의 비전을 실현함으로써 변화를 이뤄나갈 수 있도록 해주는 강력한 접근법으로서 인식했다. 자신들의 가설을 시험하기 위해 그들은 전략적 사업장들 중 네 곳에서 서밋 스타일의 에이아이를 시도했다. 애크론 211Akron 211은 이 현장들 중 한 곳이었다. 이 계획의 목적은 구성원 주도의 업무 처리를 통한 성공Winning with Employee-Driven Throughput, 탁월한 속도의 구현Delivering Unsurpassed Speed, 구성원들의 긍지와 참여 제고Leveraging Employee Pride and Involvement 등이었다. 서밋이 진행되는 동안, 조직 내의 모든 직종 및 계층에 속한 구성원들이 긍정 인터뷰에 참여하고, 핵심적 긍정 요소를 규명했으며, 자발적으로 팀을 조직하여 열망 선언문aspiration statement을 작성하였다. 마지막으로, 그들은 서밋의 목표가 지속적으로 성공을 거두도록 하기 위해 여덟 개의 주제별 팀을 구성하였다.

그 후 수개월 동안, 이 주제별로 구성된 팀들은 그들 스스로 조직을 만들었다.

그들은 각 주제별 팀으로부터 온 한 사람씩의 대표들을 모아 추진위원회를 구성했다. 추진 위원회는 월 단위로 회의를 하여 진행 경과를 검토하고, 제안서를 평가하고, 자원을 모으고 그 간의 노력들이 잘 전파되고 있는지를 모니터하였다. 그들은 또한 더 많은 구성원들이 주제별 미니 서밋을 통한 개선 노력에 참여할 수 있는 관련 방안을 마련했다. 에이아이를 시작한 일년 내에 사업장 내 구성원들의 절반 이상이 인터뷰, 서밋, 혹은 주제별 팀에 참여하는 것이 그 회사의 계획이었다.

물을 필요도 없이, 로드웨이 사는 구성원들의 참여를 증진시키고자 하는 원래의 목적을 달성했다. 그런데 사업적인 결과는 어땠을까? 하나의 주제별 팀이 그 재무적 성과를 추적했다. 구성원들에게 자재들의 실제 원가를 알려준 후, 구성원들 스스로 원가를 절감할 수 있는 방법을 검토하게 했다. 이 팀은 5개월 만에 과히 "작은 성공 small wins"이라고 부르는 일련의 성과들을 달성했다.

- 수화물 비용은 31.6% 감소하여, 총 $4,100이 절감되었다.
- 침목 skids 원가는 66% 감소하여, $7,600이 절감되었다.
- 에어백 원가는 53% 감소하여, $60,000이 절감되었다.

이 팀이 거둔 성과 중 하나는 재무적인 측면에서 탁월한 것이었다. 서밋에 참가한 후, 한 운전사와 한 기계공은 운전사의 대기 지연 시간을 제거하기 위한 작업에 착수했다. 지연 시간을 추적하는 동안, 이 팀은 상당수의 지연이 과적으로 인해 발생한다는 것을 발견했다. 운전사들이 초과 중량이 제거되는 것을 기다려야만 하는 동안, 일은 지연되고 궁극적으로는 더 적은 화물만이 적하될 수 있게 되는 것이었다. 이 팀이 이 문제를 보다 긴밀하게 검토했을 때, 과적이 일부 운송 차량 트랙터의 연료 탱크 크기와 관련되어 있다는 것을 발견했다. 이들 트랙터 모델의 충전 용량까지 연료를 채우면, 다른 차량들에 비해 너무 무거워지게 되고 결과적으로 과적이 되는 것이었다.

연료나 화물 중 어느 하나를 줄여야만 한다는 사실을 깨닫고, 이 팀은 일반 연료 측정봉을 맞춤식 연료 게이지로 변형시켰다. 이 스틱은 연료가 채워지는 동안 연료 탱크 안에 설치되고, 표시된 눈금에 연료가 도달하면 연료 주입이 멈추게 되는 원리였다. 이 간단한 해결방안은 과적 문제를 사실상 제거했다. 그러나 보다 중요한 것은 이 해결 방안은 트레일러 안에 추가적으로 2,800 파운드의 화물을 실을 수 있는 공간을 창출했다는 것이었다. 그 결과, 이 터미널은 매달 약 $10,000을 절감할 수 있게 됐다.

에이아이를 이용한 여러 실험들이 성공적으로 이루어지는 것을 본 회사는 그 다음 해에 다섯 곳의 사업장을 전략적으로 선정하여 에이아이 접근법을 확대 실시하기로 결정했다. 이런 사례가 보여주는 것처럼, 에이아이는 구성원들로 하여금 수없이 많은 혁신적이고 이익이 되는 아이디어들을 발견 및 제안하도록 해주고 조직을 대표하여 이런 아이디어들을 실행에 옮길 수 있도록 해 준다.

새로운 형태의 충성심

에이아이가 성장함에 따라, 에이아이는 구성원 만족도, 근속률, 충성심을 고양하는 목적으로도 응용되게 되었다. 예를 들어, 에이아이는 구성원들의 이직을 막는 데도 자주 이용되었다. 에이아이를 통해 구성원 근속의 조건 및 원인을 연구한 많은 회사들이 지역 사회나 동일한 업계 내에서 일하고 싶은 회사로 손꼽히고 있다. 높은 이직률 문제를 해결한 회사 중의 하나가 러브레이스 헬스 시스템Lovelace Health System이다.

2001년 초 앨버커키에 소재한 러브레이스 헬스 시스템의 간호사 이직률은 매년 18%에서 30%로 이는 전국 평균을 웃도는 수준이었다. 그로 인해 구성원이 부족하고, 자리가 공석인 채로 남겨져 있고, 구성원들의 사기가 낮고, 신규 직원 채용을 위한 일이 항상 진행되며, 이로 인해 팀워크가 제대로 이루어지지 못했다. 병원 운영 담당 부원장인 캐더린 데이비스Kathleen Davis는 "최고의 치료를 받을 수 있고, 최고의 치료를 제공해 주는 병원이 되자To be the best place to get care and the best place to give care"는 러브레이스의 비전에 적합하면서도, 신선하고 긍정적인 접근법을 이용하여 이 위기를 해결할 것임을 천명했다. 그녀가 에이아이에 대해 알게 됐을 때, 그녀는 그것이야말로 자신이 찾던 길임을 깨달았다.

그녀는 로버트 우드 존슨 펠로우십Robert Wood Johnson Fellowship에 지원했고, 거기에서는 과정 수료의 하나로 리더십 프로젝트를 수행해야 했다. 간호사들의 근속 대책 문제를 자신의 프로젝트 주제로 결정하면서, 방법론으로 에이아이를 선택했다. 그녀의 프로젝트 목표는 명료하면서도 도발적이었다. 즉, 간호사들이 러브레이스를 직장으로 선택하는 이유를 탐구하는 것이었다. 그녀는 이 탐구를 수행하는 과정에서 부정적인 요소는 최소화하고 탐구 과정 자체를 온전히 긍정적인 것으로 만들기로 결정했다.

3백 명이 넘는 병원 내 간호사들 중에서, 40명의 간호사들이 백 건의 긍정 인터뷰를 수행하였다. 탐구가 시작된 지 수 개월 후, 이렇게 모아진 이야기들에 의미를 부여하고, 4-D 사이클의 후속 단계들을 통해 프로젝트를 진척시키기 위한 미니 서밋이 실시되었다. 서밋이 마무리될 때, 시행 그룹들은 이야기 기반의 인식 시스템story-based recognition system과 함께 간호사의 날 기념식, 인재 발굴 및 유지, 오리엔테이션, 훈련, 지속적인 의사소통 등을 위한 프로그램들을 개발하기로 결정했다.

이 프로젝트의 컨설턴트였던 수잔 우드Susan Wood는 그 즉각적인 강점들의 일부를 다음과 같이 묘사했다.

> 에이아이 훈련은 프로젝트 그 이상의 가치를 제시해 주었습니다. 이는 사람들이 질문을 하는 방식, 사물을 평가하는 방식, 상이한 상황들과 대화들에 접근하는 방식에 영향을 미쳤습니다. 이는 명백하고도 긍정적인 방식으로 구성원들 간의 짧은 담화(hallway talk, 복도 등에서 마주쳤을 때 서로 나누는 5분 전후의 짧은

대화를 가리킴. 역자 주)를 변화시켰습니다. 이와 동시에, 간호 업무 안에서 동료애가 증진되었습니다. 이 과정은 간호사들로 하여금 조직 내에서 그들이 가지는 가치를 깨달을 능력과 에너지를 표출시켜 주었습니다. 이는 간호사들에게 그들 자신의 만족을 위해 노력할 책임이 있다는 사실을 상기시켜 주었습니다.

여기에 더하여, 이 병원은 간호사들의 만족도와 충성도 면에서의 정량적 변화들을 추적하였다. 1년도 채 안되어 그들은 연례 조직 분위기 조사 중 간호사 분야에서 11% ~ 22%가 개선되었다. 구성원 의사소통에 대한 인식이 가장 많이 개선되었으며, 구성원 근속률은 13 포인트가 증가하였다. 이는 연간 이직률에 있어서 30% 이상이 감소된 것이었다. 여기에 더하여, 18개월 동안, 간호에 대한 환자들의 만족도는 프레스 가니Press Ganey 환자 만족도 측정 상에서 30백분위에서 40백분위로 개선되었다.

에이아이는 러브레이스의 간호사들에게 자신들이 가장 잘 할 수 있는 바로 그것, 즉 환자와 가족들을 보살피는 것을 동료들에게 할 수 있는 기회를 제공했다. 이런 조치는 개인적으로나 단체적으로나, 그들의 최상의 능력을 이끌어 냈으며 서로에게 의지할 수 있다는 자신감을 주었다.

러브레이스 헬스 시스템 프로젝트는 보건 기구에서 그 수가 증가하고 있는 에이아이 시도들 중 하나이다. 가정의학 클리닉, 주요 의료 센터, 도움 주거 센터, 대학병원 등은 에이아이를 통해 러브레이스 헬스 시스템의 프로젝트와 유사한 성공을 거두었다.

에이아이: 새로운 분야의 탄생

1990년대 초, 에이아이는 부분적으로는 긍정적이라는 점 때문에, 또 일부는 에이아이가 실질적인 결과들을 냈기 때문에 많은 지지를 얻게 되었다. 2001년 가을,

9.11로부터 불과 몇 주가 경과한 이 시점에, 우리들을 포함한 22명의 에이아이 혁신가innovator들이 제 1회 국제 에이아이 컨퍼런스를 주재했다. 아홉 개 나라들로부터 500명의 사람들이 에이아이와 관련된 자신들의 일에 관한 이야기를 공유하고, 에이아이 리더들인 데이비드 쿠퍼라이더, 다이아나 휘트니, 제인 왓킨스Jane Watkins, 짐 루데마Jim Ludema, 바바라 슬론Barbara Sloan, 프랭크 바렛Frank Barrett, 마지 쉴러Marge Schiller, 버나드 모어Bernard Mohr, 에이다 조 만Ada Jo Mann 등의 새로운 아이디어와 업적들에 관해 듣기 위해 모였다. 2년 후, 제 2차 국제 컨퍼런스는 더욱 많은 사람들을 모이게 했다.

제 3차 컨퍼런스에서 에이아이는 로버트 퀸Robert Quinn이 명명한 대로 "조직 개발 및 변화 관리 분야에 있어서의 긍정적 혁명"이 되었다.[53] 에이아이의 철저하게 긍정적인 접근법, 즉 강점을 규명하고 이를 육성하는 데 초점을 두는 방법은 이제 인간 및 조직 변화의 방법으로 광범위하게 인정받고 높은 평가를 받고 있다. 이러한 에이아이의 발전은 긍정 심리학, 긍정 리더십, 긍정 조직 연구와 같은 분야들과 함께 이루어져왔다.

최근 수년 간, 조직 개발에 관한 논문들은 뭔가 새로운 것이 전개되고 있음을 반영하기 시작했다. 예를 들어, "조직 개발 재조명Revisioning Organization Development"이라고 제목 붙여진 책들에서, 저자인 게르바세 부쉬Gervase Bushe와 로버트 마샤크Robert Marshak 는 "전통적인 조직 개발 이론의 실천 및 기존의 실천과 완전히 다른 조직 개발 실천론이 출현했음을 시사했다. 그 새로운 실천론은 기존의 이론과 매우 상이한 철학적 개념에 바탕을 둔 것이다…"[54]를 시사했다. 그들은 에이아이를 "앞에서 인용한 완전히 새로운 관점을 가장 명백하게 표현한 것"으로 묘사했는데 그들은 이러한 새로운 관점을 그들의 대화적 ODDialogic OD이라고 명명했다.

다양한 포츈 500대 기업들, 5대 컨설팅 법인들, 종교 교단들과 심지어 UN까지도 변화를 모색하고 추진하는데 에이아이를 활용했다. 에이아이는 전 세계에 걸쳐 많은 언어들로 대학원 프로그램과 워크숍에서 연구되고 있다. 컨설턴트들과 조직들은 이제 대규모의 조직변화로부터 리더십 개발, 평가, 코칭, 심지어 육성에 이르기까지 다양한 형태로 자신만의 전문분야를 구축하고 있다. 사실 우리가 쓴 이 베스트셀러의 2판본의 존재도 긍정 연구가 성숙해져 가는 많은 방법들에 대한 하나의 증거라고 할 수 있다.

에이아이는 태동 당시부터 협력을 기반으로 하였으며, 실천가들과 학자들 간에 아이디어의 열린 교류를 통해 지속적으로 성장하고 있다. 특히 "에이아이 컴몬스(Appreciative Inquiry Commons, Case Western Reserve University 안에 개설된 웹사이트로 에이아이 실천가들이 아이디어를 공유하는 장, 역자 주)는 에이아이와 빠르게 성장하고 있는 긍정변화 분야에 대한 학문적 자원들과 실천적 수단들의 공유를 위해 헌신하는 전 세계적 포털"[55]로, 학자와 실천가들에게 매우 중요한 만남의 장이 되고 있다. 에이아이는 이론과 실제가 상호 의존적으로 발달하는 것에 큰 가치를 두고 있다. 훌륭한 이론은 실제 실험들을 가능하게 하며, 이는 인간의 조직과 그 변화에 대한 새로운 아이디어들을 제공한다는 것이 에이아이의 입장이다. 이 장에 소개된 것들과 같은 사례들은 학습과 개발의 원천으로서 정기적으로 공유된다.

헌터 더글러스 윈도우 패션 부문 소개

이제 우리는 이 책의 나머지 부분에 종종 언급된 헌터 더글러스 윈도우 패션 부문(Hunter Douglas Window Fashions Divisions, 이하 헌터 더글러스)의 이야기를 소개하고자 한다. 헌터 더글러스는, 1997년에 시작하여 세 가지 에이아이 프로젝트를 실시했는데, 각 에이아이 프로젝트는 하나의 변화 주제들을 해결하기 위해 4-D 사이클을 이용했다.

포커스 2000Focus 2000이라고 명명된 첫 번째 프로젝트는 조직 문화의 변혁에 중점을 두었으며, 두 번째는 전략 기획에 초점을 맞추었고, 세 번째인 포커스 온 엑셀런스Focus on Excellence는 고객 친화적 비즈니스 프로세스 및 비즈니스 프로세스 개선에 집중했다. 세 프로젝트 모두에서, 참가자들은 에이아이 4-D 사이클의 모든 단계를 수행했다.

우리는 이 책에 실린 개념들을 설명하는 데 있어, 다양한 이유들 때문에 헌터 더글러스 사례를 선택했다. 첫 번째로, 이 사례는 구성원들뿐만 아니라 고객들, 공급업체들, 지역 공동체의 구성원들까지도 포함된 범시스템적 4-D 협의을 보여준다. 다음으로, 이 사례는 탐구가 어떻게 혁신으로 이어지는지, 사람들 및 조직들에 미치는 에이아이의 영향을 입증한다. 더 나아가, 이는 동일한 기본 수단들과 프로세스들이 다양한 변화의 주제들에 어떻게 채택될 수 있는지를 보여준다. 마지막으로, 이 사례는 에이아이의 예기치 않은 과정과 유연한 속성을 드러내 준다. 간단히 말해서, 헌터 더글러스 사례는 에이아이가 도달할 수 있는 최상의 상태를 묘사하고 있는 것이다.

그러나 무엇이 헌터 더글러스를 에이아이로 이끌었는지에 대해 먼저 알아보자.

시초

1970년대 초, 어느 추운 겨울 밤, 매사추세츠의 바람이 새는 큰 빅토리아풍의 저택 안에서 한 젊은 남자가 침대에서 떨고 있었다. 이때는 에너지 위기가 한창일 때였다. 미국 전역에 걸쳐 가정과 사무실 안에 있는 온도계들이 영하로 떨어졌다. 자가용 운전자들은 가솔린 공급 부족으로 이를 악물고 있었다. 모든 사람들이 어떻게 하면 에너지를 보존할 수 있을까를 고심하고 있었다.

젊은 발명가인 웬델 콜슨Wendell Colson은 따스한 공기는 실내에 그리고 찬 공기는 실외에 유지하기 위해, 자신의 창문을 무엇으로 덮을 수 있을까에 대해 심사숙고했다. 그가 자신의 딜레마에 고민하고 있을 때, 그는 창문 중 한 곳에 이중 커튼이 쳐져 있고, 그것들 사이에 공기를 잡아주는 일련의 주름이 잡혀져 있음에 주목했는데, 벌집 모양의 구조는 단열 효과를 만들어 냈다. 그는 이 우연한 관찰에 매료되었고, 그 다음날 발명을 시작했다. 곧 그는 하나의 회사와 산업을 창출하게 되는 한 제품을 만들어 냈다.

결국, 콜슨은 그가 발명한 제품을 가지고 덴버 외곽의 한 작은 벤처기업의 사장을 만나게 되었다. 그와 딕 스틸Dick Steele이라는 이름의 그 사장은 써멀 테크놀로지 코퍼레이션Thermal Technology Corporation이라는 회사를 설립하였다. 곧 그들은 기능적이고 에너지 절감적인 창문 가리개로 고안된,

벌집 형태의 주름 잡힌 창문 커튼인 터모셀Thermocell을 생산하기 시작했다.

그런데 콜슨과 스틸은 터모셀이 가지고 있는 모든 잠재력을 실현할만한 자원들을 보유하고 있지 못하고 있음을 인정하면서, 이 제품의 구매 가능성 여부에 관해 몇몇 커튼 제조업체들과 접촉했다. 결국 그들은 뉴저지에 기반을 두고 1940년대와 1950년대에 최초의 알루미늄 베네치안 블라인드를 개척했던 헌터 더글러스에까지 이르렀다. 헌터 더글러스는 이 독특한 창문 가리개를 보고, 효율적인 에너지 기능 제품으로서 뿐만 아니라 놀랍고도 새로운 장식적 윈도우 패션으로서의 그 잠재력을 재빨리 인식했다.

윈도우 패션 사업부문의 탄생

1985년, 헌터 더글러스 인터내셔널은 구성원 27명인 터멀 테크놀로지 코퍼레이션을 매입하여 헌터 더글러스 윈도우 패션 사업부문을 창설했다.

이 사업부문은 곧 터모셀과 유사한 벌집형 쉐이드의 독특한 변형이면서, 부드럽고, 내구성이 강하며, 색상 선택이 가능한 천 소재로 만든 듀엣Duette 쉐이드를 제조하여 출시하기 시작했다. 이러한 효율적인 고기능성 에너지 쉐이드 역시 고소득층 고객들을 대상으로 한 스타일리시한 창문 커튼이라는 홈패션 아이템으로서 성공적으로 판촉되었다. 마케팅적인 시각에서 보면, 이는 이전에 기능성에 바탕을 두고 제품들을 출시했던 업계에 있어 하나의 혁명적인 단계였다.

2년 후, 이 사업본부는 백여 명의 구성원들을 거느리게 됐지만 여전히 작은 "자영업 점포mom-and-pop shop"같이 운영되고 있었다. 제조 기계들은 여전히 목재로 만들어졌으며, 기계가 노후되면 소각됐다. 예산은 여전히 녹색 장부 양식 위에 손으로 계산되고 있었고, 전문적인 리더십이란 요원한 이야기였다. 누군가가 아는 사실은 다른 모든 사람들도 알고 있었으며, 어떤 식으로든 일은 돌아갔다.

결국, 헌터 더글러스 노스 아메리카는 레녹스 차이나에서 마케팅의 귀재, 마빈 홉킨스Marvin Hopkins를 영입하여 새로운 관리 총괄 매니저로 임명했다. 그리고 모든 것이 변하기 시작했다 그것도 아주 많이 말이다. 처음으로 변한 것은 넥타이였다. 누군가는 이렇게 회상했다. "그때는 옷을 갖춰 입는다는 것이 구멍 나지 않은 진과 소매 있는 티셔츠를 입는 것이 다였다." 심지어 발명가인 웬델과 콜슨은 "넥타이를 착용하라."라는 이야기를 듣고 넥타이가 두뇌에 대한 혈액 공급을 얼마나 감소시키는지에 대한 사이언티픽 아메리칸의 기사를 홉킨스의 책상 위에 올려 놓았다.

그러나 그 후에 시행된 조치는 안내 구성원이 통화 대기 버튼을 누르면 클래식 음악이 흘러나오도록 한 것과 광범위한 마케팅 네트워크의 시작 그리고 이 회사의 "푸시/풀Push/Pull" 마케팅 전략이 최초로 수립된 것이었다. 이렇게 하나하나씩, 윈도우 패션 사업부문은 그 이미지를 고품격적인, 심지어는 상류층적인 조직이자 주목할 만한 기업으로 확립하기 시작했다. 이러한 변화를 통해, 듀엣의 판매는 마치 로켓처럼 상승했다. 이 제품은 전례 없는 성공을 거두면서, 지난 수 십 년 간 별다른 신제품을 시장에 내놓지 못했던 커튼 업계에 대한 소비자들의 관심을 바꿔 놓았다. 소매 판매는 1988년에 약 3억 달러로 고공 행진하면서, 이 회사의 복잡도와 정교함의 수준을 증가하게 만들었다.

수 년 후, 이 사업본부는 두 번째의 독특한 독점 제품을 출시했고, 제품은 폭발적인 반응을 얻으면서 빠르게 팔려나갔다. 이 제품은 수직 커튼처럼 보였고, 쉐이드처럼 말려 올라가며, 빛의 조절을 위해 회전하는 날개들을 갖추고 있었다. 그 전작처럼, 실루엣Silhouette 윈도우 쉐이드는 전국의 최고 디자인상들을 수상했고, 북미 지역에서 가장 빠르게 성장한 윈도우 패션이 되었다. 실루엣의 출시로부터 2년 내에, 두 제품으로부터 거둬들인 이익은 윈도우 패션 사업부문을 전체 헌터 더글러스 조직 내에서 선도적인 수익 창출 사업본부로 만들었다.

성공의 의도하지 않은 결과들

신제품들과 만개한 시장의 관심은 조직과 그 리더십 그리고 조직 내 다른 사업부문들이 그 부문을 모방함으로써 발전을 거듭했다. 사업본부 사장 중 두 명이 한 해에 승진했는데, 전임 최고 재무 담당 임원CFO이었던 릭 펠렛Rick Pellet은 총괄 매니저의 직책을 맡았다.

펠렛은 거의 7백 명에 가까운 구성원들과 세 개의 별도 생산 라인들, 네 개의 분리된 건물들 그리고 그 다음 2년 내에 또 다른 신제품을 출시하기 위한 계획을 보유할 정도로 성장한 조직을 물려받았다. 빠르고 성공적인 성장을 거치면서, 이 조직은 변화했지만, 그런 변화 전체가 더 나은 조직을 위한 것이라고는 할 수 없었다. 이 조직은 성장하는 과정에서 원래 그 성공을 촉진시켰던 속도, 친밀감, 공동체 의식을 상당 부분 잃었다.

이런 원래의 공동체 정신 중 일부를 회복하려는 노력의 일환으로, 펠렛과 그의 새로운 리더십 팀은 그 사업부문을 각각 분리된 비즈니스 부문으로 분할하는 방안을 선택했다. 그러나 공동체 의식을 고양하는 대신에, 이러한 시도는 더 큰 문제들을 낳게 되었다. 이미 나빠질 대로 나빠진 커뮤니케이션에 더 큰 골을 만들어 냈을 뿐이었다. 리더들은 실제 업무에 대한 감각을 잃어버렸고 구성원들 역시 자기 분야 이외의 회사 일들이 어떻게 돌아가는지 알지 못했다.

커뮤니케이션 문제와 더불어 새로운 사업부문을 운영하기 위해서는 많은 사람이 관리자 역할을 해야 했는데 경험이 많은 사람들 대다수가 관리자가 되었고 심지어는 경험이 없는 구성원들도 관리자가 되어야 했다. 겨우 2년 전만 해도 일선 관리자로 근무했던 사람들이 이제는 비즈니스 부문들을 운영하고 있었다. 처음에 사람들을 성공으로 이끌었던 행동들, 즉, "할 수 있다"는 태도와 일을 처리할 수 있는 역량은 강력한 중간 관리층의 리더십을 개발하기 위한 사업본부의 역량을 저해하고 있었다.

새로운 구조는 더 나아가 이미 불분명해진 사람들의 목적의식, 방향성, 공동체 의식을 더욱 모호하게 만들었다. 작업 인력들의 동기와 자발성은 갈수록 낮아졌고, 이는 생산성의 저하로 이어졌다. 신규 인력 채용에 대한 수요가 항상 높아지면서, 이직율도 높아졌다. 상위 계층에서 하위 계층에 이르기까지, 사람들은 어쩔 수 없는 실망감에 사로잡혔고, 조직의 전반적인 미션, 비전, 방향에 대해 혼란스러워했다. 게다가, 정기적 구성원 의견 조사의 결과는 헌터 더글러스의 구성원 만족도가 하향되는 추세에 있음을 보여주었다.

복도, 카페테리아, 휴게실에서, 사람들은 좋았던 지난날들을 떠올리며 안타까워했다. 회사에서 일어나는 일들로 인해 기가 꺾이고, 슬퍼하며, 혼란을 겪고 있는 구성원들과 리더들에게 우리는 어떤 존재가 되고 있는 것일까? 그리고 우리는 어디를 향하고 있는 것일까? 하는 질문들은 매우 절실한 것들이었다. 결국 리더들은 바른 길로 돌아왔다. 그들은 상실된 것들을 다시 회복하고, 과거에 최상이었던 것들을 통해 미래를 위한 조직을 구축할 길을 찾기 시작했던 것이다.

이상이 헌터 더글러스 사례에 대한 개략적인 소개의 끝이며, 이 후의 얘기는 제5장에서 계속된다.

제 5 장

에이아이 프로젝트의 시작

에이아이의 4-D 사이클 프로세스를 시작하기 전에 조직에서는 많은 일들이 이뤄져야만 한다. 우리는 이 예비적 활동들을 "시작 단계Getting Started"라고 부른다. 일부 조직들은 빠르게 시작하고 진행해 나가면서 계획하는 것을 선호하는 데 비해, 또 다른 조직들은 세부적인 진행 방향의 맵, 결과 측정을 위해 사전에 결정된 방법들과 명백한 리더십의 역할에 따른 책임들을 시작 전에 설정하기를 원한다. 어떠한 형태든지 간에 모든 조직들은 공통적인 의사 결정에 직면하게 되며, 이 장은 이와 같은 예비적 프로세스에 대한 가이드라인을 제시한다.

이 장에서 여러분은 시작 단계에 대한 핵심적인 결정들을 살펴보게 될 것이며, 자문 팀Advisory Team의 구성, 에이아이 프로젝트의 범위 결정, 탐구 전략의 개발 그리고 많은 사람들이 장기적인 에이아이 프로세스에 참여하기 시작하는 것 등을 위한 단계적 제안들을 발견하게 될 것이다. 마지막으로 여러분은 헌터 더글러스와 그들이 어떻게 에이아이 프로세스를 시작했는지에 대해 일화들을 보게 될 것이다.

시작 단계의 핵심적인 결정들

시작 단계에서는 한 가지 결정이 다른 모든 것들에 비해 우위를 점하는데, 이는 에이아이를 실행할 것인지에 대한 결정이다. 한 조직이 이에 대한 의사결정을 내려야만 다른 모든 것들이 이어지게 되는 것이다. 실행 결정을 내린 후에 조직들은 프로젝트의 계획 및 범위에 초점을 두고 전반적인 노력에 대한 전략을 수립하며, 이에 따라 전반적인 프로세스의 지표들을 확립하는 다양하고 거시적인 결정들을 내린다. 에이아이의 시작 단계에서 일부 중요한 검토 사항들은 다음을 포함한다.

- 에이아이가 우리에게 적절한가? 우리는 변화에 대해 완전히 긍정적인 접근법을 채택할 준비가 되어 있는가? 우리는 배움에 대해 진실되게 열려 있는가?

- 우리 변화 주제는 무엇인가? 우리는 무엇을 창출하기 위해 노력하고 있는가? 우리는 문화를 바꾸고, 두 조직들을 통합하며, 전략적 비전과 방향을 창출하거나 비즈니스 프로세스를 개선하고 있는가?
- 누가 우리의 자문 팀으로서 일할 것인가? 공식적, 비공식적 지도부에는 누가 관련될 필요가 있는가? 누가 필요한 자원들을 약속할 수 있는가? 누가 영향력을 가지고 있는가? 누가 적극적으로 참여할 것인가? 우리는 어떻게 팀을 통해 전체 시스템을 대표할 수 있을 것인가?
- 우리 자문팀은 어떤 교육이 필요한가? 긍정 인터뷰에 대한 경험은 충분한가? 혹은 더 많은 경험을 필요로 하는가?
- 우리는 어떤 형태의 참여를 이용할 것인가? 우리 변화의 주제, 긴박감, 자원, 비즈니스, 문화 등을 감안하면 무엇이 우리를 위해 가장 좋은 에이아이의 형태인가?
- 우리의 탐구 전략은 무엇이 될 것인가? 우리의 탐구는 언제 시작될 것인가? 누가 어떤 참여 영역에서 활동할 것인가? 우리는 인터뷰를 수행하기 위해 어떤 프로세스를 이용할 것인가? 우리는 어떤 프로세스를 통해 목표를 설정하고, 구체화하며, 조직에 대한 지속적인 변화들을 실행할 것인가?
- 우리는 이 프로세스를 어떻게 그리고 언제 조직에 도입할 것인가? 우리는 어떻게 이 계획을 가장 잘 발족할 수 있을 것인가? 사람들은 무엇을 알고 싶어하고, 알 필요가 있는가? 흥미와 자극, 초기의 동인을 구축하기 위한 최선의 방법은 무엇인가?

에이아이 실행에 대한 결정

에이아이를 시행할 것인가 여부에 대한 검토는 사람들이 처음으로 그 철학 및 원칙들을 듣거나 경험할 때 시작된다. 그들은 기사를 읽거나 브리핑에 참석하면서 혹은 단순히 에이아이가 다른 조직, 부서, 동료들에게 미치는 영향을 보면서 시작될 수 있다. 에이아이는 그 결과가 의문의 여지없이 긍정적이며, 접근법이 매우 독특하기 때문에 사람들에게 흥미를 불러일으킨다. 사람들이 이에 대해서 들으면, 그들은 종종 그것이 무엇이고, 자신들을 위해서는 어떻게 효력을 발휘할지에 대해서 더 알고 싶어 한다. 우리의 경험상으로는 에이아이의 진행을 결정하는 데 있어 일차적인 수단은 "충분한 소개"이다.

에이아이의 소개

소개 세션은 수시간 혹은 수일 동안 계속될 수 있다. 이는 임원그룹이나 조직의 모든 영역에 속한 다양한 그룹에서 이루어질 수 있다. 청중이 누구든 간에, 소개 세션은 두 가지 목적을 달성할 필요가 있다. 에이아이의 철학과 원칙에 대한 이해를 제공해야 한다는 것과 의사 결정자들로 하여금 에이아이가 그들의 조직에 이익이 될 수 있는 방법을 고찰하도록 도와야 한다는 것이다. 우리는 에이아이를 소개함에 있어서 다음과 같은 고려사항을 제시한다.

- 전체 조직을 관련시켜라. 소개 세션 및 에이아이를 활용하기 위한 모든 의사 결정 과정 모두에서 가능한 한 다양한 그룹을 관련시켜야 한다. 최소한, 전통적인 의미의 리더들과 비공식적인 오피니언 리더들은 모두 포함시켜라. 가장 좋은 것은 다양한 직능, 계층, 재직기간, 사회 윤리적 공동체들, 관심 그룹들에 속한 사람들을 포함하여, 조직의 세부적 구성단위를 포함시키는 것이다. 전체 조직을 소개 세션에 참여시킴으로써, 여러분은 모든 사람들의 목소리가 반영되는 것의 위력을 조직에 경험시켜 주게 된다. 이와 동시에, 여러분은 조직 내의 정보망에 대해 긍정적인 예감을 전파하고, 조직의 내부적 대화들을 냉소주의로부터 희망으로 바꾸는 장기적 프로세스를 시작하게 된다.
- 인터뷰 경험을 장려하라. 소개 세션에서는 4-D 모델을 느슨하게 구성할 수

있다. 하지만, 항상 그리고 언제나 긍정 인터뷰를 포함해야 한다. 단, 인터뷰는 간략해야 한다. 미니 인터뷰는 사람들에게 그 힘을 맛볼 수 있게 하고, AI 프로세스의 친밀감Intimacy를 제공한다 이를 위한 한 가지 확실한 접근법은 사람들에게 잘 모르는 사람과 파트너가 되어 다음과 같은 질문에 답하게 하는 것이다. "당신의 일이나 조직 혹은 개인적 삶에서 최고의 경험은 무엇이었습니까?"

미니 인터뷰를 경험하는 것은 최상의 경험들을 다시 만들고 싶은, 즉 효과가 있는 방향으로 움직이고 싶은 의식적인 욕구와 무의식적인 욕구를 모두 만들어낸다. 이는 다양한 이해관계자 그룹 간의 관계를 구축하는 에이아이의 능력을 명백하게 입증해준다. 미니 인터뷰에서 사용되는 네 가지 핵심적인 질문들은 제 6장의 〈그림 8〉에서 확인할 수 있다.

우리는, 심지어 주변 여건이 형식을 변경할 것을 요구해도 확고하게 이 미니 인터뷰 경험을 중시한다. 예를 들어, 액센츄어Accenture 조직의 리더들이 4시간짜리 소개 세션에 참석했을 때, 10명 중 2명의 참석자들은 프리젠테이션을 화상회의 시스템으로 참관하였다. 인터뷰를 진행할 시간이 됐을 때, 우리는 사무실 공간을 나누어 네 명이 다른 네 명을 전화로 인터뷰하도록 했다. 버츄얼 인터뷰로부터의 피드백은 놀라우리만치 긍정적이었으며, 에이아이가 시카고 사무실 내에서 어떻게 "미래의 일터"를 디자인하는 데 사용될 수 있는지에 관한 지속적인 탐구로 이어졌다.

- 원칙과 4-D 사이클을 소개하라. 여러분이 에이아이의 원칙들과 4-D 사이클을 소개할 때는 여러분의 설명이 생동감 있는 이야기가 될 수 있는 방법을 찾아야 한다. 여러분 스스로 참가자들이 고려하고 있는 방법과 유사한 방법들로 에이아이를 성공적으로 사용한 다른 조직들의 이야기에 정통해야 한다. 이야기들은 직접적인 일화, 기사, 비디오, 혹은 초빙 연사의 형태로 제시될 수 있다. 심지어 비즈니스 및 기업 환경에서조차 대담해져야 한다. 공

익단체 및 비정부 기구NGO에서도 기업들의 경우에서와 마찬가지로 에이아이에 관한 설명을 공유하라.

이들 이야기들은 에이아이의 원칙들과 실천 방안들에 생기를 불어 넣어주고, 과거에 야기된 문제를 단지 해결하려고 했던 것으로부터 미래를 예측하는데 중점을 둘 수 있도록 변화시키는 경험을 할 수 있도록 해준다. 이런 이야기들은 에이아이가 조직의 변화에 대한 이전의 경험과 어떻게 구분되는지 사람들이 보고 이해하도록 돕는다. 이야기들은 새로운 대화들을 고무시키고, 사람들의 성공, 최상의 경험, 미래를 향한 꿈들을 세우기 위한 목적으로 신선한 경험을 선사한다. 간단히 말해서, 그들은 사람들이 더 많은 것을 배우고 싶어 하도록 격려한다.

- 적용에 중점을 맞춰라. 참석자들이 에이아이에 대한 접근법을 검토하도록 허용하라. 에이아이가 타당한지의 여부와 그 이유에 관한 대화에 사람들을 참여시켜라. 그들에게 그들의 조직, 부서, 공동체 내에서 에이아이를 활용할 방법에 대해 숙고하고, 이를 토론하도록 요청하라.

사람들이 앞으로 나아갈 방법에 대해 검토할 때, "그 날의 프로그램program du jour" 같은 것을 만들어내기보다는 이미 하고 있어야 할 것을 하는 데 에이아이를 활용하도록 사람들을 장려하라. 예를 들어, 그린 마운틴 커피 로스터Green Mountain Coffee Roaster사는 에이아이 소개 세션이 진행되는 동안 다양한 적용 분야들을 검토했는데, 전략적 기획으로부터 순수한 기업 문화 변화에 이르는 거의 모든 분야들이었다. 최종적으로, 그들은 모든 노력들을 향상시키면서도 한편으로는 비즈니스 프로세스 개선 영역에서 즉각적인 효과를 창출하는데도 이를 적용했다.

진행 여부에 대한 결정의 촉진

가능한 한 언제든, 심지어 가장 간략한 소개 목적의 프리젠테이션일지라도 진행 여부에 대한 의사결정 대화로 프리젠테이션을 마무리해야 한다. 의사결정권자들이 에이아이 프로세스를 경험하고 다양한 접근법들을 상상하며 조직 내의 적용 분야에 대해 검토하게 되면, 그들은 '그 다음 단계가 무엇일까?'라는 중요한 질문에 대해 숙고할 준비가 되어있을 것이다. 우리는 충분히 긍정적으로 변화에 대해 접근할 준비가 되어 있는가? 우리는 긍정 탐구를 시도할 만큼 개인적, 조직적 학습과 변화에 대해 열린 자세를 가지고 있는가? 이에 대한 대답은 '예', '아니요', 혹은 '어쩌면' 등이 될 수 있다. 참석자들은 제한된 근거를 가지고 진행하기로 결정하거나 또는 보다 많은 정보를 필요로 할 수 있다.

만약 여러분이 진행하기로 결정을 내리기 전에 더 많은 정보를 모으고 싶어 하는 사람들과 일하고 있다면, 관련된 연락 정보와 다른 조직의 성공적 실행 사례와 이를 탐구하는 것을 도울 수 있는 자료를 공유하라. 만약 여러분이 도약을 받아들일 준비가 된 사람들과 일하고 있다면, 앞으로 나아갈 수 있는 다음 단계를 명확하게 알려주고, 자기 조직화를 할 수 있도록 시작 단계의 기획 회의 일정 수립을 도와주라.

단계별로 시작하기

관련된 프로젝트의 규모 및 범위에 따라 시작 단계의 활동들은 수일, 수주, 수개월 만에 끝날 수 있지만, 오늘날과 같이 빠른 변화의 시대에는 이 활동들에 더 이상 긴 시간을 차지해서는 안 된다. 〈표 6〉은 시작단계에서 광범위하게 일어나는 다섯 단계를 요약한 것이다. 처음의 두 가지 개시 활동들은 자문 팀이 제 자리를 잡고 계획을 이끌어 나가도록 훈련을 받는데 초점을 두고 있다. 일단 자문 팀이 구성되고 나면, 그 이후에는 그들이 행동에 나설 차례이다.

자문 팀의 구성

여러분이 모든 에이아이 계획에 대해 '예'라는 대답을 얻는 대로 8명~12명으로 구성된 자문 팀을 조직하라. 이상적으로, 이 그룹은 함께 모임으로써 전체 조직을 대표할 수 있는 다양한 직능, 계층, 분야들로부터 선발되는 것이 좋다. 그들의 다양한 배경은 사고의 깊이와 폭을 확보시켜 주며, 다양한 스킬들은 프로세스를 수행함에 있어 창의성과 변화를 가져오고, 다양한 시각들은 이들로 하여금 대부분의 사람들이 의미 있고 고무적인 방법으로 참여할 수 있는 계획을 설계할 수 있게 해줄 것이다.

〈표 6〉 **단계별 시작하기**

1. 자문 팀의 구성
2. 자문 팀의 교육
3. 프로젝트의 범위 결정
4. 탐구 전략의 수립
5. 범 조직적 공유 구축

그들의 배경과는 무관하게, 자문 팀의 구성원들은 몇몇 유형적인 자격을 공유한다. 이상적으로는 심지어 그들이 맡은 직책과 연관성이 없다 해도 탐구에 참여하는 사람들의 존경심을 불러일으키는 비공식적인 리더들이어야 한다. 그들의 인생철학이나 개성은 심지어 그들이 실천 과정에서 공식적으로 훈련을 받았다 해도, 에이아이와 일치할 것이다. 그들은 프로젝트의 목적과 결과에 관심이 있으며 이에 헌신하며 참여하기를 바란다. 그리고 마지막으로 그들은 조직의 공식적 지도층을 통해 탐구 활동과 향후 나타나는 변화 모두를 실행할 권한을 부여 받아야 한다.

자문 팀의 역할은 사람들의 호기심과 상상력을 자극하며 시도하려는 의지를 상승시키는 방식으로 사람들을 끌어 들이기 위해 조직을 미지의 상태로 계산된 도약으로 이끄는 것이다. 이와 함께, 자문 팀의 구성원들은 누구를, 어떤 방식으로, 어느 시점까지 이 계획에 관련시킬 것인가에 대해 세부적인 의사결정을 해야 한다.

비록 자문 팀의 일상적인 책임이 여러 계획들에 있어 변화가 있을지라도 이들의 전반적인 목적 및 기능은 일정하다. 일반적으로, 이들은 계획을 위한 조직의 모멘텀을 구상, 발족, 유지하고, 필요시에는 참여가 진행됨에 따라 과정을 조정하거나 전환하기도 한다. 그들은 프로젝트가 그 전반적인 과정 내내 완전하고 적시적인 지원을 받도록 보장함으로써 이런 책임들을 수행한다. 이는 몇몇 개시 결정 및 다양한 지속적 지원 활동들을 통해 이 결정들을 뒷받침하는 것을 포함한다.

자문 팀의 역할은 다음과 같다.

- **프로젝트의 범위 결정.** 자문 팀의 첫 번째 임무는 목적 또는 결과라는 이름으로 불리는 변화의 주제를 명확히 하는 것이다. 그 다음으로 그들은 에이아이에 대한 전반적인 접근법 혹은 참여의 형태를 선택한다. 마지막으로 전반적인 목표를 달성할 탐구 전략을 수립한다. 탐구 전략 수립은 본 장의 뒤 추가적 질문들에 대해 답변을 함으로써 명확히 할 수 있다.
- **공유 및 지원 체제의 구축.** 자문 팀은 그 임기 초기에, 계획에 대한 조직의 공유 및 지원 체제 구축 방법을 결정한다. 여기에는 사람들이 프로세스를 이해하고 지원할 수 있도록 소개하는 과정을 포함시킨다.

  몇몇 자문 팀들은 예를 들어, 둘의 힘The Power of Two, 심플리 베터Simply Better, 포커스 2000Focus 2000 같이 계획에 대한 브랜드 정체성을 확립하거나 명칭을 부여함으로써 지원을 이끌어 낸다.
- **의사소통의 흐름 유지.** 특히, 기간이 늘어난 상태에서 참여가 이루어진다면 자문 팀은 적시적이고 확실한 커뮤니케이션을 조성해야 한다. 커뮤니케이션을 지속적으로 제공하고, 전반적인 조직 내의 학습을 가속시키며, 대규모 활

동들과 이벤트들 간의 모멘텀을 유지시켜 준다.

계획이 수립되면 자문 팀의 구성원들은 정보를 공유하고, 사람들의 피드백을 청취하며, 프로세스를 촉진하는 대변인으로서의 역할을 수행한다. 이에 더하여, 이들은 흡인력이 있는 개인적인 실화에 바탕을 둔 커뮤니케이션의 지속적인 흐름이 부서 및 플랜트 회의 내에서의 공식적인 프리젠테이션과 함께 비디오, 소식지, 배너, 포스터, 버튼 등을 통해 실행되도록 해야 한다. 일부 경우들에서는 자문가들이 이런 활동들을 수행할 특정 그룹을 지정할 수도 있다.

- **통합된 프로세스 유지.** 계획의 복잡성에 따라 여러 개의 그룹들이 동시적으로 다양한 임무와 활동들을 수행할 수 있다. 이런 경우, 자문 팀들 역시 다양한 그룹들의 활동들과 자원 요건들에 관한 정보 입수를 유지하고, 각각의 그룹이 다른 그룹들의 업무와 맞서 일을 진행하기보다는 상위에서 업무를 구축해 나가도록 도우며, 그룹들의 활동들과 탐구의 전반적인 목표 간에 긴밀한 연계가 이루어지도록 촉진함으로써 프로젝트 통합자의 역할을 수행해야 한다.

- **성공을 위한 코칭.** 자문 팀의 중요한 책임 중 한 가지는 에이아이 노력의 성공을 보장하기 위해 지속적인 코칭을 해주는 것이다. 우리는 자문 팀이 에이아이 프로세스의 코치가 된다는 것이 무엇을 의미하는 지에 대해 토론할 것을 제안한다. 이를 위해 우리는 그림 6에 다음과 같은 조언들을 제시한다.

자문 팀의 훈련

자문 팀은 그들의 역할을 다하기 위해 에이아이를 이해할 필요가 있다. 에이아이의 철학과 원칙에 관한 3~4 일간의 훈련을 통해 이를 달성할 수 있다. 훈련 프로그램에 참가한다는 것은 아울러 팀을 구축하는 계기도 될 수 있다. 이는 팀의 구성원들이 서로를 알게 되고, 긍정적이고 신뢰적인 관계를 확립하며, 조직에 대한

〈그림 6〉 에이아이 코칭에 대한 제언들

동일한 발언권을 위한 기회를 만들어라. 모두에게, 특히 자주 발언을 하지 않는 사람들에게 동일한 발언 시간을 보장하라. 존중과 경청의 모델이 되라.

긍정에 초점을 맞춰라. 효과를 거둔 이야기들을 의식적으로 요청하고, 말하도록 유도하며, 이를 토대로 보강하라. 사람들이 하는 긍정적인 얘기 대 부정적인 얘기의 비율이 2:1 정도가 되도록 도와라.

사람들이 내면으로부터 흘러나오는 얘기를 하도록 도와라. 당신의 개인적 경험에 근거한 희망, 꿈, 열정들을 공유하고, 다른 사람들도 같은 것을 성취하도록 격려하라.

권위를 멀리하라. 당신의 전문성을 점검하라. 사람들이 당신을 어떻게 대접할 것인가에 무관하게, 뒤에 머물러 있어라. 사람들이 그들 스스로의 지혜를 찾는 걸 도울 때는 질문을 이용하라. 의사결정을 내리는 사람들의 능력에 대해 신뢰를 표현하라.

사람들이 성공할 것을 확신하라. 일을 제대로 하는 사람들을 찾아내어, 이에 관해 공개적으로 이들을 인정하라. 사람들이 의도하고, 지킬 수 있는 약속을 하도록 도와라. 이들이 달성하고자 시도하는 것을 전문성으로 뒷받침할 수 있는 사람들을 포함하여, 이들에게 자원을 연결시켜라.

서로의 희망과 꿈들을 공유하도록 도와준다. 또한 이는 이들로 하여금 긍정변화를 향한 여정에 있어서 조직을 끌고 나갈 역량을 갖추게 해 준다.

우리는 가능하면 언제든 여러분이 자신의 자문 팀에게 외부에서 이뤄지는 에이아이 훈련에 참석할 기회를 줄 수 있기를 권유한다. 비록 사내 훈련이 유용하고 효과적이라고는 하나, 자문 팀의 사외 훈련은 장기적 계획을 위한 중요한 성공의 열쇠가 된다. 사외 훈련은 다음과 같은 내용들을 제공한다.

- 일에서 멀리 떨어진 시간과 장소를 제공해줌으로써 팀의 구성원들에게 유대와 학습을 가능하게 해준다.
- 팀의 구성원들에게 가장 최근에 입증된 에이아이의 철학과 실천방안, 그리고 다양한 응용 사례 모두를 가르친다.
- 보다 큰 조직 체계에 대한 역할을 수행하게 하여, 하나의 팀으로서 자신들을

인식하도록 도와준다.
- 구성원들을 보다 큰 에이아이 실천가들의 공동체 속에 자리 잡게 한다.
- 구성원들에게 자신이 수행할 프로세스의 첫 단계를 기획할 시간을 준다.

만약 여러분이 자문 팀의 훈련을 사내에서 진행하기로 선택한다면, 가능한 한 많은 사외 훈련 조건을 따라 하도록 시도하라. 사람들을 그들이 맡고 있는 일상의 책임 및 활동들로부터 보호해 줄 기본 규칙들을 확립하라. 다른 조직의 성공 및 통찰력에 관한 이야기들을 해주어라. 보다 큰 에이아이의 세계에서 일어나고 있는 일들과 사람들을 연결해 줄 선행사례prework와 현장 탐방을 이용하라. 외부 인사를 훈련에 초빙하여 "간증testimonial" 스타일의 성공담을 얘기해 주도록 하라.

프로젝트의 범위 결정

개시 단계에서 그 다음으로 중요한 임무는 여러분이 무엇을 어디까지 탐구할 것인가를 명확하게 결정하는 것이다. 우리는 이를 앞에서 변화 주제의 명확화와 전반적인 참여 형태의 선택으로 묘사했다. 제 2장, "에이아이에 대한 접근법들"은 이 두 가지 모두에 대한 선택사항들을 제시하고 있다.

변화 주제에 대한 몰입

이 시점에서 자문 팀은 전반적인 변화의 주제를 결정하기 위해 조직의 최고 경영 팀과 일하게 된다. 그들은 조직 내에서 일어나고 있는 모든 것들을 감안하면서, 경계를 정해 나간다. 브리티시 에어웨이에서 이뤄졌던 밸류-인스파이어드 피플Value-Inspired People 프로세스처럼 사람에게 초점을 둘 것인가, 혹은 캐나디언 타이어의 프로젝트에서 그랬던 것처럼 고객들에게 초점을 둘 것인가는 전략적 중요성을 고려하면서, 변화의 주제를 선택해야 한다.

이는 변화의 시발점으로 명확하게 천명되어야만 한다. 에이아이가 활용된 아래

변화의 주제 선택 예들을 참고하라.

- 제 2장에서 설명된 GTE의 문화 변화
- 제 9장에서 설명된 에이본 멕시코Avon Mexico 사의 성별 교차 업무 관계
- 제 3장에서 설명된 네바다 주의 주/군 아동 복지 서비스 통합
- 제 4장에서 설명된 러브레이스 헬스 시스템의 간호사 직장 유지

우리의 경험상 변화 주제의 명확성 부족은 시간이 갈수록 확대되며, 이는 조직의 구성원들에게 불필요한 무질서와 혼란을 불러 온다. 명확한 변화의 주제는 부서와 직능을 통합하고 연계시키며, 조직의 구성원들 간에 자신감을 쌓아 준다.

우리는 종종 갈등 혹은 논쟁이 벌어진 상황에서 어떻게 에이아이를 이용할 수 있는지에 대한 질문을 받는다. 갈등이나 논쟁을 초월하고 동시에 협력적 행동을 불러 오는 변화의 주제를 찾는 것에 그 답이 있다.

최근에 있었던 에이아이 기본과정Foundations of Appreciative Inquiry 워크숍에서 한 조직 내에서 갈등상황에 있는 사업본부들과 일하고 있었던 한 컨설턴트가 다음과 같이 물었다. "커뮤니케이션과 협력을 구축하는 가장 좋은 방법은 무엇입니까? 사람들 간의 관계에 초점을 두어야 합니까, 아니면 또 다른 뭔가에 초점을 두어야 합니까?" 수 년 동안을 사일로Silo[사업부서들이 상호 협력과 교류없이 내부적 이익 만을 추구하는 모습: 역자 쥐식 사고 속에서 일해 왔던 사업본부들이 이제 고객 서비스를 향상하기 위해 협조를 통해 협력하도록 요구받고 있었다. 우리가 이 질문을 들었을 때, 더 높은 목적을 향해 함께 일해야 하는 모든 이들에게 요구되는 변화 주제는 매우 명확했으며, 그것은 우수한 고객 서비스를 위한 파트너십이었다.

바바라 차일드Barbara Child는 동일한 교단의 교회 다섯 곳을 함께 운영하고 있는 메트로폴리탄 지역 소재의 한 교회와 위와 유사한 전략을 활용하였다. 그녀는 하나의 사일로로서 한 교회에 초점을 두기보다 여섯 곳의 교회 모두를 에이아이 프

로세스에 초대했다. 이들의 변화 주제는 "인디아나폴리스 대교구 내의 유니테리언 유니버설리즘[기독교의 삼위일체 교리를 부정하고 하나님의 신성만을 인정하는 교파: 역자 주]의 미래 탐구"였다. 차일드는 그녀 자신을 포함하여 관련된 모든 이들에게 놀라우리만치 그 결과는 긍정적이었다라고 말한다. "심지어 첫 기획 회의가 끝나자마자 사람들은 지금까지와는 다르게 행동하면서 새로운 가능성들을 생각하기 시작했습니다. 에이아이는 우리 신도들 사이에 협력의 정신을 만들었던 것이죠. 그것은 우리 모두를 기쁨, 자부심, 함께 나누는 목적의식으로 채워 주었습니다."

변화의 주제를 슬기롭게 선택하라. 에이아이 프로세스의 목적이 모든 사람에게 매우 중요하고 헌신을 이끌어 낼 수 있도록 변화 주제에 관한 대화에 다양한 이해관계자들을 포함시켜라.

참여 형태의 선택

과감하게, 여러분이 추구하는 조직을 본든 참여의 형태를 선택하라. 참여의 형태에 있어서 더 과감할수록, 당신이 경험하게 될 결과들 또한 더욱 과감하고 극적인 것이 될 것이다. 어떤 에이아이의 참여 형태로 운영할 것인지를 고려할 때, 여러분은 다음에 관해 생각해야 한다. 얼마나 빨리 결과를 보고 싶어 하는가? 얼마나 많은 사람들이 관련되기를 원하는가? 어떻게 이해관계자들을 참여시킬 것인가?

여러분이 진심으로 변화를 원한다면, 여러분이 선택하는 참여의 형태는 여러분의 조직이 현재 처한 상태에 맞서는 것이 될 것이다. 여러분은 시작 직후에 현재 상태에 어느 정도 도전할 것인지를 결정해야 한다. 예를 들어, 제 4장에서 묘사된 바와 같이 제조 플랜트를 멈추고 700명의 구성원 모두를 함께 에이아이 서밋에 참가시키는 것은 뉴트리멘탈 푸드 사에게 분명 과감한 행동이었지만, 이 과감한 행동은 판매, 수익성, 생산성, 구성원 만족도에 있어 즉각적이고 현저한 증가를 보임으로써 보상받을 수 있었다.

탐구 전략의 수립

최상의 탐구 전략은 조직 문화 및 자원들에 적합한 방식을 가지고 시간 변화에 맞게 변화 주제들을 달성하도록 하는 것이다. 탐구 전략을 결정하는 임무는 매우 복잡할 수 있는데, 왜냐하면 이 임무는 수많은 질문들, 심지어 어떤 정답이나 오답도 없는 질문들을 통해 이루어지고 계획의 전 기간을 통해 계속해서 일어나기 때문이다.

그러나 탐구 전략에 관한 일부 거시적 선택들은 개시 단계에서 이루어져야 하며, 그렇지 않으면 프로세스가 결코 진행되지 못한다. 자문 팀들은 그들 스스로 이 질문들 각각에 대한 답들을 찾아내야만 한다. 그렇게 함으로써 그들은 적합한 방식으로 적절한 사람들이 참여하도록 하고, 시간이 지남에 따라 확실한 추진력을 얻게 되며, 최상의 경험들과 가능성들을 공유하고 이에 대해 학습하는 것에 조직의 관심이 쏟아지도록 할 프로세스의 기틀을 잡게 된다.

탐구를 언제 시작할 것인가?, "평소대로의 비즈니스"를 중지시킴으로써 더 이익을 볼 것인가, 아니면 이를 유지함으로써 더 이익을 볼 것인가? 보다 장기적이고, 보다 새로운 변화를 추구하는가, 아니면 사물들이 이뤄지는 방식으로 빠르고 극적인 전환을 원하는가?

일반적으로, 더 많은 인터뷰들이 예정되어 있고 더 많은 사람들이 관련되어 있을 경우, 더 많은 시간 계획이 요구된다. 수백 건의 일 대 일 인터뷰들을 포함하는 전 조직 탐구들은 종종 2개월에서 4개월의 시간을 소요한다. 여러분의 비즈니스 사이클 속에서 오랜 시간 이 탐구 활동들을 계획하거나 또는 에이아이 서밋의 일부로 탐구 활동을 완료함으로써 탐구 활동 시간들을 압축할 수 있다.

더 긴 에이아이 프로세스 및 에이아이 서밋에는 강점들이 있다. 탐구 기간이 더 길면 시간이 경과함에 따라 다른 활동들 및 프로그램들과 병행해서 진행할 수 있다. 이것들은 일반 구성원들의 자발적인 혁신, 개선, 진보를 만들어낸다. 반대로, 에이아이 서밋은 전반적으로 시간은 적게 들지만 더 높은 비용이 들어가며, 더 광범위한 수준의 단기적 참여를 필요로 한다. 그들은 조직 전반의 변화가 시작되게 할 수 있으며, 고무적으로 만들어주며, 파트너십을 이루게 해주고, 또한 행동을 위해서는 있을 법 하지 않은 기회들을 만들어 낼 수 있다.

두 가지 환경 모두에 있어서, 사람들은 그들 자신과 서로 간의 관계, 비즈니스를 영위해 나가는 새로운 방법에 대해 배우게 된다. 그런 후에 자신들이 배운 것 중 가장 나은 것을 취해서 자신들의 업무 환경에 채택하는 것이다. 특별한 노력 없이도, 긍정 인터뷰와 서밋은 조직의 혁신과 개선을 촉진하는 계기가 된다.

누가 참여의 어떤 부분들을 담당할 것인가? 이것은 리더 주도적 계획인가, 아니면 보다 구성원 참여적인가? 여러분은 어느 정도의 비율로 지원자 대 선발 인원에 의존할 것인가? 노력이 성공으로 연결되기 위해서는 누가 관련되어야 하는가? 에이아이에 기반을 둔 계획에 참여하도록 강요하는 것은 빈번하게 역효과를 거둔다. 따라서 여러분은 조직 전반에 걸쳐 지원자들에게 감명을 주고, 이들의 참여를 유도하기 위한 창의적 방안들을 찾아낼 필요가 있다. 일반적으로, 리더들과 일반 구성원들 모두가 이를 옹호하고 지원하도록 할 수 있는 방안을 찾아보라. 그렇게 하기 위해서는 특히 계획의 초기 단계에서의 신중한 기획과 인재 등용을 필요로 한다.

우리는 인터뷰를 수행하기 위해 어떤 프로세스를 이용할 것인가? 누가 누구와 함께 무엇을 들을 필요가 있는가? 사람들이 이 대화에 참여하는 동안 어떻게 우리의 사업이 계속 진행되도록 유지할 것인가? 어떻게 인터뷰들이 과열되는 것을 방지할 것인가? 일 대 일, 면 대 면 대화 이외에 또 다른 대화의 기회들이 있는가? 이런 질문들에 답변하면서 자문 팀은 다양한 옵션에 대해 검토할 필요가 있다. 가장 일반적인 것들 중 일부가 〈표 7〉에 기재되어 있다.

- **일 대 일 인터뷰.** 이것은 가장 일반적인 탐구 접근법이다. 일 대 일 방식의 긍정 인터뷰는 30분에서 90분간의 대면 대화 방식이다. 에이아이 서밋같은

일부 경우들에 있어서, 긍정 인터뷰는 두 사람이 서로 순서를 바꾸어 상대방을 인터뷰하는 쌍방적 프로세스이다. 다른 상황들에서는 한 사람의 지정된 인터뷰 진행자가 10건에서 20건 정도의 많은 인터뷰들을 수행할 수 있다.

일 대 일 인터뷰들은 일반적으로 조직의 구성원들에 의해 수행된다. 대부분의 경우에 모든 부서들, 직능들, 계층들로부터 온 지원자들이 인터뷰 진행자가 된다. 그들에게는 인터뷰 가이드가 제공되며, 긍정 인터뷰를 수행하기 위한 훈련을 받게 된다. 그들은 조직의 다른 구성원들, 고객들, 공급업자들, 기타 관련된 사람들을 인터뷰한다. 일 대 일 인터뷰를 집단적으로 이용하는 방법에 대해서는 제 2장, "에이아이에 대한 접근법들"을 참조하기 바란다.

- **그룹 인터뷰.** 일부 사례들에서 적절한 그룹 인터뷰 프로세스는 포커스 그룹과 유사할 수 있다. 그룹 인터뷰들은 모든 그룹의 구성원들이 서로의 아이디어들을 듣고, 알아 가며, 그들이 속한 그룹의 핵심적 긍정 요소와 최고의 경험들을 발견하게 해준다. 에이아이의 포커스 그룹은 고객들과 아니면 부서 및 직능 내에서, 혹은 이해 관계자들이 혼재된 그룹과 수행될 수 있다. 관련된 사람들이 많을수록 질문의 수는 더 적어야 하며, 프로세스에 요구되는 시간은 더 길어질 것이다.

그룹 인터뷰에서 특히 유용한 접근법은 그 주에 조직에서 화제가 되었던 것을 이용하는 것으로서 특정 주 내내 조직 내의 모든 팀들, 부서들, 부문들에

〈표 7〉 **인터뷰 진행의 네 가지 접근법들**

1. 일 대 일 인터뷰
2. 그룹 인터뷰
3. 조직 간 교차 인터뷰
4. 전자 인터뷰

게 해당 주의 화제와 관련된 동일한 인터뷰 질문을 가지고 정기적인 미팅을 시작한다. 그룹 탐구 프로세스는 작업 현장에 대한 탐구와 학습을 진행하며, 에이아이를 사업 수행 방식과 통합시키게 해준다.

- **조직 간 교차 인터뷰** Cross-organization Interview. 에이아이에 대해 가장 흥미진진한 접근법들 중 일부는 하나의 조직이 다른 조직을 인터뷰할 때 나타난다. 이는 벤치마킹, 파트너십 및 제휴 관계 구축, 합병 후 통합 시 발생한다. 우리는 또한 이 프로세스를 이용하여 동일한 조직 내 비즈니스 유닛 간의 커뮤니케이션 장벽을 극복하는 데 있어 큰 성공을 거둔 바 있다.

  조직 간 교차 탐구에서 한 조직에 속한 인터뷰 진행 팀은 다른 조직에 속한 사람들의 그룹을 인터뷰하며, 그 후 그 역할은 서로 바뀐다. 어떤 경우들에서는 다른 회사에서 본인의 업무에 속한 상대방을 인터뷰하고, 다른 경우들에는 전체 비즈니스에 대한 자신의 이해도를 넓히기 위해 다른 직능에 속한 사람들을 인터뷰하기도 한다. 대화를 마친 후, 인터뷰 팀들은 자신이 배운 것을 인터뷰 대상자들에게 얘기해주면서, 피드백 보고서와 프리젠테이션을 준비한다. 보고서에는 그들이 발견한 핵심적 긍정요소, 예외적 경험, 핵심적 수행능력 등이 상세히 기재된다. 그들은 조직의 미래에 대한 인터뷰 대상자들의 꿈을 기재해 올리는 것이다. 이 보고서들은 심지어 인터뷰 진행자들의 보다 개인적인 메시지를 담을 수도 있고, 그들이 배운 것을 토대로 인터뷰한 조직과 파트너가 되는 것에 대해 자부심을 느낀 이유를 설명하기도 한다.

  조직 간 교차 탐구는 사람들이 전반적인 비즈니스에 관해 배우는 것을 가속화하며, 사람들의 사고가 그들의 특정 전문 분야를 벗어나 성장하도록 해주고, 보다 전략적으로 사고하도록 도와준다. 그들은 긍정적 파트너십, 제휴 관계, 합병을 위한 기틀을 구축하는 것이다.

- **전자 인터뷰.** 한 조직의 구성원들이 에이아이에 익숙해지게 되면, 이들에 대해 온라인 질문서에 응답하도록 하는 것이 가능해진다. 한 조직에 속한 그

누구라도 모든 구성원들에게 개방적인 탐구를 시작할 수 있고, 당면한 비즈니스 상황에 대처하기 위한 아이디어들을 물을 수도 있다.

어떤 경우에는 자문가들이 둘 이상의 접근법들을 조합한 탐구 전략들을 고안하기도 한다. 예를 들어, 그들은 외부 벤치마킹이나 고객 및 공급업체 인터뷰를 수행하는 동안에 조직 내에서 대규모 집단 탐구를 진행할 수 있다.

우리가 어떻게 하면 지속적인 변화들을 꿈꾸고, 디자인하며, 실천할 수 있을까?

우리는 에이아이 서밋을 추진할 것인가, 아니면 더 긴 기간 동안 소규모 인원들을 가지고 추진할 것인가? 어떻게 가능한 많은 사람들이 우리의 미래를 그려나가는 데 참여하도록 할 것인가? 혁신 팀, 지속적인 변화의 실행에 전념하는 행동 그룹, 기타 팀들의 "유지 기간shelf-life"은 언제까지 해야 하는가?

탐구가 진행됨에 따라 여러분은 조직 내 모든 사람들과의 일 대 일 인터뷰 중에 드러난 감동적인 이야기들, 이미지들, 희망들, 꿈들에 대한 개인적이고 즉각적인 연결성을 공유함으로써, 조직의 전체성wholeness을 유지하기 위한 방법들을 찾아야만 한다. 목표들의 대부분은 서밋을 통해 쉽게 달성되기 때문에, 이를 통해 4-D 사이클의 최종 단계에서 실행할 것을 선택할 수 있다.

4-D 사이클의 뒤쪽 3단계에 대한 장기적 전략들은 인터뷰와 동일한 시간 및 자원 상의 제약을 받는다. 여러분은 대규모의 전체 조직을 모으는 것이 불가능하다고 느낄 수도 있다. 그런 경우 대안으로 초기의 활동, 계기를 만드는 것, 창의성 촉진 등을 지속적으로 유지하고 자율적으로 형성된 다수의 혁신을 촉발시키는 혁신 팀과 같은 더 작은 규모의 프로세스를 선택할 수도 있다.

에이아이는 변화를 위한 비선형적 접근법이며, 따라서 전체 4-D 사이클이 종료되더라도 결코 끝나지 않는다. 시간이 흘러도 변화의 계기를 유지시키려면 어떻게 해야 할까? 그룹이 해산되기 전에 그룹의 성과를 전달하고 축하하라. 훈련, 경영 프로세스 개선, 전략 및 경영 기획 같은 영역에서 전체성에 대한 지속적인 몰입을 드러내도록 하라. 즉흥 연주, 자기 조직화보다는 모든 것을 뒷받침해주는 환경을 창조하기 위한 시스템, 구조, 리더십 경험 등을 체계적으로 재창출하라.

아마도 가장 중요한 것은 여러분이 자신의 조직 내에 있는 사람들에게 에이아이 및 긍정변화의 원칙들을 존속시키는 데 몰입하도록 도울 수 있다는 점이다. 특히, 여러분은 질문, 이야기하기storytelling, 의사결정을 하기 위한 담론 분석narrative analysis 등을 이용할 수 있다. 조직의 변화를 뛰어 넘어 그 이후로 삶의 방식으로써 이야기들을 얘기하고, 또 얘기하라.

범 조직적 공유 구축

시작 단계는 전체 조직이 계획을 인지하고 이에 몰입하게 될때 종료된다. 프로젝트의 규모와 범위에 따라 여러분은 이런 인지도를 달성하기 위해 이해 관계자들에 대한 서한 발송, 비디오, 소규모 그룹 모임, 혹은 기타 소규모 커뮤니케이션 수단 등의 방법을 선택할 수 있다. 다른 한편으로는 여러분의 계획을 모든 조직 구성원들에게 열정적이고, 참여율이 높으며, 사람들의 호기심, 서약, 참여를 이끌어 내는 소개 수단으로서의 킥-오프 미팅kickoff meeting을 시작하는 길을 선택할 수도 있다. 만약 이 방법이 여러분의 스타일에 더 잘 맞는다면, 다음과 같은 가이드라인을 고려해야 한다.

- **매체와 메시지를 일치시켜라.** 이 미팅을 바람직한 미래 상태에 대한 하나의 설정으로 설계하라. 예를 들어, 직능 간 교차 커뮤니케이션을 구축하기 위한 계획의 킥오프 미팅은 다양한 직능에서 온 참석자들이 함께 해야 한다.
- **계획의 목적을 설명하라.** 모든 사람들이 수긍할 수 있는 언어와 형식을 이용하라.
- **참여를 단계별로 설명하라.** 만약 가능하다면 모든 사람들이 이를 경험할 수

있는 방법을 찾아라.
- **계획의 효과와 첫 단계들에 관한 대화에 사람들을 참여시켜라.** 사람들이 장기적인 계획의 일부로서 자신들을 인식하도록 도와라.
- **참여를 유도하라.** 사람들이 개최 장소를 미팅과 장기적 계획에 자신들이 기여할 수 있는 장소로 생각하도록 도와주고, 그들을 요구하는 활동들에 자원할 수 있는 방법을 제시하라.

효과적인 킥오프 미팅은 단순히 전반적인 활동에 관해 사람들에게 알려주는 것 이상의 역할을 할 것이다. 이는 마케팅, 고객 서비스, 혹은 혁신과 같은 분야에서 한 조직이 가지고 있는 강점을 전략적으로 활용할 것이다. 이는 매우 가치 있는 고객들의 입장이 된 것처럼 구성원들을 참여시킬 것이다. 이는 참여를 고무시키고, 탐구 활동의 다양한 국면들에 대한 자원자들을 모집하며, 시작 단계부터 더 폭 넓은 참여 기반을 창출할 기회를 제공한다. 간단히 말하자면, 킥오프 미팅은 하나의 탐구 활동을 가속시키며, 더욱더 장기적인 참여 측면에 대한 계기를 구축하는 것이다.

헌터 더글러스의 시작 단계

헌터 더글러스는 에이아이를 알게 됐을 때, 새로운 정보통신 기술IT 기반으로 전환을 시작했다. 변화를 향한 이 새로운 긍정 접근법을 알게 된 후, 헌터 더글러스의 경영진들은 이를 시도해 보기로 결정했다. 다음은 그들이 결정을 내리게 된 방법에 대한 일화이다.

변화를 위한 첫 단계

성장 과정에서 자신들이 잃어 버렸던 것을 다시 되찾기 위한 노력의 일환으로, 헌터 더글러스의 경영진은 1996년 봄부터 전통적인 조직 개발 개입 활동을 시작했다. 그들은 총괄 매니저, 그의 직속 부하직원들 그리고 그 밑의 직속 부하구성원들과 인터뷰를 수행하기 위해 컨설턴트를 고용했다. 이 인터뷰의 목적은 커뮤니케이션 단절, 생산성과 구성원 만족도 저하, 이직률 증가의 근본적 원인을 규명하기 위한 것이었다. 경영진은 신속 조치 팀Rapid Action Team이라고 불리는, 하위 그룹을 구성했는데, 이 그룹의 임무는 인터뷰와 구성원 설문 데이터를 분석하고 부정적 경향들을 개선하기 위해 확대 경영진 팀Larger Leadership Team에 계획을 보고하는 것이었다.

신속 조치 팀이 그 근본적인 원인 분석에 몰두하고 있는 동안, 총괄 매니저인 릭 펠렛Rick Pellet 역시 SAP(ERP 프로그램의 일종. 역자 주)에 대한 회사의 정보통신 기술 전환 업무를 수행하는 팀에서 일하고 있었다. 이 팀은 북미 지역 조직 전반에 걸쳐 정보통신 기술의 미래에 대한 비전을 창출하기 위해 수개월 동안 분투하고 있었다. 그런 이유로 그들은 하나의 그룹으로서 연대감을 가지고 앞으로 전진하기 위한 전략을 개발하기 위해 2.5일 간의 워크숍을 떠났다. 그들의 컨설턴트인 아만다 트로스텐-블룸Amanda Trosten-Bloom은 에이아이 기반의 프로세스로 이 활동들을 퍼실리테이션하기로 했다. 후에, 펠렛은 이 워크숍에서 자신이 겪은 심오한 경험을 이렇게 설명했다.

> 사람들은 그들이 이전에 보여줬던 그 어떤 모습보다도 훨씬 더 적극적으로 참여했습니다. 그들은 활기로 가득 찼지요. 그들은 우리가 이전에 결코 실제로 보지 못했던 직관적 비즈니스 감각의 원천으로부터 아이디어를 얻기 시작했습니다. 그들은 그들의 열정, 그들이 미래에 무엇이 될 수 있는가에 대한 비전, 회사와 세상에 대해 그들이 기여할 수 있는 것이 무엇인가에 대한 비전을 얘기하고 이를 공유하기 시작했습니다.
>
> 나는 언제나 혼자서도 충분히 꽤 좋은 결정을 내릴 수 있는 리더였습니다. 나는 뛰어난 편이었고, 나 자신도 그것을 알고 있었지요. 내가 내렸던 최고의 결정들 중 일부는 상당히 독립적으로 내린 것들이었습니다. 그러나 이 인터뷰들과 대화들을 통해 내가 찾아냈던 것은 우리 중 누구라도 분명 더 우수하고 독립적으로 생각할 수 있는 능력이 있다는 것이었습니다. 이 프로세스는 사람들이 실제적이고 즉각적인 회사의 현안들을 해결하는 데 강력하고도 긍정적인 자세로 참여하게 만들었습니다. 이는 그 때까지도 우리에게 오

직 분노와 고통만을 안겨주었던 계획들을 시작하게 만들었던 것입니다.

금요일에 펠렛은 SAP 팀과의 작업을 마쳤다. 월요일에 그는 정기적으로 예정된 신속 조치 팀 회의에 참석했다. 인사 담당 부사장인 마이크 번스Mike Burns는 별로 인기가 없었던 월요일 아침 회의를 다음과 같이 회상했다.

> SAP 회의에서 릭에게 무슨 일이 있었다는 걸 알아차리기엔 그리 오랜 시간이 걸리지 않습니다. 우리는 거기 모여서, 몇몇 반복적이고 속 태우는 문제들과 씨름하고 있었는데, 릭이 말했습니다. "내게 생각이 있어요." 처음에 그는 한 가지 질문을 했습니다. 그런 후에 우리에게 우리가 무엇을 만들어 내려고 하고 있는 것인지, 만약 우리가 이 문제들이 존재하지 않았던 것처럼 일한다면 만사가 어떻게 될지를 물었습니다.
> 분명히, 그 사람은 변화된 것이었습니다! 그는 내가 8년 동안 알고 지낸 그 사람이 아니었습니다. 심지어 우리의 컨설턴트조차 뭔가 다르다는 것을 느꼈지요. 나는 생각했습니다. "바로 이거야. 그들이 무엇을 했든 그게 효과가 있었던 거야. 나도 좀 더 배울 필요가 있겠어."라고요.

마이크와 컨설턴트인 린다 소렌토Linda Sorrento만이 호기심을 가지게 된 것은 아니었다. "릭한테 무슨 일이 있었던 거죠?"라는 질문은 곧 "도대체 무슨 일을 한 거죠, 릭? 왜요?"로 이어졌다.

펠렛은 그가 막 해낸 일들 속에 숨어 있는 몇몇 원칙들을 공유했다. 그들은 더 많은 것을 물었다. 그는 에이아이의 철학과 실제에 대해 더 많은 것들을 그룹을 만들어 학습하자고 제의했고, 그들은 재빨리 동의했다.

에이아이를 하기에 너무 늦은 경우는 결코 없다

그렇게 2주일이 지난 후에, 아만다는 하위 그룹에게 두 시간짜리 프레젠테이션을 실시했다. 그 프레젠테이션의 말미에, 신속 조치 팀은 에이아이야말로 그들이 규명하는 데 수개월을 소요한 현안들을 해결할 방법이라고 결론 내렸다. 그 다음 수주간에 걸쳐, 그들은 자신들의 문제 진술을 변화 계획을 위한 목표로 재정립했다. 그 작업이 끝날 무렵, 그들은 자신들의 분석 결과를 경영진 팀에 제시했다. 제시된 해결 방안은 조직 전체의 에이아이였다.

이것은 분명히 작은 도약이 아니었다. 확대 경영진 팀은 이전에 이 접근법을 접해본 적이 없었다. 그들은 과거에 매우 효과적으로 작용했던 문제 해결식 방법론에 깊이 의존했었다. 그들은 에이아이가 조직으로 하여금 외관상 매우 급진적인 접근법을 실행하게 해줄 수 있다는 효과에 대해 설득력 있는 경험을 할 필요가 있었다. 그래서 그들은 하루를 할애했다. 그 하루 동안, 그들은 컨설턴트들에게 에이아이가 적용될 수 있는지의 여부와 어디에 적용될 것인지를 자신들이 알 수 있도록 이에 대해 충분한 느낌을 전달해 줄 것을 요청했다. 그 하루를 위한 내용은 <보기 1>에 개략적으로 제시되어 있다.

추진 여부의 결정

컨설턴트들은 처음 몇 시간의 세션을 에이아이의 철학과 실제에 대해 설명하고, 그 성공담을 공유하는 데 사용하였다. 그들은 처음에는 참가자들에게 서로에 대한 인터뷰를 통해서, 그 후에는 생산 시설에 대한 깜짝 현장 체험을 통해서 에이아이의 실제에 근거를 둔 경험을 제공했다. 이 현장 체험을 진행하는 동안 경영진들은 두 번째 긍정 인터뷰를 수행했는데, 이번에는 생산직 구성원들과 인터뷰를 했다.

회의 장소로 돌아온 후에, 그들은 자신들의 경험과 인상을 서로 나눴다. 수 년 동안 회사와 함께했던 경영진들은 쉐이드를 조립하고 기계를 작동하는 사람들과 나누었던 인터뷰에 대해 설명할 때 눈에 띄게 감명을 받았다. 분명히, 참가자들은 이 현장 체험을 통해서 자기 자신, 조직, 에이아이에 대해 많은 것들을 발견했다.

30분 동안 소개 세션에 참가한 참가자들은 생산 시설에서 작업 중인 사람들이 자신들이 하는 것과 마찬가지로 회사에 대해 많은 희망과 꿈들을 나누고 있다는 사실을 알게 됐다. 회사에 대해 의미 있는 미래를 계획하지 않는 대신, 근로자들은 어떤 조직이 될 수 있는가에 대한 경영진의 그림을 풍부하게 만들 수 있었다.

〈보기 1〉 **조직의 리더들에게 에이아이를 소개하기 위한 미팅 주제**

회의 목표: 에이아이의 철학 및 실천 방안에 대한 기본적 소개 및 에이아이 적용 방안 제시

- 개회사 및 환영 인사
- 에이아이의 배경
- 쌍별 인터뷰(네 가지 핵심 질문들)
- 주제 선택
- 질문들의 설정 및 파일럿 실행
- 학습 내용의 중간 요약
- 생산 시설에 대한 현장 체험
- 체험 결과의 보고
- 공통 주제들의 개정
- 적용 방안 협의
- 추진 여부 결정

그들은 자신들이 매니저들과 과거에 생산직 구성원들을 부르던 말인 "시급제 구성원들hourlies" 간의 두드러진 인공적 경계를 넘어서 나아갈 수 있음을 발견했다. 예를 들어, 마케팅 커뮤니케이션 부서장이 생산 시설에 발을 디딘 것은 지난 11년 간 처음 있는 일이었다.

그들은 자신들이 이전에는 아무런 관계도 갖지 못했던 사람들과 인간적인 교류를 가질 수 있음을 발견했다. 운영 부서장은 다른 비즈니스 유닛으로부터 온 날염공이 자신의 남편이 지난 해 심장 수술을 받다가 사망했을 때 동료 구성원들로부터 받은 도움에 관해 얘기하면서 자부심을 나눴다.

그들은 현장 구성원들의 최고의 경험들이 - 바로 그들 자신의 경험처럼 - 그들의 직장에서 뭔가 달라지는 것을 통해 나타난다는 사실을 발견했다. 예를 들어, 한 유지보수 기술자는 뭐든지 고칠 줄 아는 사람이라는 의미에서 "닥터 밥Dr. Bob"으로 묘사될 때 느끼는 자부심에 대해 설명했다.

그들은 스스로 자신의 아침 세션이 탐구의 내용으로부터 훨씬 멀리 빗나가 본질적으로 말을 위한 말들만을 반영하고 있었다는 것과, 오후의 인터뷰들이 조직을 위한 가능성들의 이해 및 경험을 풍부하게 만들어 주었다는 사실을 분명히 말했다. 그 경험들은 그 자체로 주의가 필요하다고 파악되었

던 현안들, 즉 비즈니스 유닛과 직능 전반에 걸친 커뮤니케이션, 존중, 협력의 문제들 중 상당수를 해결할 능력을 가지고 있었다.

마지막으로, 그들은 행동에 있어 동시성의 원칙을 경험했다. 하루 안에, 생산 시설들의 소문들은 현장에 내려 왔던 "양복쟁이들suits"과 그들이 무엇을 하고 있었으며, 왜 그랬는지에 대한 질문들로 가득 찼다. 크게 의도하지는 않았지만 그 로드 쇼Road Show는 후에 알려지게 된 대로, 거대한 호기심 - 거의 일어날 것 같은 노력들에 관한 일종의 간절한 기대 - 을 만들어 냈다.

에이아이가 후에 그 그림에서 빠진다 할지라도, 이 모든 발견만으로도 조직에 도움이 될 것이었다. 그러나 에이아이는 중단되지 않았다. 하루가 끝나갈 무렵, 컨설턴트들은 표결을 요구했다. 전통적인 조직 개발 개입이 시작되어 전개되었음에도 불구하고, 경영진 전원이 방법을 변경하여 에이아이 기법을 따르는 것에 표를 던졌다. 에이아이 작업의 목적은 다음과 같은 것들이 될 예정이었다.

- 전체 조직과 그 이해관계자들을 참여시키고 이들을 고무시킬 집단적 비전을 창출하기
- 이 부문의 최초의 성공에 기여했던 창의성, 유연성, 친밀함, 공동체에 대한 소속감 다시 불어 넣기
- 기존 경영진의 스킬을 향상시키고, 미래의 리더들을 찾아내어 훈련시킴으로써 풍부한 리더십 풀Pool 확보하기
- 최근 경영진과 일반 구성원들 간, 사업 부문들 간, 현업 부서와 지원부서 간에 나타난 사일로 초월하기

윈도우 패션 부문의 경영진들은 그들의 전체 구성원들과 함께 에이아이를 활용할 것을 약속했다. 그들은 에이아이의 4-D 협의를 자신들의 버전으로 개념화했다. 그들은 이 프로그램을 포커스 2000이라고 불렀다. 포커스 2000의 목표는 "2000년 이후를 위한 공유된 비전의 창출"이었다.

인프라Infrastructure 구축

포커스 2000 자문 팀이 구성되고 훈련을 받았다. 뉴멕시코의 타오스에서 실시된 그들의 사외 훈

련 말미에, 그들은 이 계획의 범위를 결정하고 그 첫 단계를 기획했다. 처음에, 그들은 탐구 활동에 참여하는 모든 윈도우 패션 부문 구성원들뿐만 아니라 외부 이해관계자들의 대표적인 샘플 및 동급 최상의 조직 중 극히 일부까지도 인터뷰하기로 결정했다. 이에 더하여, 그들은 전체 구성원의 25%가 주제 선택, 인터뷰 진행, 의미부여, 조직 설계, 혹은 지속적인 커뮤니케이션 등 어떤 형태로든 적극적으로 탐구에 참여하게 만들 것을 약속했다.

자문 팀은 조직의 축소판적인 기구가 프로세스의 각 측면을 맡아야 한다고 결정했다. 이 결정을 구체화시키기 위해 그들은 커뮤니케이션에서부터 컨퍼런스와 교육 프로그램들에 대한 참석자들의 선택에 이르기까지, 모든 것을 위한 다기능, 다계층 하위 그룹을 개념화했다. 그들은 팀들이 기술적 전문가들과 비공식적 리더들 – 자발적으로 참여하거나 혹은 동료들에 의해 추천된 사람들 중 어느 한 경우의 – 을 모두 포함하여 구성될 것임을 천명했다.

그와 같이 탁월한 참여 수준을 달성하기 위해서, 자문 팀은 사람들의 주의를 사로잡고 매력적으로 이들을 끌어 들일 킥오프 프로세스의 필요성을 인식했다. 그들은 75명에서 150명에 달하는 사람들을 위한 일련의 타운 미팅[Town Meeting, 소규모 집단 전체 구성원이 모이는 회의 형태. 역자 주]을 선택하고, 이를 통해 모든 근무 조들과 모든 구성원들에게 포커스 2000의 목적, 목표, 프로세스 등을 포함하여, 이에 대한 전 직능적, 전 계층적 소개를 제시하기로 하였다. <보기 2>는 이 타운 미팅을 위한 안건들을 보여주고 있다.

시작단계에서부터 차별화하기

시작하면서부터 자문 팀은 첫 번째 타운 미팅을 다른 공장 미팅처럼 하지 않을 것을 명확히 결의했다. 감독자를 통해 부착되거나 전달된 메모 대신에, 수기로 겉봉이 작성된 초대장이 모든 구성원들에게 발송됐다. 중간 및 상급 감독자들도 양복 대신 포커스 2000 티셔츠를 입고 문 앞에서 사람들에게 인사를 건넸다.

모든 사람들이 앉을 수 있도록 의자를 빌려서 중간층에 배치하였다. 과거에는 구성원들이 생산구역 중간이나 카페테리아에서 열리는 공장 회의 내내 서 있어야 했다. 그러나 이제는 스낵류가 제공됐고, 악수와 함께 프로그램이 시작됐으며, 사람들은 자신이 모르는 다른 누군가에게 스스로를 소개하고, 모르는 이들 옆에 다시 자리를 잡아 앉도록 요청 받았다.

이런 세부적인 사항들과 기타 지시들은 회사 측에서 이번만큼은 구성원들을 고객처럼 대하기로 결정했음을 보여주는 것이었다. 자문 팀은 세부적인 경험들에 주의를 기울인 것에 대한 큰 보상을 받았다. 회의적인 태도를 보였던 사람들조차, 이 타운 미팅 이전에 그들이 경험했던 것과는 모든 것이 달라 보인다는 것을 인정해야 했던 것이다.

천 건의 인터뷰와 맞먹는 가치를 지닌 그림

공식적인 미팅은 몇 건의 소개말과 헌터 더글러스 북 아메리카의 사장인 마브 홉킨스의 비디오 선언문으로 시작되었다. 그의 인사말은 재기 발랄함으로 빛났다. 3~4분에 걸쳐, 그는 에이아이라는 용어를 소개했고 기존 조직으로부터의 지원이 이루어질 것임을 알렸으며, 윈도우 패션 부문 내에서의 그 가치에 대한 의견을 표명했다.

몇몇 핵심적인 일화들에 이어, 참석자들은 <보기 3>에서 제시된 네 가지 핵심 질문에서 헌터 더글러스에 맞게 변형된 질문들에 대해 대답하는 구성원들의 비디오 영상을 시청함으로써, 에이아이에 대

<보기 2> **타운 미팅을 위한 안건**

회의 목표: 이 조직을 가능한 최고의 직장으로 만드는 데 헌터 더글러스의 모든 이들을 참여시키고자 하는 계획의 시연

- 개회사 및 환영 인사
- "변화는 이미 시작되었다"에 대해 이야기를 바탕으로 한 설명
- 긍정 인터뷰를 발췌한 내용의 비디오 상영
- 초청인사의 간증 / 에이아이를 활용하여 얻은 교훈
- 이런 일들이 헌터 더글러스에도 일어나도록 하기 위한 계획
- 질의응답
- 자원자 모집
- 다음 단계들
- 회의 결과 보고

해 추가적인 소개를 받았다. 이 고도로 축약된 인터뷰들은 생산 현장에서 수주 전에 녹화된 것이었다.

이 생산 현장의 인터뷰들은 익숙하지 않은 말에 대한 최상의 설명을 만들어 내는 것, 그 이상의 역할을 했다. 그들은 윈도우 패션 부문에서 대성공을 거둔 예비 미팅을 만들어 냈던 것이다. 사람들은 인터뷰를 받는 것에 흥미를 느꼈고, 궁금해 했으며 이를 명예롭게 생각했다.

실제 사람들 – 실제 이야기들

윈도우 패션 부문의 구성원들이 평균적으로 겨우 초등학교 5학년 정도의 읽기능력의 수준을 가지고 있기 때문에, 타운 미팅의 메시지는 직접적이고 참여적이며 즐거운 방식으로 전달되어야만 했다. 자문 팀은 실제 인물들이 에이아이에 관한 실제 이야기들을 말하도록 함으로써, 이 문제를 해결했다. 클리블랜드 클리닉에 관한 일화를 얘기하고 그 구성원들의 비디오 영상을 보여주는 것에 더하여, 자문 팀은 외부 연사를 초빙하여 에이아이가 자신들과 그들의 조직에 미친 효과에 대해 얘기하도록 하였다.

한 연사는 보스턴의 니넥스Nynex사의 중간 계층의 전문가였으며, 또 다른 연사는 영스타운의 프로케어ProCare사로부터 온 자동차 기계공이었다. 그들의 5분 ~ 10분간에 걸친 이야기는 질문 및 답변

〈보기 3〉 헌터 더글러스에 맞게 변형된 에이아이의 네 가지 핵심 질문들

- 헌터 더글러스에서 일하게 된 계기에 대해 말해 주십시오. 당신이 처음 이 회사에 일하러 왔을 때 가장 긍정적인 첫인상이나 놀라움은 무엇이었습니까?

- 당신이 여기 헌터 더글러스에서 일했던 시간 중에 가장 좋았던 경험, 혹은 정점이 무엇이었는지 말해 주십시오.

- 당신 자신, 당신의 팀 그리고 헌터 더글러스 전체에 관해 당신이 가장 높게 평가하는 것은 무엇인지 겸손해 하지 말고 말해 주십시오.

- 만약 당신이 마술 봉을 가지고 있고 헌터 더글러스를 가장 활기차고 가장 보람있고 가장 재미있는 직장으로 만들기 위한 세 가지 소원을 빌 수 있다면, 어떤 소원을 빌겠습니까?

세션에 구성원들이 참여하도록 하였으며, 심지어 가장 권위 있는 전문가에 의한 어떤 종류의 연설보다 더 헌터 더글러스 구성원의 신뢰를 받았다.

회고

마지막 타운 미팅은 에이아이에 관한 첫 소문이 헌터 더글러스의 조직을 강타한 지 거의 6개월 후에야 완료됐다. 최종적으로, 이 조직은 에이아이를 통해 그들의 핵심적 긍정요소를 향해 나아갈 준비를 갖췄다. 이 조직이 참여를 통해 진행하고 시작하기로 결정했던 그 신중한 방법들을 돌이켜 보면, 우리는 수많은 중요한 원칙들을 되새기게 된다.

첫 번째로, 미팅은 회사에 의해 회사를 위해 설계되었으며 회사가 이미 잘 수행하고 있던 것들 위에 구축되었다. 두 번째로, 각 부문의 리더들은 모든 사람들을 참여시키기 위해 끈기있게 노력하였다. 세 번째로, 그들의 구상은 시작부터 자신들이 되려고 노력 중인 조직을 담은 것이었다. 마지막으로, 그들은 처음부터 지원자들을 중심으로 사람들을 뽑고 설계했다.

몇 년이 지난 후, 타운 미팅은 부문의 비즈니스 수행 방식과 결합되었다. 정보 전달, 비즈니스에 대해 공유된 이해도 창출, 새로운 계획에 대한 열의 구축 등을 위해 반기 혹은 연간 총회가 활용되었다. 그들의 빼어난 지구력은 최초 설계의 지혜가 반영된 것이었다.

이상이 헌터 더글러스의 에이아이 시작 단계에 관한 설명의 끝이다. 헌터 더글러스의 일화는 제 6장 긍정 주제의 선택에서 계속된다.

제 6 장

긍정 주제의 선택

긍정 주제의 선택은 4-D 사이클에서 이어지는 활동들에 초점을 제공한다. 신중하고, 사려 깊으며, 감동을 줄 수 있는 주제의 선택은 매우 중요하다. 왜냐하면 긍정 주제야말로 변화 프로세스의 방향을 결정하고, 이후 시행될 인터뷰들과 조직 혹은 공동체의 형태를 결정할 프

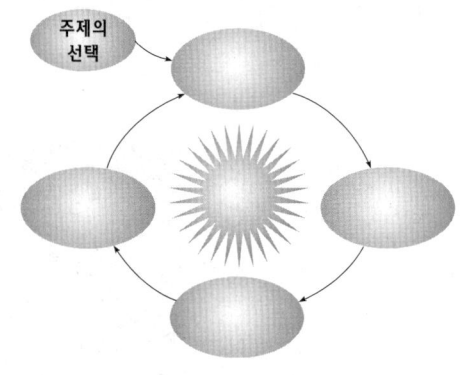

〈그림 7〉 **주제선정**

로세스인 조직 학습의 기초를 결정하기 때문이다. 긍정 주제는 향후 이루어질 4-D 프로세스의 내용과 형태를 결정한다.

이 장에서는 주제 선택의 본질을 탐구하고, 누가 긍정 주제를 선택할 것인가에 대한 다양한 조건들을 논의하며, 여러분의 조직이 무엇을 연구하고, 궁극적으로 어떤 조직이 될 것인가에 대한 결정을 내리는 데 조직을 참여시키기 위한 프로세스를 차근차근 설명하고자 한다. 다양한 조직들로부터 수집한 여러 변화 주제들을 살펴봄으로써, 각 조직들이 어떤 계획을 통해 자신들만의 고유한 변화의 주제들을 해결할 수 있었는지를 알게 될 것이다.

변화 의제의 선택

인간의 조직은 그들이 뜻하는 방향으로 성장해 가기 때문에, 주제의 선택이 어떤 조직이 될 것인가의 틀을 만들게 된다. 그룹들이 협력, 감동적인 리더십, 경제적 공평성, 혹은 직장 내 사기 등과 같은 매우 인간적인 이상과 업적을 추구한다면, 조직은 활기를 띠게 될 것이다. 조직들은 그들 스스로 만들어 나가는 세상을 구축하고 실현하며, 동시에 이러한 세상은 조직에 영향을 미치게 된다.

긍정 주제들은 한 조직의 문화나 그 전략적 관계들을 향상시키는 데 중점을 둔다. 재무적 생존 능력이나 인적 자산 관리에 관한 현안을 탐구할 수도 있다. 가장 효과적인 주제들은 조직의 비즈니스 및 문화와 맥을 같이 해야하며, 변화 의제와도 잘 조화되어야 한다. 〈표 8〉은 변화 의제 및 긍정 주제 간의 관계를 보여주고 있다.

브리티시 에어웨이의 주제 선택

1998년, 북미주의 브리티시 에어웨이의 고객 서비스 부서는 전조직에 미치는 탐구 주제들을 선택하였다. 22개 사업장에서 온 40명의 사람들이 에이아이에 대해 배웠고, 행복한 직장Happiness at Work, 작업 그룹 간의 조화Harmony Among Work Groups, 지속적인 인재 개발Continuous People Development, 특별한 도착 경험 Exceptional Arrival Experience 등이 포함된 3 ~ 5개의 주제들을 최종적으로 선정하였다.

그룹을 형성해 수 시간에 걸쳐 40개의 긍정 주제에 대해 논의를 하던 중, 한 참석자가 에이아이의 적용가능성에 관한 질문을 제기했다. "나는 에이아이가 사람들과 관련된 현안에는 매우 큰 차이를 만들어 낼 수 있다는 것을 알고 있습니다." 그녀는 덧붙였다. "하지만 에이아이가 기술적 현안에도 활용될 수 있을까요?" 그것이 단순한 이론적 질문 이상의 것을 눈치채고 - 즉 그녀가 특정한 기술적 현안을 염두에 두고 있음을 느끼면서 - 그녀에게 에이아이 기법이 도움을 주기 바라는 현안이 무엇인지를 물었다. 그녀는 간단하게 말했다. "수화물baggage이에요." 그 순간, 방안에 있던 모두가 공감의 한숨을 내쉬었다. 그들은 자신들의 비즈니스에서 가장 중요한 이슈인 수화물에 대해 대화를 시작했다.

우리는 항공 산업에 대해 많이 알지 못하는 상태였기 때문에, 그들에게 수화물과 관련된 몇 가지 일화들을 말해달라고 부탁했다. 매우 활기차고, 열띤 어조로 그리고 때로는 답답한 심경을 표현하면서, 그들은 고객들의 수화물이 고객들과 함께

〈표 8〉 **변화 주제와 긍정 주제 조율**

우수한 고객 서비스	주어진 틀을 벗어나기 서비스 회복 고객에게 기쁨 주기 원-스톱 쇼핑
수익성 향상	최적의 마진 신규 비즈니스 발굴 초고속 마케팅 고객 유지
구성원 유지	매력적인 작업 환경 직장에서의 행복 창의적 업무 공유 일하면서 배우기
전략적 우위	최고가 되기 창의적 성장 잠재력 경쟁 우위로서의 문화 조직 학습
환자 중심의 진료	협력의 정신 치유를 위한 대화 환자의 이야기를 경청하기 건강: 가족의 관심사

도착하지 않았을 때, 브리티시 에어웨이 사가 지불해야하는 시간, 돈, 선의의 대가에 대해 설명해 주었다. 그들은 웨딩드레스가 결혼식에 도착하지 않아 항공사의 비용으로 이를 대체해 준 얘기며, 캠핑 장비가 그 주의 휴가 기간이 다 지나도록 그랜드 캐니언에 도착하지 않은 이야기, 수화물 때문에 히드로 공항에서 개트윅 공항으로의 연결편이 적시에 연결되지 않아 발생하는 일상적 혼란 등의 이야기를 서로 나누었다.

우리는 한 고객 서비스 담당자가 다음과 같이 말했을 때, 고객들을 염려하는 브리티시 에어웨이 구성원들의 마음을 잘 읽을 수 있었다. "이건 우리가 브리티시 에어웨이에서 하고 싶은 일이 아니에요. 그건 우리의 고객들이 예상하는 일도 아니고, 우리가 하고 있는 일이나 우리가 누군가에 대해 자부심을 갖도록 해주지도 않아요. 우린 도대체 이 문제에 대해 뭘 할 수 있죠?"

우리는 이 문제에 관한 그들의 염려를 이해하고 있다는 것을 보여주기 위해 말을 바꿔서 설명해 보았다. 그런 후 우리는 강력하고 전략적인 긍정 주제로 연결되는 에이아이의 원칙을 반복했다. "조직들이 추구하는 방향으로 그들이 움직인다고 가정할 때, 여러분이 브리티시 에어웨이 내에서 더 바라는 것은 무엇인가요? 이 경우에, 우리는 여러분이 수화물을 더 이상 잃거나 지연시키고 싶어 하지 않는다고 알고 있습니다. 하지만 여러분이 더 바라는 것은 무엇인가요?"

그 그룹은 재빨리 한 목소리로 그러한 상황에 대한 조직의 일상적인 대응 이외의 뭔가 다른 것을 바란다고 대답했다. 몇몇 사람들은 거의 동시에 말했다. "더 나은 서비스 회복을 원해요." 우리는 어떻게 대답하는 것이 가장 도움이 될지를 잠시 생각했다가 다음과 같이 말했다. "우리가 이 문제를 제대로 이해하고 있는지 확인해 봅시다. 여러분이 수화물을 신속하게 찾아낼 수 있으면 고객들의 수화물이 분실되는 것이 괜찮은가요?" 그 그룹은 즉시 우리의 요점을 이해했고, 말했다. "아니요, 안되죠. 그건 괜찮지 않습니다."

다시 한 번 우리가 물었다. "그러면 여러분들은 뭘 더 원하나요? 어떤 긍정 주제가 이 조직을 여러분이 원하는 방향으로 움직일까요?" 소그룹 별로 약 20분 동안 얘기를 나눈 후 아이디어를 공유했다. 많은 혁신적 아이디어들 중에서 최고로 훌륭한 도착 경험Exceptional Arrival Experience이라는 주제가 있었다. 한 그룹은 그들이 더 바랐던 것은 브리티시 에어웨이의 모든 고객들이 공항 도착 시에 최고로 훌륭한 경험을 하도록 해주는 것이라고 강조했다. 만약 고객 서비스 에이전트들이 고객들의 잃어버린 수화물을 걱정하기보다 최고로 훌륭한 도착 경험을 제공하는 데 초점을 둔다면, 그것이 훨씬 더 브리티시 에어웨이를 최고로 만들어 주지 않겠느냐고 어떤 구성원이 말했다.

모임이 끝날 무렵에, 40명으로 이루어진 그 그룹은 그들이 정말로 더 원하는 것은 고객들이 특별한 도착 경험을 했을 때의 얘기를 듣는 것이라고 결론지었다. 그들은 공항에서 공항으로, 브리티시 에어웨이의 세계적 수준의 서비스를 뒷받침해 줄 모든 최고의 경험들을 찾아 이를 전파하고 싶어 했다.

주제 선택에서의 핵심적 결정

긍정 주제 선택을 하는 동안 내려져야 하는 결정에는 오직 두 가지가 있을 뿐이지만, 이 두 가지 결정은 매우 위력적이다.

- *누가 주제를 선택할 것인가?* 최고 경영진인가? 핵심 팀인가? 아니면 전체 조직인가?
- 우리는 *어떤 주제를 연구할 것인가?* 이 조직에 있어 우리가 더 바라는 것은 무엇인가?

두 가지 질문 모두에 대한 최고의 답은 필연적으로 여러분 조직의 현재 상태에 도전을 가하는 것이 될 것이다. 이 질문들에 대답하기 위해서, 여러분은 자신이 가치를 두는 인간관계의 종류, 사람들과 함께 일하고 싶어 하는 방법, 조직 내에서 자신이 더 바라는 것 등에 관해 심사숙고 해야만 한다. 실행의 원칙 Principle of Enactment이 시사하듯, 이 질문들에 대한 해답은 여러분이 만들어 나가고자 하는 조직의 모습과 일치해야만 한다.

관련 인사 참여시키기

에이아이 프로세스의 각 단계에서 전체 조직이 참여하는 것이 중요하다. 이상적으로, 주제는 전체 조직의 축소판, 즉 조직 전반에 걸친 여러 계층과 직능을 대표할 수 있는 사람들에 의해 결정되어야 한다. 초기 대화와 주제 결정에 20명을 참여시킬 수도 있고 200명을 참여시킬 수도 있겠지만, 시작 단계에서 많은 사람들을 참여시키는 것이 에이아이 프로젝트에 대한 조직의 의지와 참여를 위한 모멘텀을 만들어 낸다.

주제 선택 그룹은 관계, 대화, 가능성의 풍부함을 이끌어 내기 위하여, 다양성을 지녀야 한다. 조직 전반에 걸쳐 다양한 사람들이 참여하여 만들어 낸 주제들 중에는 매우 놀랍고도 고무적인 것들이 많다. 예를 들어, 한 의료 시스템의 주제 선택 회의가 진행되는 동안, 가장 발전적인 주제들을 제안한 사람은 한 환자였다. 그 주제는 "의사와 환자가 함께 배우자Doctors and Patients Learning Together"였다.

조직 내 하나의 그룹이나 부서는 결코 전체를 대표해 말할 수 없기 때문에 다양성은 핵심적인 요소이다. 각 그룹, 계층, 혹은 직능은 그 고유한 시각, 관심사, 이상을 가지고 있다. 오직 전체 조직이 참여했을 때, 주제들이 더 높은 수준의 행복이나 성과에 대한 영감을 제공하는 주제를 만들어 낼 수 있다.

브리티시 에어웨이의 사례로 돌아가 보자. 이틀 간의 주제 선택 회의에 누구를 초청할 것인가에 대해 대화가 무성했다. 컨설팅 팀은 프로세스가 조직의 문화와 맞아 떨어지고, 전체 조직이 함께 참여하는 것으로 만들기 위해 팀이 적절하게 구성되어지기를 원했다. 최종적으로 40명의 인원이 주제를 선택하고 탐구 전략을 수립하기 위해서 모였다. 이 그룹은 18개 사업장으로부터 온 고객 서비스 에이전트들과 노조 간사들, 부사장들, 이사진들과 정보통신 기술, 재무, 인사 관리, 기업 홍보 등과 같은 지원 조직의 구성원들로 이루어져 있었다. 회의가 진행됨에 따라, 이 그룹 구성원들이 서로 합의한 것에 대해서는 무엇이든 이를 실행할 영향력과 자원들을 갖추고 있음이 자명해졌다. 한 마디로, 그들은 자신들이 주도한 이니셔티브를 가장 잘 실행할 수 있는 사람들이 되었다.

좋은 주제들의 특징

긍정 주제들은 한 조직의 구성원들이 조직 내에서 성장하고 번영하기를 희망하는 것에 초점을 맞추어야 한다. 이러한 주제들은 바라는 미래에 대한 조직 구성원들의 대화를 통해 도출되어야 한다. 우리가 사람들에게 그들의 조직 내에서 더 바라는 것이 무엇인가를 물을 때, 그 답은 종종 매우 도전적이다. 대화가 문제, 장애, 장벽 등으로부터 멀어질수록 그리고 사람들이 그들의 조직에 대해 가지는 가장 높은 이상이 무엇인지 규명하고 묘사해 갈수록, 활기와 열의가 높아진다.

좋은 주제들은 단순히 탐구 영역을 규정하는 것 그 이상의 역할을 한다. 아울러 그것들은 특정 조직 내에서 가장 바람직한 주제들의 속성을 제시하기도 한다. 한 가지 예로 리더십 영역을 들어 보자. 우리는 일반적인 리더십에 대한 탐구를 수행할 수 있으며, 실제로 이 영역에서 상당히 많은 것들을 배우게 된다. 그러나 여러분이 가장 바라는 특정한 종류의 리더십에 초점을 두고, 이를 연구하는 것이 보다 흥미진진하고 발전적일 것이다. 수 년 간에 걸쳐, 우리의 고객들은 다양한 리더십 영역의 주제들을 선택해 왔는데, 이 주제들은 영감적 리더십, 민주적 리더십, 긍정적 리더십, 전 세대적 리더십, 불가항력적 리더십, 전략적 리더십, 협력적 리더십 등이다. 각각의 리더십 주제들은 리더십에 관한 상이한 이해와 실천 방안으로 이어진다.

은유의 원칙Poetic Principle에 입각하여 긍정 주제들은 그 최상의 상태를 묘사하는 것 이외의 다른 것에도 중점을 둘 수 있다. 긍정 주제들은 "도움이 되는 정보"와 같은 기술적인 측면이나 "절대적인 팀워크"와 같은 관계적인 측면, "함께하는 비용 절감"과 같은 재무적 방향, 혹은 "전설적인 학습 공동체" 같은 사회적 측면에 초점을 둘 수 있다. 또한 긍정 주제들은 "혁명적 파트너십"을 표방하며 내부 지향적이 되거나 "매력적 고객 관계" 같이 외부 지향적이 될 수도 있다.

다음의 예를 살펴보자. 만약 여러분의 조직이 구성원들의 사기를 향상시키고 싶어 한다면, 여러분은 사기가 낮은 원인과 사기와 열정이 높은 원인 중에 무엇을 연구할 것인가? 구성원들의 낮은 사기의 원인을 아는 것은 어떻게 하면 구성원들의 사기를 높이고 진작시키는지를 제대로 가르쳐 줄 수는 없다. 반면, "일하는 동안 휘파람을Whistle While You Work"이나 "목적이 있는 일Purposeful Work" 등의 주제에 대한 탐구와 대화로 가득 찬 조직을 상상해보라.

주제의 초점에 관계없이, 좋은 긍정 주제들은 다음 네 가지 특징을 공유한다.

- 긍정적이다. 그것들은 긍정적인 어조로 기술되어 있다.
- 건설적이다. 조직은 주제들을 키우고, 발전시키며, 향상시키고 싶어 한다.
- 학습을 촉진한다. 조직은 진심으로 주제들에 대해 궁금해 하며, 더 많은 지식을 쌓고 싶어 하고, 더 능숙해지고 싶어 한다.
- 바람직한 미래에 관한 대화를 조장한다. 좋은 주제들은 조직이 나아가고자 하는 방향을 결정한다. 이들 주제들은 조직의 변화 주제와 연결된다.

긍정 주제를 설정하기 위한 과정을 거치게 되면 조직은 세 개 내지 다섯 개 정도의 흡인력 있고 고무적인 주제를 갖게 될 것이다. 이들 주제들은 심화적인 탐구, 학습, 변화에 있어서 중점적인 역할을 하게 될 것이다.

긍정 주제들의 평가

에이아이 프로세스에 있어서 이 단계의 대화들은 주제 선택에 대한 것이지만, 그들은 또한 현재 조직 내에서 사물이 평가되고 보고되는 방법에 관한 많은 변혁적 대화를 촉발시키기도 한다. 우리와 함께 일했던 고객들 중 상당수는 주제 선택 대화 중에 그들이 조직 내에서 원치 않는 것을 평가하고 관심을 가져왔으며, 그것을 정확하게 분석하고 있다는 것을 인정한다. 이직에 관한 어떤 연구나 지식들이 장기적이고 헌신적인 고용에 기본이 되는 매력적 업무 환경을 조성하는 데 도움이 되지 않는다는 것을 깨달을 때 기발한 착상들이 떠오르게 된다. 장애 요인들이나 이윤에 관한 어떤 이해도 구성원들이 비즈니스 소양을 개발하고 마진을 향상시키는 데 도움을 주지는 않는다. 그렇다면 대안은 무엇일까? 우리의 고객이었던 어떤 조직은 세 가지 주제들을 연구하기로 결정했는데, 구성원 보유율, 매력적 업무 환경, 구성원 충성도 등이었다. 또 다른 조직은 최적의 마진으로 불리는 재무 성공 사례의 근본 원인에 대한 전사적인 탐구를 계획했다.

조직이 추구하는 방향으로 움직여 간다는 인식은 조직 전반에 걸쳐 고객 및 구성원 중심의 평가 시스템을 새롭게 설계할 필요성을 부각시킨다. 에이아이 기법으로 훈련 받은 고객 서비스 조직들은 고객 설문의 한계를 알고 있다. 그들은 자신들의 설문을 문제점과 고객 불만의 목록으로부터 무엇이 고객을 기쁘게 하고 고객을 다시 돌아오도록 만드는가를 설명하는 것으로 바꾸어 놓는다. 구성원 설문 및 성과 평가 프로세스들도 이와 유사하게 바뀌어 긍정 주제들에 초점을 맞추기도 한다.

단계별 주제 선택

주제 선택은 6시간 내지 2일 정도가 소요된다. 일반적으로 관련된 사람들이 많을수록 진행에 걸리는 시간도 더 길어진다. 4-D 사이클 중 이 과정에서 모든 참가자들은 적극적인 역할과 동등한 발언권을 갖는다. 충분한 대화와 특정한 말 또는 문구에 대한 심사숙고는 단지 말에 그치는 것이 아니라 없어서는 안 될 필요조건이다. 에이아이의 한 가지 근본적인 가정은 말이 세상을 창조한다는 데 있다. 따라서 주제의 선택으로 인해 무엇이 공유되고 무엇을 배우며 조직이 미래를 향해 어떻게 성장해 가는가에 대한 것은 미래의 변화에 심대한 영향을 미친다.

〈표 9〉에 열거된 열 가지 단계들은 주제 선택 과정에서 이루어지는 기본적인 과정이다. 우리는 함께 일하는 조직이 바뀔 때마다 그 조직의 상황에 맞게 단계별 작업을 적절하게 변형하였다.

〈표 9〉 긍정 주제 선정을 위한 단계별 활동

1. 에이아이의 소개
2. 미니 인터뷰 수행
3. 테마 선정
4. 테마와 이야기 공유하기
5. 긍정 주제들에 대한 기준 협의
6. 잠정적 주제 선정
7. 잠정적 주제들의 공유 및 협의
8. 잠정적 주제들의 그룹핑
9. 주제군의 선택
10. 주제 확정

에이아이의 소개

우리는 먼저 에이아이에 대한 간략한 개요를 긍정 주제를 선택할 사람들에게 설명한다. 에이아이의 여덟 가지 원칙들을 제시하고, 에이아이에 관한 정의를 제시하며, 주제 선택의 중요성에 초점을 두면서 4-D 사이클을 설명하고, 에이아이를 수행한 다른 조직 및 공동체들에 관한 일화들을 소개한다.

미니 인터뷰 수행

참가자들은 네 가지 핵심 질문(〈그림 8〉 참조)을 이용하여 미니 인터뷰에 참여한다. 통상 미니 인터뷰에는 한 사람 당 30분에서 40분 정도가 소요된다. 인터뷰는 사람들을 연결하고, 이야기들을 공유하며, 조직에 대한 그들의 희망과 꿈들을 찾아낼 수 있도록 해 준다. 또한 이는 사람들에게 긍정적 질문들이 갖는 긍정적 영향 – 이야기로부터 긍정 주제를 도출하는 것 – 을 경험하게 해준다.

우리는 사람들에게 그들 자신과는 다른 사람들, 즉 다른 직능, 직급, 성별, 연령, 재직 기간, 인종적 배경을 가진 사람들과의 미니 인터뷰를 실시하도록 요청한다. 이는 사람들에게 그렇지 않았다면 몰랐을 누군가와의 진실된 관계를 형성할 기회를 제공한다.

미니 인터뷰에서 이루어진 대화들은 많은 정보를 갖고 있고, 계몽적이며, 영감적

〈그림 8〉 **미니 인터뷰의 핵심적 질문들**

1. 당신이 지금까지 일을 하면서, 가장 활기를 느꼈고 가장 활발하게 관여했으며 자신의 일에 대해 진실로 자부심을 느낀 최고의 경험 혹은 정점에 대해 얘기해 주십시오.

2. 당신이 가장 가치를 두는 것은 무엇인지 겸손해 하지 말고 대답해 주십시오.
   - 당신 자신, 그리고 당신이 일을 해 나가는 방식에서 가장 가치를 두는 것은 무엇입니까? 여러분은 어떤 고유한 스킬이나 재능을 팀 또는 조직에 쏟고 있습니까?
   - 당신의 일에서 가장 가치를 두는 것은?
   - 당신이 당신의 팀에서 가장 가치를 두는 것은?
   - 당신이 당신의 조직에서 가장 가치를 두는 것은?
   - 당신의 조직이 사회와 세상에 더 큰 기여를 하고 있는 것은 무엇입니까?

3. 우리의 조직이 최고의 상태에 있을 때 활기를 불어 넣는 핵심적 요소는 무엇입니까?

4. 만약 당신이 마법의 지팡이를 가지고 있고 조직의 건전함과 생명력을 높이기 위해 세 가지 소원을 빌 수 있다면, 당신의 세 가지 소원은 무엇입니까?
   -
   -
   -
   -

일 때가 많다. 사람들은 자신이 최고였을 때를 회상하며, 그 후에 자신의 조직에 대해서도 자신이 최고의 상태에 있었을 때와 유사한 꿈들을 갖고 있음을 깨닫게 된다. 그들은 가능한 가장 활기차고 생기 있는 조직을 만들어 내려는 영감을 서로 얻게 된다.

테마 선정

미니 인터뷰를 실시한 후, 사람들과 그들의 원래 파트너들이 여섯 명 또는 여덟 명 단위로 소그룹을 만들도록 한다.

이 작은 그룹의 구성원들은 원형으로 둘러앉아 자신의 파트너들을 소개하고 인터뷰에서 나온 주요 내용들을 서로 나눈다. 사람들이 자신들의 인터뷰 파트너를 소개함에 있어서, 그들이 파트너에게서 들은 훌륭한 이야기들과 최고의 사례와 영감적인 아이디어들에 초점을 맞춘다.

그룹의 구성원들이 그룹 내에서 이야기들을 공유하는 동안, 공통된 맥락과 주제들이 출현하기 시작한다. 우리는 전체 그룹에게 대화분석(narrative analysis, 사람들이 이야기를 만들고 활용하는 가운데서 세상과 의미를 인식하는 방법)을 시연해보임으로써 사람들이 공통적 주제들을 찾아낼 수 있도록 도와준다. 각각의 성공담을 통해, 우리는 함께 그 안에 내재된 성공의 근본 원인들을 밝혀낸다. 소규모 그룹들은 계속해서 이야기를 공유하고, 그들이 정상에서 가졌던 경험들에 기여한 요소들을 규명한다.

테마와 이야기 공유하기

이야기하기와 대화분석을 약 한 시간 정도 한 후에, 소그룹들은 전체 그룹으로 모인다. 각 소그룹은 하나 또는 두 개의 성공담을 전체 그룹과 공유하는데, 이 이야기들은 소그룹이 배운 것의 핵심을 나타내는 것이어야 한다.

그들이 자신들의 이야기를 전체 그룹과 공유할 때, 소그룹들은 자기 그룹이 파악한 테마도 함께 발표한다. 많은 경우 이러한 주제들을 플립 차트에 기재하거나,

어떨 때는 그림으로 그리기도 하고, 때로는 여럿이 그린 벽화로, 아니면 또 다른 창의적 방식으로 표현하기도 한다. 어떻게 표현되든 간에, 개별적인 그룹들의 테마들은 모두 수합되어 하나의 종합 목록으로 만들어진다. 종합 목록은 다음 활동의 소재가 된다.

긍정 주제들에 대한 기준 협의

전체 세션이 진행되는 동안, 사람들은 그들이 연구하는 대상의 방향으로 움직여 간다는 점을 강조하면서, 주제 선택의 중요성을 논의한다. 우리는 긍정 주제에 대한 기준을 상당 부분 우리가 이 장의 앞에서 논의했던 것과 동일한 방식으로 검토한다.

우리는 주제의 예들을 공유하고, 이들이 효과가 있었던 이유에 대해 논의한다. 여기에 더하여, 우리는 조직이 개선하는 데 관심을 가질 수 있는 일련의 문제점들을 제시하고, 그들이 진실로 원하는 것을 향해 조직을 움직여 감으로써 이 문제들을 간접적으로 해결할 수 있는 긍정 주제들을 검토하도록 요청한다. 이는 다음과 같은 비교로 이어진다.

- 이직할 것인가, 아니면 남아 있을 것인가?
- 고객은 불만족해 하는가, 아니면 만족해하는가?
- 성희롱인가, 아니면 긍정적인 남녀구성원 간의 관계인가?

마지막으로, 우리는 사람들에게 주제의 선택이 중대한 결정임을 상기시키고 그들에게 자신의 조직 내에서 더 바라는 것이 무엇인가를 고려하도록 요청한다.

잠정적 주제선정 규정

이 단계에서 사람들은 다시 소그룹으로 복귀한다. 각 소그룹은 3~5개의 잠정적 주제를 선정하는데, 이것은 이야기들과 주제들의 목록으로부터 도출된다.

잠정적 주제들의 공유 및 협의

소그룹들은 다시 한 번 전체 세션으로 돌아오게 된다. 여기서 그들은 자신들이 제안한 주제들을 전체 그룹에 제시한다. 각 그룹은 주제를 제시하면서, 그 주제를 선택하게 된 이유를 설명한다. 더 중요한 것은, 왜 그 주제들이 현재 그리고 미래에 걸쳐 조직에 의미가 있다고 믿고 있는지 그 이유를 타당하게 밝혀야 한다는 것이다.

제안된 주제들 전부를 청취한 후에, 전체 그룹은 소그룹 발표에서 드러난 공통의 테마와 주제들에 대해 얘기를 나눈다. 최종 주제가 이러한 전체 그룹의 대화로부터 도출되는 경우가 종종 있다.

잠정적 주제 그룹화

그러나 만약 최종 주제들이 여전히 불분명하다면, 전체 그룹, 혹은 지정된 하위 그룹이 지금까지 나온 주제들을 유사 그룹으로 묶음으로써 가능성들을 좁힌다. 중복되는 주제들이나 유사한 의미를 가진 주제들을 그룹으로 모음으로써, 전체 주제 수는 줄어든다. 그룹회의 과정이 빠르게 진행되기는 하겠지만, 이 과정에는 모든 사람들이 참여하여 대화와 논의를 거치게 된다. 다양한 진술문들 간의 미묘한 유사성이나 차별성은 규명되어야 한다. 이 과정에 참가하는 사람들에게 의미 없는 단어들의 묶음을 형성하기보다는 원래 주제들의 감화력을 유지해줄 것을 당부할 필요가 있다.

주제군(君)의 선택

앞서 기술한 그룹회의 과정을 통해 3~5개의 최종 주제가 선택될 수 있다. 만약 그렇지 못할 경우, 이 주제군은 더 좁혀져야만 한다. 우리는 일반적으로 투표를 통해 최종 주제군을 좁혀갈 것을 권장한다.

우리는 보통 각 참가자에게 총 세장의 투표권을 부여한다. 우리는 그들에게 자신이 적당하다고 보는 방식으로 이 세 장의 투표권을 행사할 옵션을 준다. 구체적으로 예를 들어 본다면, 한 건의 주제를 위해 세 장을 모두 사용하거나, 혹은 하나, 둘, 혹은 세 개의 상이한 묶음들에 대해 이를 분산하여 사용할 수 있는 것이다. 투표 결과를 집계하면 그룹이 우선권을 어디에 두는지를 알 수 있다. 최종 주제군이 선정되면 참석자들에게 돌아가면서 한 마디씩 발언하도록 하는데 이 과정에서 사람들은 그룹이 간과한 주제를 옹호하는 발언을 할 수도 있고 그저 투표 결과에 동의한다고 말할 수도 있다. 이 같은 과정을 거쳐 3~5개의 주제군이 선택된다.

주제 확정

최종 주제군을 선택한 후에, 참가자들은 그들이 선택한 주제군별로 자발적으로 조직을 구성한다. 이 새로운 그룹들이 구성되면, 소그룹의 참가자들은 지금까지 나왔던 모든 주제들을 검토한 후, 긍정 인터뷰와 이야기의 정신, 본질, 의도를 가장 잘 표현할 수 있는 하나의 주제를 선택한다.

헌터 더글러스에서의 긍정 주제 선택

시작단계에서부터, 헌터 더글러스는 조직 내 다양한 계층 및 직능에서 가능한 한 많은 사람들이 참여하기를 바랐다. 그 결과, 그들은 긍정 주제들을 선택하기 위해 1백 명의 지원자들을 모으게 됐다. 여러분은 지원자들과 주제들이 어떻게 선택됐는지를 보게 될 것이다.

누가 관련되어 있었나?

윈도우 패션 부문의 타운 미팅은 5월에 3주차 일정을 마쳤다. 그 회의 과정 전반에 걸쳐, 1/3 이상의 구성원들(850명 중에서 300명)이 인터뷰 가이드 설계팀의 구성원(100명)으로 추천되거나 지원했다. 한 구성원은 그녀 자신을 "회의적이긴 하지만 참여하고 싶다"고 설명했는데, 삐딱한 태도를 가진 것으로 이름난 그녀의 명성에 비추어 보면 대단한 진전이었다. 회의실 밖에서 다음의 모임을 위해서 있던 다른 사람들이 그녀가 인터뷰 가이드 설계팀의 일원이 되도록 로비를 하고 있었다. 그녀는 자신이 선발되기에 유리하도록 미리 준비를 할 만큼 그 프로세스에 열성적이었다.

3백 명의 지원자들로 이루어진 원래의 그룹으로부터, 우리는 인터뷰 가이드 설계팀을 규정하고 선발하기 위한 소그룹을 선택했다. 이 20명의 소그룹은 자천한 사람들과 동료들로부터 많은 추천을 받은 사람들로 구성되어 있었다. 그들은 그 후 4-D 사이클의 첫 번째 단계를 위해 일할 전 구성원 수의 약 10%를 선정하는데 다음의 기준들을 사용하였다.

- 사업단위, 직능, 교대 조, 성별, 인종, 성향 등의 차이를 고려하여, 구성원을 대표할 수 있는 표본 집단 규명
- 자청한 사람들과 타운 미팅에서 빈번하게 추천됐던 사람들을 모두 포함시킴으로써 될 수 있는 한 많은 사람들의 자연스러운 관심과 에너지를 이끌어 냄

그로부터 2주 동안 1백 명으로 이루어진 최종 그룹이 선발됐고, 선발된 사람들은 회사 밖에서 개최될 3일 간의 미팅에 참석할 것을 공지하였다. 그들의 임무는 시스템 전반에 걸친 4-D 논의를 위한 주제들을 수립하기 위한 것이었는데, 여기에 기술된 목적은 "우리가 이전에 경험한 최상의 상태에 바탕을 두고, 2000년 이후를 위한 비전을 창출하기 위함"이었다. 여기에 더하여, 그들에게는 사내 인터뷰와 사외 인터뷰 가이드의 기초가 될 기본적 질문들을 작성하는 임무를 맡겼다.

어떤 주제들이 선택되었는가?

주제들은 다음과 같은 질문에 대한 대답에서 도출되었다. "헌터 더글러스를 가능한 한 가장 효율적이고, 가장 활기차며, 가장 즐거운 조직으로 만들고자 할 때, 가장 큰 잠재력을 가진 3~5개의 주제들은 무엇인가?" 이 질문에 대한 답을 통해 다음 네 가지 주제가 선택되었다. 사람들People, 직장

생활의 질Quality of Work Life, 사기와 인정Morale and Recognition, 의사소통Communication이 그것이었다.

경영진이 그룹을 지원해 줄 수 있을 것인가를 놓고 주제들을 점검했다. 고객들에 대해서는 어떤가? 제품에 대해서는 어떤가? 혁신에 대해서는 어떤가? 업계에서 1위를 차지할 만큼 우리를 위대하게 만들었고, 미래에 우리의 성공을 보장할 품질은?

자문 팀은 한 켠에 모여서 자신들이 그룹에 약속한 바를 재확인하였다. "그들이 이끄는 대로 따르는 것이 더 중요합니다." 펠렛이 말했다. 이 주제들은 "총괄 매니저로서 제가 가장 관심을 가지는 것은 아니지만, 이 구성원 그룹에게는 중요한 문제들입니다. 만약 우리가 여기에 있는 사람들을 선정했다면, 그들을 믿고 일을 맡겨야 합니다. 자, 이대로 가봅시다."

이것이 헌터 더글러스에서의 긍정 주제 선택에 관한 일화의 끝이다. 헌터 더글러스의 일화는 제 7장 발굴하기에서 계속된다.

제 7 장

발굴하기:
긍정 인터뷰와 강점 발견

사람들은 우리에게 자주 "에이아이에서 타협할 수 없는 것은 무엇입니까? 에이아이가 조직 변화에 대한 여타 접근법들과 다른 점은 무엇입니까? 성공적인 에이아이 프로세스의 핵심적 요소는 무엇입니까?" 등의 질문을 하곤 한다.

긍정 인터뷰는 모든 에이아이 프로세스의 핵심 성공 요소들에 관한 우리의 리스트에서 맨 위에 자리 잡고 있다. 긍정 인터뷰는 사람들과 조직의 최상의 것을 이끌어 내며, 사람들에게 말하고 듣기 위한 기회, 호기심과 학습욕구에 불을 당길 기회, 조직이 가지고 있는 지식과 지혜를 늘릴 기회를 제공해 준다. 이는 조직이 가진 독특한 강점과 잠재력을 밝혀주는 이야기들을 표면에 드러냄으로써 조직의 핵심적 긍정 요소를 향상시켜 주는 것이며, 또한 미래를 위한 긍정적 가능성들에 활기를 불어 넣는다.

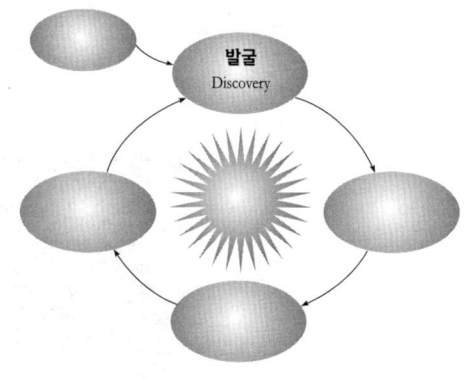

〈그림 9〉 **발굴하기**

이 장은 여러분에게 긍정 주제들에 입각하여 긍정 인터뷰의 질문들을 만들어 나가는 방법, 인터뷰 가이드를 작성하는 방법, 사람들이 긍정 인터뷰 진행자가 되도록 가르치는 방법 등을 보여주고, 무엇이 긍정 인터뷰를 효과적으로 만드는가에 대하여 명확한 지침을 제시한다. 마지막으로 긍정 인터뷰 데이터를 어떻게 이용하고, 그 결과를 어떻게 해석해야 하는지를 설명한다. 요약하면, 이 장은 발굴하기 Discovery 단계 활동의 지침서라고 할 수 있다.

발굴하기 주요 결정

발굴하기 단계는 조직의 최상의 모습을 묘사할 수 있는 긍정 인터뷰를 중심으로 진행된다. 수일, 수 주, 혹은 수개월에 걸쳐 전개되는 이 과정에는 질문 인터뷰 가이드, 인터뷰 수행, 이야기와 우수 사례 전파, 그리고 배운 사항들에 대한 이해 등이 포함된다.

발굴하기 단계에서는 종종 핵심적 결정들이 내려져야 하며, 이들 중 일부는 인터뷰가 진행되기 전에 결정되어야만 한다. 다음과 같은 질문들이 그 예라고 할 수 있다. 누구를 인터뷰할 것인가? 어떠한 일정으로 인터뷰를 진행할 것인가? 몇몇 의사결정들은 인터뷰 과정이 시작되고 데이터가 도출된 후에 고민할 수 있는 것도 있다. 예를 들어, 인터뷰에서 나온 이야기들과 우수 사례들을 어떻게 전달할 것인가와 같은 것이다. 이러한 이유로, 자문 팀이나 프로젝트와 관련된 의사결정 팀은 정기적으로 모임을 갖고 인터뷰 진행 상황을 체크하며 그 때 그 때 필요한 의사결정을 내려줌으로써 인터뷰가 잘 진행될 수 있도록 해야 한다.

다음의 질문들은 발굴하기 단계에서 일반적으로 제기되는 물음들이다. 에이아이 프로세스의 다른 모든 것들과 마찬가지로, 각 조직들의 답변은 상이할 것이며 발굴하기 활동은 개개의 고유한 형식을 띠게 될 것이다.

- **질문과 인터뷰 가이드를 누가 작성할 것인가?** 최종 주제를 선택한 그룹 전체인가? 핵심 팀인가? 아니면 컨설턴트인가?
- **누구를 인터뷰할 것인가?** 누가 우리의 이해 관계자인가? 구성원들? 고객들? 공급업자들? 아니면 또 다른 누군가? 이들 중 누구로부터 이야기를 들어야 할 것인가?
- **누가 인터뷰를 진행할 것인가?** 인터뷰 진행자들이 1인당 몇 건의 인터뷰들을 해낼 수 있는가?
- **우리의 인터뷰 진행자들은 어떠한 훈련을 받아야 할 것인가?**
- **누가 데이터에 의미를 부여할 것인가? 어떠한 과정을 통해 부여할 것인가?** 그 주체는 소규모의 그룹이 될 것인가, 아니면 핵심 팀이 될 것인가? 사람들

이 원 데이터(이야기, 인터뷰 등)에 쉽게 접근할 수 있도록 하는 방안은 무엇인가?
- **이야기들과 우수 사례들을 어떻게 전파할 것인가?** 서면 보고서를 작성할 것인가? 비디오? 아니면 공식적인 프레젠테이션을 할 것인가?

〈표 10〉 발굴하기의 단계별 활동

1. 긍정 인터뷰 질문 작성
2. 인터뷰 가이드의 개발
3. 인터뷰 계획의 수립
4. 탐구 전략의 소통
5. 인터뷰 진행자들의 훈련
6. 긍정 인터뷰 수행
7. 이야기들과 우수 사례들의 전파
8. 의미부여
9. 핵심적 긍정 요소의 규명

시작부터 끝까지, 발굴하기는 총 아홉 단계의 광범위한 활동들을 포함한다. 이 활동들은 긍정 인터뷰 이전, 도중, 이후에 무슨 일들이 일어났는가라는 질문으로 묶을 수 있다. 인터뷰가 발굴하기 활동의 핵심이기는 하지만, 발굴하기 단계 도중에는 훨씬 많은 활동들이 발생된다. 인터뷰 전의 준비 그리고 인터뷰 후에 수집된 정보의 이해 및 활용 단계 등이다. 〈표 10〉에는 발굴하기의 단계별 활동이 제시되어 있다.

긍정인터뷰 질문 작성

발굴하기의 첫 번째 세부 단계는 3 ~ 5개의 선택된 긍정 주제Affirmative Topic들을 긍정 질문positive question들로 전환하는 것이다. 질문지 작성에는 누가 관련되어야 할까? 대부분의 경우, 긍정 주제들을 선정했던 사람들과 동일한 그룹이 인터뷰 질문들을 작성한다. 일부 경우들에 있어서는 대규모 그룹이 질문 내용에 대한 첫 번째 초안을 작성하고, 소규모의 그룹이나 컨설턴트들이 이 질문 내용들과 인터뷰 가이드를 다듬고 마무리하기도 한다. 모든 단계에 있어서 프로세스에 관련된 사람들이 많으면 많을수록, 이후의 활동들, 특히 이 경우에는 실제 인터뷰에 대한 주인의식 및 몰입도 더 강해질 것이다.

긍정 인터뷰 질문들의 구조

긍정 인터뷰 질문들은 최상의 상태에 있는 사람과 조직의 모습을 반영할 수 있어야 한다. 질문들은 일반적으로 다음과 같이 구성된다.

- 긍정 주제의 제목
- 주제를 소개하는 도입부
- 주제의 여러 측면들을 탐구하는 일련의 하위 질문들(일반적으로 2 ~ 4개 정도임)

이 구조는 우리의 또 다른 저서인 "긍정 질문의 백과사전Encyclopedia of Positive Questions"에서 발췌한 질문 예시들과 함께 〈그림 10〉에 묘사되어 있다.

도입부는 인터뷰 대상자에게 탐구의 긍정 주제를 소개하며, 질문과 응답 모두에 대한 논조를 설정함에 있어 중요한 역할을 수행한다. 좋은 도입부는 사람들이 주제를 쉽게 이해하도록 해 주고, 서로 다른 시각들로부터 주제를 고찰하도록 도와준다. 어떤 경우에는 도입부에서 주제에 대한 정의를 제공함으로써 사람들이 주제에 대하여 알게 됐을 때부터 이에 대한 고찰을 시작할 수 있도록 한다.

〈그림 10〉 **긍정 인터뷰 질문 예시**

긍정 주제	지역 봉사 활동
도입부	한 조직이 최상의 역량에 있을 때, 그들은 지역 봉사 활동에 있어서 광범위한 대안들을 제공한다. 교육적 원조, 강연 연사 관리speakers' bureau, 학교 입양adopt-a-school, 재정적 지원 같은 프로그램들은 모두 한 조직이 사업을 영위하는 지역의 공동체에 대한 사회적 책임의 실행을 보여 주는 것들이며, 이를 통해 조직과 지역 공동체 모두가 이익을 얻는다. 지역 봉사 활동에 자원한 구성원들은 헌신적인 사회단체들이 목표를 달성하도록 도움으로써 감명을 받고, 활기를 얻게 된다. 의학적 연구에 따르면 지역 봉사 활동에 대한 참여는 사람들의 행복감과 심지어 그들의 육체적 건강까지도 고양시키는데, 실제로 이런 사람들의 면역 체계는 자원 봉사 활동을 통해 강화된다. 지역 봉사는 지역 공동체의 역량을 아울러 향상시키는, 구성원 재충전의 엄청난 기회이다.
하위 질문	1. 여러분이 의미 있는 지역 봉사 활동을 했던 때를 기술하십시오. 가장 좋았던 순간은 무엇이었습니까? 그 때 당신은 무엇을 느꼈습니까? 당신이 기여한 바는 무엇이었습니까? 2. 여러분 조직에 지역 공동체에 혜택을 줄 수 있는 자원이 있습니까? 지금까지 여러분의 조직과 지역 공동체가 어떻게 협력을 해왔습니까? 3. 미래를 꿈꿔봅시다. 여러분의 조직과 여러분이 속한 지역 공동체가 경이로운 상호 동반관계를 가지게 되었다고 생각해 보십시오. 그 구체적인 모습을 말씀해주세요. 이런 동반자적 관계를 만들기 위해 할 수 있는 일이 세 가지 있다면 무엇이겠습니까?

긍정 인터뷰의 질문들을 작성할 때, 우리는 반쯤 차있거나 반쯤 비워진 유리잔에 관한 오랜 격언을 돌이켜 보곤 한다. 우리는 유리잔이 반쯤 차 있는 상태, 즉 우리가 탐구하고 있는 주제나 내용이 그 사람, 조직, 세계 안에 이미 존재하고 있는 상태라고 가정한다. 우리는 우리 자신을 주제가 존재하는 곳, 그 존재의 이유 그리고 그것이 더 넓은 범위에 대하여 어떻게 존재할 수 있는지를 밝히고 이해하려 노력하는 탐정이 된 것처럼 보는 것이다.

좋은 도입부(Quality lead-ins)는 인터뷰 대상자의 마음속에 이미 절반쯤 차 있는 유리잔의 가정을 심어준다. 그런 도입부는 주제나 내용을 가장 좋은 상태로 표현하며, 인터뷰 대상자들에게 주제의 이점을 보여 준다. 때로는 도입부에서 주제나 내용이 한 조직 안에 두드러지게 존재하고 있을 때 도출될 수 있는 긍정적인 결과에 대한 구체적인 모습을 제시한다. 이러한 도입부는 사람들로 하여금 그들의 조직 내부와 그들 자신의 내면 모두로부터 주제에 대하여 더 많은 것을 원하도록 만들어 준다.

도입부의 좋은 사례들은 개인적이고 정서적이며, 단순히 사람들의 업무 지향적 자아들에 대해서만 보여주는 것이 아니라, 사람들의 인간성에 대해서도 시사해 준다. 이들은 상당 부분 인간의 경험의 일부인 의미에 대한 갈망을 건드린다. 에이아이가 때로는 재무, 전략, 품질 등과 같은 어려운 사업상의 주제들과도 관련되기 때문에, 이런 질문들에 대한 도입부들은 사람들이 인간적 관점에서 주제들을 탐구하도록 도와준다. 그들은 자부심, 주인의식, 소속감, 연대감, 개인적 성장 등과 같은 것들에 대한 조직의 필요와 개인의 정서적 요구들 간에 가교를 구축하도록 도와준다.

훌륭한 도입부는 이어지는 질문들에 대하여 뇌 전체가 반응할 수 있게 만들어 준다. 이런 도입부들은 좋은 사고와 좋은 느낌 간의 관계, 즉 인터뷰 대상자가 가능한 가장 완전하고, 가장 창의적이며, 가장 의미 있는 답변을 제시할 때, 응답자 안에 내면화되어 전달할 수 있도록 한다.

긍정 인터뷰의 질문들에 있어 도입부에 이어지는 하위 질문들은 과거, 현재, 혹은 미래 중 어느 것에라도 초점을 둘 수 있으며, 질문을 작성할 때 우리는 이 세 시점 모두를 포함하기도 하고 때로는 이들 중 하나 혹은 두 시점에만 초점을 두기도 한다. 상이한 시점들에 대하여 질문함으로써, 우리는 인터뷰 대상자가 주제에 대한 그들의 경험과 상상력을 고루 동원할 수 있도록 한다. 이러한 방법은 후속 질문들이 자연스럽게 연결될 수 있도록 한다. 다음의 보기들을 살펴보자.

- **먼저 과거 회상적 질문들로 시작한다.** 이 질문들은 우리로 하여금 조직 내에서든, 혹은 다른 어떠한 곳에서든, 가장 생생하고 잊히지 않는 긍정 주제를 경험했던 최고의 순간을 떠올리게 만든다. 우리는 이 주제의 존재가 출현하는 데 기여했던 개인적, 환경적, 조직적 여건들을 면밀히 검토해 본다. 저항할 수 없는 리더십의 주제와 관련된 다음 질문들을 살펴보자.

    당신의 직장 생활을 돌이켜볼 때, 당신이 저항할 수 없는 리더십에 의해 감명을 받았던 시기를 되살려 보십시오. 그 때는 어떠한 상황이었습니까? 무엇이 당신으로 하여금 저항할 수 없다는 느낌을 받게 했습니까? 관련된 사람은 누구였습니까? 각각의 사람들은 그 상황의 강도에 기여하기 위해 무엇을 했습니까?

- **다음으로는 내면 추구적 질문들이 이어진다.** 이러한 질문들은 우리에게 최고의 경험을 회상하면서, 그 경험들 속에 내재된 의미를 찾아내고, 그 성공의 근본적 원인에 관하여 무엇을 배울 수 있는가를 탐구하도록 유도한다. 예를 들어,

    그 시기 중에 당신이 배운 것들 중 이 프로젝트에 적용될 수 있는 것이 있습니까? 그 상황은 오늘날 당신의 리더십 스타일에 어떠한 영향을 미쳤습니까?

- **미래 지향적 질문은 통상 맨 마지막에 한다.** 이러한 질문은 우리의 희망과 꿈, 영감을 이끌어 내며, 긍정 주제가 오를 수 있는 최고조에 달하는 미래를 상상하도록 고무한다. 예를 들어,

지금이 2020년이고, 여러분의 회사가 우수 리더십 상을 수상하였다고 상상해보십시오. 그 상을 받음으로써 회사 내에는 어떠한 일들이 일어나겠습니까?

- **때로는 전이적 질문들이 미래 지향적 질문들 사이에 삽입된다.** 이 질문들은 상상해 낸 미래의 상태로부터 과거를 비추어 보는 것으로, 이는 인터뷰 대상자들로 하여금 현재의 상태로부터 상상했던 미래로 가기 위해 해야 할 일들과 실행 과정을 생각하도록 유도한다. 예를 들어,

2015년 이전의 과거를 뒤돌아 볼 때, 당신과 당신의 조직이 성공하기 위해 가장 먼저 했던 일은 무엇이었습니까?

질문의 기술

좋은 긍정 질문들을 만든다는 것은 과학이라기보다는 하나의 예술에 가깝다. 좋은 긍정 질문들은 기본 구조를 범용적인 얼개로 활용하면서, 상상력과 활동을 유발한다. 예를 들어, 우리는 사람들로 하여금 그들 조직의 핵심적 긍정요소를 은유로 표현하거나, 자신들이 일하는 모습을 말로 묘사하도록 한다. 또 우리는 "당신은 일할 때 휘파람을 불더군요. 왜죠?"라고 묻거나, 그들을 높이 평가하는 친인척, 고객, 부모, 혹은 자녀들의 시각을 통해 그들의 개인적인 강점을 말해보도록 하기도 한다.

사람들은 다음과 같은 "기적의miracle" 질문을 통해 미래를 상상하도록 유도할 수 있다. "당신은 아주 오랫동안 잠에 빠져 있었습니다. 10년이 지났습니다. 당신이 깨어났을 때, 당신은 이 조직에 대하여 당신이 이전에 희망했고, 또 꿈꿨던 모든 것들이 현실이 되었다는 것을 발견합니다. 당신은 무엇을 보고 있습니까?" 아니면 그들은 다음과 같이 자신들이 받은 상을 묘사할 수도 있다. "오늘로부터 5년 후, 당신의 조직이 포브스 매거진의 표지에 실렸습니다. 그 이야기를 써보십시오." 사람들에

게는 "그들이 속한 조직의 강건함과 생기를 증진시키기 위해" 동화 속의 세 가지 소원과 함께, 마법 지팡이나 요술 램프를 받은 것처럼 상상하도록 할 수도 있다.

어떠한 식의 접근법이 됐든 긍정 인터뷰를 위한 최상의 질문들은 명확하고, 상대적으로 단순하며, 때로는 미묘하고, 도전적이어야 한다.

긍정 인터뷰 질문들의 핵심 요소. 훌륭한 긍정 인터뷰를 하려면 단순히 데이터에만 관심을 가질 것이 아니라 경험과 관계에도 관심을 가져야 한다. 아마도 우리가 던질 수 있는 최상의 긍정 인터뷰 질문들의 가장 두드러진 특징은 이 질문들이 사람들로 하여금 매우 인간적인 차원에서 이야기를 하고, 인터뷰에 참가하도록 만든다는 점일 것이다.

여기, 우리가 수 년 전에 무엇이 훌륭한 질문들을 만드는지 알아보기 위해 조사를 실시했던 인터뷰 진행자들로부터 얻은 몇 가지 답변들이 있다.

- 훌륭한 질문들은 인터뷰 진행자와 인터뷰 대상자 간의 개인적 연대감을 구축하는 데 도움이 된다. 그런 질문들은 대화의 품격을 갖추고 있으며, 긍정적 상상력을 촉발한다. 이러한 질문은 무조건적으로 긍정적인 시각을 담고 있다.
- 훌륭한 질문들은 의견이나 이론을 추출해내기보다는 이야기를 유도한다. 이런 이야기들은 "제게 말해 주세요."나 "저에게 설명해 주세요." 같은 문구들로 시작된다.
- 훌륭한 질문들은 개인적이고, 정서적이며, 친밀하기도 하다. 이런 질문들은 사람들의 마음과 영혼을 어루만지며, 사람들에게 실제로 중요했던 무언가나 누군가를 기억하도록 하기 위해, 그들의 정체성을 나타내는 사물이나 사람에 대해 설명해줄 것을 요청한다.
- 훌륭한 질문들은 사람들의 삶과 일의 경험으로부터 나온다. 이런 질문들은

사람들에게 만약 그렇지 못하였다면 그들이 주목하지 않았을 법한 에피소드와 경험들로부터 배우고, 의미를 만들어 낼 기회를 부여한다.
- 훌륭한 질문들은 일종의 정신적 스캔을 유도한다. 이런 질문들은 사람들에게 그들이 가진 강력하게 긍정적인 경험이나 통찰력에 관하여 생각하게 한 후에, 최고 중의 최고를 선택하도록 만든다.
- 훌륭한 질문들은 불명료할 수도 있다. 그런 질문들은 사람들에게 스스로에 대하여 생각해 보고, 다양한 방법들로 대답할 여지를 준다.
- 훌륭한 질문들은 사람들이 내면의 여행을 하도록 이끈다. 이런 질문들은 사람들로 하여금 효력이 있었던 것이나 그들에게 부여될 수 있는 경험들과 사건들에 관하여 의미가 있었던 것을 해석하거나 분석하도록 한다.
- 훌륭한 질문들은 정신을 앙양시킨다. 이런 질문들은 긍정적이고 매력적인 그림을 그리며, 사람들에게 무엇이 가능한지를 검토하도록 고무시킨다.
- 훌륭한 질문들은 상상력에 자유를 준다. 이런 질문들은 사람들이 먼 장래로 눈을 돌리고, 무한한 긍정적 가능성들을 상상하도록 도와준다.
- 훌륭한 질문들은 행동을 촉진한다. 이런 질문들은 사람들이 자신들의 꿈을 향해 앞으로 나아가 지금 당장 해야 할 일을 생각하도록 도와준다.
- 훌륭한 질문들은 정서적이고 논리적인 흐름을 가지고 있다. 인터뷰 가이드가 하나의 질문으로부터 그 다음 질문으로 옮겨가는 과정에서 사람들은 깊은 의미를 찾게 되며, 점차 더 활기를 띠고 영감을 받게 된다.

많은 책들이 특정한 그룹들을 위한 훌륭한 질문들을 만드는 것과 관련하여 더 많은 정보를 제공하고 있는데, 이런 책들에는 긍정 질문 백과사전Encyclopedia of Positive Questions[57], 긍정 팀 빌딩Appreciative Team Building[58], 행복한 가족을 위한 대화Positive Family Dynamics[59] 등이 있다.

인터뷰 가이드의 개발

조직 내에서 채택된 자발적인 긍정 주제에 근거하여 작성된 에이아이의 질문들을 엮어서 인터뷰 가이드를 만든다. 이러한 인터뷰 가이드는 인터뷰 프로토콜 Interview Protocol이라고도 알려져 있다. 인터뷰 가이드는 탐구 활동을 위한 대본이며, 인터뷰 대상자에게 맞춰 적절하게 순서가 정해진 질문들과 함께, 인터뷰 진행자를 위한 안내 등을 담고 있다.

인터뷰 가이드의 6개 부분. 인터뷰 가이드들은 한 페이지의 질문지 정도로 짧고 간단한 것일 수도 있고, 프로세스에 대한 설명, 질문지, 요약 시트 등을 포함한 장문의 문서일 수도 있다. 인터뷰 가이드를 얼마나 포괄적으로 만들어야 할 것인가에 대한 답은 그 활용 목적에 따라 달라질 것이다. 만약 주제를 선택하고 질문지를 작성한 그룹이 가이드를 이용할 경우, 짧고 간단한 버전이 사용될 것이다. 그렇지 않고 인터뷰 가이드가 시간적, 공간적으로 떨어져 있던 수백 명, 심지어 수천 명의 사람들에 의해 이용된다면, 보다 포괄적인 인터뷰 가이드가 필요할 것이다.

포괄적인 인터뷰 가이드는 다음의 순서에 따라 제시되는 여섯 개의 부분들로 구성된다.

1. **서문.** 인터뷰의 배경과 개요를 설명하며 다음 내용들을 포함한다.
   - 탐구 과정에 대한 개요: 현재 추진 중인 에이아이 프로젝트에 대한 설명과 이유
   - 긍정 인터뷰의 중요성: 이는 무엇이 잘못됐느냐가 아니고, 무엇이 최상인지에 초점을 두고 있다.
   - 이야기와 그 세부 사항, 관련된 사람들을 수집하여 공유해야 할 필요성. 즉 다른 사람들이 우수 사례로부터 배울 수 있게 하고자 함. 이러한 이유로 인터뷰 대상자가 익명을 요구하지 않는 한 비밀 보장의 의무는 적용되

지 않는다.
- 이야기와 정보의 활용 방법

2. **배경 질문들.** 이 질문들은 친밀감을 구축하고, 인터뷰 대상자에 대한 정보를 이끌어 낸다. 이 질문들의 예는 다음과 같다.
   - 당신이 …를 시작하게 된 이야기를 해주십시오.
   - …에서의 최고의 경험, 혹은 정점에 대하여 설명해 주시기 바랍니다.
   - 당신 자신에 대하여 가장 소중하게 생각하는 점은 무엇입니까? 당신의 일에 있어서 가장 소중한 것은? 당신의 팀에 있어서 가장 소중한 것은? 당신의 조직에 있어서는?

3. **주제 관련 질문들.** 이 질문들은 3~5개의 긍정 주제들에 대한 심화 질문들이다.
   - 질문들은 도입부와 하위 질문들을 포함한다.
   - 질문들은 주제와 관련된 과거, 현재, 미래를 탐구한다.

4. **결론적 질문들.** 이 질문들은 인터뷰를 마무리한다. 예를 들어 다음과 같다.
   - …에 활기를 불어 넣어주는 핵심 요소들은 무엇입니까?
   - 미래를 전망할 때, 우리는 무엇이 될 거라고 생각하고 있습니까?
   - 만약 당신이 이 조직의 강건함과 활기를 향상시키기 위해 세 가지 소원을 들어준다고 한다면 무엇을 들어주겠습니까?
   - 오늘부터 5년 후, 당신의 조직이 말콤 볼드리지 국가 품질상(Malcolm Baldridge Award for quality, 미국 기업 중 서비스나 제품의 품질 관리가 탁월한 기업에게 국가가 수여하는 상. 1987년 제정 당시 상무부 장관이던 말콤 볼드리지의 이름에서 유래됨. 역자 주)을 받게 되었습니다. 그 이유

는 무엇이겠습니까? 이렇게 탁월한 인정을 받을 정도로 조직에 기여한 것은 무엇이겠습니까?

5. **요약 시트**. 인터뷰 데이터를 수집하는 데 사용되는 이 시트는 다음과 같은 두 가지 목적을 가지고 있다.
    * 첫째, 이 시트들은 최고의 이야기들, 인용문들, 아이디어들을 위한 저장소이다.
    * 둘째, 이 시트들은 하나의 회상 가이드 – 즉, 인터뷰 진행자가 이야기와 회상들로부터 개인적 의미를 이끌어 내려고 할 때 활용할 수 있는 도구이다.

6. **신속 조치가 필요한 항목 시트**. 이 시트들은 즉각적인 관심을 위한 항목들을 모은다.
    * 이 시트들은 고장 난 정수기, 창고 안의 히터 등과 같이, 삶의 질과 관련된, 상대적으로 단순하고 직설적인 현안들을 규명하기 위한 토론의 장을 제공한다.
    * 이 시트들과 함께 즉각적인 정보 공유와 짧은 시간 안에 거둔 승리를 축하하는 커뮤니케이션 매체를 동반한다.

인터뷰 계획의 수립

인터뷰 가이드가 작성되는 동안, 인터뷰에 대한 기획이 시작된다. 이는 탐구 활동이 어떻게 전개될 것인가와 관련된 그 다음의 수많은 질문들을 제시하는 것을 포함한다. 누구를 인터뷰할 것인가? 누가 인터뷰를 진행할 것인가? 어떠한 방식으로 인터뷰할 것인가? 우리는 어떻게 가능한 많은, 서로 다른 유형의 사람들이 참여하도록 유도할 것인가? 우리는 소규모 그룹들로 하여금 더 큰 조직들을 탐구하도록 할 것인가? 아니면 전체 조직이 그들 스스로를 탐구할 수 있는 수단을 제공할 것인가? 우리는 개인들로 하여금 아무런 공통점이 없는 그들의 조직 내 상대방을 인터뷰하게 할 것인가? 우리는 고객들, 공급업자들, 지역 공동체의 구성원들, 업계 파트너들 같은 외부 이해 관계자들이 어떻게 프로세스에 참여하도록 할 것인가? 우리는 아무런 관계가 없는 동급 최고의 조직들에 관하여 어떻게 정보를 수집하고, 또 배울 것인가? 전반적으로, 우리는 시간, 효용성, 금전, 마감시간 등과 같은 실무적인 제약 하에서, 포괄적인 인터뷰 대상자 그룹을 확보할 수 있겠는가?

최고의 에이아이 프로젝트들은 조직 전체의 목소리를 담고 있으며, 탐구 활동 전반에 걸쳐 조직의 모든 이해 관계자들을 포괄한다. 달리 말하자면, 이들은 조직과 그 미래에 대하여 관심이 있고 투자하였으며 이에 대한 정보를 갖고 있고 영향을 미치는 모든 이들을 참여시킨다. 여기에서 말하는 모든 이란 구성원들, 고객들, 공급업자들을 포함하며, 아울러 이사진, 주주, 지역 공동체의 구성원들, 특수 이익 그룹들, 노조 지도자들, 규제기관들, 업계 파트너들, 또는 심지어 직접적인 경쟁 관계가 없는 업계 내 최상의 조직들까지도 포함한다. 특히, 이는 일반적으로 조직의 의사결정의 전면에 있지 않은 사람들, 즉 일선 구성원들, 현장 근무 구성원들, 미성년 구성원들 및 그와 유사한 성격의 구성원들을 포함해야 한다.

인터뷰 참가 인원이 다양하면 할 수록, 그 결과도 더 나아진다. 모든 범위의 직능, 계층, 근무 교대 조, 재직 기간, 성별, 인종적 공동체들은 한 직능 그룹에서 가장 능력 있는 사람들만을 모아놓은 그룹보다 더 풍부한 내용의 대화를 한다. 특히 여러 세대를 아우르는 사람들을 참여시킬 경우, 탁월한 수준의 참여 및 학습을 이끌어 낼 수 있다. 이는 사람들의 열정과 경이로움을 고양시키는 한편 조직 지혜를 전파시켜 주며 참여의식과 소속감을 촉진시켜 주고, 과거와 미래 즉, 역사와 긍정적 가능성 모두에 대하여 사람들을 연대시켜 준다.

갈등 및 경쟁이 만연된 상황에서도 에이아이가 효력을 발휘할 수 있을까? 주의해서 진행하라. 그러나 반드시 진행하라. 우리는 에이아이를 활용하여 전국의 노조들과 조직들을 "새로운 동반 관계"로 이끈 바 있다. 또한, 에이아이를 이용하여 기업 합병 및 인수 후의 통합 작업을 지원하기도 했었고, 에이아이를 통해 새로운 기업들을 성공적으로 발족시키기도 했었다.

긍정 인터뷰들은 조직 내의 친밀감을 높여주는 행위이다. 이는 서로에 대하여 알게 되고, 상대방의 말을 경청하며, 서로의 최고의 경험으로부터 배우고, 공통적인 기반을 탐구해 나가기 위한 만남의 장을 제공한다. 또한 긍정 인터뷰는 사람들로 하여금 긍정적이고 생산적인 업무 관계와 더 큰 선(善)을 위해 함께 일해 나가는 데 적극적으로 참여하게 한다.

탐구 전략의 소통

시작 단계에서 자문 팀은 탐구 전략을 수립하고, 이 전략을 다양한 커뮤니케이션 수단을 통해 소개한다. 그러나 이런 소개 커뮤니케이션은 그 유통 기간이 짧고, 계획에 대하여 심층적인 정보를 제공하기보다는 폭넓은 전파를 목적으로 하고 있다. 이제 여러분은 더 많은 것들을 전파해야 한다. 여러분의 인터뷰 계획을 공개할 시점이다.

사람들은 무슨 일이 일어나고 있는지 알고 싶어 할 것이다. 주제는 무엇이지? 누가 인터뷰에 참여하게 될까? 언제? 그리고 누구에 의해서? 참가 지원은 어떻게 해야 하지? 그 데이터를 통해 어떠한 일이 일어날까? 이 질문들과 유사한 질문들은 지속적이고, 빈번하며, 때로는 반복적인 커뮤니케이션에 의해서만 해소될 수 있다. 조직의 리더계층이나 자문 팀이 발송하는 서한, 회사 소식지나 사내 전산망 상에서의 공고, 부서 및 공장 미팅에서의 프리젠테이션, 비디오, 포스터, 타운 미팅 등…이런 조치들은 조직 전반에 걸친 관심과 참여를 유지하는 데 도움이 될 수 있다.

광범위한 조직의 지지는 에이아이 계획의 성공을 가름하는 중요한 척도이다. 이 프로세스의 모든 단계에서의 걸친 커뮤니케이션은 높은 수준의 참여, 몰입, 학습 분위기를 조성하는데, 이들은 계획에 대한 지지로 연결된다. 광범위한 커뮤케이션이 없으면, 에이아이라 할지라도 "그들"이 일상적으로 하고 있는 뭔가가 되어 버릴 수 있다. 바람직한 문화, 즉 긍정적 커뮤니케이션의 실천과 함께 조직이 무언가 하기를 열망하는 문화가 에이아이 그 자체에서 구현되어야만 한다. 조직은 개방적이고, 참여적이며, 광범위한 대화식 커뮤니케이션을 통해서만 전체 참여적이고, 지식 기반적이며, 이야기가 풍부한 조직 문화를 만들어 낼 수 있다.

인터뷰 진행자들의 훈련

대부분의 조직들은 인터뷰 진행자들에게 긍정 인터뷰의 수행 방법에 관한 훈련을 제공하고자 한다. 훈련은 인터뷰를 진행하는 것과 무엇이 이를 성공적으로 만드는가에 대하여 토론하는 정도로 간단하게 진행될 수도 있고, 혹은 인터뷰 진행 방법에 초점을 맞춘 이틀짜리 에이아이 훈련 프로그램일 수도 있다.

우리는 3~4시간에 걸쳐 인터뷰 진행자들을 훈련시키는 세션을 통해 큰 성공을 경험한 바 있다. 이 시간 중에, 인터뷰 진행자들은 다음과 같은 교육을 받게 된다.

- 탐구에 대한 배경지식, 즉 우리는 무엇을 하고 있으며, 어떤 목적을 갖고 있는가
- 인터뷰 가이드를 활용한 실제 인터뷰 진행 실습
- 인터뷰 응답자가 말한 내용 정리, 요약 시트 그리고 만약 있을 경우, 신속 조치 시트 등과 관련된 가이드라인
- 부정적인 피드백의 방향을 바꿔주는 실습
- 인터뷰 일정 – 누가 누구를 언제 인터뷰할 것인가
- 다른 사람들을 이 프로세스에 참여하도록 초청하는 방법에 대한 교육(필요할 경우에만)

인터뷰 진행자 훈련은 단순히 사람들로 하여금 긍정 인터뷰를 수행하도록 준비

시키는 것뿐만 아니라, 그들에게 다른 사람들의 이야기를 경청하고, 아이디어를 요약하며, 이야기를 공유하고, 사람들의 내면에 숨겨진 최상의 모습을 이끌어 내는 대인 관계의 핵심적 스킬도 제공한다. 그 결과, 에이아이 프로세스를 넘어 인터뷰 진행자에 대한 훈련은 인터뷰를 진행하고 정보를 수집하며 자신의 업무를 성공적으로 수행하기 위해, 긍정적인 인간관계를 구축해야 하는 사람들에게는 중요한 개발 활동이 될 수 있다. 인재 선발 및 채용 인터뷰를 수행하는 감독자들, 경력 개발 및 성과 관리 인터뷰를 수행하는 매니저들, 고객 인터뷰를 수행하는 마케팅 및 판매 담당 사원들, 포커스 그룹들, 조사 활동 등 이 모든 것들이 긍정 인터뷰 진행자 훈련 프로그램으로부터 혜택을 얻을 수 있다.

긍정 인터뷰의 수행

긍정 인터뷰는 소규모 그룹 환경, 포커스 그룹, 스태프 미팅, 심지어 전화나 인터넷을 통해서도 수행될 수 있다. 그러나 일 대 일, 대면 인터뷰는 청년층과 노년층, 전문가와 일선 현장직에게, 냉소적 태도와 고무된 분위기 같은 요소들 사이에서 에너지와 열의를 가장 촉진시키는 것으로 보인다. 이는 긍정 인터뷰 세션에 관한 다음의 이야기에서도 알 수 있다.

산호세 머큐리 뉴스San Jose Mercury News 지의 전국 광고 팀의 전직 영업 담당 매니저였던 데이비스 테일러Davis Taylor는 자신의 경험에 대하여 다음과 같이 이야기하였다.

> 인터뷰가 진행되는 동안 몇 쌍의 인터뷰 진행자와 대상자들이 매우 열정적으로 인터뷰에 임하는 것을 지켜보는 것은 매우 즐거운 일이었습니다. 그 후 오후가 되어 우리는 우리가 들었던 이야기들을 논의하고 핵심적인 부분들을 공유하기 위해 세 그룹으로 모였고, 방 안은 사람들의 에너지로 끓어 넘치는 듯 했습니다. 이때는 기온이 화씨 103도(섭씨 약 39.4도. 역자 주)에 달하는 날의 점심 식

사 직후였습니다. 아마 일반적인 워크숍에서 점심식사 후의 분위기가 어떠한지 아실 겁니다. 하지만 이 워크숍은 결코 그런 분위기가 아니었습니다.

그 프로세스를 진행하면서 놀랄 일이 한둘이 아니었지만, 아마도 가장 놀라웠던 일은 조셉Joseph의 미소일 겁니다. 조셉은 그 팀의 멤버로서 지난 두세 달 동안 전혀 웃지 않았었습니다. 가장 좋을 때라고 해봐야 기분이 나빠 보였고, 최악의 상태일 때는 완전히 침울해 보였습니다. 인터뷰를 마친 후에, 그는 미소 짓기 시작했습니다. 그는 정말 좋은 시간을 가진 것처럼 보였습니다. 몇몇 사람들은 이렇게 말하기도 했습니다. "난 조셉이 저렇게 많은 이를 가지고 있는 줄 몰랐는걸(거의 웃지 않아 치아를 볼 수 없었다는 의미. 역자 주)"이라고 말입니다. 저는 그가 만들어 내는 엄청난 부정적 에너지를 감당할 것을 각오하고 있었는데, 오히려 그 친구는 기쁨의 원천이 되어버렸습니다. 여기서 정말 멋졌던 것은 말이죠, 조셉이 금요일 아침에 일을 하면서도 여전히 웃고 있었다는 겁니다. 사실, 저는 그 에너지가 우리 모두에게 전해졌다는 것을 알게 됐습니다. 그래서 보시다시피, 며칠이 지났는데도, 저는 여전히 힘이 넘칩니다.[60]

많은 조직들에 있어서 긍정 인터뷰로부터 얻을 수 있는 중요한 이점 중 한 가지는 직능 간, 조직 간, 계층 간, 근무 교대조 간, 성별 간, 문화 간 장벽을 넘는 가교를 구축함으로써 커뮤니케이션을 향상시켜주는 방식이다. 이 가교는 사람들이 "인터뷰를 하기 위해 당신 자신과 아주 다른 누군가를 찾아보도록" 권장하기 때문에 만들어지는 부분이 있다. 긍정 인터뷰들은 그런 식으로 격차를 줄이는 훌륭한 평균자great difference leveler가 되어, 사람들이 "근원에 있어서 우리는 그렇게 다르지 않다"는 점을 숙고하도록 이끈다. 동시에 사람들은 그들의 경험, 희망, 꿈을 공유할 때 나타나는 몇몇 차이점들에 대해서 긍정적으로 생각하게 되는 것이다.

좋은 긍정 인터뷰의 핵심 요건. 수년 전, 우리는 인터뷰 진행자들에게 훌륭한 긍정 인터뷰를 수행하는 데 대한 비결에 대해 물어 보았다. 그들의 대답은 다음과 같았다.

- **인터뷰에 대한 준비를 하라.** 질문들에 익숙해지고, 당신이 제시해야 할 논리, 순서 그리고 이 같은 요약 정보에 대하여 좋은 느낌을 가지도록 하라. 당신이 그저 말을 위한 말로서 소개문과 질문들을 읽어 내리는 것을 피할 수 있고, 인터뷰 가이드의 앞이나 뒤로 훌쩍 도약하거나 인터뷰 대상자의 언어나 교육 수준에 맞게 다른 대체 용어들을 사용할 수 있을 정도로 익숙해져야 한다.
- **당신의 파트너를 준비시켜라.** 당신이 당신의 인터뷰를 계획할 때, 일부 시간은 당신의 파트너에게 인터뷰가 어떻게 진행됐으면 좋겠다는 희망을 설명하는 데 사용하라. 어떤 인터뷰 대상자들은 인터뷰 전에 그들의 상사나 매니저와 얘기하고 싶어 할 수 있다. 중요한 것은 당신의 파트너가 흥미를 가지면서 자신의 이야기를 나누는 데 마음을 여는 인터뷰가 되도록 돕는 것이다.
- **올바른 환경을 선택하라.** 인터뷰 장소의 최소한의 요건은 근무 지역에서 떨어져 있고, 소음과 스트레스가 없는 중립적 장소이어야 한다. 가장 좋은 것은 넓고 편안한 장소로서, 편안한 라운지, 레스토랑, 혹은 지역의 공원이나 피크닉 장소 등이다.
- **대화를 시작하기 전에 연대감을 구축할 시간을 가져라.** 만약 당신이 근무 중에 인터뷰를 하거나 평상시에 이름표 등을 착용하고 있다면, 사람들이 확실히 이를 볼 수 있도록 하라! 상대방이 누군가에 대하여 들어보고 그들로 하여금 당신이 누군지에 대하여 조금 더 알게 하거나 상대방에게 인터뷰 과정에 대하여 간단히 말하는 비공식적 시간을 잠시 공유하라. 이것이야말로 단순히 "인터뷰"가 아니라, 실제로 상대방에 대하여 알게 될 기회라는 점을 기억하라.

- **여벌의 인터뷰 가이드를 준비하라.** 영어는 누군가에게는 제 2의 언어여서 듣기보다는 읽는 것이 쉬울 수 있다. 또 다른 경우에 누군가는 청각보다는 시각에 더 의존할 수 있다. 두 경우 중 어떠한 경우라도 만약 그들이 당신과 함께 인터뷰 가이드를 볼 수 있다면, 복잡한 질문에 보다 쉽게 대답할 수 있다.

- **사람들에게 그 자신의 페이스대로 사물을 받아들일 시간을 주어라.** 어떠한 이들은 즉각적으로 인터뷰 준비가 되는 반면에, 또 다른 이들은 좀 더 시간을 필요로 한다. 만약 인터뷰가 끝나갈 때에 이르러서야 대화가 흥미로워지기 시작한다면, 앞서 한 질문들에 대하여 다시 한 번 생각해 볼 시간이 있는지 물어보라. 만약 응답자가 특정한 질문에 대답하기 어려워한다면, 이 질문을 상대방이 좀 더 편안한 느낌을 가지게 될 인터뷰 말미로 넘긴다.

- **당신의 파트너에게 당신이 진심으로 경청하고 있으며, 진심으로 관심을 가지고 있음을 보여 주어라.** 당신의 몸에서 긴장을 풀고 개방적인 자세를 유지하면서, 편안하게 상대방에게 다가가 온화하게 얼굴을 마주하라. 상대방과 한 테이블 이상의 거리를 두지 않도록 한다. 눈을 마주쳐라. 당신의 얼굴 표정과 어조에서 진심에서 우러난 관심이 나타나도록 하라. 만약 당신이 흥미를 느끼고 좀 더 많은 정보를 원한다면, 모든 방법을 통해 이를 요청하라.

- **정확성을 기하기 위해 당신이 알게 된 것을 다시 한 번 훑어보라.** 특히, 당신이 경영진에 줄 요약 시트를 작성 중이라면, 인터뷰 대상자로 하여금 대답의 핵심을 보다 완전히 표현하기 위해 어떠한 부분을 변경하거나 더 분명히 할 수 있도록 기회를 제공하고 당신이 작성한 것을 읽어보도록 하는 것에 대하여 고려해 보라.

- **당신에게 가장 감명을 주었던 것을 요약하면서 인터뷰를 마무리 지어라.** 긍정 인터뷰들은 관계에 기반을 두고 있기 때문에 당신의 경험을 공유함으로써 그 관계를 존중해야 한다. 사람들에게 당신이 그들로부터 배운 것, 즉 그들의 이야기들이 당신이 조직과 세상을 보는 방식을 어떻게 바꿨는지를 얘

기해 주어라. 당신의 상대방은 그 또는 그녀의 이야기들, 희망들, 꿈들을 통해 당신에게 신뢰를 표할 것이다. 당신의 감명을 그들과 함께 나눔으로써 그들이 보여준 신뢰에 존경을 표하라.

스토리와 우수 사례들의 전파

에이아이가 조직이 가장 잘 하는 것에 초점을 맞추고 있기 때문에 에이아이 과정을 통해 수집된 이야기들은 그로부터 조직 구성원들이 배울 수 있는 매개체를 제공한다. 에이아이 사례들을 널리 전파함으로써, 그들이 거둔 훌륭한 성과를 인정해 주고 최고가 되고자 하는 분위기를 조성한다.

이야기들과 우수 사례들은 다양한 방법으로 전파될 수 있다. 다음의 몇몇 방법들은 특히 효과적인 것들이다.

- 미담과 인용문을 회사 소식지에 싣는다.
- 메시지, 인용문, 이야기들을 포스터와 웹 사이트에 게시한다.
- 훌륭한 이야기 및 인터뷰 내용들을 공개하기 위해 식당, 카페테리아 등의 장소에서 비디오 테이프들을 연속하여 반복 상영하라.
- 마케팅, 인재 채용, 오리엔테이션 자료에서 구성원들을 인용하라.
- 브라운 백 런치 세션(brown-bag lunch session, 시간을 절약하기 위해 갈색봉투에 간단한 점심식사를 싸와 식사와 함께 진행하는 회의 등을 가리킴. 역자주)에 인터뷰 진행자와 인터뷰 대상자를 초빙하여 그들의 이야기를 발표하도록 하라.

탐구 과정이 수개월 간에 걸쳐 진행된다면 사람들에게 이야기를 듣고 그들이 들은 것에 의미를 부여하며 그들이 배운 것에 대한 응답으로 혁신적인 조치들을 시작할 수 있는 중간 기회들을 제공하라. 이런 중간 전파 과정을 통해, 이야기와 우수 사례들이 공유되지 않으면 조직은 전체 조직의 에이아이가 주는 핵심적 이점 중 한 가지, 즉 자기 조직화되고, 영감을 받아 불시에 떠오르는 변화를 놓치게 된다.

일부 회사들은 인터뷰 진행자들의 중간 점검 모임을 조직함으로써 이런 난점을 해결한다. 이러한 모임을 통해 사람들은 이야기, 인용문, 우수 사례들을 공유하게 되며, 전체 구성원들을 향한 메시지를 전달하게 된다. 이 모임을 통해 개별적인 인터뷰 진행자들로부터 더 큰 공동체를 향해 이야기들이 전달되기 시작하는 것이 바람직한 현상이다. 동시에, 이 모임은 인터뷰 대상자들에게 그들이 한 얘기가 경청되고 있음을 그래서 그들이 변화를 만들 수 있고 실제로 만들고 있음을 보여주기 때문에, 탐구 과정에 대한 추진력을 쌓아 가게 된다.

이 발표 세션들이 비디오로 녹화되거나 혹은 녹취되어 전파될 때, 보다 더 효과적이다. 녹취록은 조직 전체가 원래의 인터뷰에 가능한 가깝도록 유지시켜 주면서, 이야기, 사례, 꿈들을 가능한 있는 그대로 편집되지 않은 채 전달되도록 해 준다.

의미부여

에이아이의 의미부여가 이루어지는 때는 인터뷰 데이터, 즉, 이야기들, 인용문들, 고무적인 핵심부분들이 공식적으로 공유되고, 전체적으로 이해될 때이다. 의미부여는 인터뷰 진행자들, 인터뷰 대상자들, 조직 전체에 그들이 바라는 미래에 대한 대화, 학습, 탐구의 더 심층적인 수준까지 적극적으로 참여할 수 있는 기회들을 부여한다. 이는 조직의 지혜를 증진시키고 단기 및 장기적인 가능성들을 열어준다.

공유된 의미에 도달하는 과정을 조직 이론가인 칼 와익Karl Weick은 "센스메이킹(sensemaking)"이라고 표현했다. 의미부여, 혹은 의미 구축은 하나의 지속적이고, 소급적이며, 사회적인 프로세스이다. 의미부여의 최상의 모습은 이야기에 기반을 둔다.

의미 구축에 필요한 것은 미담good story이다. 미담은 개별적인 요소들을 상당

기간에 걸쳐 함께 묶어둠으로써 활력을 불어놓고 행동을 유발하며, 듣는 사람이 일어난 일에 대해 의미를 부여할 만큼 개연적이고, 의미 구축에 자발적으로 참여할 수 있도록 한다.[61]

이야기는 문화, 공동체, 조직을 한데 묶어준다. 이들은 사람들로 하여금 문화적 전통을 세대에서 세대로 전하도록 만들고, 이를 통해 문화적 예외가 의미를 갖게 되는 매개체로서 작용한다. 이야기들은 개인적으로나 집단적으로나 인간의 정체성의 중심에 위치하고 있다. 제롬 브루너Jeromme Brunner에 따르면, "이야기 해석의 중재를 통한 의미의 절충과 재절충은 인간의 발전에 있어 가장 빛나는 성과 중 하나이다."[62] 이는 확실히 최상의 상태에 있는 인적 조직의 중심에 있다.

일반적으로, 에이아이의 의미부여는 네 가지 특징을 가지고 있다.

1. **점차적으로 진행된다.** 에이아이 활동 중에서 의미부여는 어느 특정 시점보다는 점차적으로 진행되는 특성을 갖고 있다. 중간 점검 모임과 이야기들 및 그로부터 얻은 교훈들의 중간 전파는 확장된 탐구 과정 전반에 걸쳐 데이터가 새롭고 각 지역별로 의미가 있도록 유지시켜 준다. 그와 같은 모임은 다른 모임과 연계 없이 독립적으로 개최될 수도 있고, 비즈니스 프로세스 개선에 대한 탐구의 경우에서와 같이, 이전에 계획된 모임들과 통합될 수도 있다.
2. **외부 전문가들이 강조하는것 보다 참석자의 경험에 초점을 둔다.** 외부 전문가들보다는 조직 구성원들이 더 많은 인터뷰 데이터를 보유하고 있다. 우리가 2~3 시간의 인터뷰가 포함된 수 백 건의 인터뷰들을 다루고 있을 때에도 우리는 인터뷰 대상자들의 최고의 경험들, 통찰력, 영감 등에 관한 원 소재를 포함시키기 위해 열심히 노력한다. 우리는 또한 인터뷰 진행자들의 통찰력을 포함시킬 것을 권장하고 있는데 그 이유는 이러한 통찰력이야말로

조직과 조직의 미래에 있어서 가장 흥미롭고 영감적인 측면에 관련된 것으로 엄청난 긍정적인 잠재력을 갖고 있기 때문이다.

3. **정량적인 분석보다는 정성적이고 서사적인 분석을 중심으로 이루어진다.** 이는 이야기들과 그들이 생성하는 잠재력에 초점을 둔다. 이는 우리가 사람들에게 그들이 인터뷰 중에 발견한 가장 풍부한 이야기들과 인용문들을 상기하고 공유하도록 요청함으로써 시작한다. 그들이 이야기들을 공유한 다음에, 우리는 그들에게 핵심적인 측면을 뽑아내고 패턴과 테마를 규명하며, 그들이 들은 이야기들 속의 성공에 기여하는 모든 요소들을 심층적으로 탐구하도록 요청한다. 이런 방식으로 그들의 이야기들은 "조직 성공의 근본적 원인"을 찾기 위해 분석된다. 간단히 말하자면, 우리는 서사적 형식을 빌려 조직의 구성원들에게 그들이 누구며, 어디로 가고 있는지를 깨닫게 해준다.

4. **현재에 머무르기 보다는 더 높은 곳에 눈을 두도록 장려한다.** 우리가 사람들에게 데이터 안에 있는 패턴과 경향들을 찾아내도록 요청하는 것은 사실이지만, 이와 더불어 고독과 영감의 목소리 즉, 그들이 그들 자신과 그들이 속한 조직을 보는 방식을 혁명적으로 바꿀 수 있는 역량을 갖춘 개인적인 이야기들, 인용문들, 혹은 의견들을 찾아낼 것을 촉구한다. 폴 그리스Paul Grice는 상황적 규준으로부터 벗어난 이러한 이야기들을 "대화적 암시conversational implicatures"라고 명명했다.[63] 이런 이야기들은 의미부여를 유발하는 계기로서의 역할을 수행한다. 그들은 이례적인 것을 개연적인 것으로 보이게 만드는 역량 속에서 생성된다. 그것들은 변화를 위한 자극과 용기를 일깨운다.

제 4장에서 소개한 바 있는 러브레이스 헬스 시스템은 에이아이 서밋 중에 의미부여를 위한 참가자 유도적 프로세스를 이용하였다. 모임에 앞서, 3명의 "이야기 수집 팀story collection team"은 요약 시트들을 검토하고, 어떠한 이야기들과 인용문들이 원래의 주제에 가장 잘 활기를 불어 넣는지 결정하였다. 그들은 이 이야기들

과 인용문들을 주제별로 정리하고, 색깔별로 분류된 인덱스카드에 기록하였다.

서밋에서 이 카드들을 40명의 참가자들에게 똑같이 나누어 주었다. 사람들은 자신의 카드들을 큰 소리로 읽었고, 그 이야기를 말한 사람이거나 인터뷰를 통해 들은 사람이 이에 관하여 상세히 설명하였다. 그 이야기들과 인용문들은 벽에 게시되고, 일부 경우들에서는 사람들이 이를 묘사하는 그림들을 그렸다. 한 그룹으로서 참가자들은 더 많은 이야기들을 하고, 이들을 게시 및 묘사하며 그 후에 대화를 통해 그 이야기들이 원래의 주제에 관하여 그들에게 무엇을 얘기하고 있는지에 대한 탐구를 계속하였다. 그 벽화는 인터뷰와 그 의미, 목표 설정, 디자인의 집단적 기록 그리고 실행 단계를 위한 기반이 되었다. 컨설턴트인 수잔 우드가 말한 것처럼, "이것은 내가 이전에 봤던 최고의 의미부여 프로세스 중 하나였으며, 완전히 자생적이었다."

의미부여를 위한 한 가지 유용한 수단은 사람들이 긍정 인터뷰들을 통해 수집된 이야기들로부터 주제와 활력소들을 도출해 내도록 도와주는 과정인 대화 분석 narrative analysis이다.

6명에서 8명으로 이루어진 소규모 그룹에서, 참가자들은 차례대로 인터뷰 중에 자신이 들은 가장 감명 깊은 이야기를 얘기한다. 이야기들이 발표되면 그룹의 구성원들은 이를 듣고 그 이야기들 속에 들어 있는 성공의 근본적 요소에 이름을 부여함으로써 그들 안에 있는 의미를 함께 찾는다. 아이디어들은 〈그림 11〉에 제시된 헬스 케어에서의 탁월성 Excellence in Health Care 의 사례에서처럼, 워크시트나 플립차트 페이지에 기록될 수 있다.

모든 이야기들을 청취하고 분석한 후에 그룹은 패턴, 경향, 공통의 테마들을 규명한다. 예를 들어, 헬스 케어에서의 탁월성 사례에서 우리는 환자 중심, 측은지심, 직무 기술서를 초월한 자발적인 행동 등과 같은 공통적 주제들을 여러 개 볼 수 있었다. 대화 분석 과정은 그룹들로 하여금 많은 인터뷰들로부터 수집된 이야기들을 전체적인 시각으로 조망하고, 공통적 요소를 규명할 수 있도록 해 준다. 이는 성공의 근본적 원인, 즉 한 조직의 강점이나 핵심적 긍정 요소의 목록을 규명하는 데 매우 유용한 도구이다.

〈그림 11〉 **서사적 분석 예시: 의료 산업에서의 탁월성**

이야기	성공의 원인
수지의 외과수술	환자 중심, 가족 참여, 통증 관리, 어린이들이 바라는 것 묻기, 측은지심
훌륭한 병실 관리인	그녀의 역할을 넘어선 봉사, 자발적, 배려적, 환자 중심, 옳은 일을 하기 위한 용기
환자의 마지막 요청	경청, 틀을 벗어난 행동, 직업상의 일이 아니라 필요한 할 일을 하기, 환자 우선, 환자 편에서 행동, 옳은 일 하기.
(이하 계속)	(이하 계속)

핵심적 긍정 요소 규명

에이아이는 모든 개인, 그룹, 조직, 공동체가 고유한 일련의 강점들, 자원, 스킬과 자산을 보유하고 있다는 가정에 근거하고 있다. 우리는 이들을 모두 한데 묶어 핵심적 긍정 요소Positive Core라고 부른다.[64]

핵심적 긍정요소, 즉 조직이 최상의 상태에 있을 때 그 안에는 미래를 위한 근원이자 실현될 가능성이 무한한 원재료와 같은 것이 있다. 중요한 변화를 겪고 있는 조직의 경우도 예외는 아니다. 긍정변화를 성공적으로 관리하는 조직들은 그들의 핵심적 긍정적 요소를 보전하고 이용함으로써 변화를 실현한다. 핵심적 긍정 요소는 조직이나 공동체로 하여금 긍정변화의 과정 속에서 번성하게 해줄 수 있기 때문에 유지되어야만 한다.

따라서 긍정변화를 위한 과정으로서의 에이아이는 핵심적 긍정 요소와 구체적인 사례 속에서 그 가치를 발견함으로써 시작된다. 이렇게 하기 위해 우리는 사람들에게 다음과 같은 요청을 한다.

1. 인터뷰 과정에서 수집된 이야기들을 읽고 공유하기.
2. 조직을 성공으로 이끄는 모든 요소들, 즉 가치, 기술적 자산들, 경영진의 강점, 전략적 우위, 인적 자원 및 재무적 자원들, 이익이 되는 관계들 및 파트너십, 우수 사례들, 프로세스들, 시스템들, 구조들 등을 규명하기 위해 "조직적 성공의 근본적 원인"에 대한 분석 수행.
3. 하나의 차트, 그림, 혹은 삽화 속에 모든 성공 요소들을 묘사. 이것은 핵심적 긍정요소 맵map이 된다.

최고의 핵심적 긍정요소 맵들은 조직의 사업에 대한 은유들이다. 예를 들어, 전국적인 트럭 운송회사인 로드웨이 익스프레스Roadway Express사에서 핵심적 긍정요소 맵은 벽에 그려진 거대한 트럭으로 표현되었다. 소그룹들에게 박스와 함께 포스터 보드 하나씩 나누어 준 다음 자신들의 박스를 강점들로 "채우고", 이를 트럭 그림 위에 "싣도록" 하였다. 이렇게 한 후 뒤로 물러서서 자신들의 작업을 바라봤을 때, 그들이 본 것은 실로 대단한 영감을 주는 것으로서, 로드웨이 사의 강점, 역량, 전략적 잠재력으로 채워진 거대한 트럭이었다.

창의적인 핵심적 긍정 요소 맵의 다른 예들로는 모자이크, 퍼즐, 책들의 장서, 블록 쌓기, 디딤돌 등이 있으며, 각각의 성공 요소를 모자이크나 퍼즐의 조각에 표현하는 방식으로 구성된다. 〈보기 4〉와 〈보기 5〉는 핵심적 긍정 요소의 지도이다. 핵심적 긍정 요소를 밝히기 위해 사용된 은유적 표현이 무엇인가는 중요하지 않다. 중요한 것은 다양한 데이터들이 하나의 그림이나 지도 속으로 통합되어야 하며, 이러한 시각적 이미지가 꿈꾸기 활동에 영감을 줄 수 있어야 한다는 것이다.

최고의 에이아이 프로세스들은 핵심적 긍정요소를 지속적으로 되새기며, 이를 4-D에 속한 후속 단계들과 결합시킨다. 꿈꾸기 단계에서 사람들은 핵심적 긍정 요소를 증대시킬 방법에 대하여 고려한다. 디자인 단계에서 사람들은 성과를 향상시키기 위해 이 핵심 요소를 활용하는 방법을 검토한다. 실현하기 단계에서는 사람들이 이들 핵심 가치가 미래에 실행될 조치에 어떤 영향을 미칠지에 대해 숙고한다. 그 핵심적 긍정 요소를 알고 이를 의식적으로 도입함으로써, 조직과 공동체들은 그들의 정체성을 강화하고 긍정변화를 유지하기 위한 그들의 영향력을 증진시킨다.

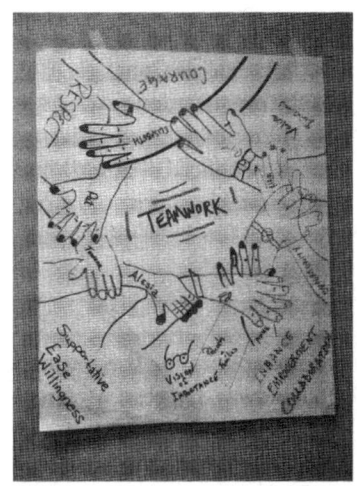 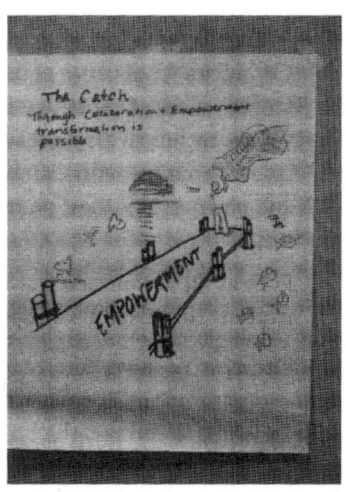

〈보기 4〉〈보기 5〉 **핵심적 긍정 요소의 맵**

헌터 더글러스에서의 발굴하기 활동

여기서부터 우리는 포커스 2000 프로젝트에 대한 소개를 계속한다. 이와 더불어, 이 회사의 2회차의 4-D 사이클 과정과 전략 기획 및 세부 사항들을 소개하고자 한다. 여기에 소개한 세부 사항들은 여러분이 어떻게 탐구 활동의 프로세스에 변화를 가미하여 구성원들의 흥미와 참여를 지속적으로 유지할 수 있는지를 보여준다.

참여 의지에 대한 점검

인터뷰 가이드 설계 회의를 마치면서, 인터뷰 진행자들은 두 개의 팀으로 나뉘었다. 제 7세대the Seventh Generation라고 명명된 첫 번째 팀은 인터뷰를 받고자 원하는 모든 구성원들을 대상으로 인터뷰를 수행하기 위해 조직된 팀이다. 아웃사이더Outsider라고 명명된 두 번째 팀은 고객들, 공급업자들, 공동체 구성원들, 동종 업계 내 최고 조직의 소규모 표본 그룹을 대상으로 1백 건의 사외 인터뷰를 수행하기 위해서 조직되었다.

시작 단계에서 아웃사이더 팀은 그들로 하여금 그 회사의 핵심 문화적 현안들 중 일부를 재현해야만 하는 상당한 난제에 직면하였다. 회의에서 이루어진 결정이 추가적인 정보나 식견을 가지고 있는 전문가나 관리자들에 의해 회의 밖에서 번복되는 사태가 발생했다. 선임 수준의 팀원들은 전문성을 갖지 못한 구성원들이 총괄 매니저들과 지역 사회의 지도자들을 인터뷰할 경우에 발생할 수 있는 비용과 전문성 문제에 대해 걱정하기 시작하였다.

이에 대하여 비전문적 스태프들은 조직을 에이아이의 경로에서 탈선하도록 만드는 두 가지 중요한 요소, 즉 존중 받지 못하고, 배제되고 있다는 느낌을 갖기 시작하였다. 생산직 참가자들은 그들의 동료들에게 불평을 하기 시작했고, 인사 관리 부서에 불만 사항을 표출하기 시작하였다. 이들 중 두세 명은 이 프로세스에서 완전히 탈퇴하겠노라고 불만을 토로하고, 다른 사람들은 전문가 및 경영진들에 의해서 인터뷰들이 수행되는 상황에만 온순하고 조용하게 따랐다.

그 팀은 내부에서 분열되는 것처럼 보였다. 경영진은 에이아이 프로세스의 통합성과 이 팀이 가져올 성공 또는 실패의 선례가 장래에 미칠 영향에 대해 우려하기 시작하였다. 이 그룹이 어떤 식으로든 도움이 필요하다는 것은 부인할 수 없는 사실이었다. 그러나 어떤 형태의 도움이 가장 좋을까? 전통적인 팀 빌딩 접근법을 이용한 몇 가지 카타르시스는 긴장을 덜어 주기는 하겠지만, 그 방법은 에이아이 프로세스의 원칙에 위배되는 것으로 보였다. 아웃사이더 팀의 위기는 에이아이 프로세스에 대한 참여를 시험하는 장이 되었다.

자문 팀은 이 그룹의 현안을 에이아이의 원칙들에 입각한 여섯 시간 동안의 팀 빌딩 세션에서 해결하기로 결정하였다. 아웃사이더 팀원들은 이 팀 빌딩에 반드시 참여해야 했다. 총괄 매니저와 컨설턴트는 3개 교대조 한 사람 한 사람에게 초청장을 발송하였다. 이 모임은 긍정 인터뷰들로 시작됐고,

이 팀에 있어서의 최고의 경험, 팀이 최상의 상태에 있을 때 활기를 띠도록 기여하는 요소들, 팀의 미래에 대한 희망과 꿈들, 팀의 자율적 운영에 대한 합의 사항 설계, 팀의 인터뷰 프로세스에 대한 기획 등과 같은 토론 주제들을 중심으로 진행되었다.

　이 세션은 효과가 있었다. 현안들은 만족스럽게 해결됐고, 이 팀이 앞으로 효율적으로 활동할 수 있도록 지원하는 결정들이 내려졌다.

　아웃사이더 팀의 경험은 하나의 긍정적 경험이 대규모 그룹의 사람들을 재훈련시키고 재교육시키는 데 도움이 될 수 있다는 사실을 입증하였다. 만약 아웃사이더 팀이 실패하였다면, 그들의 실패는 "윈도우 패션 부문 내에서는 그 어떠한 것도 절대 변화할 수 없다."는 입소문의 증거가 됐을 것이다. 그 팀이 성공했기 때문에 그리고 그토록 뛰어난 방법으로 성공했기 때문에 그들은 생산직 구성원들과 리더들이 실제로 차이를 극복하고 조직을 위해 훌륭한 일들을 효과적으로 달성할 수 있다는 그 반대의 제안을 입증하였다.

　이 최초의 충돌은 포커스 2000 계획을 통한 노력의 긍정적 에너지가 이탈되도록 위협했던 여러 에피소드들 중 첫 번째였다. 사실, 안전과 신뢰가 증진되기 시작하자 검수inspection와 재패턴화를 요구하는 회사의 습관적 행위들이 점점 더 부각되었다. 이 사건으로부터 발생한 일련의 에피소드로부터 헌터 더글러스의 리더들은 언행일치의 중요성을 배웠다. 가장 엉망인 상황에서도 에이아이가 소중한 도구이며 실행해야 한다는 신념을 갖고 이를 행동에 옮기는 것을 말이다.

끝없이 이어지는 인터뷰들

　6월 초의 사외 미팅을 마치면서, 이 두 인터뷰 팀들이 활동을 시작하였다. 제 7세대 팀은 3개월에 걸쳐 헌터 더글러스 구성원의 거의 절반에 가까운 수와 1백 명의 외부 이해 관계자들을 더한 5백 건의 사내 및 사외 인터뷰들을 수행하기 위해 대기하고 있었다.

　제 7세대 팀은 집단 확장 탐구 모델을 이용하여 다른 사람들을 인터뷰했고, 인터뷰 진행자들을 충원하며, 훈련시켰으며, 두 달도 채 안 되는 기간 동안 5백 건의 인터뷰를 수행할 2백 50명의 인터뷰 진행자들을 양성하였다.

　"죽음의 계곡"을 통과하면서 아웃사이더 팀 역시 효과를 거두기 위해 노력하였다. 생산직 구성원들, 전문가들, 중간 계층 감독자들이 다양한 고객들, 공급업체들, 공동체 구성원들을 인터뷰하기 위해 두 개의 팀으로 나누어 전국을 여행하였다. 이 두 팀은 값으로 따질 수 없이 소중한 비즈니스 관계들을 구축했고, 유용한 정보들을 수집했으며, 이루 말할 수 없는 정도의 지혜를 얻게 되었다.

생산 라인에서 일하는 여성인 조안Joan은 그 끊임없는 불만 제기와 요구사항들로 인해 헌터 더글러스의 역사에 남은 한 고객을 인터뷰하였다. 인터뷰를 진행하는 동안, "켄 제이콥스Ken Jacobs"가 헌터 더글러스의 제품이나 공정에 있어서 뭔가 잘못된 것들에 관하여 불평하기 시작하자, 조안은 그의 대화의 방향을 돌리려고 하였다. "그런데, 제이콥스 씨, 저는 이것이 아주 중요하다는 것을 알고 있습니다만, 그것이 우리 인터뷰의 진짜 목적은 아닙니다. 제가 그걸 적어 놓고 다른 구성원을 보낼 테니, 그 때 당신의 문제점에 관하여 얘기하도록 해주시겠어요?" 그 인터뷰가 끝날 때, 제이콥스는 그녀를 힘껏 포옹하고는 자신의 생산 공장을 둘러보게 해주었다. 두 달 후, 그는 이 부문의 첫 번째 에이아이 서밋에서 많은 기여를 하였다. 그의 기여는 긍정적이며, 통찰력 있는 것이었다. 그 모임이 끝날 때, 그는 서밋 참가자 그룹들과 자신의 이야기를 공유하였다.

> 내 생각에 윈도우 패션 사업부문은 가장 강력하고 긍정적인 활동을 시작했습니다. 내가 이 회사에 대해 경험한 바 중 가장 강력하고 긍정적인 일이라 생각합니다. 이것이야말로 앞으로 헌터 더글러스를 위대한 회사로 만들어 줄 것입니다.

또 다른 생산직 직원인 존John은 헌터 더글러스의 최대 배급자들 중 한 사람을 인터뷰하기 위해 오마하로 출장을 갔다. 거기에 머무르는 동안, 그는 그 회사가 노숙자들을 직원으로 채용하고 재훈련시킬 때, 그들의 첫 번째 급여를 선불로 지급함으로써 노숙자들이 기본적인 옷가지들을 사고 숙소에 보증금을 지불하도록 하는 방식에 대하여 배웠다. 그의 인터뷰가 진행되는 동안, 그 배급자는 인건비는 현저하게 감소시키고, 노숙자들이 스스로 절망적인 가난에서 벗어나도록 도울 수 있어 만족스럽다고 자랑하였다. 그 인터뷰를 마치고 돌아온 지 약 한 달 후, 존은 헌터 더글러스 노스 아메리카의 사장에게 프리젠테이션을 할 수 있도록 해달라고 요청하였다. 그는 그 회의에서 윈도우 패션 사업부문에서도 이와 유사한 프로그램을 시범적으로 실시하기 위한 세부계획을 제안하였다. 이 파일럿 프로그램은 회사 측에서 보았을 때 필요한 구성원을 충원하는 방안이었고, 동시에 지역사회 입장에서는 중요한 봉사활동이 될 수 있는 것이었다.

일선 구성원이 인터뷰 진행자가 되는 것의 강점

몇몇 인터뷰 진행자들은 헌터 더글러스와 그 근무 환경에 대한 감사로 채워진 그들의 경험들을 돌이켰다. 한 남성은 다음과 같이 말하였다.

다른 회사에서 근무하는 구성원들(그 중 한 사람을 그가 인터뷰하였다)은 이런 종류의 인터뷰를 하기 위해 저 같은 기계 운전공을 출장 보냈다는 것을 믿지 못했습니다! 그들은 제가 전 세계에서 최고인 회사를 위해 일하고 있는 것이 틀림없다고 말했고, 저도 그것이 사실일 수 있겠다고 생각하기 시작했습니다.

또 다른 여성도 다음과 같이 회고하였다.

저는 제가 다른 공장들의 몇몇 근무 환경들을 보고, 그들의 급여와 연금에 대하여 듣기 전에는 우리가 여기서 일하는 것이 얼마나 좋은 것인지를 결코 알지 못했습니다. 여기서 일하는 사람들은 그들이 누리고 있는 것에 대하여 알 필요가 있어요. 그들은 여기가 얼마나 일하기에 좋은 곳인지 알아야 합니다.

자신들이 진행한 인터뷰들로부터 개인적으로 다른 대안들을 보고 피드백을 받으면서 구성원들은 헌터 더글러스의 근무 환경의 우수성과 포커스 2000 프로그램을 통해 자신들에게 주어진 임무의 중요성을 보다 완전히 인식하게 되었다.

인터뷰가 지속될수록 윈도우 패션 사업부문 전반에 걸친 매니저들과 전문가들도 사외 인터뷰에 비전문가들이 참여하는 것이 포커스 2000 프로세스의 가장 중요한 요소들 중 하나였다는 것을 깨닫기 시작하였다. 9개월이 흐른 뒤, 릭 펠렛은 다음과 같이 말했다.

이것은 우리가 포커스 2000 프로세스 전체에 걸쳐 내린 결정들 중 가장 중요하고 긍정적인 것이었습니다. 저는 우리가 구성원들이 외부 인터뷰를 하지 못하게 할 뻔했다는 것을 믿을 수가 없습니다. 그것은 "진실의 순간moment of truth"이었으며, 우리가 바른 결정을 내린 데 대하여 감사하게 생각합니다.

이야기들이 날개를 달다

탐구 단계가 진행됨에 따라 인터뷰 진행자들은 고무되고, 활기로 가득 찼으며 한 번에 한 인터뷰를 통해 세상을 바꿀 준비가 되어 있었다. 조직 내에 있는 다른 모든 사람들도 사외 모임에서 어떠한 일이 일어났는지 보다 더 궁금해 하였다. 사람들은 진심으로 이야기들을 공유하고, 이를 듣고 싶어 했지만, 이야기들을 나눌 장소가 없었던 것이다! 이로 인해 오랫동안 주장돼 온 커뮤니케이션 상의 "블랙 홀"의 주된 원인이 악의적인 것이 아니라 환경적인 것이었음이 밝혀졌다. 전화, 음성 메일, 이메일, 개인별 메일 박스 중 어느 것도 회사 내 현장 구성원들은 이용할 수 없었다. 달리 말하자면, 전 구성원의 거의 2/3가 본질적으로는 어떠한 형태의 직접적 개인 간 의사소통을 통해서도 연결될 수 없었던 것이다.

이것은 중대한 문제였다. 사내 커뮤니케이션 팀 – 자체적으로 InToublable Team 팀으로 명명함 – 은 빠르고, 간단하며, 저렴하게, 현저하게 효과적인 일련의 전략들을 내놓았다. 그들은 두 가지 질문들에 초점을 맞췄는데, "우리가 배우고 있는 것들을 어떻게 전파할 수 있을 것인가?"와 "우리는 어떻게 사람들을 포커스 2000과 이미 일어나고 있는 훌륭한 성과들로 끌어들일 수 있을 것인가?"라는 질문들이었다. 이 활동들은 전체 구성원들의 관심을 끌었으며, 더 큰 프로세스를 위한 열의와 모멘텀을 구축하였다.

"포커스 2000에 대하여 물어보세요."

첫 인터뷰 진행자 모임에서 사람들은 자신들이 거둔 성공담과 함께, 포커스 2000에 관한 일반직원들의 인식 부족에 대한 당혹스러움에 관하여 얘기를 나누었다. 처음의 킥오프 미팅에도 불구하고, 대부분의 구성원은 포커스 2000이 어떻게 진행되고 있는지에 대한 세부적 사항을 알지 못하는 상태로 남아 있었다. 이에 대한 아이디어들을 토론하고 있을 때, 누군가가 불쑥 말을 꺼냈다. "나는 사람들이 내게 물어봤으면 좋겠어요! 그들이 질문을 하면, 난 그들에게 모든 것을 얘기해 줄 자리를 바로 마련할 거예요."

이 대화는 "포커스 2000에 대하여 물어보세요Ask Me About Focus 2000" 배지를 착용하는 아이디어로 발전하였다. 사람들은 이 배지를 자신들의 작업복 위에 부착하고, 칸막이 벽 위에 붙였으며, 야구 모자에 핀으로 꽂아 놓았다. 이 배지는 사람들로 하여금 질문을 하도록 유도하였다. 그리고 사람들로부터 질문을 받으면, 프로그램 참가자들은 모든 것을 얘기해 주었다. 그들은 인터뷰 주제들과 내용에 관하여, 그들의 희망과 꿈에 관하여, 그들의 상상 속에서 떠오르는 회사의 이미지에 대하여 얘기하였다.

포스터 순회 전시

처음의 의미를 부여하는 모든 세션에서 참가자들은 제 손으로 포스터들을 만들고, 이들을 카페테리아와 휴게실 내에 부착하였다. 포스터의 양식은 상단에 포커스 2000 로고가 있는 흰색 종이였다. 로고 아래에는 다음과 같은 미완성의 문구들이 인쇄되어 있었다.

- 내가 최초의 포커스 2000 사외 미팅에서 배운 가장 중요한 것은… 이었다.
- 포커스 2000 인터뷰 진행자가 되는 것에 있어서 가장 좋은 점은… 이다.
- 포커스 2000 프로그램에 대하여 인터뷰를 받는 가장 좋은 점은… 이다.
- 내가 헌터 더글러스에서 일하는 모든 이들에게 포커스 2000 프로그램에 대하여 알리고 싶은 메시지는… 이다.

사람들이 그 단문을 완성시킬 수 있도록, 한 문장 당 한 장씩, 빈 인덱스카드가 사람들에게 배분됐다. 우리는 사람들이 글씨를 잘 읽을 수 있게 또박또박 카드를 쓰게 하고, 원할 경우 그들의 이름을 서명하도록 했다. 사람들의 응답은 편집되지 않은 채 보드에 붙여졌고, 최종적으로 도출된 포스터들은 주간 단위로 구내의 서로 다른 장소들에 순회 전시되었다.

이 포스터들에 대한 사람들의 호기심은 매우 컸다. 점심시간 동안 사람들이 포스터들 주변에 모여들었고, 자신들의 동료들이 쓴 의견들을 읽었다. 그것은 사외 모임의 참가자들이 그 또는 그녀의 시각을 조직 내의 다른 모든 사람들과 나누기 위한 개인적이고 색다른 방법이었다.

우리가 포스터들에 대하여 들은 것은 무엇일까? 카드마다 그 내용이 다르기는 했지만, 여기 몇몇 주요한 내용들이 있다.

- "내가 포커스 2000의 첫 번째 사외 모임에서 배운 가장 중요한 것은 나의 의견이 차이를 만들어 낸다는 것이다."
- "포커스 2000 인터뷰 진행자가 되는 것에 있어서 가장 좋은 점은 우리의 차이점들 밑에는 공통점이 존재한다는 것을 발견한 것이다."
- "인터뷰 대상자에게 가장 좋은 점은 오늘날의 내가 있도록 도와줬던 사람들과 상황들을 기억하는 것이다."
- "내가 헌터 더글러스에서 일하는 모든 이들로 하여금 포커스 2000 프로그램에 대하여 듣게 하고 싶은 메시지는 우리 자신이야말로 우리의 꿈을 실현할 수 있는 유일한 사람들이라는 점이다."

소식지 출간

이 부문의 소식지가 좋기는 했지만, 분기별로만 출간된다는 점이 아쉬웠다. 인터뷰 진행자들이 탐구하고 있었던 것들의 범위와 규모를 감안하면, 이 소식지는 뭔가 달라질 필요가 있었다. 그래서 인터쳐블스 팀에서는 인콰이어러 2000Inquirer 2000이라고 불리는 월간 소식지를 만들었다. 이 전면 컬러 소식지는 포커스 2000의 이벤트와 활동들, 사람들의 긍정 인터뷰들로부터 나온 개별적 이야기들, 구성원들이 에이아이를 자신들의 업무 및 가정생활에서 작용하는 방식의 예 등에 관한 사진 및 이야기들을 싣고 있었다. 아울러 각 주제는 공장 및 부서 미팅에서 전달됐던 정보를 보강했으며, 다가오는 이벤트들에 대한 일정을 제공하고 있었다.

이 소식지들은 대단히 히트했기 때문에, 우리가 종합 보고서를 작성해야 할 때가 됐을 때, 이 접근법을 도입하였다. 인콰이어러 2000 특별 판이 신문 형식으로 제작되어, 방금 들어온 이야기들, 사진들, 만화, 크로스워드 퍼즐, 사람들이 다가올 포커스 2000 관련 활동들에 참가하도록 유도하는 광고들이 실렸다. 시각적으로 고무적이면서도 재미있었던 그 보고서들은 사람들을 포커스 2000의 경험으로 이끌었고, 최고의 이야기들, 사례들, 미래에 관한 이미지들을 전달하였다.

영화로 만들어지다

비디오 상영이 타운 미팅 중에 매우 탁월한 방식으로 효과를 발휘했기 때문에, 인터뷰 팀에서는 효과가 있는 것들을 추가로 실시하기로 결정하였다. 구내에 이미 비치된 텔레비전과 VCR을 활용하면서, 이 팀은 탐구 기간 전체에 걸쳐 비디오 필름을 제작하여 상영하였다.

몇 주 간격으로, 사외 미팅의 하이라이트를 보여주고, 긍정 인터뷰에서 나온 이야기들과 경험들을 담은 새로운 비디오가 배포되었다. 부문 전체에 걸쳐, 사람들은 점심시간과 휴식 시간 중에 텔레비전 쪽으로 더 가깝게 의자를 움직였다. 그들은 자신들의 동료가 화면상에 나와 더 많은 질문들을 하기 시작하는 것을 보았다. 그들은 어느새 참여하게 된 것이다.

탐구 과정의 여러 모습들

헌터 더글러스에서 에이아이가 진행된 첫 10개월은 일 대 일 인터뷰로 가득 찼으며, 소규모 그룹의 검토가 이어졌다. 그러나 우리가 이 첫 번째 1천 건의 인터뷰들을 끝내고, 에이아이를 기업의 사업에 결합하기 위한 방법을 찾기 시작했을 때, 우리는 놀라게 되었다. 사람들은 "아뇨! 더 이상의 인터뷰는 안 돼요!"라고 필사적으로 애원하였다. 사람들은 그 프로세스와 그것이 자신들에게 가져다 준 것에 찬사를 보냈지만, 단지 그 접근법에 대하여 열광했던 것뿐이었다.

다시 한 번, 실패가 영감으로 이어졌다. 컨설턴트들은 관계를 맺어주고, 핵심적 긍정 요소들을 밝혀 주며, 꿈을 촉진하고, 있을 법하지 않았던 파트너십을 구축해주는 새로운 접근법들을 디자인하기 시작했다. 예를 들어, 1998년의 전략 기획 서밋에 앞서, 그들은 모든 참가자들에게 사전에 작성된 인터뷰 가이드를 나누어 주었다. 그 지시 사항은 탐구를 위한 광범위하고 다양한 옵션들을 제시하고 있었다.

- 지금부터 전략 기획 서밋을 하기 전까지의 기간 동안 구성원들, 고객들, 공급업자들로부터 정보를 수집하는데 힘쓰라. 이 인터뷰 가이드를 활용하여, 이를 수행할 수 있는 다양한 방법을 고안하라. 여기에 우리가 선택한 몇 가지 아이디어들이 있다 … 마음껏 창의적이 되어 여러분 스스로의 해결 방법을 찾아내고, 이를 서로 공유하라.
- 정기적으로 계획된 팀 또는 공장 회의를 시작할 때, 첫 10분을 한 번에 하나의 질문이나 주제를 토론하는 데 할애하라. 각 회의에서 모든 주제들이 다뤄질 때까지 이를 계속하라.
- 당신의 비즈니스 유닛 또는 부서 내에서 온 사람들을 대상으로 3 ~ 4회의 인터뷰를 실시하라. 인터뷰 대상자들을 고를 때 다양한 직급과 기능을 고려해야 하며 더 좋은 것은 이런 인터뷰가 아니면 올해의 전략적 기획 프로세스에 참여할 기회를 가지지 못했을 사람들을 선정하는 것이다.
- 인터뷰 가이드 내에 있는 주제들에 관하여 비공식적으로 사람들이 어떻게 생각하는지 물어보라. 식당이든, 혹은 다른 어떠한 곳에서든, 당신은 당신의 작업 구역 외의 사람들과 가벼운 대화를 나누라.
- 만약 당신의 직무가 정기적으로 고객들이나 공급업자들을 접촉하는 것이라면, 그들에게도 이와 같이 해보라! 당신이 그들과 전화로 연락을 할 때마다 한 가지씩 질문을 하고, 당신이 현장을 방문할 때면 그들의 관점에 따른 의견을 알기 위해 그들을 인터뷰 하거나 특별한 점심 식사에 초대할 계획을 세우라.
- 포커스 그룹을 초청하고, 당신이 긴밀하게 일하는 2 ~ 3개의 다른 부서 사람들과 함께 당신의 부서 구성원들을 초대하라.

사람들이 발굴하기 활동에 대한 그들의 접근법에 변화를 주도록 권장함으로써, 그들은 탐구의 참뜻을 유지하면서 조직 변화의 지속적인 프로세스에 새로운 활기를 끊임없이 불어넣을 수 있었다.

모멘텀이 지속되도록 유지

포커스 2000을 그토록 성공적으로 만든 원인들 중 일부는 탐구의 다양한 측면들에 점점 더 많은 이해 관계자들의 그룹을 참여시키기 위해 헌터 더글러스가 전념했기 때문이다. 시작에서부터 그들은 다양한 조직의 대표들을 참가시키는 것과 사람들의 열정을 활용하는 것에 몰두했었다. 이는 사람들이 탐구 기간 전반에 걸쳐 들고 난다는 것을 의미하였다. 즉 그들은 자원하여 탐구에 참여하고 좋은 일들을 많이 한 후 자신들의 본업으로 복귀했다.

이와 동시에, 신참자들은 긍정 인터뷰, 의미부여 세션, 혹은 몇몇 다른 활동에 초대될 것이고, 그 매력에 사로잡힐 것이다. 결국 에이아이에 대한 정식적인 훈련을 받지는 않았지만 에이아이의 가장 강력한 지지자들 중 적지 않은 사람들이 에이아이 프로세스의 강점을 간파하고 프로세스가 진행되는 동안에 참여하기에 이르렀다.

그들이 이 참여의 물결을 지속적으로 확산시키려고 시도할 때, 자문 팀과 경영진은 일관성과 변화에 관한 이슈에 긴밀하게 주의를 기울였다. 예를 들어, 그들이 새로운 인터뷰 진행자들을 훈련시킬 때, 그들은 버디 시스템(buddy system, 신참 자들과 원래의 주제와 질문들의 본질과 의도를 알고 자신의 스킬을 이미 다듬어 본 경험이 있는 인터뷰 진행자들이 짝을 이루도록 하는 체계)을 구축하였다. 이와 유사하게, 그들이 포커스 2000이나 에이아이에 대하여 아무런 경험도 없었던 사람들을 큰 이벤트에 초청할 때면, 그들은 전체 프로세스의 일관성을 보장하기 위해 이전에 에이아이에 참여한 경험이 있는 사람들을 함께 초대하였고 이전에 했던 활동들도 함께 배치함으로써 일관성을 유지하고자 하였다. 포용과 변화로의 실행 과정에 주의를 기울임으로써, 그들은 추진력을 유지하고 구축하였다. 이를 통해 그들은 사람들이 좋아하는 것을 추구하고 에너지와 흥미를 통해 조직에 기여하도록 지원하는 구조를 제공했던 것이다.

이로써 헌터 더글러스에서의 발굴하기 활동에 대한 우리의 설명을 마친다. 헌터 더글러스의 사례는 제 8장 꿈꾸기에서 계속된다.

제 8 장

꿈꾸기:
미래에 대한 비전구상

에이아이의 꿈꾸기 단계에 서 조직의 모든 구성원들 및 그 이해 관계자들은 조직의 미래를 구상하기 위한 프로세스에 참여한다. 그들은 자신들이 발굴하기 단계를 통해 배운 것들을 협의하고, 보다 고무적이고, 긍정적이며, 활기 찬 세상과 조직을 상상하기 위해 한

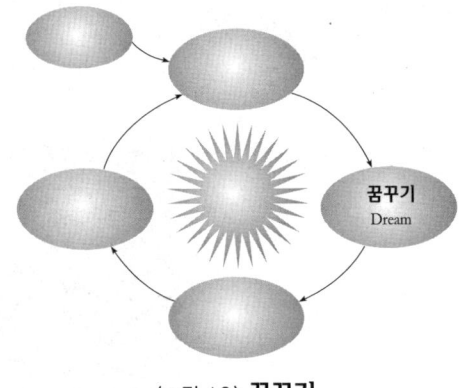

〈그림 12〉 **꿈꾸기**

걸음 더 앞으로 나아간다. 그 과정에서 그들은 풍부한 개인적 꿈들을 나누고, 공동의 꿈을 만들고 창조적으로 실현하며, 때로는 조직의 사명이나 목적에 대한 진술문을 작성하기도 한다.

에이아이의 꿈꾸기 단계는 이전에 있었던 것들 중 최상의 것을 앙양시키고, 사람들로 하여금 더 나은 것을 상상하도록 이끈다. 꿈꾸기는 조직의 핵심적 긍정 요소를 증폭시키고, 보다 가치 있고 활기찬 미래를 장려한다. 꿈꾸기 활동을 통해 사람들은 구태에 맞서게 되고, 4-D 프로세스의 다음 단계인 디자인 단계로 자석처럼 이끌리게 되며, 그 단계에서 그들은 자신들의 가장 큰 희망과 꿈들을 실현할 조직을 구상하게 한다.

이미지의 파워

예측의 원칙에서 시사 하는 바와 같이, 인간 시스템은 식물과도 같다. 그들은 유기적이고 본능적으로 "빛"이 비치는 방향으로 자라나는데, 이 빛은 미래에 대한 그들의 집합적 이미지인 것이다. 사람들에게 있어 이 "자각의 연속적인 흐름running stream of consciousness"은 윌리엄 제임스William James가 명명한 그 이름처럼, 개인적

가능성에 대한 집합적 이미지로서의 역할을 한다. 모든 사람들은 내면의 대화 혹은 자기 대화self-talk를 하는데, 이것은 일련의 개인적인 질문들로 그 사람의 수행이나 행위의 요인들을 설명할 수 있다. 우리의 개인적 자기 대화가 보다 긍정적일수록 우리의 개인적 잠재력 또한 더욱 긍정적이 될 것이다.

조직에도 내적 대화가 있다. 다시 말하여 미래에 대하여 조직의 구성원들이 가지고 있는 이미지들이 실제로 그들의 현재 및 미래의 성과 모두에 영향을 미친다고 가정해 보자. 만약 그런 경우라면 조직의 변화와 성공은 조직구성원들이 협력을 통해 긍정적 이미지들을 발생시킬 능력이 있는가에 달려있다고 할 수 있다. "긍정적 이미지, 긍정적 행동Positive Image, Positive Action"이라는 제목의 논문에서 데이빗 쿠퍼라이더는 이런 제안를 한 단계 더 발전시켰다.

> 만약 그들의 목표가 긍정적이고 인간적 차원에서 의미 있는 미래를 실현하고자 하는 것이라면 집단 차원에서 긍정적인 심상을 창출하는 것은 개인과 조직이 참여할 수 있는 가장 풍요로운 활동이 될 수 있을 것이다.[65]

스크린 위에 투영되는 영화처럼 조직은 미래에 대한 기대, 상상, 가능성의 지평을 하나의 촉진제로서 강력하게 현재에 투영한다. 미래에 대한 조직의 이미지가 보다 강력하고 흡인력이 있을수록, 그 결과 또한 보다 긍정적이 될 것이다. 예를 들어, 콜린 마샬 경Sir Colin Marshall이 브리티시 에어웨이의 경영권을 인수했을 때, 그는 극도의 혼란에 빠진 한 항공사를 넘겨받았다. 구성원들과 고객들은 다 함께 불만에 가득 차 있었다. 그런 상황에도 불구하고 마샬의 눈은 현재에 대하여 완전히 열려 있었으며 다음과 같이 선언하였다. "우리는 전 세계에서 가장 유명한 항공사입니다." 누군가 그에게 그것이 사실이 아니라고 말할 때, 그는 이렇게 말하였다. "그럴 수도 있겠지요, 하지만 당신의 일은 그것이 사실이 되도록 만드는 것입니다." 그의 이미지는 미래, 도전, 가치 있는 목표 — 이제는 많은 사람들이 달성되었다고 말할 – 를 비추는 등불이 되었다.

행위의 한계로서의 이미지들

헨리 포드Henry Ford는 아주 간단하게 다음과 같이 말하곤 하였다. "당신이 할 수 있다고 생각하든 혹은 당신이 할 수 없다고 생각하든, 당신의 생각이 옳습니다." 대화 속에서 생겨나고 현실처럼 믿음 속에 자리 잡고 있는 이미지들은 긍정적 행위의 씨앗, 그 이상이다. 그들은 또한 행위의 한계이기도 한 것이다.

한 기업을 성공으로 이끄는 이미지들은 종종 그 한계 요소 또는 변화의 목표가 된다. 약 8년 전, 출산과 관련된 모든 부분에서 건강 보험료를 줄여야 할 상황에 직면한 어떤 전국 임상 실험 기업의 대표가 자신의 회사 영업 사원들에게 연설을 하였다. 그는 영업 사원들에게 말하기를 만약 의사들이 검사를 현지 실험실local labs로 보내기보다 지역 단위 실험실regional labs로 보내는 데 동의한다면, 회사가 현저한 비용을 절약할 수 있으며, 이를 통해 의사와 고객들에 대한 서비스의 비용을 줄일 수 있다고 하였다. 그는 이 조직변화의 개요를 설명했으며 가장 큰 난제는 의사들이 믿고 있는 효율성의 이미지들이 더 이상 사실이 아니라는 점을 납득시키는 것이라고 말하였다.

역설적이게도, 불과 4년 전에 동일한 영업 사원들의 상당수가 의사들에게 그 이미지들이 성공적인 비즈니스가 될 거라고 설득했던 터였다. 그 임상 실험실은 현지 실험실들의 네트워크를 구축했었고, 현지 서비스에 대한 이미지에 기반하여 자신들의 명성과 사업을 쌓아 올렸었다. 이제 그 사업 환경과 기술이 변화했으며, 더 적은 수의 지역 실험실들이 전국적으로 널려있는 현지 시험실의 네트워크와 동일한 품질의 서비스를 제공할 수 있었다. 그러나 의사들은 아직도 자신들과 자신들의 환자들이 현지 실험실에 의해서 가장 잘 지원 받을 수 있다고 믿고 있었다. 영업 사원들의 임무는 임상 검사를 판매하는 것이 아니라, 의사들이 이상적인 검사 프로세스에 대한 그들의 이미지를 바꾸도록 돕는 것이었다. 전국에서 가장 크고 성공적인 네트워크에 대하여 그 회사가 구축했던 이상적인 이미지는 이제 그 회사의 한계 요인이 된 것이었다.

탁월성에 대한 맥락의 확대

새로운 이미지를 만들어 내기 위해, 조직들은 보다 큰 맥락에서 자기 자신을 보아야만 하며, 최우선적으로 목적과 소명에 대한 질문을 심사숙고한 후 이에 따라 행동해야만 한다. 알버트 아인슈타인Albert Einstein이 말했듯이, "당신은 문제가 처음 생겨난 것과 동일한 수준에서 그 문제를 해결할 수는 없다." 이는 조직 변화에도 해당된다. 이해 관계자들이 가지고 있는 집단적 이미지를 매력 있고 행동을 불러일으키는 것으로 변화시키기 위해서 여러분은 탁월성에 대한 맥락을 확대하여야만 한다. 여러분은 사람들로 하여금 그들의 일상적 업무, 역할, 혹은 책임의 경계를 넘어 상상하도록 그리고 목적 및 소명에 관한 질문들을 고려하도록 해야 한다.

교수이자 컨설턴트인 짐 콜린스Jim Collins와 제리 포라스Jerry Porras는 인내하는 조직, 시간이 지날수록 성공적으로 변화할 수 있고 적응할 수 있는 조직을 "실용주의적 이상주의pragmatic idealism"라고 부른다.66 그들은 머크 제약Merck Pharmaceutical이 제 3세계를 황폐화시켰던 부교감 신경계 질환 치료 약품을 기부하기로 한 결정을 인용하면서, 이 결정은 "인간의 삶을 보전하고 개선하기 위한 기업"이 되겠다는 67 그 회사의 꿈을 통해 탁월성에 대한 더 높은 목표, 혹은 더 광범위한 맥락의 중요성을 예증하고 있다. 머크는 그들로 하여금 치료약을 필요로 하는 사람들에게 그것을 제공하는 강력한 소명 의식을 가지고 있었으며, 그런 필연적인 선행이 "어떠한 식으로든… 보상을 받을 것"이라는 점을 믿고 있었다.

에이아이의 꿈꾸기 단계에서 우리는 다음과 같은 질문을 던짐으로써, 탁월성에 대하여 가능한 가장 큰 맥락 속에서 그들 자신을 볼 수 있도록 개인과 조직을 돕는다. 더 나은 세상을 위한 당신의 꿈은 무엇입니까? 당신이 속한 조직은 어떠한 방법을 통해 그 꿈을 이루는 데 일조할 수 있습니까? 당신의 소명은 무엇입니까? 당신은 당신의 공동체에 대하여 어떠한 나름의 기여를 할 수 있습니까? 세상에 대하여서는? 이런 질문들은 추상적인 질문 이상의 것들이다. 이 질문들은 조직에 대한 목표 설정의 현실적 양식, 즉, 현실주의적 이상주의를 고무시키는 방법으로서 역할을 수행한다.

뉴트리멘탈 푸드의 예를 들어보자. 그들이 자신들의 미래에 대하여 목표를 설정했을 때, 그들은 자신들의 나라인 브라질의 환경을 감안하여 이를 수행하였다. 그들은 그들의 아이들과 손자들을 위한 안전하고, 건강하며, 풍요로운 삶을 최우선적인 목표로 정하였다. 그 후에 그들은 자신들이 가공하고, 포장하며, 배급하는 식품들이 그들 조국의 건강과 행복에 긍정적으로 영향을 미칠 수 있는 방법에 대하여 토론하였다. 그 결과, 그들은 그들 사업의 목표를 그들 조국의 더 건강한 라이프스타일에 기여할 수 있는, 건강한 식품을 취급하는 사업이 되는 것으로 변경하였다.

많은 이해 관계자들에 있어서 에이아이의 꿈꾸기 단계는 그들이 속한 조직을 위해 크게 생각하고, 대담한 가능성들을 상상하도록 만드는 첫 번째 초대이다. 그들의 업무의 영역을 넘어서 구상하도록 요청 받았을 때, 사람들은 그들의 일에서 새로운 의미를 찾는다. 그들은 자신들이 하고 있는 일이 전체에 대하여 그리고 그들이 속한 조직과 이를 넘어서는 범위를 위해 삶을 더 크게 향상시키는 목적에 대하여, 어떻게 기여할 수 있는지 알게 된다.

꿈꾸기 단계에 내려야 할 주요 결정

꿈꾸기 단계에서 내려져야 할 결정들은 계획의 과정과 내용 모두에 관련되어 있다. 이 결정들은 다음의 항목들을 포함한다.

- 우리는 누구를 관련시켜야 하는가? 우리는 어떻게 방 안에 있는 모든 관계자들의 의견을 취합할 것인가? 우리는 어떻게 모임에 참석하지 않은 사람들의 의견들을 포함시킬 것인가?
- 우리는 미래에 대한 우리의 이미지를 표현하기 위해 어떠한 경험적 활동을 이용할 것인가? 우리는 우리의 꿈들을 단순히 글로 적을 것인가, 아니면 그림으로 표현할 것인가, 혹은 직접 실천으로 옮길 것인가? 우리는 어떻게 창의성을 양양할 것인가?
- 우리의 목표가 가져올 결과는 무엇인가? 매력적이고 창의적인 이미지들이면 충분한가? 우리는 전략적 비전이 필요한가? 목표 선언문은?

참석한 모든 이들의 의견 취합하기

조직의 미래에 대한 이미지들이 공동체의 대화, 즉 공동체의 구성원들과 이해관계자들 간의 대화 속에서 창조되기 때문에, 이 이미지들은 일종의 공공 자산이다. 이 공공 자산은 더 큰 그룹들이 이미지 창출을 위해 초대될 때 더욱 풍성해진다. 꿈꾸기 단계에 포함된 공동체들이 더 크고 더 다양할수록, 그 결과는 보다 더 강력하게 된다. 시각, 경험, 사고 스타일의 유형은 희망과 잠재력에 관한 긍정적 이미지를 마치 크림처럼 표면으로 떠오르게 한다. 누구나 이런 이미지를 가지고 있다. 누구나 이런 이미지들을 놓치지 않고 잡고 있으며, 이를 실행하기 위한 책임을 진다. 그리고 그 결과, 누구나 성과와 활기를 위한 조직의 잠재력을 향상시키는 데 이해관계를 가지고 있다.

에이아이의 꿈꾸기 단계에서 우리가 가능한 한 많은 이해 관계자들을 포함하여, 가능한 한 많은 사람들을 참여시키는 것은 당연한 노력이다. 이 크고 다양한 그룹의 사람들이 공동체 안에서 꿈을 꿀 수 있는 가장 일반적인 토론의 장 중 하나는 에이아이 서밋이다. 에이아이 서밋이 진행되는 동안, 수백, 혹은 수천 명의 사람들이 함께 꿈을 꿀 수 있다. 그들은 개인적인 희망과 꿈들을 서로 얘기하고, 그 후에 소규모 그룹에서 전체 조직을 위한 공통적 목표들을 창출할 수 있다. 그러고 나면 그룹의 목표가 제시될 수 있고, 전체 조직을 위한 하나의 강력한 목표로 조직될 수 있다. 전체 조직이 그와 같은 활동들을 위해 존재할 때, 그 결과는 극적이다. 새로운 비전들은 구성원 참여, 고객 충성도, 재무적 성과를 차례로 강화시켜 주는 자발적 행동들로 이어진다.

그러나 참석자들의 의견을 모으는 것이 때로는 어려울 수도 있다. 이때가 창의성을 발휘할 때이다. 만약 우리가 모든 이들을 한 장소에 모을 수 없다면, 어떻게 모든 이들의 의견을 취합할 수 있을지 여러분 스스로에게 질문해보라. 한번은 우리가 고객들, 소비자들, 혹은 의뢰인들에게 2시간 동안의 질의응답 및 대화를 위한 회의에 참석하도록 요청하였다. 또 다른 경우들에서는, 우리가 나가서 공동체 리더들, 투자 중개인들, 혹은 학교의 어린이들을 만나 인터뷰를 수행하거나 포커스 그룹 세션을 진행하도록 했는데, 이러한 방법을 통해서도 조직의 미래에 관한 이미지의 공동 창작자로서 모든 사람들의 의견을 얻을 수 있었다.

예를 들어, 캘리포니아 대학 버클리 캠퍼스에서 열리는 5일 간의 아카데믹 리더십 강좌를 생각해보자. 여기에는 단 45명의 사람들만이 참가했는데, 이들 모두는 자기가 속한 기관에서 유사한 리더십 위치를 점하고 있었다. 그들이 말하고자 했던 꿈들이 북미 전역에 걸친 고등 교육 기관들과 차이가 있었기 때문에, 그들은 자신의 꿈 이상의 것이 필요한 상태였다. 다른 이들의 의견을 수렴하기 위해, 우리는 참가자들에게 강좌에 앞서 학생들, 교수들, 스태프, 동창들, 공동체의 구성원들, 그리고 그 외 다른 사람들과 인터뷰를 하도록 요청하였다. 참가자들이 도착했을 때, 그들은 다양한 의견들, 이야기들, 아이디어들, 관점들에 온통 몰두해 있었다. 우리는 강좌가 진행되는 동안 고등 교육 분야 내 그리고 그 보다 상위 교육 과정의 외부 강사들을 초빙하여 더 많은 의견들을 구하였다.

꿈꾸기 활동을 위한 시간이 됐을 때, 모든 사람들에게 의견의 변화가 있었는데,

그들은 그 자리에 있지는 않았지만, 고등교육의 미래에 한 축을 담당하고 있는 많은 다른 사람들의 아이디어들과 이상들에 대하여 확실히 심사숙고했던 것이다. 그 결과, 그들이 발표한 꿈들은 매우 혁신적이고, 감동적이었으며, 더 큰 공동체의 희망과 열망을 충족시켜 주는 것이었다.

바르고, 창의적이며, 재미있는 접근법의 선택

긍정 주제 선정 단계와 발굴하기 단계가 진행되는 동안, 참가자들은 대부분 "톡 앤 텔talk and tell" 활동들에 참가하였다. 일 대 일 인터뷰들과 소그룹 대화들이 핵심적 긍정 요소에 관한 경험적 맵핑들 사이에 삽입됐지만, 전반적으로 그 프로세스는 대화를 통한 지식, 학습, 관계 구축에 초점이 두어졌다.

꿈꾸기 활동들은 활기와 접근법에 있어 극적인 변화를 발생시킨다. 보다 중요한 것은 이 활동들이 창의성을 고취시킨다는 것이다. 그러나 조직의 활동 무대를 다지는 방식 또한 중요하다. 창의적 꿈꾸기 활동들은 사람들이 평소 드러내지 않는 창의적 재능을 전반적으로 볼 수 있고, 또 평가할 수 있는 토론의 장이다. 꿈꾸기 활동을 전개하고 나면, 사람들은 사실상 경직된 조직적 역할 및 형태들로 돌아갈 수 없게 된다.

에이아이의 꿈꾸기 단계는 유도된 심상, 토크쇼, 광고, 노래, 시 그리고 그 비슷한 것들 속에 담긴 재미있고 극적인 풍자들에 대한 침묵 속의 심사숙고로부터 나온 모든 것들을 수용할 수 있다. 사람들은 자신들이 가장 선호하는 미래가 이미 실현된 것처럼 이를 묘사하고, 행동하고, 공연한다. 창의적이고 재미있는 꿈꾸기 활동들은 사람들에게 알려지지 않은, 그러나 상상 속에 그려지는 영역으로 인도하며, 이런 활동들은 인식의 직관적 방법인 "우뇌right-brain"로 연결된다.

꿈들이 너무 작으면, 이는 성공을 제한하기 때문에, 우리는 대담하게 창의적인 꿈꾸기 활동들을 통해 상상의 지평을 가능한 한 멀리 넓혀야 한다. 최상의 역량에 있을 때, 이런 활동들은 뇌의 우측 반구를 이용하는데, 이 우측 반구는 이미지는 인식하지만 언어는 인식하지 않고, 음악은 인식하지만 서면 보고서는 인식하지 않으며, 놀이는 인식해도 일은 인식하지 않고, 현재는 인식해도 과거나 미래는 인식하지 않는다. 간단히 말하자면, 이 활동들은 조직의 미래에 대한 이미지를 확장하기 위한 전뇌 운동 도구인 것이다.

창의적이고, 즐거운 꿈꾸기 활동은 많은 조직들에게 반드시 필요한 활동은 아니다. 이 때문에 우리는 주기적으로 다음과 같은 질문들에 맞닥뜨리게 된다. 우리는 우리가 원하는 것에 대해서만 얘기하면서 살 수는 없지 않는가? 이 모든 것들이 실제 일로부터 주의를 산만하게 만드는 것은 아닐까? 우리의 답은 "아니요" 이다. 이것은 실제 일이며, 일에서 재미를 찾고, 창의성을 유지하며, 사람들의 다양한 강점을 이끌어 내고, 보다 바람직한 미래에 관한 이미지를 발생시키는 것에 대한 일이다.

다시 말해서 우리는 가장 보수적인 환경에서조차 꿈꾸기 활동을 하는 데 경험적 접근법을 이용할 것을 강력히 권유한다. 활기와 인식에 대한 접근법을 바꾸지 않는 한 조직들이 새로운 이미지를 만들어내고, 진보를 이뤄 가는데 한계가 있을 것이다. 만약 여러분의 조직이 극적인 풍자에 관한 아이디어에 실망할 것 같다면, 꿈을 설명하고 그림으로 그리는 것을 고려해 보라. 시를 짓거나 시상식을 하는 모습을 고려해보라. 잡지들에서 이미지를 오려서 콜라쥬(collage, 인쇄물을 오려낸 것, 말린꽃이나 헝겊 등을 화면에 붙이는 추상 미술의 한 기법. 역자 주)를 만드는 것을 고려해보라. 아니면, 마분지 상자들, 달걀 용기들, 철물점에서 산 비품 등으로 거대한 모형을 만들 것을 고려해보라. 여러분이 속한 조직의 꿈을 표현하고 고쳐하는 데 여러분이 이용한 활동이 무엇이든 간에, 창의적이고 재미있는 것으로 만들어라.

올바른 시작 방법의 결정

여러분의 변화의 주제는 여러분의 꿈꾸기 단계의 성과를 결정할 것이다. 꿈꾸기 단계는 참가한 이들의 마음속에 새겨진 대담하고 새로운 이미지들로부터 카페테리아와 휴게실에서 상영될 꿈에 관한 비디오들, 문서화된 전략적 비전이나 목표의 선언문 등에 이르기까지 그 형태가 다양할 수 있다. 기억하라. 에이아이에 있어서 가장 중요한 목표는 조직의 이야기들과 내면 대화 속에서 언급되는 이미지들을 바꾸는 것이다. 이를 수행하기 위해서, 여러분은 문서가 필요할 수도 혹은 필요하지 않을 수도 있다. 심오한 경험들은 조직 전반에 걸쳐 들불 같이 퍼질 수 있는 이야기들과 함께, 그들 자신의 수명을 만들어 내는 방식을 가지고 있다. 따라서 적어도 최고의 목표 설정의 시작은 심오한 경험에 대한 위대한 이야기이다.

다른 경우들에 있어 에이아이의 꿈꾸기 단계는 구체적인 결과들, 즉 서면화 된 문서들을 필요로 한다. 예를 들어, 꿈꾸기 단계는 조직의 새로운 사업이나 명확하게 정의된 전략적 비전에 대한 목표 선언문을 작성함으로써 정점에 이를 수 있다. 이는 새로운 연대를 위한 비전 및 가치 선언문이나 두 개의 합병되는 조직을 위한 장기적 비전으로 이어질 수 있다.

피농 매니지먼트 컴퍼니Piñon Management Company는 콜로라도와 뉴멕시코에 15개의 장기 요양시설들을 운영하고 있다. 열의와 팀워크를 구축하는 한편 확고한 전략 및 사업 계획을 위한 기반을 창출해 줄 프로세스를 찾으면서, 그들은 이틀간의 에이아이에 기반한 전략 기획 토론회에 참여하였다. 서로를 인터뷰하고 그들의 핵심적 긍정 요소를 규명한 후에, 참가자들은 십 년 그리고 이십 년이 지난 후 자신들이 노인 요양 시설의 거주자가 되었을 때를 생생한 이미지를 통해 그려 보았다.

그 이미지를 근거로 그들은 자신들의 사업의 미래에 대한 가장 큰 희망을 주는 긍정적인 트렌드를 나타내는 마인드맵을 작성하였다. 이 맵으로부터 그들은 향후 10년간에 걸쳐 자신들에게 펼쳐질 여섯 개의 전략적 사업 가능성들을 파악했다. 이 전략적 사업 가능성들은 향후 이어질 4-D 과정의 초석이 되었다. 그들은 이 4-D 과정에서 그들의 조직이 어떻게 이 가능성에 대응해 나갈 것인지를 긍정적으로 묘사하였고 이를 위한 구체적인 의사결정을 내렸다.

단계별 꿈꾸기 Dream, Step by Step

꿈꾸기 활동은 통상 인터뷰 과정으로 시작하는데, 이 과정 중에 미래에 관해 상상하게 하는 질문들이 사람들의 열망을 깨우고 잊혀졌던 희망과 꿈들을 다시 상기하도록 고무한다. 집단적인 꿈꾸기 활동들은 이 인터뷰 질문들로부터 나오는 사람들의 활기를 이용하며, 그에 더해 사람들로 하여금 가장 혁신적이고, 바람직한 그들의 미래를 구상하고 실행하도록 만든다.

꿈꾸기 활동들은 일반적으로 50명에서 2,000명의 사람들을 포함하는 대규모 회의에서 수행된다. 그 시작부터 끝까지, 이 활동들은 한 시간에서 한나절 정도가 소요된다. 〈표 11〉에 제시된 일곱 개 과정을 통해 에이아이의 꿈꾸기는 가장 뛰어난 사람들의 인터뷰와 이야기를 활용하여 디자인 단계를 위한 풍부한 배경들을 창출하게 된다.

〈표 11〉 **꿈꾸기의 단계별 활동**

1. 핵심적 질문에 대한 성찰
2. 꿈꾸기를 위한 대화에 참여
3. 집단적 꿈꾸기 명료화
4. 창의적인 방법으로 꿈 표현하기
5. 공통적 테마와 기회의 선정
6. 기회지도 작성
7. 꿈을 문서화하기 (선택 사항)

핵심적 질문에 대한 성찰

참가자들에게 핵심적 질문에 대하여 조용히 생각해보도록 함으로써 꿈꾸기 활동을 시작하라. 이는 인터뷰 가이드로부터의 마지막 꿈꾸기 질문일 수도 있고, 혹은 특정 이벤트에 대하여 완전히 상이하고 맞춤화된 것일 수도 있다. 예를 들어보자.

> 지금은 현재로부터 이십 년 후, 정확히 한 세대 후입니다. 당신의 아이들이 자라 어른이 되었습니다. 이제는 그들이 자신들의 아이들, 즉 당신의 손자들을 낳아 기르고 있습니다. 당신의 아이들과 손자들이 물려받은 세상은 좋은 세상, 당신이 이전에 알고 있던 것보다 훨씬 더 나은 세상입니다.
> - 그 세상은 어떻게 보입니까? 사람들은 어떻게, 그리고 어디서 살고 있습니까? 그들은 어떤 일을 하고 있습니까? 그들은 어떻게 여행을 합니까? 그들은 어떻게 배웁니까?
> - 당신이 당신의 가장 어린 손녀와 함께 앉아, 손녀에게 이런 세상이 어떻게 오게 됐는지에 대한 얘기를 해주고 있다고 상상해 보십시오. 당신과 다른 사람들은 그들이 누리고 있는 이 멋진 신세계로 이르는 길을 닦기 위해 21세기 초에 어떠한 결정과 선택을 하였습니까? 당신과 다른 사람들은 어떠한 씨앗을 심었습니까? 그 씨앗은 어떻게 자랐습니까? 수확은 되었습니까?

참가자들에게 핵심적 질문을 제시하고, 이를 심사숙고하기 위한 개인적 시간을 부여하라. 짧은 인터뷰를 실시하거나 이전에 했던 인터뷰, 의미부여 보고서, 혹은 프레젠테이션이나 저널 등으로부터 배운 것들을 몇 분간에 걸쳐 조용히 검토하도록 한다. 더 좋은 방법은 그들이 본능적으로 즐길 수 있는 느리고 최면적인 프로세스의 일종인 꿈의 시각화를 유도함으로써 문제를 소개하는 것이 나을 수도 있다. 어떠한 접근법을 사용하든지 간에 상상력이 풍부하고, 영감을 줄 수 있으며, 앞으로 펼쳐질 풍부하고 창의적인 꿈꾸기를 위한 대화를 시작할 수 있도록 미래에 초점을 맞추도록 하는 것이 중요하다.

꿈꾸기를 위한 대화에 참여

개인별 성찰에 이어 12명 이내의 다양한 사람들로 그룹을 구성하여 꿈꾸기 대화에 참여하도록 요청하라. 이것은 결말이 열려있는 대화이며, 30분에서 1시간 정도의 시간이 할당된다. 대화에 참가한 사람들에게 그들이 스스로 심사숙고하는 동안 희망하고 꿈꿨던 것들과 함께 다른 사람들로부터 배운 것들에 관하여 얘기를 나누도록 요구하라. 테마와 패턴들이 어떻게 유기적으로 나타나기 시작하는지 관찰하라.

집단적 꿈꾸기의 명료화

이제 그룹 별로 미래에 관한 그들의 집단적 이미지를 분명히 하는 데 초점을 맞추도록 요구하라. 당신은 무엇을 들었습니까? 그것은 무엇처럼 보입니까? 꿈이 이루어졌다는 것을 어떻게 알 수 있습니까? 등과 같은 질문을 통해 사람들의 사고를 촉진시켜라. 사람들이 미래의 상태에 관하여, 그들 조직이나 업계의 역할을 포함하여, 생생한 세부 묘사까지 분명히 말하도록 장려하라.

창의적인 방법으로 꿈 표현하기

다음으로 소그룹에 약 30분 정도의 시간을 주고 그들의 집단적 꿈에 관하여 3~5분 간의 창의적 공연을 준비하도록 한다. 공연이 재미있을수록 더 좋다. 우리는 꿈(비전)이 표현될 수 있는 다양한 방법들을 제시하고 싶은데 그림, 이야기, 희극, 광고, 신문 기사, 노래, 시를 비롯하여 다양한 방법을 사용할 수 있다. 우리는 사람들이 이용할 수 있는 모든 비품들을 이용하도록 장려하며, 어떠한 경우에는, 우리가 악기, 미술 도구, 직물, 분장을 위한 의류 등과 같은 소품들을 제공하기도 한다.

일반적으로, 우리는 이런 공연을 위해 단 두 가지 기본 규칙만을 얘기하는데 각 소그룹의 모든 사람들이 참여해야 한다는 것과 공연을 실연하는 데 참가해야 한다는 것이다.

공연에 대한 한 가지 대안으로서 조직들은 그림을 그리거나, 꿈에 관한 하나의 큰 벽화를 만들거나, 혹은 타임캡슐을 위한 아이템들을 만드는 것을 선택할 수 있다. 예를 들어, 2002년에 종교 연합 운동은 한 번의 글로벌 서밋을 주최하기보다는 지역별 서밋을 후원하기로 결정하였다. 북미 지역은 서밋을 개최하고자 했던 첫 번째 지역이었다. 그 계획 수립 단계 중에 주최 측은 그들이 서밋에서 서밋으로 메시지들을 전달할 방법을 고려할 필요가 있다는 것을 분명히 깨달았다. 순회용 드림북Dream Book을 만들자는 아이디어가 나왔다. 북미 서밋에서 각 소그룹은 그들의 꿈을 한 페이지 위에 그렸고, 그 후에 뒷면에 자신의 희망을 적어 넣은 후 서명을 하였다. 한 권의 책으로 묶이기 전에, 그 페이지들은 참가자들의 평화를 위한 공동의 꿈을 보여주면서, 빨랫줄 미술 전시물(clothesline art exhibition. 미술품을 좀 더 쉽게 대중에게 소개하기 위해 공공장소 등에서 빨랫줄에 그림을 매다는 형식으로 전시되는 것을 가리킴. 역자 주)로서 전시되었다. 이 책은 그 다음 서밋 참가자들이 그들의 꿈을 그려 넣을 빈 용지들과 함께, 인편을 통해 아프리카로 옮겨졌다. 마지막에 이 드림 북은 지구상의 평화를 위한 꿈을 전달하고 이를 북돋우면서, 7개 대륙을 순회하였다.

공통의 테마와 기회 선정

전원이 참가하는 꿈을 발표한 후, 그들이 꿈속에 새겨져 있는 것을 봤던 공통의 테마들과 기회들을 토론하기 위해 다시 소그룹으로 모인다. 테마는 "환경을 생각하자Go Green", "공유의 리더십Share Leadership", "미소가 있는 서비스Service with a Smile" 등과 같은 고차원적이고, 가치와 이상을 담은 선언의 형태로 나타난다. 혁신을 위한 기회들은 "암 센터 옆의 빈 구역에 대화 마당 만들기", "전기로 움직이는 윈도우 커튼 디자인", 혹은 "정문에서 손님을 맞기 위한 안내자 훈련" 등과 같이 보다 구체적이다. 테마들과 기회 모두 4-D의 세 번째 단계인 디자인과 연결되기 때문에 매우 중요하다.

그룹이 자신들의 꿈에 어떻게 의미를 부여하는가는 여러분이 그들에게 던지는 질문(들)과 직접적으로 연관되어 있다. 다음의 질문들을 검토하고 이들 중에서 선택을 하라.

- 꿈의 공연을 통해 당신이 봤던 가장 활기찬 테마 세 가지는 어떠한 것들입니까?
- 꿈의 공연을 통해 당신이 봤던 혁신을 위한 가장 대담한 기회 세 가지는 어떠한 것들입니까?
- 꿈의 공연에서 제시되었던 프로세스, 시스템, 리더십, 목적, 전략, 관계 등과 같은 조직의 요소들 중 가장 큰 기회를 내포하고 있는 것은 무엇입니까?
- 꿈의 공연에서 제시됐던 새로운 가능성들 중 당신의 핵심적 긍정 요소의 강점을 가장 잘 반영하는 것은 무엇입니까?

에이아이에 관한 모든 것들에 있어서와 같이, 퍼실리테이터로서 당신이 던지는 질문들은 그룹들의 미래로 무엇을 토론하고 만들어 내는가를 결정한다.

기회 지도 Opportunity Map 작성

소그룹들이 토론할 시간을 갖고, 그들의 꿈의 공연으로부터 의미를 부여한 다음에는 전체 그룹으로 돌아오게 된다. 각 소그룹에게 그들이 밝혀 낸 특정한 기회들과 함께, 그들이 들었던 공통의 테마들에 대하여 얘기를 나누도록 요청하라. 각 그룹이 얘기를 나눌 때, 그들의 아이디어들을 하나의 기회 지도 – 그룹의 에이아이 프로세스의 주제를 둘러싸고 구성된 마인드 맵 – 위에 기록하라. 〈보기 6〉은 대규모의 지역 보건 시스템과 관련한 "건강관리의 미래"에 대한 기회 지도로 구성원들의 꿈에서 나타났던 다수의 테마들과 기회들을 보여주고 있다.

기회 지도는 광범위한 아이디어들을 한 곳에 기록하는 데 탁월한 도구이다. 이는 나중에 꿈꾸기 단계에서 디자인 단계로 넘어갈 때 잠재적인 혁신과 우선순위들에 관한 대화를 촉진하는 시각적 보충 자료로서 활용될 수 있다.

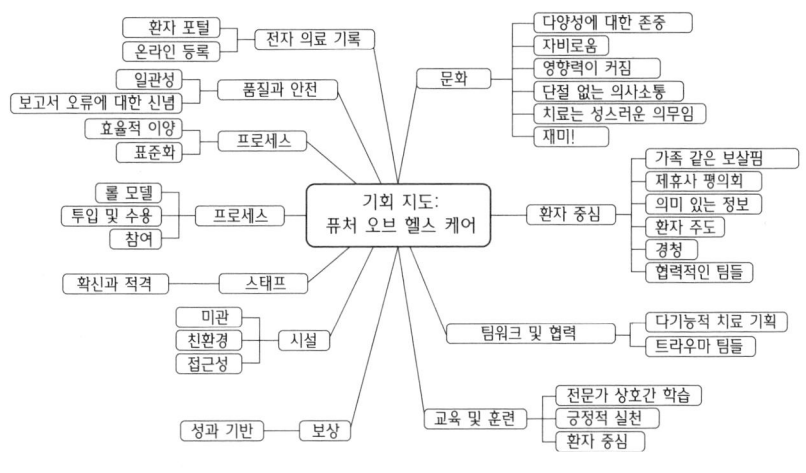

〈보기 6〉 **기회 맵의 예**

꿈을 문서화하기(선택 사항)

최종적인 목표나 비전 선언문의 작성은 그룹 중 일부만으로 구성된 하위 그룹이 하거나 그룹 전체가 함께 할 수도 있다. 만약 하위 그룹이 문서를 작성할 경우, 그들이 전체 조직으로부터 충분한 아이디어를 받았는지를 확인해야 한다. 초안은 대그룹 회의에서 작성될 수 있으며, 그 후에 소그룹에 의해 검토되고 개정될 수 있다. 소그룹은 전체 조직으로부터 아이디어를 모으기 위해 포커스 그룹, 인터넷 회의, 혹은 검토 회의 등을 주재할 수 있다. 소그룹이 꿈의 문서화를 위해 모일 경우 그들은 전체 조직을 위해 일하고 있으며 조직의 집단적 꿈을 최대한 반영하는 것이 그들이 맡은 임무라는 사실을 끊임없이 주지시켜야 한다. 많은 면에서 이 그룹들에 속한 사람들은 더 큰 공동체를 위한 "유령 작가(ghost writer, 본인의 신분을 드러내지 않고 자서전 등을 대필해 주는 작가. 역자 주)"인 셈이다.

비록 대그룹 환경에서 문서를 작성하는 것이 시간이 오래 걸린다는 단점은 있으나 그 시간은 큰 보상으로 돌아올 것이다. 이다음에서 우리는 헌터 더글러스 회사가 전략적 비전 선언문을 작성함에 있어 75명의 이해 관계자들로 이루어진 다양한 그룹을 지원하기 위해 우리가 사용했던 혁신적 접근법을 설명할 것이다.

헌터 더글러스에서의 꿈꾸기 단계

에이아이 서밋은 '포커스 2000'이라는 큰 프로젝트 내에 꿈꾸기를 위한 방안으로 헌터 더글러스에 처음 소개되었다. 이 조직의 리더들은 매우 신속하게 대규모의 사람들을 발굴하기, 꿈꾸기, 디자인하기 활동에 참여시키기 위한 강력한 프로세스로서 에이아이 서밋을 고려하였다. 그 때 이후, 고객들과의 연례 회합으로부터 커뮤니케이션 태스크포스에 이르는 다양한 모임들이 서밋과 유사한 속성을 띠기 시작하였다.

이어지는 섹션들은 첫 번째와 두 번째 에이아이 서밋 모두에서의 꿈꾸기 프로세스를 기술하고 있다. 첫 번째 서밋은 헌터 더글러스의 '포커스 2000' 이니셔티브에 대한 이야기를 이어간다. 두 번째 서밋은 에이아이의 꿈꾸기 프로세스를 전략 기획에 적용하는 데 대한 탁월한 통찰력을 제시한다.

헌터 더글러스에서의 제 1차 에이아이 서밋

제 1차 에이아이 서밋은 1997년 가을에 열렸다. 1백 명의 사람들이 3일에 걸쳐 '포커스 2000'의 "모든 목소리…모든 의견…모든 아이디어들 All Voices….All Opinions…All Ideas"이라는 슬로건을 실행하기 위해 모였다. 참가자들은 외부 이해 관계자들, 고객들, 공급업자들, 공동체의 구성원들과 함께, 모든 직책, 부서, 계층을 대표하였다.

긍정 인터뷰, 대화, 5백 명의 구성원들, 고객들, 납품업자들, 공동체 구성원들과의 인터뷰로부터 발견한 사실들에 관해 이야기를 하면서 아침 시간을 보낸 후, 꿈꾸기 활동을 할 시간이 되었다. '포커스 2000'의 목표가 "다가올 밀레니엄을 위한 비전의 창출"이었기 때문에, 서밋 참가자들은 조직이 보유해야 할 탁월성에 대하여 심사숙고하였다.

오늘로부터 5년 뒤라고 상상해 보십시오. 당신은 헌터 더글러스 윈도우 패션 사업부문을 연구하게 된 벤치마킹 팀의 일원입니다. 무엇이 보입니까? 이 조직에 관하여 당신이 관심을 가질 만한 것은 무엇입니까? 무엇이 이 조직을 그렇게 위대하게 만듭니까?

개인별 심사숙고를 하는 데 잠깐 시간을 보낸 후, 아이디어들을 나누고, 그 아이디어들을 공동의 꿈으로 조직하기 위해 그룹들이 구성되었다. 각 그룹에게는 그들의 꿈들을 토론하는데 45분, 그리고 그 후에 그들이 가진 가장 강력한 긍정적인 꿈들을 창의적으로 실연해 보는 데 30분이 주어졌다.

공동의 꿈을 만들기 위한 대화는 활기찼으며, 꿈의 실연은 더욱 활기찼다. 한 그룹의 꿈의 실연에서는 파이프, 청소기, 안테나로 장식한 외계인이 헌터 더글러스를 방문한 후, 자기 사령관에게 이 조직에 속한 사람들과 의사소통 방식에 대하여 보고하였다. 윈도우 패션 사업부문 구성원들로 이루어진 한 팀은 그들의 뛰어난 협력 및 업계 리더십에 관하여 경축하는 아카데미 시상식 분위기의 행사에 참석하였다. 또 다른 그룹은 특별한 생산 혁신을 제안하였다.

비록 그 발표회가 어릿광대 같은 면이 있긴 했지만, 꿈에 대한 공연은 미래에 중대한 영향을 미쳤다. 예를 들어, 한 그룹은 영화 "2001: 스페이스 오딧세이"로부터의 오프닝 음악에 맞춰 "버츄엣 Virtuette: 프로그램이 가능한 윈도우 커버링"을 공개하였다. 이 윈도우 커버링은 "당신이 원하는 모든 것: 일출이나 일몰: 산 전망이나 바다 전망"이 될 수 있었다. 비록 터무니없고 우스꽝스러울 정도로 별스럽긴 했지만, 프로그램이 가능한 윈도우 커버링의 일부 형태에 관한 개념은 터무니없는 것과는 거리가 멀었다. 실제로 이로부터 3년이 채 지나기도 전에 전략 기획 수련회에 참가한 사람들은 일조 시간 및/또는 온도에 근거하여 자동적으로 올라가고 내려가는 "스마트 쉐이드 smart shade"의 가능성을 논의하였다.

12개의 유쾌한 프레젠테이션 하나하나가 강력하면서도 자극적인 핵심적 메시지를 담고 있었다. 여기서 그려진 이미지들은 결코 잊히지 않았으며, 수년이 지난 후에도, 사람들은 여전히 그에 대하여 얘기하곤 한다. 많은 경우들에 있어, 이 이미지들과 메시지들은 시간이 지나면 현실로 나타날 수밖에 없는 새로운 유형의 조직을 그려내었다.

제 2차 에이아이 서밋

헌터 더글러스에서의 에이아이 4-D 사이클의 두 번째 물결은 전략 기획에 초점을 두고 있었다. 이러한 배경에서 열린 1999년 제 2차 서밋의 목표는 "윈도우 패션 부문의 명백하고 매력적이며 창의적인 장기 비전과 거기에 도달하기 위한 방안을 개발하는 것"이었다.

이 서밋에서의 꿈꾸기 활동들은 세 가지 면에서 제 1차 서밋 때의 그것들과 달랐다. 우선 참석자들은 여러 페이지에 걸친 회사 정보(제품 및 서비스, 판매, 기술, 시장 등), 전략 기획 및 전략 방향과 비전에 있어서의 변동에 관한 기사, 참가자들이 사전에 수집한 긍정 인터뷰의 이야기들 등의 정보를 사전에 받았다. 두 번째로, 이 그룹의 꿈꾸기 활동들은 부문의 핵심적인 역량, 전략적 강점들, 전략적 기회들을 규명하는 데 초점을 두고 있었다. 세 번째로, 참석자들이 본 것은 재미있는 공동의 꿈에 대한 촌극의 수준을 넘어 명백하고, 매력적이며, 창의적인 향후 10년간의 전략적 비전이었다.

첫 번째 날의 오후에, 어떤 중간 수준의 전문가 한 사람이 중대한 깨달음을 불러일으키는 사실을 발표했다. 그런데 이 발표자는 일반적인 전략적 기획 활동을 하는 조직에서는 이러한 논의에 참여할 기회조차도 얻지 못했을 것이다. 그는 이 부문의 핵심적 역량은 윈도우 패션 그 자체에 있는 것이 아니라, 오히려 윈도우 패션이 창출되는 기술에 있다는 것을 깨닫고 이 생각을 다른 사람들에게 전달하였다. 회의실은 정적에 휩싸였는데, 그 이유는 모든 사람들이 그가 말한 것이 사실이라는 것을 깨달았기 때문이었다.

이 인식의 전환은 그 조직이 스스로를 보는 시각에 극적인 영향을 미쳤다. 그 결과, 그 사업의 미래에 대한 전례 없는 묘사는 업계와 시장을 포함한 가능한 모든 변화를 고려한 것이 되었다. 헌터 더글러스 구성원들은 북미 시장의 윈도우 패션에만 초점을 맞추는데서 벗어나 글로벌 인테리어 디자인 시장의 선두 주자가 되는 꿈을 그렸다. 간단히 말해, 그것은 미래를 위한 모든 새로운 가능성들을 초래한 것이었다.

함께 꿈을 쓰다

이 전략 기획 서밋에서, 헌터 더글러스는 꿈꾸기 단계의 새롭고도 대담한 완성을 시도했다. 부문의 향후 10년간의 전략적 비전 선언문을 작성하기 위해 오프라인 상에서 작업을 할 하위 그룹을 지정하는 대신에, 컨설턴트들이 참가자들에게 그 선언문을 작성하도록 요청했던 것이다. 하지만 75명이나 되는 사람들이 어떻게 90분도 안 되는 시간 동안 그런 임무를 달성할 수 있을까? 오늘날까지도 이 접근법은 꿈의 문서화를 위한 참여 프로세스의 모델로 남아 있다.

참가자들은 8명으로 이루어진 그룹들에서 이미 성찰하고 꿈을 그린 바 있었다. 회사의 전략적 비전에 관하여 그들 나름대로 작성한 버전들을 모두 가지고, 각각의 소그룹은 한 사람을 전체 팀에 대한 대표로 지정하였다. 그런 식으로, 10명으로 이루어진 새로운 하위 그룹의 구성원들이 대그룹의 중심에 있는 테이블에 둘러앉았는데, 거기서 그들은 마치 어항 속의 물고기들 같이 서로에게 말할 수 있었지만 다른 참가자들은 오직 듣고 받아 적을 수만 있었다.

지정된 사람들을 위한 10개의 의자에 더하여, 이 중앙 테이블은 한 개의 빈 의자를 포함하고 있었다. 이것은 열린 좌석으로서, 퍼실리테이터를 비롯한 청중들 중에서 기여할 수 있는 뭔가를 가지고 있다고 생각하는 사람은 누구나 그 자리에 앉을 수 있었다. 유일한 기본 규칙은 이 "예고 없는" 참가자들이 자신이 기여할 바를 다하였다고 느낄 때는 빨리 그 의자를 비워야 한다는 것이었다.

이 "어항" 안에 있는 사람들에게는 소그룹과 전체 그룹 모두에서 논의되고 재연됐던 것들 중 가장 우수한 것을 갈무리한 그 부문을 위한 10년간의 비전 선언서를 작성할 임무가 주어졌다. 그들은 대화를 시작할 수 있었지만, 그 후 곧 기술을 시작해야만 할 것이었다. 그 과정은 방 안의 모든 사람들이 이들이 작성한 문장 모두를 지지할 수 있을 때까지 계속될 것이었다.

20분간의 대화와 1차 초안 작성 후에, 퍼실리테이터들이 일시 멈춤 버튼을 눌렀다. 그들은 어항 내 참가자들에게 대화 및 코칭을 위해 그들의 원래 그룹으로 돌아올 것을 요청하였다. 각 그룹이 원할 경우 다른 사람을 지명하여 어항으로 보낼 것을 선택할 수 있었다. 10분간의 대화에 이어, 재구성된 어항 그룹이 또 다른 20분 간 작업을 계속했고, 원래 그룹들과의 또 다른 점검이 이어졌다. 두 번에 걸쳐 진행된 20분짜리 세션 내내 대그룹의 구성원들은 임시로 어항 내의 빈 의자에 들고 나기를 계속하였다.

이 같은 세션을 마치고 1시간이 지난 후, 대그룹의 참가자들은 다음과 같이 지시를 받았다. "여러분이 중앙 그룹이 제안한 선언문을 전적으로 지지할 경우, 조용히 일어나서 방의 오른쪽으로 이동해 주시기 바랍니다." 거의 20분 동안, 전체 참가자들이 앉았다 일어섰다 앉았다 다시 일어섰다. 사람들이 무리 지어 오른쪽으로 옮겨 갈 때마다 긴장감이 점점 더 커져갔고, 어떠한 경우에는 그들의 원래 좌석으로 돌아오기도 하였다. 어항 안에 있는 사람들은 즉각적이고도, 불가항력적인 피드백을 전체 그룹으로부터 받았으며, 이에 대하여 빠르게 대응하였다. 그 후 한 순간, 모든 사람들이 일어서서 환호를 보내면서 선언문에 박수갈채를 보내고 있었다! 향후 10년간의 비전이 수립된 것이었다. 미래에 대한 새로운 이미지가 발족됐으며, 이를 통해 제품, 서비스, 구성원들에 대한 새로운 시대가 열렸다.

전체성의 효과 The Benefits of Wholeness

4-D 사이클의 각 반복 수행 중에, 헌터 더글러스는 전 조직을 꿈꾸기 활동에 참여시켰다. 이는 사고의 폭을 말할 수 없이 넓혔고, 조직의 가장 긍정적인 잠재력을 해방시켰다. 리더들은 그룹들에게 문화와 함께 새로운 제품들 및 공정들에 대해 꿈꾸기 활동을 하라고 말할 필요가 없었다. 참가자들은 아주 쉽게 꿈꾸기 활동에 참여했는데 그 이유는 그 그룹에 다양한 사람들이 있었고 그들이 가진 경험과 정보를 갖고 있었기 때문이었다. 전체성은 유형별로 상이한 수준의 사고 및 꿈을 만들어 냈다. 퍼실리테이터들과 리더들은 다양한 시각으로부터 사물을 보고, 이루어져야 할 것을 이루는 데 있어 전체성의 원칙이 효과를 발휘한다는 것을 믿을 수 있었다.

여기에 더하여, 이 전 조직적 꿈꾸기 활동은 그것이 창출해 낸 실제 이미지들을 초월하는 강도와 힘을 가지고 있었다. 이는 에너지를 해방하고 관계들을 구축하였다. 어떠한 의미에서 이는 사람들에게 그들이 향하고 있는 미래, 즉 사람들이 서로에 대하여 알고, 서로를 신뢰하며, 더 높은 선을 위해 협력하고, 다른 사람들의 개인적인 그리고 조직적인 희망과 꿈들을 길러주는 미래에 대한 긍정적인 경험을 제공해 준 것이었다. 한 구성원은 다음과 같이 말했다.

이 서밋에는 헌터 더글러스를 또 하나의 직장일 뿐이라고 생각했었을 신입 구성원들이 있었다. 그러나 그들은 이제 이것을 하나의 경력, 영원히 머무를 장소라고 생각하고 있다. 이제 우리는 과거의 방식으로 결코 돌아가지 않을 것이다.

이와 유사하게, 헌터 더글러스의 또 다른 부문에서 일하는 한 구성원은 '포커스 2000'과 에이아이 서밋을 통해, 윈도우 패션 부문의 경영진에 대하여 다음과 같이 말했다.

헌터 더글러스에서 우리 자신을 철저하게 바꾸는 것에 대하여 많은 이야기를 나눴습니다. 이 프로세스와 부문은 사업을 개혁하는 전형이 되었습니다. 여러분, 우리는 정말 발전했습니다!

전반적인 효과는 이 모임의 마지막 날에 한 고객이 덧붙인 논평에 의해 가장 잘 요약된다.

나는 한 사람의 고객으로서, 이 프로세스에 참가하여 주인의식을 느끼는 영광이 내게 주어졌다는 데 대하여 진심으로 감사하고 있습니다. 이 때문에, 나는 내 가족들과 얘기를 나눌 수 있고, 그들에게 헌터 더글러스가 아름답고, 경이로운 일들을 하고 있노라고 말할 수 있습니다. 다음에 내 동료들 중 한 명이 이 제품들 중 하나 – 아마도 접착제가 될 겁니다 – 에 대하여 화를 낸다면, 나는 그들에게 내가 접착제 담당자를 만났었고, 그 사람은 자기가 하고 있는 일을 제대로 알고 있어서, 접착제가 제대로 사용되게 만들 수 있을 거라고 말할 수 있습니다!

이로써 헌터 더글러스에서의 꿈꾸기 활동에 관한 이야기는 끝을 맺는다. 헌터 더글러스의 사례는 제 9장 디자인하기에서 계속된다.

제 9 장

디자인하기:
가치와 이상에 형태 부여하기

4-D 사이클의 세 번째 단계인 디자인하기Design는 확장 프로세스의 정점이라 할 수 있다. 이는 사람들을 조직화에 관한 대화와 그 가치 및 꿈들의 실현을 가능하게 해 줄 조직에 관한 대화로 참여하게 한다. 간단히 말해서, 디자인은 무엇이 될 것인가에 대한 분

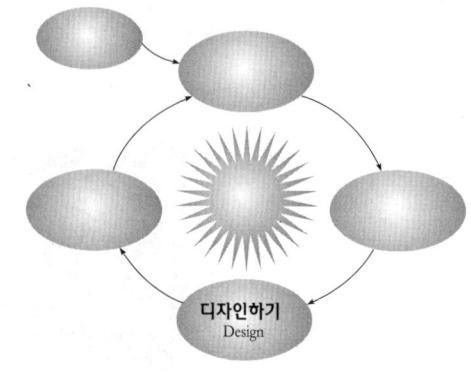

〈그림 13〉 디자인하기

류, 선별, 그리고 우리 조직이 진지한 선택을 의미한다.

이 장은 디자인의 개념을 한 조직의 "사회적 구조social architecture"를 통해 원하는 것이 실제가 되는 과정으로 정의한다. 아울러, 다양한 디자인 활동들을 수행하기 위한 단계별 지침을 제공해주고, 마지막으로 이러한 지침들을 헌터 더글러스 사의 사례를 포함한 다양한 조직 사례들과 함께 설명한다.

가치에 기반한 디자인

우리는 디자인된 세계, 인간의 사고, 말, 행위에 의해 창조된 세계에 살고 있다. 언어는 인간의 디자인의 수단이며, 대화는 그 과정이다. 패션으로부터 자동차, 학교의 교과 과정, 건강관리의 실천, 산업 생산 공정, 조직 및 공동체들에 이르기까지 모든 것이 대화 속에서 디자인된다.

디자인하기의 목적은 인간의 창의성 및 가치에 관한 표현에 형태를 부여하고, 인간의 열망이 실현될 수 있도록 해주기 위함이다. 조직 디자인은 구조, 시스템, 전략, 관계, 역할, 정책, 과정, 제품, 서비스 안에서 디자인된 가치들의 표현이다. 그 결과, 조직 디자인하기는 선택을 필요로 한다.

우리는 수 년 전 캐나다에 있는 한 보건 회사와 일하면서 자각적이고, 가치에 기반한 디자인하기의 생생한 사례를 경험하였다. 그들과 함께 전략 기획 과정을 진행하던 중에, 장기 요양이 그 기업의 시장이자 전략적 기회라는 점을 수 시간의 대화와 협의 끝에 그들은 요양원은 그들의 개인적 가치와 꿈에 적합하지 않다고 판단하며, 이 기회를 포기하기로 결정하였다. 그들이 바라는 세상은 사람들이 집에서, 그들의 가족들의 보살핌과 함께, 기품 있게 나이 들어가는 세상이었다. 그들은 장기 요양 시장에 진입하지 않고 인구 통계학적 변화 방법을 통해 오늘날까지도 높은 수익성을 지속하고 있는 가정 요양 사업을 하였다.

우리 모두는 우리가 사는 세상의 설계자이면서 동시에 우리 자신의 설계 산물이다. 일단 실행되면 우리가 구상한 그 산물, 서비스, 조직들은 우리에 대하여 작용을 하고, 우리 삶의 가능성들에 더 좋게 혹은 더 나쁘게 영향을 미친다. 마가렛 미드Magaret Mead는 "문화적 패턴과 기술적 변화Cultural Patterns and Technical Change"에서 포크의 도입 - 먹기 위한 하나의 디자인 - 이 뉴기니의 문화의 사회적 패턴을 어떻게 변화시켰는가를 묘사하고 있다.[69]

좀 더 하이테크적이고 현대적인 사례는 우리가 메일이라고 부르는 정보 교환의 발달이다. 지난 15년 동안, 정보 교환 기술은 우체국을 통해 발송되는 서면 편지에서 페덱스를 통한 신속한 특급 송달로, 전자식 팩스 기계를 통해 발송되는 정보로, 인터넷을 통해 발송되는 이메일 교환으로 진화되어 왔다. 여러분이 가장 확실히 경험했을 것과 같이, 정보의 교환을 위한 각각의 발전적 디자인을 통해 업무 생활의 환경이 바뀌었다. 행위에 대한 새로운 책임이 도입되었다. 업무에 관한 모든 것은 정보를 교환하는 우리의 능력과 함께 더 빨라졌다.

사람들은 자신들이 운명이라 받아들이는 것에 안주할 수 있다. 사람들은 또한 그들의 가치를 미래의 구조 속에 디자인하는 방식으로 선택하고 행동함으로써 자신들의 운명에 영향력을 행사할 수도 있다. 최근에, 퍼시픽 노스웨스트 지역의 한 작은 마을은 그들의 운명에 영향을 미치기 위한 기회로서 디자인을 이용하였다. 그 마을을 양분하게 될 4차선 고속도로의 건설로 위협 받던 그들은, 희생자가 되기보다는 행동에 호소할 것을 선택하였다. 그들은 함께 모여 발굴하기Discovery 활동을 하였다. 자신들의 공동체에 관하여 최선이며 가장 긍정적이었던 것들 모두를 검토할 시간을 가졌다. 어떠한 변화가 일어나든지 간에 반드시 유지되어야만 하는 것들을 자신들의 입장에서 결정하였다. 또한 다른 공동체들에 관한 벤치마킹을 포함하여 가능성과 대안들에 대한 연구를 수행하였다. 그 후에 그들은 목표를 설정하고, 부득이하게 다가오는 차량, 소음, 오염의 물결에도 불구하고, 현재 공동체 감각을 유지시켜주거나 향상시켜 줄 것들을 상상하였다. 최종적으로, 그들은 건설 기술자들과 조경 전문가들을 고용하여 자신들의 미래를 디자인하는 것을 돕도록 하였다.

그 결과, 최대한 직선코스로 수송경로를 만들자는 주state의 요구와 평온감과 서로에 대한 연대감, 환경을 유지하고자 하는 마을의 수요 간에서 균형을 맞춘, 매우 혁신적인 해결 방안을 이끌어 낼 수 있었다. 지역 공동체의 구성원들은 주에서 파견한 대표들과 만나 마을의 한 쪽 끝부터 다른 쪽 끝까지 그 시발점과 종착점이 마을의 경계에서 2마일씩 바깥쪽으로 떨어져 있고, 고속도로가 마을 아래로 통과하도록 해 줄 터널의 건설을 협상하였다. 마을에서는 고속도로 터널 위로 공원과 개방된 공간들을 세웠다. 이전에 마을을 양분했던 2차선 고속도로는 사라졌다. 마을 사람들은 그 장소에 의도적으로 공공적이고 목가적인 공간들을 설계하였다. 재앙이 될 뻔했던 것들이 이 마을을 그 주에서 가장 바람직한 거주 공동체들 중 하나가 되도록 만드는 전략적이고 긍정적인 변화의 추진력이 되었다.

사람들이 자신과 자신의 조직이 세상에 대하여 만들어 낼 수 있는 활기차고 긍정적인 기여에 관하여 대담하게 꿈 꿀 경우, 기존의 조직 디자인은 어느 것도 사람들의 꿈을 실현시키기엔 적합하지 않을 것이다. 쉽게 말해서, 이전 세대들의 가치를 구현하고 그들의 꿈을 달성하기 위해 설계된 조직들은 21세기의 가치와 열망들을 실현하기에 부적절하다는 것이다. 계급제도와 관료주의는 글로벌 민주주의, 자연적 자본주의, 혹은 종교들 간의 평화를 달성하기에 적합한 조직의 형태가 아니다. 오늘날의 조직 설계는 사회적 정의와 환경 보존에 대한 포스트모던적 꿈들을 증명하는 임무를 감당할 수 없다.

에이아이는 미래에 관한 조직의 잠재력을 유지시켜 준다. 조직 디자인에 관한 의도적 대화를 통해, 에이아이는 그 질문에 대한 해답을 구한다. 어떠한 형태의 조직이 사람들로부터 최상의 능력을 이끌어 내고, 협력을 전개시키며, 우리의 가장 숭고한 가치와 이상에 형태를 부여할 수 있을까?

디자인하기 핵심적 결정

디자인하기 중에는 고려해야 하는 세 가지 광범위한 결정들이 있는데, 이는 디자인의 대상, 주체, 방법에 관한 것이다. 이 세 가지 결정들 모두 디자인 단계가 시작되는 시점에, 여러분이 선택한 변화의 주제에 부합하는 방식으로 내려져야만 한다. 여러분이 무엇을 구상하고 있는가에 대한 결정이 먼저 내려져야 하는데, 그것이 누가 관련되어야 하는가와 여러분의 이상을 설명하는 데 가장 적절한 방식 모두에 영향을 미칠 것이기 때문이다.

- 우리가 무엇을 구상하고 있는가? 조직의 창립인가? 조직 문화인가? 제휴 관계나 연대인가? 가치 사슬? 아니면 일련의 작업 과정인가?
- 누가 관련되어야 하는가? 모든 이해 관계자들? 소규모 디자인 팀?
- 어떤 방법으로 우리의 이상적인 조직을 기술할 것인가? 혁신적인 제안 Provacative Proposition? 디자인 선언서? 원칙? 프로세스 맵?

무엇을 디자인하는가?

각각의 에이아이에 있어서, 무엇이 디자인되고 있는가에 대한 질문은 핵심적이고 전략적인 시작 단계, 즉 여러분이 변화의 주제를 명확히 하고 이를 반드시 달성

〈표 12〉 **변화 주제와 디자인 연결**

변화 주제	디자인의 목표
"만약 당신이…을 바꾸고자 한다면"	"당신은…을 협의하고 작성해야 할 것입니다."
조직 문화	이상적인 조직을 묘사하는 제안
노사 관계	노사 간의 파트너십에 대한 목적과 원칙
전략 기획	전략적 비전 및 사업 전략
업무 프로세스	업무 프로세스 맵
고객 서비스	탁월한 서비스의 원칙들
조직 구조	이상적인 구조를 기술하는 제안
리더십 개발	리더십의 원칙

하겠다는 결심을 하는 시점에서 명백하게 답변되어야 한다. 변화의 주제는, 즉 무엇을 디자인할 것인가를 결정한다. 〈표 12〉는 변화의 주제와 디자인의 대상 간의 관계를 보여주는 일련의 시나리오를 제시하고 있다.

여러분의 변화 주제와 디자인의 대상 간의 일치는 중요하다. 핵심은 여러분이 바꾸고자 하는 것을 디자인하는 것이다. 예를 들어, 미국 해군은 조직 내의 모든 계층에 대하여 리더십을 개발하기 위한 일련의 에이아이 서밋을 출범시켰다. 이 서밋들의 디자인 단계 중에, 참가자들은 이상적 조직, 즉 모든 계층에서 최고의 리더십을 육성하고 이끌어내는 조직을 기술하고 있는 계획들을 협의하고 수립하였다.

당신의 변화 주제, 긍정 주제, 인터뷰 데이터, 목표들 간의 연계는 디자인 단계에서 가장 명백해진다. 에이아이의 고유한 적용 사례 각각에 있어서, 변화 주제는 긍정 주제를 도출하며 이러한 긍정 주제는 발굴하기 활동을 선도한다. 발굴하기에서 수집된 이야기들 및 데이터는 꿈꾸기 단계에서 표현된 꿈과 희망들과 연결되어 디자인 계획의 토대가 되는 조직에 대한 지식을 제공한다. 예를 들어, 에이본 멕시코Avon Mexico사가 긍정적인 이성 동료 간 업무 관계를 향상시키고자 약속했을 때, 그들은 이를 자신들의 조직에 대하여 디자인하기 전에, 그와 같은 관계들이 육성될 수 있는 조건들에 대하여 연구할 필요가 있었다. 그들이 발견한 것은 훈련 프로그램들을 통해서는 훌륭한 이성 간 동료 관계가 형성되지 않았다는 것이었다. 그 대신 리더십과 책임을 공유하면서 팀 안에서 함께 근무하는 이성 동료 관계로 방향을 전환하였다. 그들은 모든 태스크포스팀과 프로젝트팀들이 남성과 여성 구성원이 동등하게 이끌어 가는 것을 실제와 원칙에 모두 반영하는 새로운 조직을 만들어냈다. 그 결과, 이성 간 동료 간 관계들이 제대로 정립될 수 있었고, 그 회사는 여성들이 일하기에 가장 좋은 직장 중 하나로서 인정받았다.

누구를 참여시켜야 하는가?

많은 경우 디자인하기 활동은 하나의 에이아이 서밋에서 시작되고 완결된다. 그러나 후속 검토를 위한 자료 작성 및 윤색, 또는 공동체 내에서 최초로 작성된 초안을 완결 짓는 등의 작업을 수행하기 위해, 전체를 대표하여 일할 디자인팀이 별도로 구성되기도 한다. 그와 같은 경우는 종교 연합 운동으로 알려진 범종교 조직의 디자인 사례에서도 있었다. 2차 연례 글로벌 서밋을 마치면서, 구성원들은 대안적 조직 구상을 연구할 책임을 지는 탐구 그룹을 구성하였다. 1년 후, 새롭게 형성된 조직의 목적 및 원칙 담당 간사 – 항상 관련된 글로벌 공동체로부터 정보와 피드백을 받는 – 가 되어달라는 부름에 응하여, 디자인팀이 만들어졌다.

에이아이의 다른 국면들에서와 같이, 모든 관련 당사자들 및 영향을 받는 당사자들을 포함하는 것은 성공적인 디자인 활동들의 핵심이다. 특히 에이아이의 다른 단계에 관련됐던 일부 인원들을 포함하는 것이 중요하다. 이는 자문 팀의 구성원들, 모든 이해 관계자 그룹으로부터의 인터뷰 진행자들, 인터뷰 대상자들과 의미부여 작업을 했던 사람들을 포함한다. 이런 식으로, 사람들은 에이아이 프로세스를 통해 수집된 이야기들에 관한 자신의 직접적 경험으로부터 그들의 이상적 조직에 관한 특징을 결정하고 묘사하기 위한 그림을 그릴 수 있다.

디자인 활동에 포함되어야 할 사람들을 선정함에 있어서, 다음과 같은 사람들을 포함시키는 것도 도움이 된다.

- **다양한 조직과 연계된 사람들** 디자인 가능성들에 관한 대화들은 상이한 조직들과 업무 추진 방식에 대한 이야기를 들음으로써 증진될 수 있다. 예를 들어, 종교 연합 운동의 디자인에 관한 대화들이 오간 해에는, 국제연합, 가톨릭교회, 브라흐마 쿠마리스Brahma Kumaris, 알코올 중독 치유 모임 Alcoholics Anonymous, 맥도널드, 마운팀 포럼Mountain Forum 등을 포함하여, 광범위한 조직에 관한 이야기들이 공유되었다. 디자인 단계의 참가자들이 최상의 역량에 있는 다양한 조직들에 관하여 이야기했기 때문에, 종교 연합 운동의 디자인을 위한 창의적 잠재력은 훨씬 더 높은 수준으로 향상되었다.
- **젊은층부터 연장자까지 모든 연령대에 속한 사람들** 세대적인 다양성은 창의성과 더불어 장기적 결과를 고려할 수 있게 해준다. 연장자들은 경험으로부터 나온 지혜, 삶의 가장 기본적이고 단순한 요소들에 관하여 표현할 자유, 지속 가능한 유산을 남기고자 하는 바람 등을 표현한다. 이들은 미래를 설계하는 데 있어 가치 있는 자원들이다. 다른 한편으로, 젊은이들은 미래의 정수로서, 설계되고 있는 것은 결국 그들의 미래이자 그들 아이들의 미래인 것이다. 세대 간의 대화는 여러 세대들이 그들 각각의 시대에 관한 상황, 가치, 작업 방식modus operandi을 고려할 때, 조직 설계의 혁신적 잠재력을 일깨운다.
- **미술 및 건축과 같은 다양한 분야의 디자이너들** 이들은 그들의 일생의 작업이 디자인, 공간의 창조, 구조물, 인생에 의미를 부여하는 서비스 등을 중심으로 돌아가는 사람들이다. 그들은 시각, 경험, 조직 설계의 임무에 대한 질문들에 다양성을 제공한다. 그들의 전문 분야가 무엇이든 간에, 디자이

너들은 가치, 우선권, 열망에 따라 세계를 창조하는 임무를 잘 이해하고 있다.
- ***조직 학자들*** 모든 조직과 대부분의 대학들 그리고 컨설턴트 그룹 내에는, 조직 설계에 흥미를 가진 사람들이 있다. 그들은 조직의 형식, 조직에 대한 은유, 조직 설계, 생산성, 사회적 행복, 환경 보존성 간의 관계들을 연구한다. 그들은 조직 설계에 관한 그들의 대화에 대하여, 조직적 대안에 관한 자신들의 지식 및 거시적 사회 시스템에 관하여 생각할 역량을 더해 준다.

에이아이의 디자인하기 활동에 관련되는 사람들의 수는 최종적인 디자인 계획이 발표될 때까지 검토 및 개정 활동에 지속적으로 다른 사람들의 참여를 유도하는 20명 정도의 소수 인원으로부터 에이아이 서밋에서의 1백 명 ~ 3백 명 정도의 인원으로 이루어진 그룹에 이르기까지 다양하다. 분명한 것은, 더 많은 사람들이 관련될수록 새로운 디자인들이 더 즉각적으로 활기를 띠게 될 것이라는 점이다.

어떤 방법으로 이상적인 조직을 묘사할 것인가?

하나의 조직을 묘사해 달라는 요청을 받았을 때, 대부분의 사람들은 한 장의 종이를 가져다가 상자들을 그리고 그 안에 이름을 적어 넣음으로써 구성원들 간의 역할과 보고 관계 – 그들이 조직 구조라고 간주하는 것 – 를 묘사하려고 할 것이다. 한 조직 내에서 업무가 어떻게 이루어지고 있는가를 설명해 달라고 요청 받으면, 그들은 웃으면서 이렇게 말할 것이다. "글쎄요, 그건 또 다른 문제지요!" – 그리고는 협력, 공식적인 체계를 무시한 채 일하는 방법, 변칙에 의해 이루어진 업적들에 관한 얘기를 할 것이다. 이야기들을 통해, 우리의 조직들은 존속되고, 우리의 가치관들은 분명해진다. 이야기들을 통해, 우리는 어떻게 일들이 이뤄지고 있는지를 배우는 것이다. 이상적인 조직들은 이야기들, 즉 고유의 신념과 가치들에 관한 진술인 풍부한 서사체의 설명들 속에 살아있다.

그리고 에이아이의 방법론은 사람들로 하여금 최상의 상태에 있는 자신들의 조직에 관한 얘기를 나누고, 그런 후에 자신들의 이상적인 조직에 관한 선언문을 작성하도록 한다. 이 선언문들은 가장 흔하게는 도발적 제안Provocative Proposition이라고 불리지만, 디자인 선언문Design Statements, 가능성의 제안Possibility Proposition, 디자인 원칙Design Principles이라고도 불려왔다. 시대에 따라 그 이름은 달랐지만, 이들 선언문에 다음 사항들을 반드시 포함시키고자 하였다.

- 이상을 제시하는 서사적 진술문
- 규준을 넘어 기발하고 더 바람직한 상호 작용의 형태로 나아가는 도발적 제안
- 생생한 긍정적 이미지를 이용하여 긍정적으로 기술됨
- 이상적인 상태를 이룩하려는 의도에 대한 진술

개념상으로 도발적 제안들은 말이 세상을 창조한다는 생각에 바탕을 두고 있다. 이러한 언어의 위력은 모든 세대와 모든 문화권에 걸쳐 인정되어 왔다. 한 고대 하와이 속담에서 언급하듯, "말에는 살릴 수도, 죽일 수도 있는 힘이 있다There is power in the word - the countenance of life and the countenance of death."[70] 도발적 제안들은 긍정affirmation이 개인에게 미치는 영향과 동일한 영향을 미친다. 이 제안들은 일종의 조직적 긍정이며, 미래에 대하여 바라는 이상의 진술이자, 현재 시제로 기술되어 있다. 이 제안들은 사람을 이상으로 끌리게 하는 저항할 수 없는 매력을 발휘한다.

도발적 제안들은 현재 상태와 가능한 상태를 연결하는 가교의 역할을 한다. 그들은 현상에 안주하지 않고, 일상에 도전하며, 가시적인 행동, 이벤트, 구조, 실천, 혹은 관계들을 제시한다. 이들이 행동을 암묵적으로 내포하고 있을지라도, 특정한 행동이나 행동의 과정까지 규정하지는 않는다. 예를 들어, 어느 주 정부 지도자들은 시민들을 인터뷰하고 그들의 꿈들에 관하여 들은 후, 다음과 같은 도발적 제안을 작성하였다.

정부의 문은 주state의 모든 시민들에게 열려 있다. 우리는 시민들이 우리의 사무실을 방문하는 것을 환영하며, 프로그램과 서비스에 관한 정보를 온라인, 전화, 면대면 등 다양한 방식으로 접근할 수 있도록 한다.

이같이 혁신적인 선언문은 실제로 행동을 의미하였다. 그것이 작성됐던 시점에는, 어느 누구도 그것이 실현될 방법을 상상하지 못하였다. 가장 놀랍고 활기를 불어넣은 결과들 중 하나는 의사당 건물 내에서의 오픈 하우스 행사였다. 정부청사의 문은 말 그대로 개방되었다. 기록적인 수의 사람들이 참석했고, 그 결과 시민들의 인지도 및 참여도 수준도 극적으로 증가하였다.

디자인 단계별 활동

우리가 이 책 전반에 걸쳐 반복적으로 말한 바와 같이, 에이아이 활동들을 수행하는 유일한 방법같은 것은 없다. 〈표 13〉의 네 가지 단계는 디자인 활동을 고려할 수 있는 광범위한 틀을 제시해 주고 있다. 궁극적인 목표는 이상적인 조직을 기술하는 일련의 긍정적 진술문이다. 이 단계들은 에이아이 서밋에서 하루에 걸쳐 진행되거나, 종교 연합 운동의 디자인 사례에서처럼 수 년 간의 과정을 통해 진행될 수 있다.

〈표 13〉 **디자인하기의 단계별 활동**

1. 사회적 구조의 규명
2. 적절하고 전략적인 설계 요소 선택
3. 조직 설계의 선호도 선정
4. 도발적 제안 작성

사회적 구조의 규명: 조직 설계 요소들

우리가 디자인에 관하여 얘기할 때, 우리는 단순한 조직 구조보다 훨씬 더 많은 것을 다루려고 계획한다. 그래서 디자인하기의 첫 번째 단계는 우리가 변화시키려고 계획하는 사회적 구조를 밝히는 것이다. 이 사회적 구조는 일련의 핵심적 설계 요소들을 수반하는 조직화의 모델이다.

설계 요소란 무엇인가? 우리는 모두 건물의 설계 요소 - 기반, 지붕, 벽체, 창문, 출입문, 바닥 그리고 그 비슷한 것들과 같은 - 즉, 그 건물이 존재하기 위해 반드시 설계되고 건축되어야만 하는 건물의 모든 측면들에 익숙하다. 건물들은 수백 개의 설계 요소들을 포함하고 있으며, 일부는 바닥, 벽체, 난방 시스템 같이 크고, 또 다른 것들은 출입문 손잡이, 경첩, 수도꼭지 같이 작다. 건물의 설계 및 건축에서는, 각각의 설계 요소들이 소유주의 기호에 근거하여 주의 깊게 의식적으로 고려되고 선택된다.

비유적으로, 조직 역시 설계 요소들, 즉 조직이 존재하도록 하기 위해 구상되고 운영되어야만 하는 것들을 가져야 한다고 말할 수 있다. 한 조직의 사회적 구조는 다음과 같은 설계 요소들 중 어느 것이라도 포함할 수 있다. 비전, 목표, 전략, 구조, 리더십, 의사결정, 커뮤니케이션, 시스템, 관계, 역할, 지식 경영, 정책, 절차, 생산품, 서비스와 같은 설계 요소들은 사회적 구조로서의 역할을 수행한다.

여러분의 이상적인 조직을 묘사하기 위한 틀로서 이용될 수 있고, 상이한 설계 요소들을 제공하며, 잘 인정되고, 수시로 활용되는 조직 설계 모델들은 많다. 예를 들어 다음과 같은 것들이다.

- 맥킨지McKinsey 7-S 모델은 많은 현대적 기업들의 사회적 구조로서 인정받은 7개의 설계 요소들을 제공한다. 하위 목표Subordinate goal, 전략Strategy, 구조Structure, 시스템System, 스태프Staff, 스타일Style, 서비스Service.
- 데이비드 코텐David Korten의 "포스트 기업 세계를 위한 9개의 시스템 디자

인 설계 요소들"은 한 조직의 사회적 구조로서 사용되기 위한 도발적 제안을 제공한다. 이 9개의 요소들은 자기 조직화, 촌락과 이웃 집단, 타운 및 지역 중심지, 재생 가능한 에너지의 자체 의존, 폐쇄 순환적 물자 이용, 지역의 환경적 균형, 주의 깊은 생계 영위, 지역 간 전자 커뮤니케이션, 야생 공간들을 포함한다.[71]

- 디 호크Dee Hock의 카오딕 모델은 혼돈과 질서 간에 균형을 맞추는 21세기형 조직화를 위한 관련 설계 요소들을 조망하는 방법을 제공한다. 카오딕 조직은 혼돈과 질서의 특징을 전부 보여주는 모든 자가 촉매적, 자치적, 적응적 조직이다. 자연 질서를 존중하는 원칙에 근거하여, 조직의 사회적 구조는 다음을 포함한다. 목적, 원칙, 조직 개념, 구성원들, 실행.[72]
- 다이아나 휘트니의 생명 긍정적 조직life-affirming organization에 대한 사회적 구조는 아홉 개의 요소들을 기술하고 있다. 발전적 목표, 조화로운 전체성, 긍정적 리더십, 긍정적인 정서적 환경, 강력한 의미 구심점, 적시적just-in-time 구조, 자유 경제, 예정된 참여, 배려하는 문화. 아홉 개의 요소들 각각은 조직 및 공동체 내에서의 혁신과 변화를 위한 무대이다. 함께 모여서, 이 요소들은 사람들로부터 최상의 능력을 이끌어 내고, 긍정변화를 위해 인내하는 능력을 발휘하는 긍정적 조직을 구성한다.[73]

이 조직 모델들 및 이들과 유사한 다른 모델들이 디자인 활동을 유도하는 데 이용될 수 있다. 그러나 많은 경우들에서 에이아이 프로세스의 참가자들은 그들의 사업 및 업계와 관련된 설계 요소들을 선정하여 그들 자신의 사회적 구조를 만드는 것을 선택한다. 예를 들어, 그들의 저서 "Appreciative Inquiry: Change at the Speed of Imagination"에서 제인 왓킨스Jane Watkins와 버나드 모어Berhard Mohr는 여러분 스스로의 사회적 구조를 만들기 위한 명확하고 쉽게 적용할 수 있는 프로세스를 제시하고 있다.[74]

전략적인 설계 요소의 선택

디자인의 두 번째 단계는 설계될 사회적 구조의 측면들, 즉 적절하고 전략적인 설계 요소를 선택하는 일이다.

조직이 돌연히 전체를 재설계하는 경우는 거의 없다. 많은 경우, 그들이 조직 재설계의 반복적인 과정에 참여하고, 여기서 한 가지 설계 요소의 변화가 다른 것들에 있어서의 변화의 필요성을 만드는 것이다. 예를 들어, 신규 사업 전략은 고객들과의 새로운 관계에 대한 필요성을 낳을 수 있고, 이는 차례로 새로운 구조, 새로운 정보 관리 시스템, 업무 프로세스의 재설계 그리고 그와 유사한 것들에 대한 필요성으로 이어질 수 있다.

디자인 프로세스가 이루어지는 시점에서, 발굴하기 과정 중에 부상할 수 있었던 관련 설계 요소들을 찾아보라. 이는 여러분에게 핵심적 긍정 요소와 미래를 위한 꿈 모두에 관한 이중 렌즈를 통해 여러분의 기존 조직을 조망하도록 요구한다. 원래의 긍정 주제들과 질문들은 최상의 상태에 있는 조직에 관한 묘사를 도출해 냈다. 그런 후, 이야기들이 모이고 미래를 향한 꿈들이 공유될 때, 이상적 조직에 관한 이미지들이 떠올랐던 것이다.

이상적인 조직에 관한 이미지들은 관련 설계 요소들을 제시한다. 설계 요소들이 어떻게 이상적인 미래의 이미지에 내재되어 있고 또 어떻게 출현하는지에 관한 다음의 보기를 살펴보자.

- 어느 건강 관련 서밋에서 참가자들은 "환자 정보 포털"을 상상했는데, 이는 환자와 그 가족들이 자신들의 기록을 자유롭게 검토하고 심지어 추가할 수도 있는 방법이었다. 이 이미지에 삽입된 설계 요소는 전자 의료 기록 시스템이다.
- 한 대학 커리큘럼 재구성 위원회의 위원들은 "상호 작용을 촉진하도록 고안되고, 강의실 내에서 진행되는 고도로 상호 작용적인 교수 프로세스"를 구

상하였다. 이 꿈 속에 삽입된 두 가지 설계 요소들은 교수 방법과 강의실 설계이다.
- 한 글로벌 정보 관리 회사가 그 기업 전반에 걸쳐 "양방향 커뮤니케이션을 촉진하기 위한 기술적 조력자를 도입"하는 방법에 관하여 기술하였다. 이 진술문에 삽입된 설계 요소는 커뮤니케이션이다.

가장 관련성이 높고 전략적인 설계 요소들은 여러분의 꿈의 실현으로 이어지는 것들이다. 예를 들어, 한 조직의 설계 요소로서의 사무실 공간을 고려해 보자. 우리는 사람들이 열린 커뮤니케이션과 사람들 간의 평등함을 신봉하는 조직에 속해 왔던 한편, 마음속에서 반대 되는 가치들을 통해 설계된 구조 속에 그들의 사업을 수용해 왔다. 누군가의 직책이 높을수록, 그의 사무실 층수도 높아지며, 그 사무실 공간이 클수록, 그 사람의 책상도 커지면서, 벽에 걸리는 예술 작품도 더 비싸지게 된다. 신봉되는 가치들과 실현된 가치들 간의 불일치가 명백한 것이다.

반대로, 우리 고객 중 한 사람은 투명성을 핵심 가치이자 그 핵심적 긍정 요소의 중추적 요소로 유지하고 있었다. 이 조직의 구성원들은 그 본사 사무실 벽 전체를 유리로 설계하는 것을 선택하였다. 보통 일상의 소음과 활동에서 멀리 떨어져 자리 잡고 있던 최고 경영진의 사무실은 건물 주요 층의 중심으로 옮겨졌는데, 이곳에서 그들은 그렇게 하는 데 대한 수긍과 함께, 누구라도 이들을 볼 수 있고, 방문할 수 있도록 했다.

업무 흐름과 직무 설계에 관한 설계 요소도 아울러 고려해보자. 많은 조직들은 계약직 구성원들을 채용하거나 해고함으로써 업무량의 감소나 증대에 대응한다. 이와는 반대로, 우리의 또 다른 고객은 고용 안정을 그 핵심적 긍정요소로 규정하였다. 이를 하나의 시금석으로 하여, 그 회사는 아무런 관련이 없는 두 개의 사업들을 운영하는 조직을 설계함으로써 하나가 감소하면 다른 하나가 증대하는 방식으로 사업을 운영했다. 즉, 한 사업이 그 해에 감소 추세일 때, 다른 한 사업은 성장하였다. 사람들은 그 해 전반에 걸쳐 한 사업에서 다른 사업으로 유기적으로 이동하였다. 그들의 업무 설계는 번갈아 업무를 수행하는 것이었으며, 시즌이 다시 바뀔 때까지, 그 업무들을 수행하였다. 이런 식으로 그 회사는 사업들의 일자리 수요와 고용 수요 간의 균형을 맞췄다.

　마지막으로, 조직 설계에서 역점을 두어 다루어야 하는 보다 중요한 요소들 중 두 가지인 권한과 의사결정을 고려해야 한다. 많은 기업들에서, 우리는 구성원들이 의사결정에 대한 자신들의 무능함을 표현하는 "그건 내 일이 아니에요"라는 테마의 변주곡을 듣는다. 반대로, 팀들에게 더 많은 권한을 주기 위해 업무 프로세스를 재구축하고 싶어 했던 한 기업을 살펴보자. 제조 재설계 혹은 기동에 관한 찬반양론에 대하여 많은 협의를 거친 후에 그 회사는 멕시코 부락에 새롭고 혁신적인 공장을 설립하였다. 그런데 이 멕시코의 부락은 절친한 가족 관계와 성공적인 가족 운영 사업들이 많은 것이 특징이었다. 가족 전체가 한 업무 팀으로 고용되었다. 권한과 의사결정은 팀 차원에 귀속되었다. 이 경우, 그 기업과 마을의 핵심적 긍정 요소는 서로 조화됐으며, 그 결과 양자 모두 번영을 이뤘다.

조직 설계의 선호도 규명

　디자인의 세 번째 단계는 선택된 각 설계 요소들과 관련된 선호도나 이상형을 파악하는 것이다. 선호도는 바람직한 설계요소의 품질, 속성, 혹은 종류를 규정한다. 다른 말로 하자면, 관련된 사람들은 모든 가능성들 중에 어떠한 것을 이상적인 것으로 생각할 것인가? 그들이 선호하는 것은 무엇인가?

　선호Preference란 무엇인가? 건물의 비유로 돌아가 보자. 청소년 센터를 설계함에 있어, 한 공동체는 시멘트 기초, 경사진 지붕, 목제 출입문들, 스테인드글라스 창문들, 엷은 파란 색으로 칠해진 벽 등을 선호하는데 반해, 또 다른 공동체는 봉당마루, 유리 지붕, 초가 지붕, 개방된 출입로와 창문, 황토 벽 등을 선호할 수 있다. 두 공동체 모두 동일한 설계 요소에 근거하여 건물을 세울 것이지만, 매우 다른 기호들을 보여주고 있다. 그 결과, 그들의 이상적인 건물들은 매우 다를 것이다.

조직 설계에 사회적 구조의 은유를 적용하면서, 우리는 주어진 모든 조직 설계 요소에 대하여 광범위한 선호도 또는 이상형이 존재함을 보았다. 의사결정을 예로 들어보자. 어떠한 사람들과 조직들은 합의에 의한 의사결정을 이상으로 간주한다. 그들은 다양한 시각들에 대한 고려에서 훌륭한 가치를 보는 것이다. 그들은 누구나 그 또는 그녀의 시각을 표현할 기회를 갖도록 보장한다. 그들은 완전한 합의에 도달하기 위해서 얼마든지 시간을 갖는다.

다른 사람들과 조직들은 빠른 결정을 선호하여 필요한 정보를 다 구비하지 못하거나 전체가 참여하지 못하는 상황에서도 결정을 내려야 한다. 그들은 명확한 권한의 한계선을 구축하고, 누가 무엇을 어떠한 환경 아래에서 결정할지에 관하여 분명하게 얘기한다. 그들은 심지어 독단적일지라도, 위험을 안고 행동하는 사람들을 높이 평가하고, 여기에 보상을 한다. 합의와 빠른 결정에 대한 기호 모두 타당성이 있으며, 두 설계 모두 각각의 시각에서 볼 때 타당성을 가지고 있다. 그러나 명백하게 상이한 이 기호들은 이상적 조직에 관하여 매우 상이한 이미지들을 제시한다.

미래로 돌아가기 Going Back to the Future 조직적 선호를 파악하는 것은 말하자면 미래로 돌아가는 것과 같은 과정이다. 이는 여러분의 발굴하기 단계에서 수집한 데이터와 취합된 이야기들, 핵심적 긍정요소에 관한 맵, 미래를 향한 조직의 꿈들을 참조해야 할 때이다. 그런 데이터들이 최상의 역량에 있는 여러분의 조직에 관해 무엇을 말하고 있는지 돌이켜보라. 여러분의 꿈에 대하여 심사숙고하고, 여러분의 최상의 능력과 최소의 영감으로 충만해질 그런 조직에 관하여 토론하라. 만약 여러분이 기회 지도opportunity map를 가지고 있다면, 그것이 여러분이 선택한 설계 요소와 관련된 선호도에 대하여 훌륭한 통찰력을 제공해 줄 것이므로, 기회 지도를 검토해 볼 가장 좋은 시점이다.

여러분의 데이터를 선택된 설계 요소들 각각에 대한 조직적 기호를 규명하는 데 이용하라. 사람들은 리더십에 관하여 가장 높이 평가하는 것을 무엇이라고 말하는가? 그들이 하는 일인가? 최상의 역량에 있는 조직인가? 팀워크? 이 질문들과 또 다른 질문들에 대한 대답들은 당신에게 당신 조직의 선호도에 관한 풍부한 지식을 안겨 줄 것이다. 이 시점에서, 각각의 설계 요소에 대한 여러분의 선호도를 간단히 나열해보라. 나중에 당신은 이 리스트를 도발적 제안으로 바꾸게 될 것이다.

우리는 에이아이 프로세스의 발굴하기 및 꿈꾸기 단계에서 배운 것을 디자인 단계로 통합하는데, 종종 설계 워크시트를 이용한다. 〈그림 14〉에서 제시된 바와 같이, 이 워크시트는 사람들이 핵심적인 발견 사항을 문서화하고, 그들이 선택한 설계 요소들과 관련하여 이들을 조직화하도록 도와준다. 먼저 설계 요소를 첫 번째 칸에 기입한다. 발굴하기 단계에서의 설계 선호도는 두 번째 칸에 기입하고, 꿈꾸기 단계에서의 선호도는 세 번째 칸에 기입한다. 이런 식으로 데이터들은 조직화되고, 프로세스의 다음 단계, 즉 도발적 제안 작성 시에 이용될 수 있다.

〈그림 14〉 **설계 워크시트 예시**

1. 설계 요소	2. 발굴하기 단계에서 알게 된 것	3. 꿈꾸기 단계에서 알게 된 것	4. 도발적 제안

도발적 제안의 작성

　디자인의 네 번째이자 마지막 단계는 도발적 제안을 작성하는 것이다. 이를 위해서는 여러분이 조직의 선호도로 기재했던 모든 것들을 긍정적 선언문으로 바꾸어야 한다. 여러분은 이 선언문을 대그룹이나 소규모 디자인팀을 통해 작성할 수 있다. 어떠한 방법이든, 사람들은 그들이 가장 관심을 두는 설계 요소들에 따라 작업을 수행해야만 한다.

　디자인 활동은 마음이 가는 대로 따라갈 때 가장 성공적이다. 우리는 모든 이상적인 조직들에 관하여 생각할 수 있다. 그러나 우리가 가장 원하는 것을 진심으로 말하는 것은 상당한 용기를 필요로 한다. 그리고 우리의 이상을 우리 조직의 구조 속에 새겨 넣기 위한 혁신적 방법을 찾는 것 역시 동일한 정도의 창의성을 필요로 한다.

　일반적으로 도발적 제안은 하나 이상의 중추적인 조직 설계 요소들을 다루고 있다. 이는 관련된 사람들의 선호도가 조직 내에서 어떻게 발현될 것인가를 상세하게 기술하고 있으며, 이상적인 조직, 즉 과거 최상의 역량을 유지하면서 동시에 미래를 위해 가장 바라는 것을 가능하게 만드는 조직을 묘사한다.

　도발적 제안을 작성하는 것은 여러분이 각각의 설계 요소에 대하여 기재했던 선호도들을 검토하는 것으로 시작한다. 그 후에 초안을 만들고, 조직 내의 구성원들로부터 수집한 정보를 반영한 다음 여러분의 작업을 마무리 짓게 된다. 마지막으로 여러분의 도발적 제안은 다음의 특성을 가지고 있어야 한다.

- 현재 시제로 기술되어야 한다. 도발적 제안은 마치 미래의 이상들이 이미 존재하고 있는 것처럼 표현한다.
- 효과가 있었던 것에 근거해야 한다. 이 제안들은 발굴하기를 통해 드러난 최우수 실천 사례들을 바탕으로 하고 있다.
- 도전적이어야 한다. 이 제안들은 익숙함을 넘어 조직의 역량을 최대한 확장시킨다.

- 바람직해야 한다. 이 제안들은 사람들이 가고 싶어하는 방향으로 조직을 이끈다.

이 제안들은 여러분의 이상적인 조직을 에이아이 프로세스에서 인터뷰하고, 참여했던 사람들의 의견, 아이디어, 꿈들이 반영된 모습으로 묘사될 것이다.

〈그림 15〉는 도발적 제안들의 세 가지 예시들을 보여주고 있다. 여러분의 조직에 의해, 조직을 위해, 조직에 대하여 작성된 도발적 제안들은 한데 어우러져 여러분의 미래를 위한 지표로서의 역할을 수행할 것이다. 현재 시제로 작성된 이 제안들은 여러분이 되고자 하는 것을 위해 씨앗을 심는 일과 같다. 이들은 영감이 가득한 계획, 즉 꿈의 미래 실현하기 단계로 이어지는 행동들로의 초대이다.

〈그림 15〉 도발적 제안의 예시

설계 요소: 커뮤니케이션
우리 시민들과의 커뮤니케이션은 시민의 요구에 대응하는 시 정부의 초석이다. 우리는 공정하고 참여적인 과정을 이용하여 우리 시의 주민들과 개방적이고 정직하게 소통한다. 우리는 시민들로부터 적극적으로 의견을 구하며, 우리 조직 내의 대응 체계는 시민들의 정보를 통해 설계되고 또한 재설계 될 것임을 보장한다.

설계 요소: 정보 및 지식 관리
지금 이 순간까지 정보는, 우리가 우리의 고객들에게 봉사하고, 우리의 전문적 역량을 유지하는 매개체 중 하나이다. 모든 사람들은 그들의 직무를 수월하게 수행하기 위해 필요한 정보에 접속할 수 있다. 우리의 최신 지식 관리 시스템은 우리들 각각으로 하여금 개인화된 정보 포트폴리오를 창출하고, 우수 사례를 공유하며, 온라인 대화를 주재하고, 경쟁에서 앞서 나갈 수 있도록 해 준다.

설계 요소: 조직 구조
우리는 회사의 미션과 비전에 부합하는 업무를 스스로 결정하는데 헌신한다. 구성원들은 저마다 지닌 지식, 기술, 관심을 토대로 이에 기여한다. 이러한 기여는 각자의 업무를 넘어서 조직 전체를 위한 것일 수도 있다. 직무 기술서를 초월한 자발적인 부서 간 협력과 기여는 승진과 포상 심사에 공식적으로 반영된다.

헌터 더글러스의 설계하기 단계

'포커스 2000'의 설계 단계는 조직의 핵심적 긍정 요소를 강화하고, 미래의 성장을 향한 길을 닦는 일곱 개의 디자인 선언문으로 이어졌다. 다양한 구성원들과 외부 이해 관계자들을 이 선언문의 제작 과정에 참여시킴으로써, 헌터 더글러스의 경영진은 현장 구성원들이 그들만의 업무를 넘어서서 전체를 볼 수 있는 능력을 증진시켰다. 이어지는 페이지들은 이 제안과 활기찬 프로세스의 단기적 효과와 장기적 효과에 관하여 설명하고 있다.

제 1차 에이아이 서밋 설계하기

'포커스 2000'의 설계하기 활동들은 첫 번째 에이아이 서밋의 두 번째 날에 시작되었다. 하루 반 동안의 발굴하기와 꿈꾸기 활동들 후에, 소그룹들은 도전적인 디자인 선언문(도발적 제안)의 초안을 작성하는 임무를 담당하게 되었다. 그들은 각각 우리가 최상의 상태에 있을 때, '우리는 누구인가?'라는 질문에 대응하여 도출됐던 일련의 설계 선호도를 반영하는 하나의 선언문을 작성해야 했다. 팀들은 두세 시간 동안 작업을 했고, 그들의 작업에 대하여 밤새 심사숙고 했으며, 3일 차 아침에 최종 초안의 1차 본을 만들었다. 모든 참가자들이 모든 초안들을 검토하고 긍정적 피드백을 제시한 "갤러리 워크Gallery Walk"에 이어, 디자인 선언문이 마무리 지어지고, 백 명의 전체 그룹에게 발표되었다.

전체 사업에 대한 설계하기 활동

이 서밋에서, 참가자들이 자신들의 설계 요소를 선택할 시간이 됐을 때, 사람들의 활기와 관심이 현저하게 달라졌다. 발굴하기 과정을 이끌었던 최초의 주제들과 질문들은 이전에는 사람들과 관련된 이야기들, 희망들, 꿈들에 중심을 뒀었다. "이 모든 것이 고객들에게는 무엇을 의미할까요?"라는 질문은 첫 번째 도전적 질문이었고, 그 후에 "우리의 신제품들은 어떻습니까? 우리의 혁신은요? 만약 그것이 우리의 역량을 혁신시키기 위한 것이 아니었다면, 우리는 결코 현재의 우리가 될 수 없었을 것입니다!" 선임 리더들과 관련 부문의 최고 경영진들, 외부 고객들은 전체적으로 그 그룹을 자극하고 괴롭히기 시작했고, 사람들이 그 조직의 사회적 구조를 설계하고 있을 때, 사람들에게 전체 사업을 생각하고 이를 검토하도록 요구하였다.

일견 산만한 질문들처럼 보였던 것들이 중요한 긍정적 초점이 되었다. 원래 주제를 선택하고 인터뷰 질문지를 작성했던 그룹은 생산직 계층 스태프의 지도하에서 심각하게 불균형을 겪고 있었다. 전통적으로 대다수의 주요한 사업적 결정으로부터 "차단돼 왔던" 이들 구성원들은 지속 가능하고 수익적인 사업을 설계하는 데 필요한 지식, 경험, 시각을 갖추지 못했다.

그러나 전체 조직이 모인 서밋 상황에서 서밋 참가자들은 전체 사업에 대하여 생각하고 이를 설계할 수 있는 집단적 능력을 갖추고 있었다. 그들은 최초의 다섯 가지 주제들을 넘어, 추가적인 설계 요소들을 중심으로 디자인할 것을 선택하였다. 최초의 다섯 가지 주제들을 중심으로 구축됐던 디자인 선언문조차 고객 및 제품 관련 제안들을 결합시키기 위해 결국 변경되었다. 그런 식으로, 최종적인 디자인 선언문은 창의성, 리더십, 사람들, 교육, 커뮤니케이션, 고객, 제품 등의 영역에 있어 이상적인 헌터 더글러스의 모습을 묘사하였다.

돌이켜 보면, 리더들은 서밋에서 다양한 이해 관계자들의 존재가 사람들로 하여금 그들 업무의 즉각적이고, 개인적이며, 즉결적인 측면들을 넘어 서서 생각할 수 있도록 도와주고, 그들이 새로운 관점에서 고려할 수 있도록 해준다는 것을 깨닫고 있었던 것이다. 사실상, 이것은 그들에게 있어 부문의 장기적인 생존력을 위한 역할을 수행할 방식들을 개척한 것이었다.

새로운 업무 수행 방식의 유발

헌터 더글러스에 있어서 디자인 단계의 보다 흥미로운 측면들 중 하나는 보기에 대수롭지 않았던 디자인 선언문의 단계들이 시간이 지남에 따라 유기적으로 전개되고, 시스템 전반에 걸쳐 생각하고 일하는 것의 새로운 방식을 미묘하게 자극하는 방식이었다. 이에 따른 좋은 예는 고객의 디자인 선언문 안에 있는 한 문장이었다. "고객은 우리와 일하는 것을 편하게 생각하기 때문에 우리와 일하고 싶어 한다."

첫 번째 서밋이 끝난 뒤의 수개월에 걸쳐, 사람들은 조직 전체적으로 그 문구에 대하여 얘기하기 시작하였다. "우리와 같이 사업을 하는 것이 정말 쉽지 않지" 사람들은 소리쳤다. "우리가 그렇게 되고 싶어 할 수는 있어. 그러나 알려진 진실은, 우리의 고객들이 제품을 주문하기 위해 엄청나게 많은 형식적 절차를 거쳐야만 하고, 매일 서로 다른 커뮤니케이션들로 인해 괴롭힘을 당하는데다, 우리가 시간을 너무 많이 끈다는 것이야." 그들의 디자인 선언문을 읽고 이에 대하여 숙고하면서, 그 회사의 구성원들은 고객들이 단지 훌륭한 제품들 때문에만 헌터 더글러스와 사업을 하는 것이 아니라, 그 훌륭한 고객 서비스 때문에도 같이 사업을 하는 세상을 상상하기 시작하였다.

일 년 남짓 하는 시간이 흘렀다. 그 부문은 전사적인 정보 시스템으로의 전환을 완료했고, 프로세스에 있어서는 고객들을 위해 보다 분명하고 깔끔한 프로세스를 채택했다. 그와 동시에, 자체 조직된 소그룹들이 핵심 사업 프로세스와 관련된 고객 커뮤니케이션 및 품질에 대해 연구하기 시작했다. 그리고 그 후 모기업에서는 그 북미 사업 운영 전반에 걸쳐 총체적 품질 관리를 채택하기로 결정하였다.

릭 펠렛과 윈도우 패션 부문 경영진들은 전사적 품질 경영의 필요성에 관하여 고민했다. 그들은 에이아이로부터 도출된 그렇게 극적이고 긍정적인 결과들을 보면서, 문제 해결에 고착된 접근법을 어떻게 도입할 수 있었을까? 고민하였다. 수 주간의 토론을 거쳐, 그 답이 도출되었다. 총체적 품질 관리의 특정한 측면들은 그들이 "함께 사업을 하기 쉬운 회사가 되기" 위하여 노력할 때 유용할 수도 있겠다는 것이었다. 그들은 그 접근법에서 몇 가지 부분들을 뽑아내, 에이아이 과정과 통합시켰다.

그 결과는 하나의 새로운 프로그램인 'Focus on Excellence'였다. 2000년 초에 도입된 Focus on Excellence는 3년 간 에이아이와 함께 프로세스 개선, 생산 원가의 대폭 감소 그리고 아마도 가장 중요하게, 윈도우 패션 부문을 현저하게 보다 고객 중점적이고 고객 친화적인 조직으로 만드는 데 활용되었다. 이러한 방법들 및 또 다른 방법들을 통해, 탐구의 원래 정신, – 디자인 선언문의 문구와 함께 – 은 사업이 수행되는 방식에 스며들기 시작했으며, 시간이 지남에 따라 그 조직의 지속적인 특징의 일부가 된 새로운 업무 방식을 촉발하였다.

이로써 헌터 더글러스에서의 설계하기 단계에 관한 이야기는 끝을 맺는다. 헌터 더글러스의 사례는 제 10장 실현하기에서 계속된다.

제 10 장

실현하기:
자발적 행동 및 유연한 실행

4-D 사이클의 마지막 국면인 실현하기에는 세 가지 단계가 있다. 첫 번째 단계는 지금까지의 과정 속에서 배우고 변화한 것을 인정하고 자축하는 것이다. 이 단계에서는 조직 전체에서 이미 싹이 튼, 기대하지 않았던 유연한 변화들을 지원한다. 두 번째 단계는 직능과 계

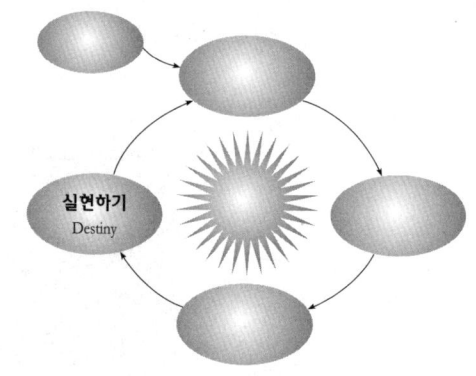

〈그림 16〉 **실현하기**

층을 아우르는 혁신 프로젝트 팀(에이아이 학습 팀은 보다 일반적인 형태)을 설립하는 것이다. 이들 프로젝트 팀은 목적에 근거하며 행동 지향적인 일련의 변화들을 시작하게 된다. 그리고 세 번째 단계는 에이아이를 조직 전반에 걸친 프로그램, 프로세스, 시스템에 체계적으로 적용하고, 긍정변화를 지속시키기 위해 조직의 역량을 향상시키는 것이다.

이 시점이 되면, 조직은 거대한 에너지와 학습에 대한 열의로 가득 차게 된다. 조직 내 대화는 사람들의 개인적인 생활과 직업적인 삶을 변화시킨 인터뷰들, 즉 우수 사례들, 절감된 시간과 비용, 고객과의 관계들을 조명하는 인터뷰들에 관한 이야기들로 넘쳐난다. 사람들은 에이아이가 조직의 구조 내에서 효과를 발휘하게 만든 여러 가지 방법에 대해 얘기하게 되고, 성공에 대한 확신으로 가득 차게 된다.

이 장에서, 여러분은 프로세스 초기 단계에서 거둔 성공을 활용하는 방법과 여러분의 목표와 구체화된 계획들을 자발적으로 실행 할 수 있도록 하는 방법을 배우게 될 것이다. 여기에 더하여, 여러분은 헌터 더글러스의 첫 번째 에이아이 경험이 어떻게 지속적인 탐구와 혁신의 순환으로 이루어지게 되는지를 보게 될 것이다.

실현하기 단계에서의 핵심적 결정

실현하기 단계에서는 자발적 혁신이 중요하며, 이를 통해 미래가 실현된다. 이 단계에서 내려야 하는 결정들은 다음과 같다.

- 우리가 성취한 것에 대해 알 수 있는 방법은? 설문 조사를 통해서인가? 에이아이를 통해서인가? 혹은 스토리텔링을 통해서인가?
- 어떻게 자축할 것인가? 사람들이 지속적인 혁신을 인식하고, 혁신을 통해 고무된 상태를 유지하도록 하려면 어떤 일들이 일어나야 하는가? 현재 진행되고 있는 일들을 더욱 촉진시키기 위해 포상을 어떻게 활용할 것인가?
- 자기 조직화Self organized action 행동에 대한 매개변수, 즉 영향을 미치는 요인은 무엇인가? 시간? 자원? 사업 영역?
- 우리가 어떻게 자기 조직화를 해야 하는가? 기존의 현업 그룹들을 참여시켜야 하는가, 혹은 별도의 에이아이 학습 팀을 조직해야 하는가?
- 어떠한 방법으로 성공을 지원할 것인가? 어떤 자원, 지원, 전문성이 필요한가? 필요한 지원을 가장 적절하게 제공할 구성원은 누구인가?

실현하기의 단계별 활동

에이아이에 있어 직선적으로 이루어지는 것은 별로 없다. 그래서 우리는 단계별로 설명을 할 때마다, 단일한 경로나 진행보다는 광범위한 틀을 제시한다. 실현하기 단계보다 이런 현상이 더 극명하게 드러나는 경우는 없다.

특히, 실현하기 단계의 첫 번째와 마지막 세부 단계인 성과의 전파 및 자축 그리고 에이아이의 체계적 적용은 에이아이의 과정 전체에서 일어날 수 있다. 구체적인 예를 들면, 우리가 제 6장, "긍정 주제 선택"에서 기술한 바와 같이, 조직이 범

조직적인 탐구 프로세스를 출범시키는 시점에서도, 상당히 많은 시스템과 프로세스 내에서 조직은 수시로 변화되기 시작한다.

이제 각 세부 단계에 대해 보다 상세히 알아보자. 〈표 14〉에 제시된 세부 실현하기 단계는 에이아이 프로세스 과정에서 부분적으로 진행될 수 있다. 그러나 이들은 실현하기 단계에서 혹은 에이아이 서밋 활동을 마무리 짓는 과정에서 좀 더 심도 있게 검토된다.

〈표 14〉 **실현하기의 단계별 활동**

1. 성과의 검토, 전파, 자축
2. 실행 방안 리스트 작성
3. 자발적 프로젝트inspired action project를 위한 자기 조직화
4. 자기 조직화된 프로젝트의 성공을 위한 지원
5. 에이아이의 체계적 적용 시작

전 단계에 걸친 자축 Celebrate Along the Way

졸업식에서 졸업생들은 다음과 같은 메시지를 듣곤한다. "오늘은 여러분이 새로운 시작을 하게 되는 졸업식(commencement, 개시를 뜻하는 영어 단어 commencement가 한 과정이 끝나고 새롭게 시작됨을 뜻하는 중의적 의미로 사용된 경우임. 역자 주)입니다." 이러한 메시지는 세계 어디서나 졸업식에 가면 예외 없이 들을 수 있다. 여기서 졸업식은 장기적인 기간 동안의 연구, 학습, 개발 과정이 끝나는 시점에서의 "새로운 시작"을 의미한다. 이는 자신이 배운 것들로부터 이익을 얻게 되고, 새로운 아이디어들을 실천에 옮기며, 자기 개발의 완성을 실현하는 시간인 것이다. 이는 실현하기 단계에서도 마찬가지이다.

실현하기 단계에 있어서 주요한 세부 단계는 긍정변화, 혁신 그리고 에이아이 프로세스 결과의 전파와 자축이다. 대부분의 경우에, 변화의 전파는 변화 그 자체만큼이나 중요하다. 변화의 노력을 쏟아 부은 지 수개월이 지난 후 "그 많은 돈과 시간을 들이고도 우리는 아무 것도 변한 게 없어."라는 식의 메시지가 조직 안에 만연하게 되는 경우가 부지기수이다. 정말로 많은 것들이 바뀌었지만, 정작 구성원들은 아무도 그 변화에 대해 알지 못하는 것이다. 에이아이는 성공담과 최상의 상태에 있는 조직에 관해 배운 것들을 고양시키고, 정기적이고, 창의적이며, 재미있는 소통의 방법들을 제시한다.

실현하기 단계는 사람들에게 있어서 그 프로세스가 시작된 이후 변화된 것들에 대해 성찰하고, 그 과정에서 최상의 경험들을 공유하며, 자발적인 노력을 통해 조직이 달라지도록 만든 사람들을 인정하고, 이들에게 경의를 표하는 시간이다. 말이 세상을 만든다는 격언을 기억하기 바란다. 사람들에게 "우리가 에이아이를 시작한 이래로 이곳에서 일어났던 모든 긍정변화들에 관해 말해 주세요."라는 질문에 대답하도록 요청하는 것은 그들의 성공담과 이를 축하할 만한 훌륭한 이유들을 이끌어 낼 것이다.

행동을 위한 아이디어의 도출

디자인하기 단계에서 여러분은 일련의 도발적 제안들이나 여러분의 이상적인 조직에 대해 설명했다. 이제 실현하기 단계에서는, 여러분의 이상이 실현될 수 있는 모든 창의적 방법들을 고려해야 한다. 에이아이 서밋이나 일련의 소그룹 미팅 중 어느 하나를 통해, 이해 관계자들에게 "수립된 디자인 계획을 실현하기 위한 가시적인 조치, 프로그램 혹은 프로세스들에 관해 여러분이 가진 모든 아이디어들은 무엇입니까?"라고 질문하라. 그리고 각각에 대해 위와 같은 질문에 답하도록 요청하라. 그들이 인터뷰에 대해 심사숙고 하면서 우수한 사례들과 모범적인 조직들을 영감을 가지고 떠올릴 수 있도록 장려하라.

최고의 아이디어들은 가시적이면서도 동시에 흥미진진하다. 이런 아이디어들은 사람들에게 실현 가능하다는 자신감을 고취시키며, 동시에 사람들이 자발적으로 행동하도록 자극할 만큼 충분히 긴장감을 준다. 구체적인 예를 들면, 그 자신이 입양아였으며 수도 없이 법정을 드나들었던 한 청년이 아동 복지에 관한 서밋이 진행되는 동안 제안한, 한 가지 아이디어이다. 그의 아이디어는 서밋이 열리는 회의장을 뜨겁게 고무시켰다. 그가 제시한 도발적 제안은 청소년들을 위한 시스템 사용자 친화성에 관한 것이었다. 그는 소년 법원(juvenile court, 18세 미만의 청소년을 대상으로 한 법정)이 물리적으로 재설계되어야 한다고 제안했는데, 그의 제안에 따르면 긴 사각 탁자 대신에 원형 탁자를 배치하고, 판사는 판사석에서 내려와 청소년 및 그들의 변호사와 함께 원탁에 둘러앉으며, 청소년들이 보다 편안함을 느낄 수 있는 특별 대기실을 만들자는 것이었다.

실행을 위한 자기 조직화

탐구와 토론을 통해 새롭고 긍정적인 변화를 이끌어낼 수 있다는 믿음은 행동 지향적이고 결과를 중시하는 리더들은 결코 좋아할 수 없는 생각이다. 명백한 변화가 전개되고 있는 동안에조차, 우리는 종종 "우리는 언제쯤 행동 계획들을 수립하고, 우선순위를 정해서, 무엇을 변화시킬 것인지 결정하게 될까?"라는 질문을 받곤 한다. 인생에 있어 모든 좋은 결과들은 미리 숙고하고(계획하기) 상황에 맞게 대응하는 것(임기응변)의 조합을 통해 도출된다는 견지에서 우리는 종종 에이아이의 실현하기 단계가 진행되는 동안에도 혁신 팀들을 구성하자고 제안하곤 한다.

우리가 제 2장 "에이아이에 대한 접근법들"에서 기술한 바와 같이, 혁신 팀들은 새롭게 천명된 꿈꾸기와 설계하기 단계로 조직을 움직여갈 프로젝트를 수행하기 위해 자원하는 사람들로 이루어진 그룹이다. 구성원들이 개인적 관심과 열의에 바탕을 두고 자원했기 때문에, 이 팀은 자발적 조직이라고 할 수 있다. 혁신 팀의 참가자들은 함께 모여 그들이 열의를 품고 있는 것, 즉 자신들이 진심으로 실현되는 것을 보고 싶은 바람을 가지고 있는 프로젝트들을 선택한다.

선택된 프로젝트들의 범위와 규모는 다양하다. 어떤 경우에는 사람에 초점을 맞춘 프로젝트를 선택하고, 또 다른 경우들에서는 직접적인 사업 효과를 가진 프로젝트들을 시작한다. 혁신 팀들의 프로젝트들에는 다음과 같은 것들이 포함된다.

- 판매 및 고객 관리를 위한 다양한 직능을 포함하는 팀 프로세스
- 전통적인 분쟁 해결을 대신하여 긍정적 현안 해결을 위한 프로세스
- 에이아이에 기초한 신규 구성원 오리엔테이션
- 본사를 새로운 장소로 이동하는데 관련된 구성원 설문
- "나와 나의 그림자Me and My Shadow"라고 이름 붙여진 교차 훈련 프로그램
- 비즈니스 소양에 관한 워크숍

어떤 프로젝트를 고르든 간에, 출발이 좋다면 혁신 팀들은 더 나은 위치를 점유할 수 있다. 우리는 워크시트나 플립 차트 크기의 양식 중 어느 한 가지 형태로 기획의 틀을 제시하는 것이 팀의 구성원들로 하여금 동일한 페이지에 집중하도록 하고 창의적 대화를 나누기에 편안한 마음가짐을 갖도록 하는 데 도움을 준다는 사실을 발견했다. 기획의 틀을 작성할 때, 우리는 해당 조직 특유의 문화와 요구사항을 감안한다. 특히, 우리는 혁신 팀들의 구성원들이 좋아할 만한 언어 및 그래픽 스타일을 활용하여 다음 중 가급적 많은 사항에 대해 구성원들의 동의를 이끌어 내고자 한다.

- 프로젝트의 명칭 또는 설명
- 프로젝트에 대한 팀의 목표 또는 비전
- "팀 리더"를 포함한 그룹 구성원들의 명단
- 프로젝트 개요 – 무엇을, 언제, 어디서, 어떻게 그리고 이와 유사한 항목들
- 단기, 중기, 장기적 조치, 필요한 지원, 일정

우리는 그들 자신을 "핵심적 정보와 통찰력의 원천The Source for Critical Information and Insight"이라고 표현하는, 글로벌 정보 및 시장 조사 회사인 IHS를 위한 서밋을 지원할 때, 이런 종류의 기획 틀을 이용하였다.

〈보기 7〉 **IHS 프로젝트 설계 양식**

프로젝트 명칭/설명

목적/비전	그룹 구성원(지명된 "리더"에는 원 표시)

프로젝트 개요(무엇을, 언제, 어디서, 어떻게 등)

단기 실행 계획(2개월)		
실행 조치	필요한 지원	시한

중기 실행 계획(2~12개월)		
실행 조치	필요한 지원	시한

장기 실행 계획(1년 이상)		
실행 조치	필요한 지원	시한

이 모임에서, 각 혁신 팀은 보기 7에서 제시된 양식을 플립 차트 크기로 복사하여 사용하였다. 이 양식은 팀의 토론 및 프리젠테이션에 초점을 맞추고 있으며, 결정사항을 기록하고, 팀의 리더에게 향후 행동들을 조직하는 데 도움이 되는 구체적인 사항들을 제공하며, 팀의 메모 양식을 표준화함으로써 서밋이 완료된 후 회의록 초안을 작성할 때 도움을 준다. 기획의 틀은 대화를 이끌고, 혁신 팀들이 시간 제한적인 요소들을 효과적으로 이용하도록 도와준다. 그러나 바로 이 팀들이 효율적이면서도 의미 있는 방법으로 서로 협력하고, 서로를 통해 배울 수 방법은 무엇일까? 신속한 실시간 정보에 대한 팀 내의 요구와 팀 간의 충분한 토론에 대한 요구라는 두 가지 갈등된 요구에 적절히 대응하는 방법으로 갤러리 워크Gallery Walk를 들 수 있다. 다음은 갤러리 워크의 단계별 프로세스이다.

1. 혁신 팀들은 2시간 동안 만남의 시간을 가지면서 각자의 프로젝트를 위해 일한다.
2. 팀별로 갤러리 워크를 준비한다. 즉 한 사람의 발표자를 선정하여 다른 혁신 팀 구성원들에게 자기 팀의 프로젝트에 대해 소개하게 하고, 다른 혁신 팀을 방문할 팀원들을 선정한다. 가장 이상적인 것은, 각 그룹에서 선발된 인원이 다른 모든 그룹들을 방문하는 것이다.
3. 모든 이들이 갤러리 워크의 1라운드에 참여한다. 각 라운드는 15분에서 최대 20분 정도로 간략하게 진행된다. 그 시간 동안, 발표자들은 자신들의 계획을 각 소그룹의 방문자 들에게 읽어주고, 1차적인 협의 사항과 결정해야 할 사항들에 대해 얘기를 나누며, 질문에 답한다. 그 후 방문자들은 피드백을 하고 그와 같은 조언들에 대응하여 색상별로 구분된 인덱스카드 상에 다음과 같이 의견을 기재한다.
   - "내가 선호하는 개념들은…"(흰색)
   - "그 계획을 강화하기 위한 아이디어들은…"(노란 색)

- "다른 이니셔티브와 중복될 수 있는 부분은…"(녹색)
- "이용 가능한 자원들은…"(파란 색)
4. 단계 3은 3 또는 4회 반복된다.
5. 모든 과정이 완료되면, 사람들은 그들이 다른 팀을 방문하여 알게 된 것들을 공유하고, 다른 사람들로부터 받은 피드백을 검토하고 논의하며, 들은 것에 기초해서 자신들의 계획이 향후에 어떻게 바뀔 것인지를 간략하게 메모한다.

우리는 산하에 5개의 병원이 있는 의료 시스템에 대한 지역 변화 심포지엄을 진행하면서 위와 같은 프로세스를 이용하였다. 프로세스가 시작된 지 세 시간도 채 안 되어, 자발적으로 조직된 혁신 팀들이 9개의 서로 다른 변화의 기회 요소들과 관련된 세부 계획의 초안을 수립하였다. 그런 다음, 모든 사람들이 세 개의 팀들을 방문했고, 이 팀들의 계획을 들은 후, 체계적인 피드백을 제공하였다. 마지막으로, 구성원들은 자신들이 발견한 결과들을 "다음 단계"에 통합하기 위해 자신이 소속된 팀으로 돌아왔다. 심포지엄이 완료된 후, 여기서 추천된 방안들은 최종적인 변화 계획 및 자금 조달을 위한 제안서 등에 통합되었다.

우리가 에이아이 기법을 가지고 일해 온 지 수 년이 지났지만, 우리는 새롭게 구성된 혁신 팀들이 탐구를 통해 창의적 프로세스를 시작하는 경우가 얼마나 잦은지 새삼 놀라게 된다. 관계 구축, 학습, 대담한 잠재력의 형성 등에 대한 에이아이의 이점을 경험하면서, 팀들은 수시로 자신들의 프로젝트 분야들에 탐구 과정을 도입했다. 구체적인 예를 들면, 전사적 가치에 대한 표창제도의 수립을 전담하고 있던 한 팀은 표창과 보상에 관해 가장 좋았던 경험들을 묻는 인터뷰들로부터 작업을 시작했다. 고객들로 하여금 탁월한 도착 경험을 하도록 조직을 디자인 하는 데 초점을 두었던 또 다른 사례에서는 가장 인상적인 공항 도착 사례들과 그것들의 이미지들, 고객들의 희망에 관해 동료들을 인터뷰하는 것으로 시작했다.

지원 기반의 구축

자발적 행동 및 유연한 조치가 지속되기 위해서는 혁신팀을 적극 장려해야 하며, 이는 조직 전반에 걸친 통합, 커뮤니케이션, 코칭, 자원의 제공과 인정을 필요로 한다. 이에 따라 조직은 지원 기반을 구축해야 하는데, 이 지원 기반은 조직의 기존 구조 및 비즈니스 방식과 통합되는 것이 가장 이상적이다.

IHS의 정보통신 기술부서는 지원 기반을 구축하는 데 있어 특히 뛰어난 능력을 보였다. 이 회사 자문 팀의 구성원들은 글로벌 서밋에서 조직된 네 개의 혁신 팀들의 활동을 조율하고, 이를 통합하며, 사내에 전파하는 역할을 맡았다. 자문 팀은 기존 시스템 및 프로세스의 도입과 함께 필요에 따라 이들을 새롭게 만들어 냄으로써 이 역할을 하였다.

- **기술 지원적 협력.** 서밋의 참가자들이 현업에 복귀하자, 자문 팀의 구성원들은 혁신 팀들이 정보의 보관, 교환, 편집을 위한 수단으로서 회사 인트라웹 상에서 셰어포인트SharePoint를 사용하도록 장려했다. 또한 이 혁신 팀은 긍정적인 실질적 협력과 관계 기반의 의사 결정을 촉진하기 위하여 이 회사의 기존 텔레컨퍼런싱teleconferencing, 비디오컨퍼런싱videoconferencing, 웹엑스WebEx 기술들을 적극적으로 사용하는 데 대한 모델이 되었다.
- **팀 간 커뮤니케이션.** 혁신 팀들은 그 시작부터 진행 경과를 공유하고, 아이디어를 교환하며, 자신들의 활동 내용을 통합하기 위하여 매월 모임을 가지기로 자체 결의하였다. 여기에 더하여, 매 2주마다 열리는 자문 팀 전화회의 중 일정 시간을 할당하여 혁신팀의 추진 경과에 대한 업데이트와 이에 대한 협의, 그에 따른 정기적인 팀 간 교차 커뮤니케이션을 촉진하였다.
- **경영진의 지원.** 혁신 팀들과 그들의 목표에 대한 경영진의 지원을 높이기 위해, 자문 팀 구성원들은 최종 4개의 혁신 팀인 "파이널 포Final Four"를 도출한 에이아이 프로세스에 참가하지 않았던 사람들에게 즉시 정보를 제공했

다. 이와 더불어, 최고 경영진은 혁신 팀의 보고서를 자신들의 월간 경영 검토 보고서에 첨부했으며, 이로써 이 팀들의 성공을 보장해 줄 자원을 확보하고 지원하였다.
- **전체 조직의 참여 유도.** 글로벌 서밋이 열린 후 얼마 지나지 않아 지역별 서밋이 개최됐다. 이 서밋에서 이루어진 가장 큰 활동은 혁신 팀에 참여하고 싶어 하는 자원자들을 모집하여 팀을 구성하고, 각 팀이 혁신에 대한 프레젠테이션을 하고 피드백을 받은 것이었다. 그 결과, 전체 IT 팀이 전 구성원 모임all-hands meeting을 통해 혁신 팀의 진행 경과와 성공 여부에 대해 분기별로 업데이트를 받게 됐다.
- **포상과 인정.** 팀의 최우수 팀원들은 혁신 팀이 달성해야 할 목표를 반영한 개인적 목표들을 팀의 활동 계획에 추가하였다. 팀 리더들과 팀원들에 대한 고과 평가는 그들 고유의 직무와 더불어 공동으로 수립된 혁신 과제에 기여한 정도를 함께 반영하였다.

이와 같은 지원 기반은 IHS의 문화와 목표에는 매우 적합한 것이었다. 그러나 다른 조직들은 이와 매우 다른 방법으로 지원 기반을 확립해야 할지도 모른다. 어떤 접근법을 이용하든지 간에, 통합, 커뮤니케이션, 코칭, 자원 발굴 및 인정 등을 통해 의식적이고 신중하게 자발적 행동 및 유연한 조치들을 장려한 조직들은 대규모의 장기적인 에이아이 프로세스를 통해 지속적이고, 설득력 있으며, 심지어 확장적인 결과들을 얻을 가능성이 매우 높다.

에이아이의 적용 확대

에이아이를 체계적으로 도입할 경우 조직의 핵심적 긍정 요소, 꿈, 미래에 대한 디자인과 조화를 이루기 위해 핵심적 프로세스, 시스템, 구조를 지속적으로 변경하는 작업을 병행하게 된다. 많은 경우, 혁신 팀들의 활동이 전개될 때 이러한 구조

변경을 위한 노력이 발생한다. 또 다른 경우들에 있어서는 이런 노력이 신규 구성원 오리엔테이션, 리더십 개발, 성과 검토, 고객 만족도 조사, 구성원 의견 조사, 팀 빌딩, 감독자 훈련 프로그램, 다양성 등과 같은, 광범위한 조직적 프로세스와 시스템에 대한 에이아이의 추가적 훈련 및 적용을 수반한다.

구체적인 예를 들면, 미국 해군은 265명이 참가한 서밋 말미에, 해군 대학원 Naval Post-graduate School에 긍정변화 연구 센터Center for Positive Change를 창설하기로 하였다. 이 연구 센터의 목적은 서밋에서 시작된 프로젝트들을 지속적으로 촉진하는 것이었으며, 아마 이보다 더 중요한 목적은 이 새로운 업무 추진 방식에 대한 해군 전반에 걸친 모멘텀의 구축이었을 것이다. 설립된 후 6개월의 운영 기간을 통해, 이 연구 센터는 다양한 현장들에 대한 내부 컨설팅을 제공했고, 세 번의 추가 서밋이 개최되도록 도왔으며, 사람들이 탁월한 리더십과 우수 사례들에 관한 이야기들을 교환할 수 있는 내부 웹사이트의 개발을 조율했고, 변화에 대한 에이아이의 접근법에 관해 수십 명의 장교들을 훈련시켰다.

지속 가능성 Sustainability : 긍정변화를 지속시킬 수 있는 역량

에이아이가 조직 및 공동체의 변화에 대해 널리 인정되고 높이 평가 받는 접근법이 될 정도로 성숙하자, 지속 가능성의 문제가 제기되었다. 수없이 많은 조직적 난제들에 대해 에이아이를 적용했던 컨설턴트들, 리더들, 학계에서는 그 장기적 효과를 연구하기에 이르렀다. 에이아이의 원칙과 기준들은 어떻게 업무의 한 방법에서 문화적 규범cultural norm으로 변화되었을까? 조직들은 긍정적인 측면에 초점을 맞추고, 탐구, 관계적 측면에서의 책임감과 자기 조직화 구조를 신봉하게 되었을까? 우리는 이 질문들이 더 폭넓고 중요한 질문을 구성하는 일부분이라고 믿고 있다. 즉, "어떻게 하면 조직들과 공동체들이 긍정변화를 지속할 수 있는 역량을 육성시킬 수 있을까"라는 질문이다.

수 년 간에 걸쳐 이러한 역량을 개발한 몇몇 조직들을 지원하면서, 우리는 다음과 같은 네 가지 핵심 전략들을 발견하였다.

1. **긍정 지식의 심화.** 에이아이 활동들은 거의 예외 없이 소수의 핵심 담당자들에 대한 훈련 및 교육과 더불어, 우수 사례 교환을 포함한다. 그러나 긍정 변화를 지속하는 역량을 육성하기 위해서는 훨씬 더 많은 사람들을 교육해야 하며, 우수 사례들을 일상적으로 전파하고 적용하며, 조직의 강점과 미래에 대한 긍정적 이미지들에 관한 지속적인 대화를 필요로 한다. 이 단계에서 조직원들이 에이아이 및 기타 긍정적인 변화의 실천에 관한 포괄적인 훈련을 받게 하기 위한 새로운 방법들을 고안함으로써 각 조직의 상황에 가장 적합한 에이아이 방법을 만들어 낸다. 이와 동시에 조직의 신참자들과 시스템 외부의 사람들로부터의 기여를 적극적으로 유도하고, 강점들을 주기적으로 검토하며, 가능한 것들에 관해 참신한 이미지를 적극적으로 이끌어 내고, 가능하면 언제든 많은 이해관계자들을 참여시킴으로써, 탐구, 참여, 지식을 넓혀 나간다.

2. **긍정 실행 방안과 프로세스들의 제정.** 대부분의 조직은 4-D 프로세스를 거치면서 조직의 사회적 구조에 관한 몇몇 핵심 요소들을 새롭게 디자인하게 된다. 그러나 긍정적 변화를 지속할 역량을 갖춘 조직은 긍정적 실천 방안 및 프로세스들을 광범위하고 균형 있게 채택하며, 오랜 시간에 걸쳐 에이아이 기반의 계획들이나 프로젝트들을 완결한다. 이런 조직들은 긍정 체크인(회의나 대화를 시작할 때 참석자에게 최근에 있었던 긍정적인 경험이나 사건을 말해 주도록 요청함으로써 긍정의 에너지가 생겨나도록 하는 회의 주재 방법, 역자 주)이나 피드백으로 모임을 시작하거나 끝낼 수 있다. 아마도 이들은 전 방위적인 긍정 피드백을 코칭이나 성과 검토 혹은 사람들의 강점과 관심사를 중심으로 한 업무 배치의 조정 등에 반영할 것이다. 그

들은 보상, 포상 체계 혹은 자축 행사 등을 통하여, 스토리텔링storytelling을 제도화하기 위한 새로운 방법들을 실험해 볼 수 있다. 그들은 아마도 신규 구성원들로 하여금 우수한 성과를 낸 사람들을 인터뷰하도록 하거나 동료 간 멘토링 활동들에 참여하도록 하면서, 성공적인 실천 방안을 신규 구성원들에게 소개할 방법들을 찾을 것이다. 간단히 말해서, 그들은 사람들에게 다양한 참여 방법들을 제시하면서, 긍정적 실천 방안이나 프로세스들을 제정하는 것이다.

3. **에이아이의 범위 확대.** 긍정적 탐구에 대한 강력하고 지속적인 역량을 갖춘 조직들은 언제나 "기업의 비즈니스the business of the business"에 에이아이를 적용할 새롭고도 강력한 방법들을 찾는다. 이 방법들은 에이아이 프로세스를 기업 합병 후 통합 작업이나 새로운 비즈니스 유닛을 창설하고 그 구성원들을 조직하는 데 이용할 수 있다. 새로운 시설을 건립할 때, 조직들은 환경 및 디자인에 맞춰 활기를 불어넣는 것이 무엇일까를 연구할 것이다. 조직의 규모를 감축하거나 구성원을 해고해야 하는 상황에 직면했을 때조차, 그들의 의사 결정에 영향을 받게 될 이해 관계자들을 참여시키는 데 긍정적 프로세스를 이용할 것이다. 질문이나 난제가 무엇이 됐든 간에, 이 조직들은 에이아이의 원칙들과 실천 방안들의 도움을 받아 답을 찾는 방법에 관해 우선적으로 생각한다.

4. **긍정 리더십의 육성.**[75] 마지막으로, 긍정변화를 지속할 역량을 갖춘 조직들은 코칭, 훈련, 체험의 조합을 통해, 모든 계층에서 긍정 리더십을 육성하기 위해 노력한다. 긍정 리더십은 사람들, 조직들, 공동체들의 최상의 상태를 이끌어 내기 위한 관계적 프로세스이다. 긍정 리더십을 육성하는 조직들은 모든 계층의 리더들에게 질문하기inquiry, 비춰주기illumination, 포용하기inclusion, 영감 불어넣기inspiration를 실천하도록 적극적으로 장려한다. 이 네 가지 요소들은 사람들로 하여금 그들의 고유한 리더십 가치들과 강점들

을 발견하고 육성하도록 하며, 모든 사람들을 위해 일하는 세상을 만들기 위한 본보기되기integrity에 이런 특성들을 적용할 기회들을 제공한다. 이에 따라 조직들은 그들의 긍정적 문화 구조를 강화하고, 성과를 창출하고, 사회에 대해 긍정적이고 지속적인 기여를 하게 된다.

미국의 주요 신용평가 기관 중의 하나가 대량 인력 감축의 말미에, 에이아이를 이용한 새로운 근무 교대 구조를 디자인하고 구성원들을 편성하기로 하면서, 긍정 변화를 위한 지속적 역량을 보여 주었다. 근무 교대 구조에 이해관계를 가진 모든 당사자들이 모여 탐구를 하고, 발생 가능한 일을 예측하며, 그들이 그리는 이상적인 근무 교대 구조를 반영한 *도발적 제안*을 수립하게 되었다.

그 후 리더들은 참석자들에게 그들이 *도발적 제안*을 어떻게 실행할 것인지에 대해 확실한 제안을 수립하고 제출하도록 삼십일 간의 기간을 주었다. 다섯 개의 그룹들이 제안서를 제출했는데, 각각의 제안서는 긍정적 접근법에 근거하여 "평가되었다evaluated". 전임 인사 담당 부사장인 테니 풀Tenny Poole은 다음과 같이 말했다. "사람들은 우리가 그렇게 보수적인 시스템을 4-D 프로세스를 이용하여 재디자인 한다는 데 회의적이었지만, 우리가 얻은 결과는 회의론자들이 틀렸다는 것을 증명했습니다. 팀 구성원들은 조직의 목표를 달성하는 새로운 근무 교대 구조에 만장일치로 찬성했으며, 아무런 지장 없이 이를 실행했습니다. 우리는 가장 어려운 상황 속에서도 긍정변화가 가능하다는 사실을 다시 한 번 되새기게 되었습니다."

수 년 간에 걸쳐, 우리는 에이아이를 지속적인 철학 및 실천 기준으로 채택한 여러 조직들과 공동체들의 증인이 되는 행운을 누렸다. 우리가 지금까지 설명했던 그들의 전략은 우리에게 많은 것을 가르쳐 주었다. 우리는 그들을 본보기 삼아 배울 수 있고, 다가오는 세대들을 위해 긍정변화라는 유산을 창출할 수 있었다.

헌터 더글러스의 실현하기

다음의 섹션에서 우리는 헌터 더글러스의 포커스 2000 서밋으로 돌아와 여러분과 함께 디자인 선언문이 어떻게 실행 팀Action Team으로 발전해 갔는지를 살펴 볼 것이다. 우리는 헌터 더글러스의 실현하기 단계를 서밋부터 실행 팀이 가시적 결과를 내는 시점까지 추적해 보고자 한다. 이것은 헌터 더글러스 사례의 마지막 단원이다.

실행 그룹의 발족

제 1차 에이아이 서밋의 셋째 날 오후, 이전에 작성됐던 디자인 선언문과 관련된 조치들을 실행하기 위한 자발적 그룹들이 구성되었다. 백 명이 모인 회의실 한 가운데 마이크 한 대가 설치되었다. 이윽고 질문이 제기되었다. 누가 진정으로 행동을 통해 이 디자인 선언문을 실현하기 위한 무언가를 하고 싶어 하는가?

이때는 "오픈 마이크(open mic, 청중 중 누구라도 앞으로 나와 발언 기회를 가질 수 있는 발표시간. 역자 주)" 시간이었다. 아이디어가 있는 사람이라면 누구라도 마이크를 잡고 자신의 사례를 발표할 수 있었다. 35건의 아이디어들이 제기되었다. 이 그룹에서는 중복되는 아이디어들을 한데 묶고, 여러 번의 투표를 거쳐 14건까지 리스트를 줄여 나갔다. 14건의 조치들을 제안했던 사람들에게 소그룹을 만들어 각각의 제안에 대해 토론하도록 요청했다. 다른 사람들은 모두 14개 그룹 중 어느 하나에 참가하여, 실행 방안, 조직 구성원, 일정에 대해 토론하였다.

그 누구도 어떤 그룹에든 참여할 것을 지시 받거나 강요당하지 않았다. 사실, 사람들은 "산책을 하거나 한 시간 동안 나비를 쳐다보는 것"으로 그 토론 시간을 사용할 수도 있었다. 그럼에도 불구하고 극소수를 제외한 서밋 참석자 전원이 경력 경로career path, 신규 채용 인원 오리엔테이션, 에이아이 철학 전파, 상호 트레이닝, 커뮤니케이션, 멘토십memtorship, 동료 간 지원 그룹, 강제적 초과 근무 배제, 일과 가족 간의 균형 맞추기, 헌터 더글러스 대학, 창의성 육성, 고객, 리더십 같은 14개의 주제 중 하나 이상에 대해 1시간 동안 이어지는 협의에 참가하였다.

1시간의 협의 끝에, 참석자 전원은 서밋 이후에도 모임을 지속하기로 합의하였다. 일부는 그들의 다음 모임 일정을 잡기도 하였다.

지원 인프라 The Supporting Infrastructure

서밋이 끝난 지 일주일 후, 행동 그룹들의 절반 이상이 다시 모여 그들이 달성하고 싶어 했던 것에 대해 검토하기 시작했다. 그러나 그로부터 수일 내에, 부문의 경영진이 보기에 이 그룹들 중 일부는 도움을 필요로 한다는 사실을 알게 되었다. 좋은 소식은 그 그룹들이 뭔가 하고자 하는 열의에 가득 찬 사람들이 모인 그룹들이라는 점이었고, 나쁜 소식은 이 사람들 중 오직 일부만이 그와 같은 팀을 성공적으로 이끌 수 있는 배경, 기술 혹은 능력들을 가지고 있다는 점이었다.

이 때문에, 인사부의 한 담당자는 스스로 행동 그룹들을 지원하기 위한 인프라와 훈련 프로그램의 개발 업무를 맡았다. 그녀의 제안에 따라, 각 그룹들은 퍼실리테이터를 선택했다. 항상 그런 것은 아니었지만, 일반적으로 이 역할은 처음에 이 모임을 개최한 사람들이 맡았다. 추가적으로 모집된 그룹 멤버들 중 상당수의 소속은 조직 전체에 분포돼 있었다. 이런 식으로 '포커스 2000'의 정신은 첫 번째 에이아이 서밋을 뛰어넘어 더욱 강력해졌다.

각 퍼실리테이터는 행동 그룹을 이끌기 위한 가이드라인을 포함하여 4시간에 걸친 퍼실리테이션 facilitation 훈련을 받았다. 이들에게 제시된 가이드라인들은 다음과 같다.

- 여러분이 여러분의 행동 그룹이 성취하기를 바라는 것이 무엇인지 명확히 하라.
- 여러분이 일을 추진하는 데 있어 도움을 받을 수 있도록 비즈니스 리더십 팀에서 두 명의 공동 리더들을 모집하라. 모집되는 사람들의 직능, 전문성 혹은 관심사를 고려하여 여러분의 그룹에 적절한 지원과 통찰력을 제공해 줄 정도로 상당한 자격 및 식견을 갖춘 사람인지를 확인하라.
- 행동 그룹의 모임 일정을 생산 담당 감독자와의 협의를 통해 사전에 계획함으로써 모임에 참석한 구성원들이 생산 공정에 지장을 주지 않도록 하라. 여러분의 그룹 구성원들은 일상적인 근무 시간 중에 행동 그룹 관련 활동을 주당 2시간까지 할 수 있다.

- 여러분의 그룹 구성원들은 근무 시간 외의 행동 그룹의 자원 근무에 대해서도 초과 근무 수당을 받게 될 것이다.
- 마지막으로, 여러분의 행동 그룹은 여러분이 선택한 변화를 실행하기 위해 구체화된 제안을 수립할 것이다. 제안서는 일정, 비용, 책임 등을 명시하여 자문 팀에 제출하여 자문 팀이 자원 배분 및 지원을 적절히 제공할 수 있게 하라.

행동 그룹의 공동 리더들은 1시간짜리 훈련 프로그램에 참석하여 그들이 선택한 임무에서 성공을 거두기 위해 팀을 이끌고, 지원하고, 도움을 주는 것의 중요성에 대해 배웠다.

결국, '포커스 2000' 자문 팀의 구성원들은 행동 그룹의 과업을 통합하는 역할을 하게 되었다. 그들은 모든 그룹들의 활동들을 지속적으로 추적하고, 중복 요소를 제거하도록 도와줬다. 아울러 전체 자문 팀은 행동 그룹들의 제안 및 그들의 목표 실행과 관련하여 승인된 조치들을 검토했다.

지연 혹은 육성

서밋이 끝난 후 한 달이 지나는 동안, 모든 것이 멈춰 있는 것처럼 보였다. 그로부터 수 개 월 후, 행동 그룹들은 사라진 것처럼 보였다. 조직 내의 사람들은 "저 포커스 2000인가 하는 것들은 어떻게 돼가고 있는 거지?"라고 묻기 시작했다. 자문 팀은 초조해지기 시작했다. 결국 사람들의 우려는 자문 팀의 각 팀원들이 13개 그룹들 중 하나씩을 지원하는 파견 요원point person으로서의 역할을 자원하도록 만들었다. 그 직책을 맡음으로써, 자문 팀의 팀원들은 프로젝트 통합자들로서의 역할을 하게 되었다.

경우에 따라서는 자문 팀의 요원들이 행동 그룹의 구성원이나 공동 리더로서 이미 활동을 하고 있는 경우도 있었다. 또 다른 경우들에서는, 제 3자적인 입장에서 다음과 같은 업무를 담당하였다.

- 그룹이 진행 중인 일들을 지속적으로 파악
- 그룹이 추진하고 있는 방향에 대해 지속적으로 자문 팀에 통보
- 필요에 따라 부문 경영진에게 자원 및 지원에 관한 문제를 지속적으로 제기

자문 팀의 팀원들이 행동 그룹에 직접 참가했을 때, 그들은 13개 그룹 중 11개 그룹이 마치 성공이라도 거둔 것처럼 사실상 활동을 멈춘 것을 발견했다. 대부분의 그룹들은 초창기의 혼란을 겪고 있었다. 그 혼란은 행동 그룹의 활동 범위와 권한, 소속감 등이 충분히 규명되지 못한 상태였기 때문에 발생한 것이었다. 그러나 초기의 혼란에도 불구하고, 거의 모든 그룹들이 그들의 초점을 모아서 활동을 시작하고 있었다. 그것은 마치 모든 그룹들이 일종의 "육성기 Incubation Period"를 체험한 것 같았다. 그로부터 10개월 동안, 다음과 같은 활동들이 부문 전체를 대표하여 제안되었고, 자문 팀의 승인 하에 착수되었다.

- **신규 채용 구성원 오리엔테이션.** 행동 그룹은 21개 모듈로 이루어진 신규 채용 구성원 오리엔테이션 프로그램을 개발하고 실시하였다. 이 프로그램이 시행된 후 수년 간 그 그룹은 전사적 일체감을 구축하고, 전반적인 사업에 관해 사람들을 교육시키는 방법의 하나로서 프로그램이 시행되기에 앞서 채용됐던 사람들을 대상으로 이 프로그램을 제공하였다.
- **포상.** 첫 번째 서밋이 끝난 지 8개월이 지난 시점에 최초의 구성원 축하 만찬이 열렸고, 포커스 2000 활동의 "주역들 heroes and heroines"에게 찬사가 보내졌다. 많은 동료들의 추천을 받은 5명에게는 훨씬 더 큰 상이 주어졌다. 이 이벤트를 제도화하고, 시상 내용을 단순히 포커스 2000 활동에 한정하기 보다는 일반적인 사업 전체로 연결하기 위한 조치들이 즉시 취해졌다. 이와 더불어 동료들 간에 시상을 할 수 있도록 해주고, 회사의 가치들에 모범이 되는 행동들을 한 동료들에 관한 이야기를 할 수 있도록 해 주는 가치 기반의 포상 프로그램이 시작되었다. 사람들이 가장 높은 수준의 포상을 받게 되면, 이들은 유급 안식년 같이 의미 있는 부상을 받을 자격이 된다.
- **즐거운 직장.** 이 그룹은 재미있는 시간을 갖고 도덕성을 향상시킬 목적으로 월 단위의 전사적 활동들을 개시하면서 본질적으로 상임 위원회가 되었다. 그 첫 번째 해에, 이들의 활동들은 어린 시절의 자신에 대한 사진들이나 기념물들을 가져오는 날인 과거 자축 파티와 함께, "드레스 유어 슈퍼바이저 데이(Dress Your Supervisor Day, 부하 구성원들이 재미를 위해 직속 감독자에게 각종 특이한 의상을 입히고 즐기는 날. 역자 주)", "타이-다이 데이(Tie-Dye Day,

각자의 옷을 훔치기 염색해서 입음으로써 재미와 공동체 의식을 고양하는 날. 역자 주)", "클래싱 데이(Clashing Day, 구체적인 예를 들면 정장 상의에 반바지 같이 서로 어울리지 않는 파격적 복장을 하는 날. 역자 주) 등을 포함하여 테마별로 복장을 갖추는 날들을 수반하였다.

- **멘토십.** 두 가지 공식적인 멘토십이 시작되었는데, 미니 멘토십은 특정한 경력 진로를 탐구하는 데 관심이 있는 사람들을 위해 구상되었고, 풀 멘토십은 그들이 훈련 받은 영역 및 전문 분야 외의 분야에 관해 반일 간의 훈련을 받고 싶어 하는 사람들을 위해 구상되었다.

- **에이아이의 철학 및 경험 촉진.** 피에스타fiesta라고 불리는 월간 단위로 초대 받은 사람들만 참석하는 비공식 모임이 구성원들 중 이해에 어려움을 겪는 사람들에게 에이아이의 원칙들을 소개하기 위해 시작되었다. 이 그룹은 언어나 문화적 장벽 혹은 태생적인 회의주의 때문에 포커스 2000 프로세스에 완전히 참여할 수 없거나 참여하려고 하지 않는 사람들을 포함하고 있었다.

- **자발적 초과 근무 및 유연 근무 시간제.** 첫 번째 서밋이 열릴 당시, 가장 큰 불만사항은 구성원들에 대한 강제적인 초과 근무였다. 이 서밋이 끝난 지 겨우 8개월 후에, 강제적 초과 근무는 비즈니스 유닛 전반에 걸친 협력과 개선된 기획의 조합을 통해 사실상 사라졌다. 그로부터 일 년 후, 비즈니스 유닛들 중 한 곳이 사람들로 하여금 나흘 동안 일 하고 사흘 동안 쉬는 것을 허용하는 새로운 교대 근무 계획을 제도화하였다. 3년 후, 사무직에 근무하는 사람들은 근무시간 자유 선택제와 원격 근무 옵션을 가지게 됐으며, 생산직 구성원들은 유연적 시간 계획과 일자리 나누기에 대한 실험을 실시하였다.

- **헌터 더글러스 대학.** 첫 번째 서밋이 열린 후 6개월 동안, HD의 구성원들, 고객들, 기타 이해관계자들의 전문성 및 개인 개발의 핵심적 원천이 될 헌터 더글러스 대학의 창설을 위한 단계별 조치들이 취해졌다. 2년 후, 이 부문은 기업 학습 센터corporate learning center를 착공했다. 이렇게 1999년에 헌터 더글러스 대학이 공식적으로 문을 열었으며, 컴퓨터 실험실, 도서 대출 도서관, 경력 자원 센터career resource center, 다수의 컨퍼런스 룸, 시청각 장치가 설치된 백오십 명의 인원이 착석할 수 있는 분리 가능한 대규모 강의실 등의 시설을 완비하고 있었다. 이 강의실은 회사의 보다 큰 임무와 비전에 대한 학습, 관련성, 연대감을 촉진하는 대규모의 직

능 간, 계층 간 서밋 스타일 컨퍼런스를 주기적으로 주최하는, 이제는 중요한 관례가 된 행사를 회사가 주관할 수 있게 해주었다.

- **경력 경로**Career paths. 포커스 2000 탐구로부터 2년 후, 반일제 경력 기획 담당자가 일대일 경력 카운슬링, 이력서 작성 지원, 일반적인 경력 관련 훈련 및 개발 활동 등을 제공하기 위해 채용되었다. 그녀는 헌터 더글러스 대학과 함께 창설된 경력자원 센터에 소속되었다. 이 센터는 회사 내 모든 직위에 대한 현재의 직무 기술서 및 조직도를 축적했다. 2년 반이 지난 후, 기본적인 경력 정보에 더하여 기존 등록금 지원 프로그램tuition reimbursement program과의 연결망을 담고 있는 컴퓨터 키오스크들이 모든 건물 내에 설치되었다.

- **공유된 비전의 창출.** 인터뷰가 거듭되면서 사람들이 원래 가지고 있던 희망사항에 회사 내에서의 비전, 즉 사람들이 보다 조직적인 방법으로 시간과 자원을 배분할 수 있도록 해 줄 "방향 감각sense of where we going"이 더 흡입력이 있고, 명확해졌으면 하는 바람이 더해졌다. 1년 후, 최초의 포커스 2000 계획들이 수립됐고, 회사 측은 그 첫 번째 전략 기획 서밋을 주최하였다. 참석 전 인터뷰가 진행된 1백 명의 모든 참가자들의 면면은 회사에 대한 뚜렷하고도 새로운 전략적 비전을 명확히 대변해 주었다.

새롭게 떠오르는 변화들

행동 그룹들의 성공은 명확하고 매력적이었다. 그러나 아마도 포커스 2000 계획 중에 일어난 가장 인상적인 변화는 우리가 4-D 사이클을 통해 체계적으로 진행할 때 보다 알기 쉽게 나타난 것들일 것이다. 계획이 시행된 지 수주 후, 조직은 강력하고 놀라우면서도 조직적인 방식으로 변화하기 시작했다.

3교대 생산직 구성원인 저메인 파이퍼Germaine Piper의 경우, 라오 족 망명자들과 인터뷰를 한 후에 특별한 행동을 하게 되었다. 파이퍼는 그녀의 세 번째 인터뷰를 마치면서 이렇게 말했다.

저는 이 사람들의 영웅적 행동으로 인해 몹시 감격했습니다! 그들은 자신들의 일, 집, 가족들을 떠났습니다. 그들은 난민 수용 캠프에서 살았었고, 거기서 탈출했습니다. 그들은 비인간적인 환경 아래에서도 이 나라를 향한 여행을 했고, 마침내 미국에 도착했습니다. 무엇 때문이었겠습니까? 단지 영어를 못한다는 이유만으로, 무엇이 됐든 자신들이 얻을 수 있는 아무 일자리라도 얻기 위해서일까요?

이것은 절대로 옳지 않아요! 나는 그들에게 내 점심시간을 활용해 영어를 가르치기로 결심했습니다. 내가 만약 그들에게 영어를 가르칠 수 있다면, 나 역시 그들의 언어 일부를 배울 수 있을 것이라 확신했던 것입니다.

단 하루 만에, 저메인은 회사의 인사담당 부사장에게 전화를 걸어 영어 반을 가르치겠노라고 제안했습니다. 수 개 월내에, 그녀는 현지 커뮤니티 칼리지(community college, 지방자치단체에서 운영하는 2년제 대학. 역자 주)의 강의를 회사로 들여올 수 있도록 조율하였다. 아이러니컬하게도, 인사부에서는 제 2언어로서의 영어ESL 프로그램을 진행하기 위해 수 년 동안을 노력해 온 터였다. 수 주 만에, 저메인의 인터뷰로 촉발된 폭발적 에너지가 시스템의 타성을 깨버렸다.

계획이 시행된 지 단 9개월 만에, 자문 팀은 조직에 대해 다음과 같이 질문했다. "포커스 2000 프로그램의 결과로서 여러분이 목격했거나, 경험했던 것들 중 가장 중요하고 긍정적인 변화는 무엇입니까?" 흥미롭게도, 이 질문에 대한 답변들은 유사하게 강력하면서도 새롭게 출현한 변화들을 가리키고 있었다. 비록 설문에 참여한 구성원들의 75%만이 포커스 2000 프로그램에 관여돼 있었지만, 대부분은 헌터 더글러스를 포커스 2000의 도입 이전보다 더 친절하고, 정중하며 개방적인 일터로 묘사하였다. 동일한 질문에 대하여, 리더들은 더욱 심도 있는 변화들을 보고했다.

- **향상된 생산량 및 생산성.** 생산량 및 생산성이 둘 다 개선됐는데, 특히 에이아이의 철학 및 실천 방안들을 가장 온전히 받아들인 부서나 팀들에서 개선의 정도가 더욱 두드러졌다. 운영상의 개선 제안은 부문 전체적으로 100% 이상 증가하였다. 이는 뒤이어 품질 및 내부 고객 서비스에 큰 영향을 미쳤다.

- **감소된 이직률.** 이직률은 현지 고용 시장에서 실직자가 거의 존재하지 않았음에도 불구하고, 6년 내로 가장 낮았다.

- **프로세스 개선.** 일상적인 비즈니스 유닛 간 인터뷰 과정에서, 부문의 프린터 오퍼레이터 중 한 명이 자매 비즈니스 유닛의 프린터 용량을 두 배로 증가시킨 듀얼 폴드 프린팅 머신이 있음을 발견했다. 그는 이 아이디어를 자신의 비즈니스 유닛에 도입하였고, 이와 유사한 장비를 시험 가동하여 결국 해당 비즈니스 유닛이 새로운 장비 덕분에 USD220,000을 절감하도록 해주었다.

첫 번째 에이아이 서밋이 열린 지 2년이 지난 후, 헌터 더글러스의 리더들은 그들의 전체 시스템 탐구를 실시한 지 첫 2년 동안의 일부 업적들을 상기하기 위한 질문을 받았다. 당시 총괄 매니저였고 지금은 윈도우 패션 부문의 대표인 릭 펠렛은 그가 느꼈던 가장 인상적인 몇 가지 변화에 관해 다음과 같이 회상하였다.

우리 부문과 회사 내의 다른 부문들 간의 관계는 지난 수 년 간에 걸쳐 정말로 강화 됐는데, 그 중 상당 부분이 포커스 2000 활동으로 시작된 변화의 결과들이었습니다. 포커스 2000 프로젝트가 진행되는 동안 이 곳에서 시작된 부문 간 협력은 통합되고, 능률적인 고객 커뮤니케이션 프로세스로 이어졌습니다. 부문 경영진의 지도하에, 더 큰 조직이 북미 지역 전체에 걸쳐 품질 부문과 우리 고객 서비스 부서들 간의 관계를 구축하기 시작하고 있으며, 이 과정에서 다시 한 번 에이아이를 통해 달성된 성과들로부터 배운 수단들을 이용하고 있습니다.

이와 동시에, 당시 인사 담당 부사장이었던 마이크 번스Mike Burns가 논평을 했다.

아마도 우리 부문 내에서 가장 현저한 변화는 직무상 그리고 직무 외적인 면 모두에 있어 개인 및 전문성 개발 활동에 대한 사람들의 참여가 증가됐다는 사실로 입증될 것입니다. 이런 활동들에는 공식적인 학습 과정, 훈련 프로그램, 멘토링 및 경력 개발 활동들, 동료 지원 그룹peer support group들과 같은 것들도 포함됩니다. 구체적인 예를 들면, 데일 카네기 교육 과정에 등록한 우리 구성원들의 수는 우리가 처음 이에 개입한 이후 6개월 동안 급증했습니다. 처음에는 하나, 곧이어 예닐곱 개의 "토스트마스터(Toastmaster, 미국에서 시작된 비영리 단체로서, 대중 연설에 두려움을 갖고 있는 사람들을 돕기 위한 모임임. 역자 주) 지부가 구성됐고, 많은 사람들이 수료했습니다. 두 프로그램 모두 대부분 시급제 구성원들 및 비전문직 사원들, 특히 회사의 생산 부문에 종사하는 구성원들로 채워졌습니다.

간단히 말해서, 에이아이는 회사가 잘 구상하여 계획한 혁신 방안들을 실행하기 훨씬 전부터 회사를 변화시키기 시작했던 것이다.

삶의 방식으로서의 에이아이

2년간의 활동을 마치고, 포커스 2000 자문 팀은 자발적으로 해산했다. 그들의 종무식 모임에서, 팀원들은 에이아이가 활용되고 회사에 기여했던 많은 방법들 중 일부에 대해 회상했다.

첫 번째로, 헌터 더글러스 북아메리카가 ISO 9001 등록 및 SAP로의 전환이라는 난제를 떠안았을 때, 에이아이는 상황을 보다 편안하게 만들어 주었다. 펠렛에 따르면, "양질의 제품과 서비스를 공급하기 위한 표준에 대해 기준을 더 높임으로써 우리가 사업을 하는 방식을 바꿔 준 이러한 변화들은 에이아이 덕분에 훨씬 더 수행하기 용이해 졌다."

두 번째로, 1998년 여름, 이 부문은 제 2차 에이아이 서밋에서 시작된, 지속적인 전체 시스템의 전략 기획 프로세스를 제정하였다(제 8장, "꿈꾸기: 미래에 대한 비전과 의견" 참조). 이 프로세스는 결국 연례적인 전체 시스템의 비즈니스 유닛에 대한 에이아이 기반의 전술적 기획 세션을 수반하게 되었다.

세 번째로, 회사 측은 포커스 온 엑셀런스Focus on Excellence 프로그램을 시행했는데, 이 프로그램을 통해 에이아이 행동 그룹들이 비즈니스 프로세스 개선 팀으로 제도화되었다. 포커스 온 엑셀런스 팀(이전의 행동 그룹)들은 창설 첫 해에만 부문에 350만 달러 이상을 절감해 주었다.

네 번째로, 새롭게 설립된 커뮤니케이션 그룹은 윈도우 패션 부문의 구전 역사를 제정하기 위한 탐구를 하였다. 최초의 포커스 2000 인터뷰들을 통해 떠오른 초창기 시절의 이야기들을 이용하여, 이 그룹은 최상의 상태에 있을 때의 부문에 관한 이야기들을 모으기 위해 구성원들로 하여금 근무한 지 3년 미만인 다양한 구성원들을 인터뷰 하도록 했다. 이 이야기들은 궁극적으로 비디오테이프에 녹화 되고, 편집되었으며, 신입 구성원 오리엔테이션, 오찬 모임brown-bag lunches, 공장 및 부서 회의, 구성원 소식지 등의 토대로 이용되었다.

에이아이가 처음으로 헌터 더글러스에 도입된 때부터 5년이 지나, 질문을 받았을 때 에이아이에 대해 어떻게 설명할 지를 알 만한 구성원들은 거의 소수에 불과했다. 에이아이는 더 이상 "프로그램"이 아니었다. 대신에 이는 매우 짧은 시간 내에 놀라운 결과들을 달성한 사고 및 업무 추진 방식이 되었다. 비록 에이아이가 조직의 배경 속에 스며들고 조직의 2차적 속성이 되었다 할지라도, 어쩌면 바로 그 때문에, 이것은 사실이었다. 에이아이를 하는 대신에 헌터 더글러스는 단순히 에이아이 그 자체가 되었으며, 전체 시스템의 긍정변화를 촉진시킨 핵심적 역량을 개발했던 것이다.

첫 에이아이 계획이 수립된 지 10년이 지난 오늘날, 헌터 더글러스 윈도우 패션 부문은 전 세계 헌터 더글러스 계열 사 중에 가장 이윤을 많이 남기는 사업부문으로 남아 있으며, 전 세계 윈도우 커버링 혁신 기업과 제조업체들을 이끌고 있다. 그러나 현재 그 부문은 다섯 가지 상이한 제품들(에이아이가 처음 도입됐을 때의 네 가지에서 증가된)을 생산하고 있으며, 지난 10년 간 구성원 수의 증가는 단 4.5%이었음에도 불구하고 매출은 31%가 증가하였다. 이들은 에이아이 초기에 상상되고 실행됐던 긍정적 문화, 전략적 증진, 효율성의 이점들을 계속 거둬들이고 있다.

1998년도에 열린 에이아이 전략 기획 서밋에서는 구성원들의 비전이 인테리어 디자인이라는 신시장에 회사의 독점적 기술을 도입하는 것이었다. 그들은 5년간의 목표를 제정했는데, 이 목표는 그들이 테크스타일 어쿠스티칼 씰링TechStyle Acoustical Ceiling을 개발하고 출시한 2003년에 달성되었다. 또한 그들은 계획을 고수하여 새로운 사업을 분사시키고, 그들이 가장 잘하는 사업 영역인 윈도우 커버링 사업을 지속함으로써 자신들의 핵심적 긍정 요소에 지속적으로 초점을 맞추었다. 새로운 사업인 헌터 더글러스 전문 제품Hunter Douglas Specialty Products은 현재 콜로라도 주 손튼에 있는 헌터 더글러스 신설 캠퍼스로부터 상업용 시장에 대해 혁신적인 방음 천장을 제조 및 판매하고 있다.

1998년부터 2003년까지 5년 동안, 헌터 더글러스 윈도우 패션 부문은 판매, 수익성, 효율성에 있어 현저한 증가를 경험하였다.

- 판매 30.1% 증가
- 수익성 37.1% 증가
- 구성원 이직률 52.2% 감소
- 반품율 55% 감소
- 직물 제품의 납기 내 공급률 : 97%
- 쉐이드 제품의 납기 내 공급률 : 95%

2009년 10월, 부문 소식지의 20주년 기념 특별판이 구성원들, 고객들, 지역 사회의 파트너들에게 배포되었다. 회사의 역사를 강조하는 이야기들과 사진들에는 "포커스 2000을 추억하며"라고 불린 섹션이 포함되어 있었는데, 여기에 선임 개발 엔지니어이자 헌터 더글러스의 문화 변화 작업에 대한 초기 기여자인 짐 앤소니Jim Anthony는 다음과 같은 회고담을 남겼다.

> 에이아이는 어떻게 우리가 던진 질문들에 의해 우리가 얻는 답이 결정되는가를 보여줌으로써 헌터 더글러스의 성장 방식에 영향을 미쳤습니다. 우리가 "우리가 잘 하는 것들 중에서 개선할 수 있는 것은 무엇입니까?"라고 물었을 때, 우리는 미래에 대한 비전을 "세계적 수준의world-class" 조직으로 설정하고, 지속적인 성공을 위한 분위기를 만들어 나갔습니다. 몇 가지 구체적인 예를 들어보면, 장학금 및 기부금 위원회, 헌터 더글러스 대학, ISO, 재활용 프로그램 등과 같이 오늘날 가장 소중이 여겨지는 프로그램들의 상당수는 그 기원을 포커스 2000과 에이아이에 두고 있습니다. 조직의 모멘텀이 긍정적인 방향으로 움직이고 계속된다면, 정말 놀라운 일들이 일어날 수 있습니다.[76]

앤소니의 논평이 시사하고 있는 것처럼, 에이아이는 헌터 더글러스의 문화를 영구적이고 긍정적으로 변화시켰다. 실제로 "헌터 더글러스 방식Hunter Douglas Way"이란 여러 사람들이 혼재된 그룹들을 과거에 효과가 있었던 것은 무엇이고 일어날 수 있는 일은 무엇인지에 대해 연구하고, 이로부터 사람들로 하여금 그들이 정말로 잘 하는 일과 사랑하는 일 모두를 장려하기 위해(에이아이는 이런 문화를 지탱해주는 힘이다), 에이아이에 바탕을 둔 변화와 훈련이 시행된 초기 연도보다 한참 뒤에 채용된 윈도우 패션 부문 구성원들의 마음 속 깊이 새겨진 것과 같은 하나의 철학과 기준을 창출하는 것이다.

에이아이는 헌터 더글러스로 하여금 그 핵심적 긍정 요소를 구축하고, 지난 십 년 간의 업계의 변화 속에서도 그 리더십을 유지하도록 해 주었다. 게다가 헌터 더글러스 윈도우 패션 부문은 3년 연속으로 콜로라도의 최우수 고용기업 중에 그 이름을 올렸다. 우리가 이 개정판을 쓰고 있을 때도, 우리는 우리가 헌터 더글러스 윈도우 패션 부문HDWFD의 사람들과 일할 수 있는 기회를 가졌던 데에 감사드리며, 이 회사가 앞으로도 오랜 시간 동안 에이아이로부터 계속해서 배우고 좋은 결과를 얻기를 기원한다.

제 11 장

에이아이:
이상적 공동체를 구축하기 위한
프로세스

지난 십 년 간, 많은 유형의 공동체들이 긍정적이고 강력한 결과들로 이끄는 새로운 종류의 대화 기법을 창출하는 데 에이아이를 이용했다. 에이아이를 사용하면서, 시, 주, 군 그리고 국가적 공동체들, 신앙 공동체들, 의료 단체들, 실행 단체들이 장기적 방향을 천명하고, 그들의 미래에 대한 비전을 창출했으며, 다양한 구성원들 간에 가교를 구축하고, 혁신적 계획, 정책, 지속 가능한 미래를 위한 프로그램들을 수립했다.

이런 계획들은 공동체 기획에 대해 특히 적절한 프로세스로서 에이아이의 효율성을 입증하였으며, 아울러 변화의 과정에서 전체 시스템을 진심으로 참여시킨다는 것이 무엇을 의미하는지에 대한 우리의 이해력을 증진시켰다. 다양한 상황에서 에이아이는 리더들이 공동체의 환경에서 성공적인 참여 계획을 수립함에 있어 핵심적인 세 가지 질문들을 해결하도록 도와준다.

1. 공동체를 구성하고 있는 다수의 다변화된 하위문화들과 집단 속에서 생활하고 일하는 많은 사람들을 어떻게 참여시키고 리더십 연대를 구축할 것인가?
2. 어떻게 하면 공동체에 소속되어 있는 모든 이들이 참여하고 의견을 말할 기회를 가짐으로써 이를 통해 도출된 계획이 진정한 공동체의 일이 되도록 할 수 있는가?
3. 어떤 계획을 세워야 구성원들 간의 관계와 공동체의 일체감을 구축하고 강화하는 동시에 자발적인 행동과 주목할 만한 결과를 도출할 수 있는 분위기를 조성할 수 있는가?

이 장에서, 우리는 콜로라도의 롱몬트Longmont 시, 중-북미 대교구의 선한 목자 수녀회the Sisters of the Good Shepherd, 콜로라도 주 보울더 카운티의 노인 복지국 등에 에이아이 계획을 소개함으로써 공동체 기획을 위한 프로세스로서의 에이아이에 초점을 두고 있다. 우리는 공동체 기획을 위한 프로세스로서 에이아이를 활용하는 데 대한 열 가지 팁을 제시하면서 이 장을 마무리 지을 것이다.

세 공동체들과 에이아이 사례들

비록 표현은 달랐지만 세 공동체 모두 리더들이 높은 수준의 목표를 마음속에 품고 있었다. 그들은 광범위한 구성원들로부터 그들의 구성원들에게 활기를 띠게 하고, 관계를 구축 및 강화하는 방식으로 정보 및 아이디어를 모음으로써 공동체의 미래에 대한 명확한 진로를 천명하고 싶어 했다. 이런 소원을 염두에 두고, 그들은 대규모의 전 시스템적 접근법으로 에이아이를 선택했다.

각각의 공동체들은 그들의 필요성, 환경, 공동체에 맞게 에이아이 4-D 사이클을 변화시켜 수백 명의 사람들을 참여하게 했다. 그들은 모두 공동체의 계획 및 개발에 대한 에이아이의 끊임없는 삶에 대한 긍정적인 접근법을 이용함으로써 좋은 결과를 얻었다.

이어지는 섹션에서 우리는 각각의 사례들을 독특하고 의미있게 만든 주요 요소들과 특정 국면들을 제시한다. 각각의 사례에서 우리는 핵심적인 에이아이의 교훈을 밝히며, 공동체의 변화의 주제(그들이 달성하고자 희망하는 것), 탐구 전략(그들의 에이아이 활용 방법) 그리고 그들이 달성한 핵심적 결과들을 기술할 것이다.

롱몬트 사례의 요점: 당신의 비전을 공유하고, 모두의 유산을 창출하라.

첫 번째 사례는 약 8만 명의 인구를 가지고 있고 빠른 인구 증가와 격심한 상업 경쟁이 특징인, 덴버 시 북쪽에 위치한 콜로라도 주 롱몬트 시와 관련되어 있다. 그들의 사례는 대규모의 다양한 인구들을 상대적으로 짧은 시간 내에 궁극적으로 공동체에 대한 참여와 행동을 위한 모멘텀으로 이어질 탐구 활동에 참여시키는 다변화되고 포괄적인 방법으로서의 에이아이 사례인데, 이는 4-D 사이클의 첫 번째 단계인 발굴하기Discovery에 초점을 맞추고 있다.

2000년 초에, 롱몬트의 리더들은 아직 멀긴 하지만 상당히 의미심장한 난제를 인식했는데, 2020년까지 주거 개발 지역으로 계획되어 있는 잔존 구역들이 시의 예정 경계 내에서 증축되어야 할 것이라는 점이었다.

시 의회와 스태프들은 사태가 발생하기 전에 미리 대응책을 생각하기로 했다. 그들은 롱몬트가 불규칙한 도심 확장과 분리되어야 할 뿐 아니라 이러한 도심으로부터 떨어져야 한다고 믿고 있었기 때문에, 포커스 온 롱몬트Focus on Longmont 프로젝트를 개시했다. 시의 미래는 어떠해야 하며 이를 위한 자금을 어떻게 조달해야 하는가의 의사 결정에 지역 공동체를 참여시키도록 구상된 이 프로젝트의 공식 목표는 "만약 실행 된다면, 활기차고 독립적인 지역 공동체로서의 롱몬트의 미래를 보장할, 공동체의 지지를 받는 전략적 정책들을 개발하는 것"이었다.

많은 지역 자치단체들처럼 롱몬트 역시 크고 고도로 다양한 선거구 기반과 복잡한 지도층 구조를 갖고 있었다. 그들은 시를 구성하는 다양하고 많은 하위문화들과 소통하기 위해 에이아이를 선택했다. "대부분의 공동체들에서와 같이 습관적으로 늘 같은 사람들만이 거듭해서 시 의회, 공동체 행사, 공공 포럼에 모습을 나타냈습니다." 컨설틴트인 바바라 루이스Barbara Lewis가 말했다. "우리는 관심있는 시민들의 참여 범위를 넓히고 싶었고, 그 계획의 실행에 대한 지지를 확충해 줄 수 있는 관계들을 구축하고 싶었습니다."

폭 넓고 심층적인 인터뷰

이 프로젝트의 리더들은 구조화된 그룹 인터뷰, 생성적인 벤치마킹, 유연한 대화를 일대일의 긍정 인터뷰와 결합한 복잡하고 포괄적인 인터뷰 전략을 사용하여 이 난제를 해결하고자 했다. 이 전략에 따라 다양한 옵션이 생겼고, 공동체 구성원들은 자신들의 근무 일정, 라이프스타일, 선호하는 언어 등에 따라 다양한 방법과 시간을 선택하여 참여할 수 있었다.

34명으로 이루어진 인터뷰 진행자들이 영어와 스페인어로 공동체의 촉매 역할을 담당할 1백 명의 사람들과 일대일 인터뷰를 함으로써 프로세스가 시작되었다. 이 1백 명은 시의 수많은 하위 공동체들에서 비공식적인 오피니언 리더들을 가려내어 선발된 인사들이었다. 프로젝트 리더였던 데일 라데마커Dale Rademacher는 그들이 어떻게 이 인사들을 선택했는지에 대해 설명했다. "우리는 이 도시를 하나의 거대한 거미줄이라고 생각했습니다. 그 속에서 영향력 있는 개인들은 거미줄의 교차점에 위치한 셈인데, 프로세스에 참여함으로써 다른 사람들도 참여하도록 흥미를 유발하고 영향력을 행사할 사람들이었습니다. 우리는 이들이 향후 프로세스가 진행되면서 다른 사람들을 협상 테이블로 불러 모으는데 도움이 될 것을 기대 했습니다."

그 다음으로는 프로젝트의 리더들이 공동체 대화Community Conversation라고 불렸던 구조화된 그룹 인터뷰를 진행했다. 기존 공동체 그룹들의 구성원들을 참여시키도록 디자인된 이 세 시간짜리 모임은 2 ~ 4개의 서로 다른 클럽들이나 그룹들에 속한 16명 ~ 24명의 인원들이 참여했다. 고등학교 축구 선수들이 노인 복지 센터(senior center, 우리나라의 노인정에 해당하는 곳. 역자 주)에서 온 노인 분들을 인터뷰했다. 서로 다른 지구에서 활동하던 지역 주민 생활 조직들이 "생각지도 못했던" 혼성 그룹으로 함께 모여 대화에 참여했다. 이전에는 한번도 교류해 본 적이 없던 경우도 종종 있었다. 스페인어권 공동체 구성원들과 소통하기 위한 방법의 일환으로, 두 개의 공동체 대화는 스페인어로 진행되었다. 공동체 대화는 이런 노력이 아니었다면 참여하지 않았을 수 백 명의 공동체 주민들의 참여를 이끌어내는 성공을 거두었다. 공동체 대화는 이 계획에 대한 관심과 참여를 향상시켰으며, 계획을 실행할 시점이 되었을 때 지속적인 성공으로의 길을 닦아준 새로운 관계와 파트너십들을 구축하였다.

인터뷰 진행자들은 또한 스팟 인터뷰라고 불린 인터뷰를 진행하였다. 인터뷰 진행자들은 개인들이 공동체 내에서 일하고 생활하는 동안, 이들에게 더 긴 인터뷰 가이드로부터 발췌된 개인적 질문들을 던졌다. 그들은 기회가 보일 때마다 질문을 던졌는데, 이런 스팟 인터뷰들은 축구장 또는 약국에서, 신문 배달하는 소년 또는 약국의 캐시어들을 대상으로 진행되었다. 스팟 인터뷰들은 인터뷰 진행자들이 더 크고 다양한 시민 그룹들을 빠르고 효율적으로 참여시킬 수 있도록 해주었다.

마지막으로, 공동체 주민들 일부는 롱몬트가 채택하거나 상황에 맞게 변용할 수 있는 사례를 배우기 위해 다른 도시들의 주민들과 등급 내 우수 사례best-in-class 인터뷰라고 부른 인터뷰를 진행하였다. 그들은 전국적으로 자신들에 필적할 만한 159개의 도시들을 선정했고, 이 중 네 곳을 방문하기로 결정했다. 네 도시 각각은 롱몬트의 네 가지 에이아이 긍정 주제들 중 하나와 관련된 분야에서 이름이 잘 알려진 리더 격의 도시였다.

- One Giant Front Porch. 따스하고, 편안하며, 환영하는 분위기와 풍성한 지역색
- Enhancing Our Environmental Legacy. 자연 환경에 대한 책임 있는 관리에 헌신
- Exciting Living and Business Personality. 강력한 경제적 기반으로 이어지는 독특하고, 차별적이며, 매력적인 특성
- Prospering Together in Longmont. 사람들의 완전한 잠재력을 이끌어 내도록 도움을 주는 상호 책임 및 존중의 문화

최고 사례 인터뷰는 지역 자치단체 간의 파트너십을 조성하고, 주민들의 창의성을 촉진시켰으며, 롱몬트와 그 미래에 대한 주민들의 상상의 경계를 넓혀 주었다.

이 모든 이야기들과 아이디어들은 어떻게 되었을까? 훌륭한 인용문들이 지면상에 기록되었으며, "노란 벽돌 길(yellow brick road, 오즈의 마법사에서 인용된 어구

로, 약속의 땅으로 향하는 희망찬 길을 뜻함. 역자 주)", 즉 175명이 참석한 공동체 서밋으로의 진로로 통합되었다. 뛰어난 사례들과 아이디어들이 15분간의 슬라이드 쇼로 편집되어, 이 모임에서 상영된 후 비준되었다. 이 이야기들은 시의 구전 역사의 질을 높였으며, 지속적인 긍정적 조치를 위한 길을 닦아 주었다.

결과

계획된 것이든 새롭게 출현한 것이든 상관없이, 모든 측면에서 포커스 온 롱몬트 계획은 멋진 성공을 거두었다. 그 무엇보다도 시의 리더들은 자신들이 의도했던 목표를 달성했고, 시민들은 5개의 전략적 방향들을 협력적으로 규정하는 한편 그 실행을 보장하기 위한 정책 개발을 승인했다. 그 다음 해에 시의 리더들은 그 전략들을 의사결정의 기본 틀로써 이용했다. 그들은 자신들의 핵심적 긍정 요소 분석에서 규명되고 천명된 강점들(특히 촉진적 리더십), 즉 시에서 어떤 직접적 권한을 가지고 있지 않을 때에조차 공동체의 활동을 지지하고 촉진하기 위한 약속들과 결합된 기업적 스타일의 리더십을 의도적으로 도입하려고 했다. 이와 더해서 시 의회는 매년 그들의 연간 목표 수립 프로세스가 진행되는 동안 이 전략적 방향들을 거듭하여 참조했다. 포커스 온 롱몬트 프로그램에 의해 창출된 전략적 계획은 세 곳의 시 의회와 두 명의 시장들에 의해 채택되고 지지되었으며, 이어서 4년 후에는 롱몬트 시에 대한 통합적 힘으로서 역할을 하였다.

또 하나의 중요한 업적은 그 계획이 시의 공식적인 지도층에 의해서뿐만 아니라 그 전략을 실행하고자 도움을 제공했던 시민들에 의해서도 승계되었다는 점이다. 그 밖에도 시민들은, 공공 안전세public safety tax, 이민자들의 지역 사회 통합 방안에 관한 공개 토론회, 리인벤팅 리타이어먼트Reinventing Retirement라고 명명된 비전 수립 프로세스 등과 같은 다수의 추가적인 지역 사회 프로그램에도 참여하였다. 포커스 온 롱몬트 계획은 2006년 국제 공공참여 연대International Association for Public Participation의 핵심 가치 상Core Value Award을 받았고, 시 자체는 전국 도시

연맹National Civic League에서 수여하는 전미 도시 상All-America City Award을 받았다.

선한 목자 수녀회의 범교구적 기획

두 번째 사례는 신앙 공동체에 관한 것이다. 선한 목자 수녀회의 중-북미 대교구PMNA의 지도층은 자신들의 전 공동체가 미래를 향한 방향성을 수립하는데 참여하도록 하려고 했다. 지도층은 자비, 복종, 열성 등의 핵심적 가치와 개인적 가치에 바탕을 두고 수녀들과 수녀회의 교우들(즉, 교단의 임무 완수를 위해 제휴 관계로 일하는 평신도 협력자들)로 하여금 그들의 선행을 자축하고, 그들의 다음 6년간의 방향을 결정하는 에이아이 프로세스에 참가하도록 했다. 여기에는 그들이 어떻게 공동체의 모든 구성원들을 에이아이 4-D 프로세스에 참여하도록 했는가, 어떻게 방대한 양의 데이터에 의미를 부여하는 과정에서 모든 의견들이 경청되도록 보장했는가, 어떻게 그들의 미래에 대해 범 공동체적인 합의를 이끌어 냈는가 등에 대한 전체성wholeness과 관련된 이야기가 있다. 이는 어떻게 에이아이 프로세스가 말 그대로 전체 공동체를 공동체와 그 구성원들 모두의 가장 심원한 가치들에 대한 헌신을 강화하는 방식으로 참여시키는데 이용될 수 있는가에 관한 이야기이다.

아마도 다른 공동체들 이상으로 신앙 공동체들도 저명한 작가인 피터 블록Peter Block이 다음의 글에서 의도한 바를 잘 이해하고 있을 것이다. "공동체는 소속감promise of belonging을 제공하고, 우리가 우리의 상호 의존성을 인정할 것을 요구한다."[77] 2006년, PMNA 선한 목자 수녀회는 자신들의 상호 의존성을 인정하면서 그들의 미래를 위해 함께 계획을 수립해 나가기 위한 조치들을 취했다. 이 당시, 2백 50명의 전교 수녀 및 관상 수녀들이 중-북미 20여 곳에서 일하고, 예배를 올리며 생활하고 있었다. 이 공동체의 평균 연령은 약 75세로 점점 더 증가하고 있었으며, 반대로 신도들의 수는 감소하고 있었다. 교구 지도층은 그들의 서원과 조화를 이루면서 250명의 수녀 및 선한 목자 수녀회의 기타 평신도들 모두와 소통할 수 있도록 도와줄 프로세스를 찾고 있었다.

그들은 "나는 여러분께 설명을 할 수는 없지만, 우리의 사명mission과 나의 영혼 속에는 뭔가 성스러운 것이 자리하고 있습니다. 그것은 뭔가 놀라운 것입니다. 강물과도 같은 은혜가 우리 모임에 충만합니다."라고 말했던 이 교단의 창시자, 성녀 마리아 유프라시아St. Mary Euphrasia 로부터 영감을 받아 에이아이를 선택했다. 에이아이가 다시 한 번 그들로 하여금 "강물과도 같은 은혜a river of grace"에 다가갈 수 있도록 도와주고, 자신들의 공동체의 미래를 위해 계획을 세워 줄 것이라 믿으면서 다섯 명으로 이루어진 지도자 모임은 에이아이에 깊이 몰두했다. 전교 지도자 모임Apostolic Leadership Team의 구성원들은 네 번의 워크숍에 참석했고, Corporation for Positive Change의 인증 프로그램Certificate Program인 에이아이와 긍정변화의 실천Appreciative Inquiry and the Practice of Positive Change을 수료했다. 이 프로그램을 이수하는 동안 그들은 후에 거의 6백 명에 달하는 인원들이 탐구 활동에 참여하도록 하고, 그들의 선교 활동에 대한 긍정 및 그들의 미래에 대한 명확한 다섯 가지 방향에 대한 선언문으로 이어진 에이아이의 4-D 프로세스를 상세히 검토했다.

행동 시 전체성의 원칙 The Wholeness Principle in Action

선한 목자 수녀회가 공동체 안에서 생활하고 봉사하기 때문에 공동체의 모든 사람들에게 그들이 미래를 위한 과정을 계획하는 데 참여할 기회를 주는 것이 중요했다. 이는 전체 공동체가 핵심 팀, 인터뷰, 의미부여, 미래에 대한 구상, 미래를 위한 방향의 수립 등과 같은 프로세스의 모든 단계들에 관련되는 것이 필요함을 의미했다. 그리고 그들은 조직의 구조를 강화해주는 방식으로 관련될 필요가 있었다.

우리는 한 마음으로 우리의 미래를 엮어 나간다 As One Heart We Weave Our Future

이 프로세스는 전체 공동체의 축소판인 27명의 수녀와 8명의 평신도 협력자들로 이루어진 핵심 팀에 의해 인도되었다. 처음으로 그들이 한데 모였을 때 그들은 에이아이에 대해 배웠고 주제를 결정했으며 다음과 같은 네 가지 긍정 주제들에 관한 인터뷰 가이드를 작성하였다.

- 목자들의 공동체
- 목자들의 선교 범위를 지역적 및 전 세계적으로 답사
- 신의 창조물들을 보살핌
- 사목: 삶의 방식

이들의 탐구 전략은 중-북미 교구의 모든 공동체 구성원들을 일대일 인터뷰 및 소규모 그룹 인터뷰에 참여시키도록 디자인 되었다.

인터뷰 결과는 희망적이었다. 이 인터뷰들은 일부는 영어로, 일부는 스페인어로 또 일부는 베트남어로 진행되어 모든 수녀들에게 자신의 의견이 경청될 수 있는 기회를 부여하였으며, 전교 수녀와 관상 수녀들 간에, "진료시설들infirmaries"에 있는 이들과 아직 성직에서 활동 중인 이들 간에, 수녀들과 평신도 협력자들 간에, 즉 공동체 전체에 걸쳐 가교들을 구축하였다. 긍정 인터뷰들은 대단히 성공적이었으며 수녀들로 하여금 자신들의 임무에 관해 다시 한 번 확신을 가질 수 있도록 만들었고, 그들 간의 관계를 강화하면서 미래를 위한 아이디어들을 공유하도록 해 주었다.

전체 이야기 발굴

전체 조직이 에이아이에 참여하게 된 이후, 핵심 팀은 다음과 같이 고전적인 에이아이 변화를 제시했다. 그들은 의미 부여의 프로세스가 사람들의 공동체 의식을 강화하고, 모든 사람들에게 참여하고, 경청되며, 이해되고 있다는 느낌을 부여한다는 것을 어떻게 보장할 수 있는가? 달리 말하자면, 그들은 함께 모여 공동체에 의해 공유되는 "전체적인 이야기"를 구성하기 위한 방대한 데이터들에 어떻게 의미

를 부여할 것인가? 그들은 공동체의 가장 큰 강점들과 미래를 향한 희망들을 밝히고 천명하기 위해 어떻게 전체 공동체에 대해 봉사할 것인가?

인터뷰 과정을 통해 744페이지에 달하는 이야기들, 인용 가능한 문구들, 미래를 향한 희망들이 모아졌다. 이들을 한데 묶자, 문서들이 6인치 바인더를 가득 채웠다. 핵심 팀은 이 자료들을 나누어 검토하고 해석하였다. 요약 시트는 긍정 주제들에 따라 색상으로 분류되었다. 핵심 팀의 구성원들은 자발적으로 네 개의 주제 그룹으로 나뉘었다. 한 주제 그룹에 속한 각각의 인원에게는 열람과 검토를 위해 데이터의 1/4(35 ~ 40 페이지 사이)이 주어졌다. 이런 식으로 각 문건은 여러 번 읽혀졌지만, 그 누구도 전부를 읽을 필요는 없었다. 각각의 열람자는 744 페이지 중 자신이 맡은 부분을 다음과 같은 여섯 장의 데이터 요약 시트 상에 요약하도록 요청 받았다.

1. 선한 목자 수녀회, PMNA의 핵심적 긍정 요소
2. 우리가 지속해야만 하는 긍정적 기여의 영역
3. 회상: 내가 행간에서 읽었던 성스러운 흔적
4. 우리의 미래에 대한 이미지: 우리의 성직과 공동체
5. 행동을 위한 기회들
6. 미래를 위한 우선적 사안들

두 시간에 걸친 열람 및 회상 그리고 기도 후에 핵심 팀의 구성원들은 주제 그룹 내에서 대화를 나누기 시작했다. 그들은 하나의 명백하고 핵심적인 원칙에 따라 일했는데, 그 원칙은 인터뷰를 받은 거의 6백 명에 달하는 사람들의 의견들이 여러분의 논의, 결론, 프레젠테이션 속에서 확실히 경청될 수 있도록 하라는 것이었다. 소그룹 내에서의 대화들과 전체 핵심 팀과의 대화들은 3일간 지속됐다. 그 결과는 인터뷰를 받은 거의 6백 명에 달하는 선한 목자 선교회 회원들로부터의 인용문들에

의해 묘사된 목표 선언문의 초안이었다.

이 목표 선언문의 초안은 교구 전체에 걸쳐 공유됐을 때, 대단한 호평을 받았다. 사람들은 핵심 팀이 전체 공동체의 아이디어, 느낌, 미래를 향한 희망을 매우 잘 경청하고 반영한 데 대해서 감사했다. 모든 수녀들로 하여금 이 초안을 보강하기 위한 제안들을 심사숙고하고 제시할 수 있도록 하기 위해 공동체 대화가 열렸다. 핵심 팀은 모든 정보들을 취합하여 초안을 가다듬어, 공동체 대화 및 최종적으로는 2008 총회 모임에서의 승인을 받을 수 있도록 준비했다.

우리는 신앙의 힘으로 여기까지 왔고, 신앙을 통해 우리의 여행을 계속한다.

모든 수녀들이 2008년 5월 개최된 교구의 총회에 초대됐고, 여행 가능한 180명 이상의 인원들이 십일 간의 총회에 참석하였다. 현안들 중에는 제안된 방향들에 관한 토론과 의사 결정, 새로운 교구장(교구 리더) 및 리더십 팀의 선출 등이 있었다. 모든 측면에서 총회 모임은 대단한 성공을 거두었다. 목표 선언문과 관련된 조치 권고안의 목록이 승인되었고, 새로운 교구장 및 리더십 팀이 선출되었다. 수녀들은 에이아이에 의해 조성된 긍정적 분위기를 즐겼고, 그들의 공동체 의식이 깊어짐을 경험하였다. 의문의 여지없이 전체 공동체가 에이아이 프로세스에 관여한 것은 그 공동체에 대단히 유익한 일이었다.

새롭게 선출된 리더십 팀은 목표 선언문을 실행하는 일을 즉시 착수하였다. 그들은 자신들의 생활적 수요와 특성을 평가하기 위해 컨설턴트들을 고용했고, 웹 기반의 커뮤니케이션, 모임 그리고 학습 교류를 수반하기 위한 기술의 활용을 진척시켰다. 공동체 안에서 자신들이 서약한 삶과 임무에 초점을 두면서, 그들은 1년 후에 또 다른 전체 그룹 모임을 주최하기로 결정했다. 그리고 그들은 20개의 지역 공동체들이 목표 선언문과 관련된 대화, 분별, 행동을 지속하도록 후원했다. 공동체와 그 공동체의 구성원들 다수는 이 프로세스에 의해 풍요로워졌다. 비록 그들이 직면한 어려움은 있었지만, 그들의 미래에 관한 자비로운 대화 속에 서로와 함께하하는 능력은 더욱 강력하게 자라났다.

보울더 카운티: 우리의 미래를 환영하기 Greeting Our Future

세 번째 사례로, 보울더 카운티Boulder County의 노인 복지부Aging Service Division는 노인 복지를 위한 에이아이 기반의 범카운티적 전략 계획의 수립 및 실행을 위해 지역 공동체의 파트너들과 제휴했다. 그들의 목표는 "노령 인구의 급격한 확산으로 인해 도래하는 문제들을 사전에 해결하는 한편, 새롭게 구성되는 공동체 내에서 이용 가능한, 증가하는 인적 자원을 이용하고 도입하는 것"이었다. 이들의 사례는 에이아이의 디자인 및 미래의 꿈 실현하기에 관한 이야기로서, 한 공동체가 그 비전과 계획들을 광범위하고 제도화된 후속 조치들과 함께 어떻게 구체적인 행동으로 옮기는가를 묘사하고 있다.

수년 동안 국가의 두뇌 집단들think tanks은 베이비 붐 세대의 은퇴 시기 도래를 "실버 쓰나미silver tsunami"라고 불렀지만, 이런 쓰나미에 대해 콜로라도의 보울더 카운티 이상으로 경험이 많은 곳은 전국적으로 거의 없었다. 덴버의 북서쪽 로키 산맥 기슭에 인접한 보울더 카운티는 고령화된 유동 인력 및 퇴직자들을 위한 최적의 장소였다. 2006 콜로라도 지역 사무국Department of Local Affairs 보고서는 2000년부터 2012년까지 60세 이상 인구의 70% 증가를 예측했다. 이 보고서에 언급된 사실은 보울더 카운티의 보건 복지부 조직에 대해 그들이 다가올 사태를 어떻게 잘 대처할 수 있을 것인지에 대한 중대한 의문을 제기하였다.

이러한 의문이 제기된 지 얼마 되지 않아 지역 지도자들은 에이아이를 발견했으며 이를 통해 자신들의 질문에 대한 답을 찾았다.

보울더 카운티 노인복지부BCASD의 은퇴한 전 매니저, 로즈마리 윌리암스Rosemary Williams는 다음과 같이 말한다.

에이아이는 우리가 이미 채택했던 노인 복지 서비스에 대한 강점 기반의 접근법을 강화하고 이를 토대로 했기 때문에 우리가 이용하기에 완벽한 접근법이었습니다. 에이아이는 우리가 고유의 강점들을 그 어느 때보다도 더 광범위하고 체계적으로 규명하고 도입하도록 도와주었습니다.

성공을 거두기 위해서는 노인 복지부의 리더들이 카운티의 지역 위원회와 개별적인 시 의회들의 승인을 받기 위해, 이 계획을 강화하고 그 성공적인 실행을 보장할 지속적인 참여 유도 프로세스와 함께 폭 넓게 지지 받는 장기적 범위의 계획을 수립해야만 했다.

에이아이를 통해 계획에 착수

범카운티적인 이 전략 계획은 수 개 월간의 에이아이 인터뷰들, 수백 명의 다양한 구성원들 간의 대화와 합의, 이틀간의 에이아이 서밋 그리고 일련의 전략적 기획 세션을 통해 달성되었다. 이 계획은 "우리 모두가 편안하게 나이 들어갈 가슴 설레는 지역 사회"의 근원이 될 강점들과 목표들, 우선순위가 매겨진 활동들의 개요를 담고 있었다. 이는 또한, 보울더 카운티가 향후 노인 복지 서비스를 디자인하고, 개발하며, 실행하고, 자금 조달하며, 평가할 원칙들을 천명하였다.

범카운티적 전략 계획에서 공동체의 행동으로

이 34페이지짜리 계획안은 2006년 7월 보울더 카운티 지역 위원회에 제출되었다. 이를 완성하기까지 수개월간을 보낸 70명의 지역 사회 구성원들이 이 문서가 발표될 회의에 참석하기로 했다. 카운티 지역 위원들은 여타 전략 계획들과 마찬가지가 될 수도 있었을 이 계획안에 대해 보여진 것과 같은 대중적 지지의 고조를 경험한 적이 별로 없었다. "이렇게 많은 이해 관계자들이 오늘 여기 자리했다는 것은 이 계획이 지역 사회의 비전을 반영하고 있음을 명확히 보여주고 있습니다." 한 위원이 말했다. "이 모습은 이 계획이 그저 어딘가에 방치된 채 먼지만 쌓이게 되지는 않을 것임을 보장하는 것입니다. 우리는 이 계획의 실행을 위해 함께 매진할 것입니다."

하지만 어떻게? 지역 사회는 어떻게 그 전략 계획을 실행에 옮길 것인가? 그 계획의 리더들은 모든 서비스 제공자들, 돌보미들caregivers, 지역 사회의 원로들, 지역의 선출직 공무원들, 이제부터 이 계획과 그 실행 과정에서 전적으로 지출의 대상이 될 관심 있는 주민들 모두의 에너지를 어떻게 이끌어 낼 것인가?

그들은 높은 수준의 참여와 일사불란한 행동을 지속적으로 촉진하는 새로운 총괄적 조직을 구성함으로써 이를 달성했다. 이런 조치들 중 첫 번째는 범카운티 지도자 협의회Countrywide Leadership Council, CLC로서, 계획의 실행, 평가, 업데이트를 이끌 책임을 맡고 있었다. CLC는 광범위한 초빙과 목표를 명확히 한 신규 등용을 결합시켜 다양한 배경을 가진 1백 명의 주민 참여를 이끌어 냈다. 이들 중 일부는 우리의 미래 환영하기Greeting Our Future 프로젝트에 시작 단계부터 관여하고 있었으며 다른 사람들은 처음으로 참여하는 사람들이었다.

서로에 대해 알고 계획을 실행하는 데 필요한 작업의 개요를 파악하기 위한 최초 세 차례의 모임을 가진 후 CLC의 구성원들은 자발적으로 7개의 작업 그룹으로 편성되었다. 이 모든 지원자 작업 그룹들은 그룹의 구성원들이 뽑은 위원장chair 및 공동 위원장cochair들에 의해 진행되었으며, 이전에 확립된 자원봉사 스태프의 파트너십에 대한 전례에 따라 노인 복지국에서 도움을 받았다.

그 다음에 CLC는 핵심 스태프들과 함께 7개 작업 그룹의 위원장 및 공동 위원장들로 구성된 16명의 최고 운영 위원회executive committee를 조직하였다. 최고 운영 위원회의 임무는 CLC 회의의 안건을 정하고 CLC의 작업을 조율 및 통합하며 매 1년 단위의 실행 주기가 끝날 때 새로운 멤버들을 등용하기 위해 노인 복지국의 매니저와 제휴하는 것이었다.

이와 동시에 주 정부와 연방 정부 기금의 전달 및 감독을 담당하는 노인 복지 자문 위원회Aging Advisory Council는 기금 수여의 기준을 변경하기로 하였다. 기금 수급자는 기금을 신청하면서 그들의 계획이나 프로그램이 하나 이상의 범카운티적 전략 목표들의 달성을 촉진시킬 것이라는 점을 입증해야 할 것이었다.

마지막으로 그러나 앞에서와 마찬가지로 중요하게, 노인 복지국은 CLC의 스태프로서 일하고 CLC 작업 그룹들을 감독하며 지역 사회와의 지속적인 관계 유지 및 커뮤니케이션을 담당할 신규 직책으로서 지역 사회 개발 전문가community development specialist직을 추가하였다. 이와 더불어 이 전문가는 이전에 제정된 "우리의 미래를 만들자Create Our Future" 지원금 지급 프로그램을 조율하고, 그에 따라 카운티의 전략적 계획 실행을 가시적으로 뒷받침해주는 프로그램 또는 단체에 대하여 카운티의 자금이 유사하게 지원될 수 있도록 보장하는 책임을 맡게 됐다.

전략적 계획의 자연스러운 부산물로서 창출된 이런 조직들은 시와 카운티의 지도자들, 스태프들, 자원자들로 하여금 그들의 공유된 비전에 활기를 불어넣을 정도로 참여와 파트너십을 유지하도록 해주었다. 아마 중요한 것은 그 조직이 광범위한 이해 관계자들이 자발적이고, 강점에 기반을 두고 있으며, 철저하게 포괄적인 기획, 디자인, 조직화를 할 수 있는 수단을 제공했다는 점일 것이다.

결과

2007년에 자문 위원회의 지역 사회에 대한 첫 번째 연례 보고서는 다음과 같은 사항들을 포함하여 여섯 가지 업적을 기록하였다.

- 한 타운에서 해당 지역사회 내의 모든 신규 가옥에 있어서 일정 비율의 고정 시설에 휠체어나 보행 보조기를 사용하는 사람들이 출입할 수 있도록 보장되어야 한다는 내용의 "이용성(visitability, 장애인이 집안 내 침실, 화장실 등을 이용하기에 편리하도록 구조를 맞춰야 함을 뜻하는 용어임. 역자 주)" 조례가 시행됨

- 범카운티적인 식료품 및 영양 자원 리스트의 발간 및 배포
- 지원이 간절한 지역 사회 구성원들에 대한 비상 급식 지원 계획의 개시
- 소비자 주도의 친절하고, 개인적이며, 포괄적이고, 정확하며, 효율적이고, 적합하며, 적시적이고, 권한 강화적이며, 강점에 기반을 둔 정보 및 지원을 표준화하기 위한 "전방위적 서비스Any Door Is the Right Door" 시스템의 개시
- 대중교통 가이드 제작

2007년과 2008년 사이에는 "우리의 미래 맞이하기Greeting Our Future" 계획이 세 개의 저명한 상들을 수상하면서, 지방과 지역 그리고 전국적으로도 인정을 받았다.

- 콜로라도 공원 및 휴양 협회 콜럼바인 어워드Parks and Recreation Association Columbine Award 수상 (2008)
- 비전을 갖춘 기획에 대한 덴버 지역 자치 위원회 지방 자치 혁신상 수상 (2007)
- 전국 지역노인기관 협의회National Association of Agencies on Aging, n4a 노인 복지 혁신 및 성과 상 수상 (2007)

이 상들은 지역사회의 강력하고 지속적인 후원과 함께, 노인복지국 매니저인 셰리 리치Sherry Leach로 하여금 다음과 같은 논평을 하게 했다.

우리가 이 계획을 발족했을 때 사업을 진행하는 방식을 근본적으로 바꿔야만 할 것이라는 것을 알고 있었습니다. 결국 그 계획은 자금 조달로부터 보조금 지급, 구성원 임용 그리고 그 외의 더 많은 것들에 이르기까지 우리 업무의 모든 측면을 변화시켰죠. 이는 계획에 활기를 불어 넣고, 이 계획이 우리가 일어나기를 바랐던 변화를 위한 실질적이고도 강력한 추진력이 되도록 만들었습니다.

그리고 이것은 계속해서 변화를 위한 추진력이 되었다. 보울더 카운티 전역에 걸친 지역 공동체들은 범카운티적 프로세스와 문건들에 바탕을 두고 그들 스스로의 지자체적인 계획들을 완성하고 채택하였다. 새롭고 창의적인 제휴관계들이 계속해서 형성되고 있다. CLC는 모임을 가지고 새로운 우선순위 현안들을 해결하기 위한 신규 작업 그룹들을 계속해서 발족시키고 있으며, "우리 모두가 편안하게 나이 들어 갈, 가슴 설레는 지역 사회 창조"의 프로세스는 보울더 카운티 전체에서 지속되고 있다.

지역 공동체 기획을 위한 에이아이 활용에 대한 열 가지 조언

성공적인 지역 사회 기반의 에이아이는 창의성과 혁신을 필요로 한다. 다양한 지역 사회 구성원들과 그룹들로 하여금 참여하도록 고무하는 매력적인 변화의 아젠다로부터, 많은 하위문화들에 속한 리더들이 프로세스를 디자인하고 지원하기 위해 단결하는 방식에 이르기까지 그리고 다양한 흥미, 관심사, 스타일을 가진 다수의 사람들이 참여하고 기여하도록 초청되는 매우 다양한 방법들로부터, 정책과 기준에 부합하는 결과에 대한 필요성에 이르기까지, 각각의 에이아이 적용 사례는 그 나름대로의 고유한 변화를 거친 것이다. 그럼에도 불구하고 본 장에서 묘사된 경우들처럼 지역 사회 기반의 변화 프로그램에 있어 확실히 가장 본받을 만한 사례들이 있다.

다음의 열 가지 팁들은 지역 사회 환경에서 성공적으로 에이아이를 적용하기 위한 조언을 제시해 준다. 이 팁들은 잘 검토된 4-D 프로세스를 대신할 수는 없다. 그러나 이들은 에이아이가 여러분의 지역 공동체에 잘 들어맞고 적절하게 채택되었는지를 확인하기 위한 가이드라인으로서의 역할을 한다. 간단히 말해서 이 팁들은 더 큰 선(善)을 위해 나아가는 미래를 천명하도록 도와주면서, 여러분이 속한 지역 사회 구성원들로부터 최상의 역량을 이끌어 내도록 도와줄 수 있다.

1. 여러분의 접근법을 "공동체화communitize"하라. 지역 공동체의 문제에 에이아이 프로세스의 초점을 맞춰라. 여러분이 속한 지역 공동체의 전반적인 문화와 목적에 부합하는 광범위하고 매력적인 변화의 주제를 선택하라. 에이아이를 하는 유일한 바른 길은 여러분의 공동체 구성원들을 위해 효과를 발휘하는 방법이라는 것을 기억하라. 모임과 프로젝트들은 사람들이 덜 바쁜 때로 일정을 잡거나 당신의 공동체에 의미가 있는 기존의 이벤트들과 연결시켜라. 당신이 원하고 관련될 필요가 있는 많은 사람들에게 매력적이고 쉽게 받아들여질 수 있는 다양한 프로세스들을 디자인하라.

2. 헌신적인 리더를 임명하라. "차가 달리게 하려면 키와 연료 둘 다 필요하다."라고 포커스 온 롱몬트 프로젝트의 시민 대표인 마리에타가 말했다. 여러분의 공식적인 지도층(권위와 자원 혹은 "열쇠key"를 가진 사람들)과 일상적인 프로젝트 코디네이터들(프로세스에 활기 혹은 "연료gas"를 가져다 줄 사람들) 간에 책임과 조화를 구축하기에 앞서 시간을 가져라. 여러분이 언제든 공식적 리더들 및 비공식적 리더들 모두로부터 지지 기반을 확보할 수 있도록, 조직 전체에서 다수의 리더들을 육성하라. 그들이 자신이 무엇을 하고 있는지와 그 이유를 이해하도록 하고, 그에 따라 그들이 다른 사람들과 편안하게 프로세스에 관해 토론하면서 참여를 이끌어 내는 훈련을 시켜라.

3. 의도적이고 철저하게 포괄적이 돼라. 맨 처음부터 프로젝트 리더에서 프로세스 참여자들에 대한 자문역에 이르기까지, 모든 것에 세대별, 사회경제학적, 문화적 다양성을 도입하라. 의도적으로 하위 공동체들과 문화들을 함께 프로세스에 참여시켜라. 그리고 참여하는 사람들이 상이한 작업 일정, 라이프스타일, 관심사, 언어, 필요성을 수용하도록 폭넓은 방법들을 확실히 제공하라.

4. 긍정의 불꽃을 타오르게 하라. 긍정의 힘을 과소평가하지 마라. 이는 사람들의 마음을 끌어 들이고, 그들의 에너지를 유지시켜 준다. 여러분이 모은 긍정적인 이야기들을 몇 번이고 거듭 얘기하라. 사람들이 공동체의 강점과 성

공을 되새기도록 유지하라. 결과와 함께 사람들의 노력에 대해서도, 특히 보통 시민들과 변화를 위한 모멘텀을 유지시켜 주는 사람들의 노력에 감사하고 이를 인정하라.

5. 정보와 기회들에 항상 손을 뻗치고 있어라. 수백 혹은 심지어 수천 명의 사람들이 속한 공동체들에 대해서는 절대 소통을 멈추지 마라. 모든 것을 전달하라. 정보를 전달하는 서로 다른 방법들에 대해 실험을 멈추지 말고, 항상 "그것이 의미하는 것"과 "모든 사람들에게 그것이 내포하는 것"에 초점을 맞춰라. 참여한 사람들을 챙기고, 그들에게 계속 정보를 전달하라. 지역 언론매체를 참여시키고, 핵심적인 이벤트들에 관한 비디오, 스틸 사진, 서면 기록을 제작하여 광범위하게 배포하라. 가능한 한 오랫동안 프로세스가 중심적 위치에 있도록 유지하라.

6. 지속성과 변화의 추이를 계획하라. 여러분이 프로세스를 시작하기 전에 만약 우리가 내일 자리를 뜬다면, 이 프로세스를 어떻게 지속시킬까에 관한 질문을 던져보라. 그리고 그 답을 중심으로 여러분의 에이아이를 조직하라. 바람직한 결과에 대해 책임이 있는 사람들을 시작 단계부터 찾아내 참여시켜라. 계획을 하고 긍정적 결과를 얻는 데 어떤 시스템, 조직, 자금 조달 메커니즘이 필요할 것인지를 먼저 고려하라. 기획 및 실행 단계 모두에서 점검할 항목들을 정하라. 정기적으로 성과 목록을 작성하라. 이들을 자축하고 홍보하라.

7. 시간을 투자하고 결과를 즐겨라. 의문의 여지없이 에이아이를 이용한 전체 시스템적 공동체 기획은 시간 집약적이다. 이는 여러분이 생각하는 것 이상으로 시간을 요하지만, 공동체의 구성원들은 반복해서 그것이 시간을 들일 만한 가치가 있었다고 얘기한다. 노인 복지 기획 부서에서 3년 간 리더로 일한 후, 미셸 웨이트Michele Waite는 다음과 같이 회상했다. "나는 이 계획이 얼마나 많은 시간을 요할지 몰랐지만, 설령 알았다 하더라도 나는 단 한 가

지도 바꾸지 않았을 겁니다." 더 많은 사람들이 참여할수록 더 많은 시간이 소요된다. 그러나 긍정 인터뷰에 시간과 에너지를 쏟는 것 그리고 공동체의 구성원들로 하여금 이야기를 공유하고, 그들 자신의 데이터에 의미를 부여하도록 하는 것은 상상할 수 없을 정도로 유익한 결과를 가져다준다. 사람들이 자신의 공동체로부터 이야기를 들으면, 그들은 자신들이 누구인지를 배우게 되고 자신들이 개인으로서 그리고 하나의 공동체로서 무엇이 될 수 있는지를 알게 된다.

8. 일이 흘러가는 대로 받아들여라. 하나의 대규모 공동체 기획 프로세스로서 에이아이를 이용할 때 여러분이 맞닥뜨리게 될 모든 우여곡절을 예측하는 것은 불가능하다. 실내에 수용 가능한 인원들보다 훨씬 더 많은 사람들이 나타난 적도 있었고, 습관적으로 반대론을 제기하는 사람이 마이크를 달라고 요구한 적도 있었다. 지방의 언론 매체가 어떤 때는 지지를 하다가도 어떤 때는 프로세스에 의문을 표한 적도 있었다. 이런 사건들 중 일부는 극복해야 할 난제들이지만 대부분은 공동체의 지지와 배려심에서 우러나온 행동주의의 비정상적 표현으로서 채택하고 혁신해야 할 필요성을 불러일으킨다. 따라서 앞으로 나아가는 동안 나타나는 새로운 방향들과 기회들, 이들을 초래하는 사람들에 대해 마음을 열고 대응하라. 여러분 또한 자기가 속한 공동체들 내에서 더 나은 미래를 위해 멈추지 않고 놀라운 방식으로 일하는 많은 재능 있는 사람들을 만나 경외심을 품을 수 있다.

9. 에이아이에 대해 지속적인 교육 및 훈련을 제공하라. 프로젝트 리더들과 우수한 인력들에 대해 에이아이에 관한 철저한 훈련을 시키는 것은 이들이 자신들의 기획 프로세스를 디자인하고 이끌어 나갈 때 좋은 선택을 하도록 도움을 준다. 그러나 교육의 필요성은 거기서 멈추지 않는다. 지속적인 교육과 훈련은 에이아이 기반의 공동체 기획에 있어 성공의 핵심적인 요소이다. 에이아이에 대해 더 많은 사람들이 배울수록 더 나은 변화 프로세스가 진행될

것이다. 다양한 구성원들과 함께 공동체의 리더들에게 맞춰진 교육적 기회들을 제공하는 것을 고려해보라. 기획 프로세스 전체로부터 새로운 인원들이 계속 합류할 것이고 그들 역시 훈련을 통해 좋은 결과를 얻을 수 있다. 마지막으로 계획이 완료되면 공동체 구성원들은 긍정적인 전진 추세를 유지하기 위해 색다른 수단들을 필요로 할 것이다.

10. 에이아이를 일상적으로 실천하라. 에이아이 기반의 기획은 공동체 변화 과정이 시작되도록 하지만 이 과정은 계속해서 양분을 제공받는 경우에만 지속된다. 여러분 스스로에게 어떻게 이 프로세스를 여러분이 속한 공동체의 일상생활 속에 적용할 수 있겠는지 계속해서 질문해 보라. 롱 몬트의 카르멘 라미레즈Carmen Ramirez는 다음과 같이 이를 잘 표현했다. "우리가 부서를 벗어나 더 폭넓은 공동체 속에서 이룬 것들만큼 부서와 조직 내에서도 일할 때 우리는 비로소 에이아이가 제공하는 모든 이익을 거둬들이게 될 것이다."

결론

이 장에 담긴 이야기들이 보여주고 있는 것처럼, 에이아이는 의미 있는 공동체 기획 및 개발을 위한 강력한 프로세스이다. 그 끝없이 긍정적인 자세는 지신들의 아이디어와 의견을 공유하지 않는 사람들조차 쉽게 참여시킨다. 강점 기반의 접근법은 사람들에게 활기를 불어 넣어주고 뚜렷한 미래에 대한 공동체의 자신감을 구축시킨다. 시작 단계로부터 발굴하기, 꿈꾸기, 설계하기, 실현하기에 이르기까지, 에이아이의 4-D 사이클은 각 공동체의 고유한 상황 및 난제들을 해결하는 데 맞춤식으로 적용될 수 있다. 공공 단체에 있어 에이아이는 대중들과 공식적인 지도자의 역할을 맡고 있는 사람들, 수시로 의견이 무시되는 사람들의 의견들을 증진하고 앙양시킬 수 있다. 신앙 공동체에서 에이아이는 공동체의 가장 심원한 가치들, 믿음,

헌신적 자세들을 반영하는 주제들을 선택함으로써, "헌신적인 삶vowed life"을 지탱해 줄 수 있다. 모든 종류의 조직들과 마찬가지로 모든 공동체들에서도 에이아이는 배움에 대한 개방성, "상대방the other"을 마주하고자 하는 의지, 함께 앞으로 나아가기 위해 긍정적으로 삶을 바라보는 방법들을 창출해낼 역량 등을 촉진시킨다.

여러분이 여러분의 공동체와 그 잠재적인 에이아이의 활용에 관해 고려할 때, 우리는 여러분이 작은 것에서 시작하기를 권한다. 공동체의 현안, 프로젝트 혹은 광범위한 참여와 정보를 요하는 목표를 찾고 그것을 여러분의 학습을 위한 근거로 활용하라. 여러분의 프로젝트를 염두에 두고 이 책의 내용을 검토하라. 관련된 여타 공동체 구성원들을 여러분의 실험에 동참하도록 초청하라. 이제 여러분은 여러분의 핵심 팀을 가지고 있는 것이며 앞으로 나갈 준비가 된 것이다. 기억하라, 중요한 것들은 모두 관련성 속에서 태어나는 것이다. 여러분의 공동체 내에서 관계들을 구축하고 강화하는 데 에이아이를 활용하라. 그러면 결과는 쉽게 얻어질 것이다.

제 12 장

에이아이가 효과를 발휘하는 이유

헌터 더글러스와 다른 여러 곳에서 조직 변화의 수단으로서 에이아이를 활용해 온 지난 십 년 간 우리는 사람들이 함께 일하는 방식과 그들이 달성하는 성과에서 놀라운 변화들을 목격하였다. 또한 우리는 에이아이가 사람들의 개인적인 삶과 직장 생활에 미치는 긍정적 영향에 관한 이야기들도 몇 번이고 거듭해서 들었다. 그래서 우리는 우리 자신과 우리가 함께 일했던 사람들에게 묻기 시작했다. 무슨 일이 일어나고 있는 것일까? 왜 사람들은 에이아이에 참여하는 것에 대해 그렇게 열광하고 간절히 원하는 것일까? 에이아이에 참여하는 것은 왜 그렇게 쉽게 혁신, 생산성, 구성원 만족도, 수익성으로 이어지는 것일까? 개인적인 변화를 만들어 내고 사람들이 일하는 가운데 자신의 최고 역량을 발휘하게 만드는 것은 무엇일까? 어떤 환경이 그토록 다양한 사람들로 이루어진 시스템 전체에서 협력을 촉진하는 것일까? 간단히 말해서 우리의 반추에서 던진 중심적 질문과 본 장에서 제시된 질문은 왜 에이아이가 효과를 발휘하는 것일까? 라는 것이다.

에이아이에 대한 탐구

에이아이의 본질을 유지하는 가운데 우리는 한 가지 탐구를 하기로 결정했다. 우리는 일련의 질문들을 만들고 헌터 더글러스 전체에서 고위직에서 말단직에 이르는 사람들로 이루어진 포커스 그룹을 구성하였다. 그리고 에이아이를 활용했던 다른 조직의 사람들과 일부는 공식적으로, 일부는 비공식적으로 인터뷰를 했다. 우리는 에이아이의 어떤 요소가 사람들을 참여시키는지 그리고 궁극적으로는 왜 에이아이가 효과를 발휘하는지를 찾고자 했다. 인터뷰들은 활기차고 유익했다. 우리는 인터뷰로부터 배운 내용이 에이아이의 진화하는 지식에 대한 계몽적이고 함축적인 기여였다고 믿는다.

우리가 발견한 가장 중요한 사실은 에이아이가 사람들에게 개인적인 힘과 집단적인 힘을 경험시켜 준다는 것이다. 에이아이는 사람들에게 힘을 행사하되 전체의 이익을 위해 책임감 있게 행사하는 법을 경험시킨다. 사람들이 이 힘이 해방되어 자신들의 삶과 세상에 미치는 영향을 경험하면 그들은 영원히 변화하게 된다.

우리는 어떤 사람들은 에이아이로 인해서 자부심과 자기 표현력이 향상된다는 것을 발견했다. 헌터 더글러스의 검사관인 르네 차베즈Renee Chavez는 에이아이가 보다 완전하고 강하게 자기 자신이 되도록 도와줬다고 말했다.

> 바로 내가 그렇게 멋진 일을 해낸 것이었죠. 나를 내가 원하는 사람이 되게 해 줄 유일한 사람은 나 자신이었어요. 에이아이는 나 자신을 표현하도록 도와주고, 내가 더 나은 방식으로 의사를 전달하게 해주었습니다. 그것은 내가 늘 그랬던 것보다 더 나은 사람이 되도록 도와줬습니다.

다른 사람들의 경우에 에이아이는 영구적이고 긍정적으로 그들의 경력과 경력상의 잠재력에 영향을 미쳤다. 고객 정보 담당자인 티나 라그랑쥬Tina LaGrange는 다음과 같은 이야기를 들려주었다.

> 헌터 더글러스에 온 지 얼마 되지 않아 나는 고객 정보 센터에 지원했습니다. 나는 면접 과정을 거쳤고 거절당했습니다. 그래서 나는 다시 지원했고 또 다시 거절당했죠.
> 과거였다면 나는 이 때 포기했을 겁니다. 너무나 실망해서 계속 시도할 수 없었을 테니까요. 하지만 에이아이는 내가 할 필요가 있는 일들을 하는 것과 성공하기 위해서 내가 필요로 하는 것들을 얻는 것은 내 책임이라고 말해 주었습니다. 그래서 나는 내가 잃어버렸던 것들(나중에 기술적인 훈련임이 밝혀졌지요)을 찾아냈고, 훈련을 받았으며, 한 번 더 지원했습니다. 이번에는 그 일자리를 얻었습니다. 나는 끈질기게 계속했는데 에이아이가 그것이야말로 일을 이뤄가는 방식이라고 가르쳐 주었기 때문입니다.

우리가 사람들을 변화시키는 에이아이의 능력에 대해 들은, 또 다른 인상적인 이야기는 천 날염공인 캐시 메이필드Kathy Mayfield의 사례였다.

> 에이아이는 저를 180도로 완전히 변화시켜 주었습니다. 저는 심각할 정도로 소심한 편입니다. 에이아이를 접하기 전에는 홀을 따라 걸어가면서 아무도 쳐다보지 못했습니다. 하지만 이제는 당당하게 행진 하듯 걸어갑니다! 누구에게든 말을 걸죠. 심지어 "양복 입으신 양반들"한테도요! 이렇게 변한 뒤로는 "밖"에서도(즉, 직장 밖에서도) 좋아졌습니다. 이제는 제가 중요한 사람이라는 것을 압니다. 사실은 저는 어떤 사람들보다는 운이 좋아요. 저는 굳이 일하지 않아도 살 수 있거든요. 하지만 여기서 일어난 일로 제가 제 일을 보는 방식이 변했어요. 제가 굳이 여기 있어야 할 필요가 없었지만, 여기 있기를 바랐다는 걸 깨달았습니다.

우리들에게 이 이야기와 그 밖의 비슷한 사례들은 힘이란 옛날이야기 속에 나오는 병 속의 요정과 같아서 한 번 해방되면 다시 병 속에 담을 수 없다는 것을 의미한다. 힘은 계속해서 그 자신을 드러낼 방법을 찾는 것이다. 해운배송 담당자인 브라이언 바셋Brian Bassett은 이렇게 말했다. "사람들은 노력하고 결과를 얻을수록 자신감도 얻게 됩니다. 그러면 다섯 배나 더 많은 노력을 기울이게 되고 더 많이 관련되고 싶다고 바라게 되지요." 힘의 해방은 긍정변화를 위한 자기 지속적인 모멘텀을 만든다. 에이아이는 시종일관 극적으로 개인과 집단의 힘에 관한 사람들의 감각적 인식을 출현시켜 조직과 공동체에 탁월한 가치를 더해 준다.

자연스럽고 편안하게 파워를 갖는 사람은 어떤 가치를 가지는가?

잠시 다음과 같은 질문에 대해 생각해보자. 모든 인류의 본연의 가치를 넘어서는 사람들에 대해 조직은 어떻게 평가할까? 조직마다 그 답은 상당히 다르다. 예를 들어 오늘 날 전 세계의 기업들은 '이들은 어떤 사람들인가? 그들은 조직에 어떤 특출한 기술이나 지식을 가져다주나? 그들은 독립적인 의사결정을 얼마나 잘 할 수 있나? 그들은 그들의 업무 환경과 세상에 어느 정도로 영향을 미칠 수 있는 사람인가?' 등과 같은 질문들에 대해 어떤 답변이 내려지냐에 따라 시간 당 수 센트로부터 연간 수 백 만 달러에 이르는 범위로 다양하게 평가한다.

앞의 질문을 다르게 해보자. 자연스럽고 편안하게 파워를 갖는 사람은 어떤 가치를 가지는가? 사람이 세상을 바꿔 놓을 수 있다는 것을 아는 사람의 가치는? 한 구성원 개인이 스스로의 힘으로 세상을 바꿀 힘이 있다는 것을 아는 사람의 가치는? 전체의 이익을 위해 그 힘을 사용하려는 사람은? 자기 주변 사람들에게 같은 방식으로 힘을 행사하도록 권하고 가르치는 사람은? 다른 사람들을 초대해 함께 협력하여 미래의 발굴, 꿈꾸기, 설계하기를 하는 사람은?

여러분은 아마 이렇게 말할 것이다. "그건 다른 질문입니다! 그런 유형의 사람은 오늘 날 조직 내에서 그저 출근해서 시키는 대로 일하는 사람보다 훨씬 더 높은 가치를 지닙니다." 달리 말해, 그런 유형의 사람은 조직과 사업적인 측면에서 훨씬 더 가치가 있다.

조직 구성원들과 이해 관계자들이 자연스럽고 편안하게 파워를 가지게 된다면 즉 개인적이고 집단적인 힘이 발휘된다면 조직은 좀 더 혁신적이고 학습적이며, 더 큰 유익창출에 기여하게 된다. 그런 조직은 우리가 '삶 중심적 life-centered'이라고 부르는 상태가 되는 것이다. 삶 중심적 조직은 미래를 창조하고, 혁신하며, 긍정적으로 영향을 미치는 능력이 무한한 관계적 자원의 핵심이 되는 조직이다. 이같은 조직은 사람들이 개인적으로 그리고 조직 내에서 가능한 한 최상의 상태가 되고자 노력하는 조직이고, 평화, 화합, 정의, 사랑, 기쁨, 지혜, 성실성 같은 정신적 가치 기준들에 의해 운영되는 조직이다. 그리고 구성원들 스스로 자신이 사는 세상 뿐만 아니라 후속 세대들이 살아갈 세상을 보다 나은 세상으로 만드는 것을 자신들의 책임으로 여기는 조직이다.

우리의 연구 결과는 에이아이가 발휘되는 여건을 만들어 냄으로써, 즉 전체 조직구성원들이 자신의 잠재력을 자연스럽고 편안하게 발휘하는 삶 중심적 조직을 만듦으로써 효력을 발휘함을 보여주고 있다.

힘의 억제에서 힘의 해방으로

힘에 대한 억제에서 해방으로의 여정은 하나의 사회적 출현이다. 파울로 프레이리Paulo Freire의 논문은 "억압된oppressed" 이들이 현실 속에서는 묻혀 있음을 시사한다.[78] 어떤 의미에서 그들은 세상은 다 그런 식이며 자신들이 거기에 대해 할 수 있는 일은 없다고 믿는 사회적 현실주의자들이다. 그들은 지위든 힘이든 아무것도 변화시킬 수 없음을 스스로 경험하고 얘기한다. 우리는 이 조직적인 한탄을 너무 자주 들었다. "이것이 항상 여기 있었던 방식이야. 그건 내가 여기서 일한 20년 동안 이런 식으로 있어 왔어. 그건 결코 바뀌지 않아." 이건 조직적으로 억압된 사람들의 목소리이다.

우리의 경험으로는 조직적으로 억압된 사람들은 모든 직종은, 계층, 조직의 부서에서 생활하고 일한다. 어떤 그룹이나, 계층 또는 직종은 조직적 억압에 보다 더 노출되어 있다. 어떤 조직에서는 마케팅 그룹이 자신들의 의견이 수렴되거나 결정에 영향을 미친다고 느끼지 못한다. 어떤 조직에서는 생산부문이 그렇게 느낀다. 어떤 조직에는 최고 지위에 있는 사람들이 시장이나 주주들에게 영향을 미칠 수 없거나 구성원들에게 동기 부여를 할 수 없는 데 대해 좌절감을 토로하기도 한다. 또 어떤 조직에서는 현장 구성원들이 그들 스스로 무시당하고 심지어 그들 자신의 일인데도 일을 하는 방식에 아무런 영향도 미칠 수 없음을 경험한다. 조직 내의 한 그룹이 과소평가되고 있으며 영향을 미칠 수 없다고 느끼면, 대부분 경우 다른 그룹들도 그렇게 느낀다.

힘의 해방과 삶 중심의 조직을 향한 첫 번째 단계는 사람들이 세상과 그들의 조직이 인간적인 상호 작용과 창의성에 의해 생겨난 사회적 변화들에 대해 열려 있다고 인정할 때 시작된다. 이 단계에서, 사람들은 종종 이러한 긍정적 영향을 다른 사람의 개인적 특성의 덕분으로 판단하고 이와같이 이야기 하곤 한다. "그녀는 정말 훌륭한 리더입니다. 그녀가 여기 있기 때문에 중요한 개선들을 이룰 수 있었습니다." 이런 타인 지향적 힘은 비록 여전히 영향력과 변화의 능력을 누군가 "다른 사람"에게 돌리기는 하지만, 사회적 변화의 잠재력을 인정하는 해방으로의 한 단계이다. 나보다는 상대방이 더 많은 권위를 갖고 있거나 혹은 아마도 더 많이 알고 있거나 더 많이 경험했으며 혹은 뭔가 다른 방식으로 더 힘을 가지고 있다고 믿는 것이 일반적이다.

사람들이 그들 스스로 다른 사람들과의 관계 속에서 차이를 만들어 낼 수 있고 그렇게 하고 있음을 깨달으면, 그때서야 진정한 해방을 경험하게 된다. 이론적으로 우리는 이런 사람들을 사회적 구성주의자들, 즉 우리의 현실들이 사회적으로 만들어지는 속성을 가졌다는 사실을 이해하는 사람들이라 부른다. 에이아이는 여섯 가지의 자유를 통해 관계적으로 풍부한 환경과 이야기들을 만드는데, 이들 여섯개의 자유가 해방으로의 여정을 통해 거치는 경로가 된다. 다음은 여섯 가지 자유에 관한 보다 심도 있는 설명을 하기 위해 에이아이에 참가했던 사람들로부터의 인용문이나 이야기들을 통해 묘사하고 있다. 이들은 조직적으로 해방된 사람들의 목소리들이며 그들이 가진 최고의 역량을 끌어낸 조건들을 설명하고 있다.

에이아이 4-D 사이클과 여섯 가지 자유

그래서 에이아이 4-D 사이클과 힘의 해방, 생명력 중심적 조직의 확립 간에는 어떤 관계가 있다는 것일까? 개인적인 힘과 조직적인 힘은 특정한 핵심적 조건들이 조직 내의 사람들에게 존재할 때 발휘된다. 우리의 연구 결과는 이런 조건들로 최소한 여섯 가지가 존재한다는 것을 시사하고 있으며, 우리는 이들을 여섯 가지 자유Six Freedom라고 부른다.

1. 관계 속에서 알려질 자유Freedom to be known in relationship
2. 경청될 자유Freedom to be heard
3. 공동체 안에서 꿈 꿀 자유Freedom to dream in community
4. 기여 여부를 선택할 자유Freedom to choose to contribute
5. 지지를 받으며 행동할 자유Freedom to act with support
6. 긍정적이 될 자유Freedom to be positive

이 여섯 가지 자유 모두는 조직 내에서 그들이 가진 힘에 관한 인식을 현저하게 바꿀 수 있다. 개인들이 서로 다르게 배우고 동기를 부여 받기 때문에 우리는 사람들에게 여러 가지 자유들을 경험할 기회를 제공하는 변화계획이 가장 많은 사람들이 궁극적으로는 조직 전체에 가장 큰 영향을 미칠 잠재력을 가지고 있다고 믿는다.

에이아이의 힘은 부분적으로는 단 한 번의 4-D 사이클 과정을 통해 여섯 가지 자유 모두를 실현해내는 방식으로부터 생성된다. 이같은 영향력의 폭 때문에 에이아이는 개인과 집단의 현실들을 바꾸는 데 다른 조직변화 프로세스들에 비해 더 효과적이다.

관계 속에서 알려질 자유 Freedom to Be Known in Relationship

소속 직장에서 사람들은 종종 관계보다는 역할로 다른 사람에게 인식된다. 역할에 따라 그들은 부사장과 오퍼레이터, 의사와 간호사, 구성원과 고객이 되기도 한다. 간단히 말해서, 그들은 그들이 누구이냐 보다는 그들이 무엇을 하느냐에 따라 다르게 인식된다. 그러나 인간의 정체성은 관계 속에서 형성되고 발전된다. 쉴라 맥나미Sheila McNamee와 케네스 거겐Kenneth Gergen의 말에 따르면 "개인은 수많은 관계의 교차점을 나타낸다."[79] 나는 누구인가에 대한 인식, 즉 자아감sense of self 은 다른 사람들과의 커뮤니케이션 속에서 자라나는 관계적 정체성이다. 심리학자인 알란 포젤Alan Fogel에 따르면, "다른 사람들과의 의사소통적인 연결은 인간의 마음과 자아의 작용은 물론, 우리의 영혼과 성과를 풍부하게 하고 지속시키는 문화에 근간이 된다."[80]

우리가 관계 속에서 우리 자신을 알고 우리 자신이 존재하기 때문에 우리는 관계 속에서 조직에 기여하게 된다. 많은 사람들에게 직장에서의 관계의 질이 곧 그들의 직장 생활의 질이된다. 에이아이는 우리로 하여금 역할보다는 관계 속에서 서로를 알도록 해준다. 이는 우리를 단지 독립적인 개인으로서 보다는 "내"가 존재하는 관계망의 일부로서 서로를 인식하게 한다.

우리가 관계 속에서 보다 완전히 알려질수록 우리는 보다 최선을 다해 일하고 기여하게 된다. 헌터 더글러스 윈도우 패션 부문의 날염공인 존 케이드John Cade는 이런 식으로 알려지기를 바라는 인간의 근본욕구에 대해 회상하고 있다. "나는 알려지고 싶었고 '소속되고' 싶었습니다."라고 케이드는 말한다. "동물은 생존하는 것에 신경 쓰지만 사람의 마음, 즉 영혼은 소속되기를 원한다."

관계 속에서 알려지는 것은 관계적 존재로서, 즉 부모, 코치, 예술가, 볼링 선수 등으로 서로를 아는 것을 수반한다. 내가 관계의 세계 속에서 보다 완전히 알려질수록 나는 보다 충실히 일하고 기여할 수 있게 된다.

에이아이는 사람들의 존재감과 소속감을 가로막는 몰개성화depersonalization의 순환 고리를 깨뜨린다. 에이아이의 핵심적 스킬인 긍정 인터뷰는 개인적 관계의 창출에 강력하게 뿌리를 두고 있다. 이는 사람들의 개인적인 절정의 경험들, 즉 그들이 가장 잘 참여했고 활기찼으며, 그 자신들, 그들의 조직, 그들의 일에 대해 가장 자부심을 느꼈던 때를 심도 있게 조사하고 탐구한다. 긍정 인터뷰들은 사람들에게 그들이 이전에 오직 역할로만 알려지거나 전혀 알려지지 않았던 순간을 최대한 상세하게 떠올리고 그 때 가진 다른 사람들과의 경험을 얘기해 달라고 요청한다. 이 프로세스는 사람들에게 다른 사람들과의 관계에 있어 긍정적이 되게 하고, 새로운 관계가 형성될 수 있도록 해주며, 함께 일하는 사람이 서로를 보다 존중하도록 한다. 사람들은 자기 자신과 다른 사람을 아는 것이 높은 성과의 기본이라는 것을 깨닫게 된다.

에이아이는 단지 관계를 구축하기만 하는 것이 아니다. 이는 또한 일터를 평평하게 만들고 힘과 권위의 경계 간에 다리를 놓는다. 르네 차베즈의 말처럼, "나는 나를 좋아하지 않았던 사람들과 인터뷰를 했습니다. 그 덕에 나오는 매우 다른 사람들, 다른 일들, 다른 배경들, 다른 인종의 사람들을 만나고 알게 되었습니다." 기계공인 마크 메이어Mark Maier는 이를 심지어 더욱 간결하게 표현했다. "에이아이는 구성원들간의 간격을 날려 없애버렸습니다."

이와 비슷하게 존 케이드도 에이아이, 특히 인터뷰가 다른 사람들과 그들의 아이디어를 보다 이해하기 쉽게 만들어 주는 지에 대해 말해 주었다. "에이아이는 우리에게 경계를 뛰어넘어 알려질 수 있는 기회를 줍니다." 인터뷰에 쉽게 전이되는 정신은 다른 사람들과의 연대감으로 이어진다. "우리의 에이아이 활동이 완전히 궤도에 오르면서 다른 사람들 역시 고무됐습니다. 바로 저처럼요. 저는 혼자라고 느끼지 않게 되었습니다. 처음으로 '세상과 함께 하는 저'였던 것입니다."

오늘날의 기업 세계에서는, 팀, 연대, 파트너십, 동료 등과 같은 관계들이 핵심이며, 일은 관계를 통해 이루어진다. 경영 컨설턴트인 케빈 켈리Kevin Kelly는 다음과 같이 주장한다. "네트워크 경제의 핵심적인 의무는 관계를 확대하는 것이다."[81] 에이아이를 통해, 관계 속에서 알고 알려지는 자유는 사람들의 에너지, 아이디어, 개인 및 조직의 힘을 해방시킨다.

경청될 자유 Freedom to Be Heard

우리의 의견이 무시당한다고 느낄 때 우리는 환경에 별로 영향을 미칠 수 없다고 느낀다. 이것은 억제된 사람들의 경험이다. 그러나 다른 사람들이 나의 의견에 귀를 기울이면, 즉 그들이 나의 아이디어들과 이야기들을 지켜보고 반복한다면, 우리는 존재감을 가지며 중요한 구성원이 되며, 차이를 만들 수 있는 인물이 된다. 경청된다는 것To be heard은 인정받고 신뢰받는다는 것이며 창의성, 혁신, 영향력의 원천이다. 종교 연합 운동의 상임이사executive director인 찰스 깁스Charles Gibbs 신부님은 이것을 다음과 같은 방식으로 기술하였다.

> 나는 가치를 인정받지 못했던 사람들이 경청되고 있다고 느낄 때 어떤 일이 일어나는 지 전 세계 곳곳에서 여러번 거듭해서 목격했습니다. 경청된다는 경험은 그들로 하여금 그렇지 않았다면 일어날 수 없었을 방식으로 그들 자신이 가진 최고의 역량을 드러내거나 제공하도록 해줍니다.

듣는 행위에 대해서는 상당히 많은 내용이 저술되었지만 놀랍게도 경청되는 경험에 관해서는 쓰인 것이 별로 없다. 사람들은 말하고 있는 사람에게 진심으로 귀 기울이지 않거나 말하는 바를 이해하지 못하면서도 듣고 있을 수 있다. 경청되고 있다고 느끼기 위해서는 듣는 사람이 귀를 기울이고 있고, 진실한 호기심을 가지고, 감정이입을 하며, 무언가 배우고자 하는 의지가 있다는 것을 말하는 사람이 인지해야만 한다. 듣는 사람은 상대방의 말과 이야기에 귀를 기울여야 한다. 긍정 인터뷰는 이같은 관계적 경청을 권장한다. 그들은 말하는 사람과 듣는 사람 모두가 구태의연하고 이론적인 것 이상의 개인적 경험과 가치구현에 도달할 것을 요구한다. 그리고 다른 사람의 최상의 경험을 이끌어 내는 수단으로서의 듣는 행위, 의미와 정체성을 협력적으로 창출하게끔 하는 듣는 행위를 요구 한다.

에이아이를 진행하는 동안 사람들은 강력하고, 만족스러우며, 활기 넘치는 새로운 방법으로 자신의 말이 경청되면서 다른 사람의 말도 경청하는 자신을 경험한다. 이렇게 상호 경청의 행동을 통해서 전통적으로 권리를 박탈당하고 조직적으로 억압됐던 구성원들이 대담하고 도전적인 새로운 방법으로 자신을 드러내고, 생각하고, 상상하기 시작한다.

일대일 긍정 인터뷰들은 커뮤니케이션 채널을 열고, 사람들에게 경청되는 경험을 강화시켜 준다. 그것은 프로세스의 나중 단계에서 조직 전체로 확산되고 증식되는 풍부한 이야기들을 풀어 놓음으로써 달성한다. 사람들은 인터뷰가 진행되는 동안 자신들이 제시한 아이디어와 이야기들이 조직 전체에서 제시되고, 논의되고, 행동으로 옮겨질 때, 경청되는 경험을 하는 것이다.

헌터 더글러스가 조직문화의 변화 프로세스로서 처음 에이아이를 했을 때, 마크 메이어는 회사의 생산 기계류에 대한 기술적 유지보수를 수행하는 한 그룹을 감독하고 있었다. 그와 그의 스태프들은 자신들의 전문 영역에 대해서조차 과소평가되고, 의견이 경청되지 않으며, 수시로 무시되고 있다고 느꼈다. 마크는 에이아이를 시험해 보기로 결심했다. 그는 엔지니어들이나 기술 지원 스태프 등의 팀의 모든 내부 고객들 간에 에이아이를 실시했다. 그와 그의 추진담당자들은 사람들이 헌터 더글러스와 다른 회사에서 일하면서 경험했던 뛰어난 지원 사례들을 수집했다. 그는 사람들에게 그들이 항상 원했던 서비스에 대해 상상해 보게 하고 상세하게 묘사하도록 요청했다. 이같은 활동들을 전개한 결과, 사람들은 경청됨을 경험했다. 특히 엔지니어링 부서와 기술지원 부서 간에 직능을 넘어서는 돈독한 협력관계를 구축했다. 경청되는 분위기가 그룹에 활기를 가져다주었다.

에이아이는 사람들에게 경청될 기회를 준다. 경청될 자유를 누리는 무대를 만들어 줌으로써, 무시되고 있고, 정보나, 아이디어, 그리고 혁신을 제안할 발언권도 없다고 느꼈던 사람들에게 문을 열어주는 것이다. 이는 지식의 생성 및 교환을 위해, 개인적 관심을 위해, 구성원들의 만족 및 개발에 좋은 여건을 만들어낸다.

공동체 안에서 꿈 꿀 자유 Freedom to Dream in Community

비전을 제시하는 리더들은 오랫동안 그들이 속한 조직의 인재로서 인정받아 왔다. 주변에 다른 사람들을 불러 모을 수 있는 이미지, 꿈, 가능성을 제시하는 그들의 능력은 변혁적 리더들의 특성들 중에서 매우 중시되어 온 특성이다. 그러나 일반인들의 꿈은 어떠한가? 오늘날과 같이 고도로 다변화된 세계에서 리더의 비전이나, 공유된 비전만으로는 충분치 않다. 우리는 모든 사람들을 꿈꾸게 하고, 그 꿈을 실현하도록 이끌 수 있는 리더들이 필요하다. 우리는 사람들이 꿈을 꾸고 다른 사람과의 대화 속에서 그 꿈을 공유할 수 있는 조직이 필요하다. 우리는 공동체 안에서 꿈 꿀 자유가 필요하다.

일대일 인터뷰들과 이야기에 기반한 통합Story-based synthesis은 사람들의 개인적 꿈을 전체 조직에 공개해준다. 이런 능력은 헌터 더글러스에서 10년 간 일한 직원인 브렌다 루에벤Brenda Luebben의 경우처럼 사람들의 일과 삶을 바꿀 수 있다.

> 저는 인터뷰를 마치면서, 제가 일을 더 잘 하도록 도움을 줄 것 한 가지를 상상해 보라는 요청을 받았어요. 저는 말했죠. "그건 멕시코에 직접 가보는 거예요." 아시다시피 제가 만드는 제품인 샘플 북은 멕시코 남부에 있는 우리 가공업체 중 한 곳으로 가거든요. 믿어지세요? 그 사람들은 저를 멕시코로 보냈다고요! 그 출장은 제가 정말로 제 일을 잘 알고 제 일이 회사에 정말 중요한 것처럼 느끼게 만들어줬어요. 그저 어떤 사람들이 거기에 있고 그 사람들이 뭘 필요로 하는지 아는 것만으로도 저는 그 사람들과 더 잘 소통할 수 있는 방법을 알게 됐답니다.

개인적 계시를 믿는 문화권에서는 비전과 꿈을 공유하는 행위가 신성시되는데, 부분적으로는 신이 꿈을 통해 계시를 내려준다는 믿음 때문이다. 꿈을 공유하는 행위를 통해서 한 사람이 신과 가지는 교감은 전체 그룹을 비춰줄 수 있다. 예를 들자면, 라코타 수족Lacota Sioux 사이에서 성인holy man으로 인정된 검은 큰 사슴(Black Elk, 1863.12 ~ 1950.8. 라코타 족 주술사의 인디언식 이름임. 역자 주)은 일곱 가지 성례sacred rite에 대한 비전을 가지고 있었다.[82] 그가 자신의 비전을 공개적으로 얘기했을 때, 구성원들은 자신들의 지침이자 부족의 지혜로서 그의 꿈을 반겼다. 오늘 날 이 일곱 가지 성례는 라코타 수족에 의해 중시되어 일곱 가지 성스러운 의식으로서 실천되고 있다.

공동체 내에서 꿈을 꿀 자유에 관해 가장 영감을 주는 이야기들 중 하나는 미국 침례교 국제 선교단American Baptist International Ministries의 사례이다. 전 세계적으로 천이백 명이 넘는 이해 관계자들과 수 개 월 간의 인터뷰를 마치면서, 이백오십 명의 사람들이 이 조직에 대해 사람들이 가지고 있는 희망과 꿈을 듣기 위해 에이아이 서밋에 모였다. 그들은 전 세계적으로 자신들의 도움이 필요한 사람들에게 봉사할 수 있는 새로운 방법을 창안하고자 하는 자신들의 희망과 꿈을 실현할 수 있는 조직을 상상하기 위해 모인 것이었다. 그들은 "선행을 하도록do good" 전 세계에 사람들을 파견하는 것에서부터 탈피하여, 전 세계적으로 유사한 뜻을 가진 사람들과 조직들을 연결하는 새로운 종류의 선교사업 모델을 상상해냈다. 이 새로운 비전은 너무도 매력적이었고 그 동력 또한 매우 거대했기 때문에 서밋의 1주기 때까지 이러한 "자매 조직 만들기" 모델을 표본으로 한 서른 개 가까운 신규 사업들이 추진됐으며, 그 후 2년 동안 2백 개 가까운 신규 사업들이 추진되었다. 컨설턴트인 짐 루데마Jim Ludema는 이 조직의 꿈을 "이미 존재하던 에너지를 분출시켜 준 것이며, 일어나기만을 기다리고 있던 긍정적 폭발이었다"라고 묘사했다.

시간이 지날수록 에이아이는 조직 내 모든 계층의 사람들을 꿈꾸기 과정으로 이끌어 냈다. 더 나은 일을 위해, 즉 크든 작든 혹은 개인적이든 조직에 관한 것이든 꿈을 실현하기 위해 추진력을 조성하며, 현재 눈앞에 보이는 삐걱거리는 바퀴보다는 미래의 비전에, 과거의 문제보다는 앞으로 나아갈 길에 관심을 쏟게 한다. 또한 희망, 잠재력 그리고 최고가 되고자 하는 마음이 조직 생활의 표면에 부상하게 만들어 준다.

*기여 여부를 선택할 자유*Freedom to Choose to Contribute

일은 우리에게 가장 중요한 것들로부터 우리를 떼어 놓을 수도 있고, 우리의 가장 심오한 소명을 실행하고 실현하는 수단으로서의 역할을 할 수도 있다. 보다 가부장적인 조직에서는 몇몇 타인들이 우리에게 가장 좋은 것이 무엇인지를 자신들이 안다고 생각한다. 그러하기에 매니저, 현장감독 혹은 채용 담당 전문가가 일의 범위와 우리가 그 일에 적합한지의 여부를 결정한다. 사람들은 그들의 욕구가 아닌 조직의 필요성에 근거하여 일을 할당받는다.

이와는 달리 구성원의 삶을 중시하는 조직에서는, 사람들에게 일과 학습 기회를 선택할 자유를 주는 것이 창의성, 협조, 웰빙의 핵심으로 인식된다. 사람들이 그들의 관심사와 열의에 근거해서 자유롭게 어떤 일에 지원하면, 그들의 학습과 기여 능력은 현저하게 향상된다. 기여의 범위, 성공 여부, 그리고 만족도는 기여의 방식 과 정도를 선택할 자유와 직접적으로 관련되어 있다.

에이아이 프로세스에서는, 사람들이 호기심을 느끼고, 임무, 활동, 꿈 등에 의해 고무되거나 감명 받았을 때에 동참할 수 있는데, 실제로 그럴 때에만 동참한다. 많은 사람들이 인터뷰에만 참석하려고 하는데, 그 최소한의 참여조차도 관련된 사람들을 해방시켜주는 효과를 가져온다. 어떤 사람들은 캐시 메이필드처럼 프로세스의 후반부에 동참한다. 그녀는 초기에는 인터뷰조차 거절했다. 그러나 프로세스가 시작된 지 8개월이 지난 후 누군가 그녀를 첫 번째 에이아이 서밋에 참여시켜 한 실행팀에 등용했는데, 이 팀은 그녀의 호기심과 흥미를 불러 일으키기에 충분한 과제를 수행하고 있었다. 얼마 안 지나서 그녀는 전체 조직에서 에이아이의 가장 열렬한 지지자 중 한 사람이 되었다.

존 케이드는 사람들이 스스로 기여의 성격과 정도를 선택할 수 있는 재량은 그 자체 속에 멘토링과 개발적 특성을 갖는다고 생각한다. "어떤 사람들은 리더보다는 추종자의 역할에 더 편안해 하지요. 에이아이 프로세스는 근본적으로 풀뿌리 방식에 기초하며 사람들이 자신의 시간과 방식으로 참여하도록 디자인되어 있어서 사람들이 그들 지신의 삶에 대한 책임을 지도록 훈련시켜 주는데 도움을 제공해 줍니다."

기여에 대해 선택할 자유는 몰입, 능력의 발현, 그리고 학습으로 이어진다. 사람들이 하나의 프로젝트를 하기로 선택하고 이를 하겠다고 다른 사람들에게 약속하면, 그들은 이에 관해 보다 창의적이고 적극적이 된다. 사람들은 그 일을 달성하기 위해서는 얼마가 걸리든지 간에 할 것이고, 무엇이 필요하든 간에 배울 것이다. 예를 들자면 혁신 팀을 이끌겠다고 자원한 한 현장 구성원은 자신의 인사부서를 찾아가 코칭을 받고 싶다고 했다. 그녀는 회의를 효과적으로 진행하고 자신의 팀을 성공으로 이끌기 위해 효과적으로 의사결정 하는 방법을 배울 필요가 있다고 솔직히 밝혔다. 그녀의 결심은 팀, 조직, 그리고 그녀 자신에게 보상을 가져다 주었다. 팀 프로젝트는 기록적인 시간에 종결됐으며 회사 내에서 상당한 프로세스 개선으로 이어졌다. 그녀는 관리직으로 승진했으며 그녀의 새로운 팀은 그녀의 리더십을 통해 번창하였다.

어떠한 조직 변화 프로세스에서든 어떤 사람들은 다른 사람들보다 더 헌신적이고, 열성적이며, 참여적이다. 이런 사람들은 변화 활동에 있어 비공식적 리더들이 된다. 에이아이가 사람들의 관심과 열정을 찾아내서 이끌어 내어 소통시키는데 효력을 발휘하기 때문에, 그런 종류의 참여는 억제되기 보다는 육성되고 지지된다. 브라이언 바셋은 이런 종류의 참여와 능력의 발현 간의 관계를 다음과 같이 묘사한다.

> 우리의 최초 노력들이 사람들의 열정에서 꽃 피었기 때문에 사람들은 그 일을 할 에너지를 갖고 있었다. 사람들은 매우 중요하고 자신들의 오랜 습관을 바꿔서라도 즐기고 싶어 했던 일들에서 성공을 거두었다. 그런 경험을 하고 나자 그들은 다른 곳에서도 계속해서 변화 활동을 지속하길 원했다. 그것이 헌터 더글러스의 사람들이 한 실행팀에서 다른 실행팀으로 계속 옮겨가는 이유다. 그것은 그들이 그래야만 했기 때문이 아니라 너무나 기분 좋게 느껴졌기 때문에 실행팀이 멈추기를 원치 않는 것이었다!

그리 놀랄 일은 아니지만 우리의 연구 결과는 사람들이 에이아이에 더 많이 참여할수록 그들이 경험하는 개인적 변화도 더 클 것이라는 점을 시사하고 있다. 생산 및 제작 프로세스 담당자인 조 셔우드Joe Sherwood는 다음과 같이 말했다.

> 저는 에이아이를 진심으로 수용했던 사람들에게서 커다란 차이점을 보았습니다. 더 많이 참여하고, 더 많이 프로세스 리더들의 일부가 되고 싶어 했던 사람들일수록 더 많은 성장을 보였습니다.

지지를 받으며 행동할 자유 Freedom to Act with Support

조직적 지지는 상당히 제한돼 있다. 조직의 일부로부터만, 즉 한 명의 상사나 관리자에게만 지지를 받는 것은 의문, 불신, 망설임의 여지를 주게 되고 이는 결국 분열을 낳는다. 이와는 반대로 전체 조직이 그들의 프로젝트에 협조하고자 한다는 것을 사람들이 알게 되면, 그들은 실험, 혁신, 학습할 때 안도감을 느낀다. 달리 말하자면 전체 조직의 지지는 사람들이 어려움을 이겨내도록 하고, 최고의 역량을 발휘하게 만든다.

지지를 받아 행동하는 것은 전형적인 긍정적 상호의존의 행동이다. 에이아이에서 사람들은 그들을 감화시키는 것, 즉 조직과 세상을 변화시키는 행동을 요청받는다. 그들은 조직의 모든 계층의 사람들로부터 지지를 받으며, 조직을 위해 헌신하도록 요청받는다.

지지를 받으며 행동할 자유는 이전에는 볼 수 없었던 행동을 유발하고, 사람들로 하여금 조직에 대한 자신감과 희망을 불러일으킨다. 지지를 받으며 행동할 자유를 드러내기 위한 존 디어 하베스터 웍스John Deere Harvester Works의 고도로 창의적인 접근법은 수 년 간 쌓인 무관심과 불신을 무너뜨렸으며, 5일간 진행된 서밋의 마지막 이틀은 일명 "전술적 실행tactical implementation"에 초점을 맞췄다. 그들은 모두가 함께 모여 있는 그 장소에서 변화를 실행한다면 조직이 진정으로 변화를 지지함을 참가자들에게 분명히 입증해 줄 것이라는 점을 알고 있었다.

사람들은 꿈을 꾸었고, 기회 지도를 만들었으며, 그들의 꿈을 달성할 프로젝트에 대해 브레인스토밍을 했고, 가장 중요하다고 판단되는 열 개의 프로젝트들을 선정했다. 그런 후, 그들은 서밋이 열린 바로 그 곳에서 기획하고, 자원을 구축하고, 프로젝트를 시작하기 위해 함께 일하도록 요청 받았다! 컨설턴트인 짐 루데마가 말한 것처럼, "이 즉각적이고 확고한 지지는 전체 조직이 변화에 참여하는 것에 대해 경영진이 얼마나 진지한 관심을 가지고 있는가를 보여줌으로써 지난 20년간의 역사를 뒤집었습니다. 이에 부응하여 구성원들은 막대한 양의 지식과 창의성을 혁신적 해결방안을 찾는데 투입했습니다." 그 결과 이 공장은 신제품 주기를 5년에서 3년으로 줄였고, 수백 만 달러의 새로운 시장 점유율을 창출했다.

헌터 더글러스에서 실시한 에이아이도 이와 비슷하게 리더십과 조직적인 지지를 제공하도록 조직되었다. 하지만 제공방식은 매우 달랐다. 사업단위 조직 담당 관리자들은 참가자들에게 지속적으로 정보, 시간, 지원, 기술 훈련, 전문적 진행요원을 제공함으로써 실행팀을 지원하였다. 이에 더해서 그들은 실행팀을 위한 옹호자 역할과 에이아이의 자문 팀으로도 활동했다.

이와 동시에 이들 자문 팀은 실행팀들의 활동 및 성공담을 전체 조직에 전파하기 위한 커뮤니케이션 네트워크 구축을 시작하고 강화했다. 이런 활동들은 실행팀의 활동에 대한 범조직적 지지를 촉진시켰다. 자문팀에게 어떤 일을 했고 긍정변화 활동을 이끄는 것에 대해 무엇을 배웠는지 설명해달라고 요청하자, 다음과 같이 답했다.

> 리더로서 우리는 별로 한 일이 없었습니다. 주로 사람들에게 큰 방향의 지침만을 주고 해도 좋다는 청신호를 제공하는 역할을 했습니다. 우리는 사람들이 자신의 아이디어와 계획의 타당성에 대해 자신감을 키워가도록 도왔을 뿐입니다.

처음부터 만들어진 14개의 실행팀 중에서 11개 팀이 앞에서 자세히 설명한 방법들을 통해 그들의 원래 목표 이상으로 초과 달성했다. 목표 달성에 실패한 세 개의 실행팀에 대해서는 어떨까? 놀랍게도 우리의 연구 결과는 활동이 실패했을 때조차 지지를 받으며 활동할 자유가 개인적이고 조직적인 힘을 발휘하게 해준다는 것을 확인해주었다. 티나 라그랑쥬가 전해주는 다음 얘기는 이런 효과를 강력하게 입증한다.

> 저는 서밋을 떠날때 교차 훈련이 대단히 중요하다는 것을 분명히 깨달았습니다. 저는 이 접근법이 우리의 의무적인 초과근무 문제를 해결해주고 사람들에게 경력 개발의 경로를 제시해준다는 것을 깨달았습니다. 그러나 그때 내가 얘기한 사람들마다 이렇게 말하더군요. "맞아요, 우리는 그 방법이 필요해요. 하지만 고려되지는 않을 거예요. 그 사람들은 절대로 그걸 지지하지도 진행되게 놔두지도 않을 거예요."
>
> 그래도 저는 실행팀에 합류해서 열심히 일했습니다. 우리는 훌륭한 프로그램을 디자인했고, 그걸 자문 팀에 제안했으며, 시도해보라는 승인도 받았습니다. 그런데 아무도 지원하지 않았습니다!!!
>
> 이 일을 추진하려고 애쓰면서 한 걸음 나아가려고 하자마자 우린 뒤로 물러서 크고 명확한 메시지를 들어야 했습니다. "실행팀과 실행 프로그램"이 문제가 아니라 우리 조직에 속한 사람들이 문제였습니다. 아무도 교차 훈련을 받기에 필요한 에너지를 가지고 있지 않았던 겁니다.
>
> 프로그램이 중단됐을 때 저는 실망했지만 그래도 괜찮았습니다. 결국 제가 이루어낸 유일한 것은 하나의 답을 얻은 것이 전부였지만, 그것은 매우 큰 소득이었으니까요. 그건 제가 답을 얻을 능력을 가지고 있다는 것을 의미했습니다.

에이아이를 통해서 사람들은 서로로부터, 조직의 경영진으로부터 그리고 전체 조직으로부터 지지를 느낀다. 무언가 의미있는 일을 시작하는 것은 많은 사람들에게 모험이고 위험을 감수하는 것이 될 수 있다. 하지만 충분한 지식 및 범조직적인 동료들의 지지와 함께 시작하는 것은 자신감, 배움, 혁신을 가능하게 해준다.

긍정적일 자유

사람들과 조직들은 인정과 가치존중을 통해 성장한다. 그럼에도 불구하고 오늘날 많은 조직들에 결함중시론deficit discourse이 만연해 있다. 그들은 습관적으로 문제 분석에 몰두하는 경향이 있으며, 그 결과 두려움, 불평, 비판에 익숙해져 있다. 조직의 내부대화는 신세타령과 누가 무엇을 누구에게 했다는 식의 얘기로 가득 차 있다. 심지어 많은 조직들이 냉소적인 태도, 새로운 아이디어들에 대해 제일 먼저 비판을 가하는 것, 실패의 원인들을 이해하고 기술하려고 시도하는 것을 세련된 것으로 본다.

오늘 날의 조직들에서는 재미를 느끼고, 행복해지며, 긍정적이 되는 것이 전혀 모범적인 것이 아니다. 그것이 초래하는 고통에도 불구하고, 사람들은 그들 스스로를 집단적인 부정적 성향에 휩쓸리도록 방치한다. 어느 조직의 한 장기근속 구성원은 결함중시론으로 인해 고통 받고 낙담했다. "저는 부정적인 생각과 이야기 때문에 위궤양이 생겼습니다. 매일 출근하면 불평불만과 비판 밖에는 들을 수 없습니다. 저는 정말 출근하기가 싫습니다."

반대로 에이아이는 긍정적이 될 것을 강력히 요구한다. 긍정적이 되는 것은 자유 그 이상이며 에이아이의 프로세스에 내재된 처방전이다. 여러분은 긍정적인 것, 활기를 주는 것, 핵심적 긍정 요소를 구성하는 것에 초점을 맞추지 않고는 에이아이에 절대로 참가할 수 없다. 사람들은 우리에게 에이아이가 부분적으로는 사람들에게 긍정적일 자유를 주기 때문에 효력을 발휘한다고 거듭 얘기했다. 그 실천 방안에 대해 처음으로 배운 사람이 다음과 같이 말해주고 있다. "에이아이의 위력은 부분적으로는 그것이 구성원들에게 자신의 업무 경험에 대해 긍정적이고 자부심을 느끼게 해주는 것에서 온다."

낙관적인 성향을 가진 사람들은 긍정적이 될 자유를 가장 먼저 반길 것이다. 예를 들어 르네 차베즈는 에이아이가 자신의 선천적인 낙관주의를 충족시킬 기회를 준 것을 높이 평가했다.

저는 그것이 저 때문인지 아니면 에이아이 때문인지 모르겠지만, 긍정적이 되는 것이 좋아요. 많은 긍정적인 얘기들을 들었기 때문에 저는 에이아이 방식으로 인터뷰를 하는 것이 좋았습니다. 에이아이에 참여함으로써 저는 더 긍정적으로 생각하는 사람들을 알게 됐습니다. 사기진작, 활성화된 의사소통, 다른 부서와의 연대감 같은 것들이 에이아이와 그 긍정적 접근법에 의해서 유래됐다고 생각해요.

에이아이의 효과는 매우 강력해서 결함중시론과 부정적 사고조차도 변화시킬 수 있다. 한 직원의 말에 따르면,

저는 매우 긍정적으로 생각하는 사람입니다. 그래서 이건 저한테 아주 잘 맞습니다. 하지만 저는 이 프로세스가 단지 우리 중에서 이미 이 방법을 따르고 있는 사람들뿐만 아니라 모든 구성원들에게 영향을 미치기에 충분히 강력하다고 믿습니다.

긍정적일 자유가 발휘됐을 때 조직에는 무슨 일이 일어날까? "오래 된 격언 중에 '쓰레기를 넣으면 쓰레기가 나온다(Garbage in/garbage out, 심은 대로 거두리라는 뜻의 격언임. 역자 주)'는 말 아시죠?" 조 셔우드가 물었다. "이제는 에이아이가 '쓰레기를 넣으면'이란 말을 긍정적인 느낌과 긍정적인 경험으로 대체합니다. '에너지가 들어가면 에너지가 나온다energy in/energy out'는 선순환을 만드는 거죠. 이건 조직 변화에의 시작부터 큰 추진력을 실어 줍니다."

긍정적일 자유는 많은 헌터 더글러스 구성원들의 직장 생활과 함께 가정생활에도 영향을 주었다. 한 구성원은 그녀가 긍정적이 되는 것에 거리낌이 없어진 후 자녀들과 에이아이를 공유했을 때 생긴 일을 설명했다. "에이아이는 제 아이들에게도 효과를 보였습니다. 그건 아이들이 긍정적으로 생각하고 아이들 자신을 위해 만사를 심사숙고하며 그들이 원하는 것을 이루도록 도와주었습니다." 그리고 한 임원의 비서였던 린다 벡커Rinda Becker는 자신의 결혼 30주년에 에이아이를 활용해 "제 남편과 나눴던 대화 중에 가장 통찰력 있고 의미 있는 대화를 할 수 있었다."라고 말했다.

사람들이 긍정적이 되기 위해 누군가의 허락을 받아야 한다고 생각하는 것은 얼마나 기가 막힌 일일까? 그럼에도 불구하고 오늘날 모든 조직마다 그런 일들이 벌어지고 있다. 완전하게 긍정적이기를 고수한다는 점에서 에이아이는 매우 급진적인 출발이자 긍정변화의 진정한 혁명이다.

맺음말: 긍정변화로의 초대

에이아이 실시의 성공에 대한 한 가지 지표는 한 조직이 긍정변화를 위해 그 역량을 향상시켰는가의 여부이다. 조직의 내부 대화가 문제 지향적 결함론에서 강점 지향적 긍정론으로 변화되었는가? 조직의 핵심적 긍정요소에 대한 이해가 증진되었는가? 조직 구성원들과 이해 관계자들이 학습하는 방법에 대해 배웠는가? 호기심과 탐구심이 증가되었는가? 조직의 마인드는 탐구적인 마인드가 되었는가? 대화, 상호작용, 관계들은 보다 활력증진에 초점이 맞추어지게 되었는가? 성공적인 에이아이가 끝나갈 무렵엔, 이 질문들에 대해 대부분 소리 높여 "예"라고 대답할 것이다.

에이아이는 사람들의 능력과 권한을 발현시킴으로써 긍정변화를 위한 조직의 역량을 향상시킨다. 이 책은 에이아이의 효력, 그것이 효력을 발휘하는 방법, 효력이 있는 이유를 설명하는 사례들로 채워져 있다. 헌터 더글러스의 성공담은 에이아이를 통해 얻어지는 결과를 얘기함에 있어서 예외적인 경우가 아니라 하나의 전형적인 사례이다.

그러나 적용 사례가 늘어나고 성공담이 지속되어 오고 있지만 아직도 해야 할 일들이 많다. 학생과 교사들이 함께 탐구하고 교사들과 부모들, 교육행정 담당자들이 모든 학생들의 역량을 최상으로 이끌어 내기 위해 헌신하는 학교가 전 세계에 퍼져 있는 모습을 상상해보라. 의사들이 사람들에게 그들의 건강과 바람직한 노화에 관한 이미지를 묻고, 간호사, 의사, 환자, 가족들이 모여 그들의 공동체를 위한 바람직한 의료 제도와 진료방안을 디자인하는 병원들을 상상해보라. 세계의 이익증진에 헌신하며, 모든 이해 관계자들이 재무적, 사회적, 환경적 측면의 필요성을 균형적으로 중시하는 기업들을 상상해보라. 여러분이 스스로의 독특한 재능과 강점이 알려지고, 관심 있는 분야에서 지원받으며 일 할 수 있는 공동체들을 상상해보라. 여러분이 속한 조직에서 일어나는 긍정변화를 상상해보라.

이를 실현하기 위해 우리는 긍정변화를 위한 혁명에 동참하도록 여러분을 초대하는 것이다. 우리는 여러분이 새로운 방법으로 다른 장소에서 에이아이를 실시해서 힘의 해방, 활력 중심적 조직, 그리고 긍정변화에 관한 지식축적에 일조하기를 바란다. 요컨대, 우리는 한 번에 한 조직씩, 여러분을 세상을 보다 나은 삶터로 만드는 사역에 동참하기를 초대한다.

| 주석 |

Chapter 1
Introduction
1. David L. Cooperrider and Diana Whitney, Collaborating for Change: Appreciative Inquiry (San Francisco: Berrett-Koehler, 1999).

Chapter 2
A Menu of Approaches to Appreciative Inquiry
2. Diana Whitney, Amanda Trosten-Bloom, Jay Cherney, and Ronald Fry, Appreciative Team Building: Positive Questions to Bring Out the Best of Your Team (Lincoln, NE: iUniverse, 2004).
3. Sara L. Orem, Jacqueline Binkert, and Ann L. Clancy, Appreciative Coaching: A Positive Process for Change (San Francisco: Jossey-Bass, 2007).
4. Diana Whitney, Kae Rader, and Amanda Trosten-Bloom, Appreciative Leadership (New York: McGraw-Hill, forthcoming).
5. See www.appreciativeleadershipnow.com.
6. David L. Cooperrider, "The 'Child' As Agent of Inquiry," in Appreciative Inquiry: An Emerging Direction for Organization Development, David L. Cooperrider, Peter F., Jr. Sorensen, Therese F. Yaeger, and Diana Whitney (Champaign, IL: Stipes, 2001).
7. Ibid.
8. See http://www.imaginechicago.org/index.html.

Chapter 3
Eight Principles of Appreciative Inquiry

9. Peter L. Berger and Thomas Luckman, The Social Construction of Reality: A Treatise in the Sociology of Knowledge, 7th ed. (London: Pelican Books, 1966).
10. Elise Boulding and Kenneth E. Boulding, The Future: Images and Processes (Thousand Oaks, CA: Sage, 1995).
11. Frederik Polak, The Image of the Future, trans. from the Dutch [Die Toekomst Is Verleden Tijd] and abr. by Elise Boulding (San Francisco: Jossey-Bass, 1973).
12. Suresh Srivastva, David L. Cooperrider, and associates, Appreciative Management and Leadership (San Francisco: Jossey-Bass, 1990).
13. Don Miguel Ruiz, The Four Agreements: A Toltec Wisdom Book (San Rafael, CA: Amber-Allen, 1997).
14. Joseph Jaworski, Synchronicity: The Inner Path of Leadership (San Francisco: Berrett-Koehler, 1996).
15. Kenneth J. Gergen, Realities and Relationships: Soundings in Social Construction (Cambridge, MA: Harvard University Press, 1994).
16. Kenneth J. Gergen, An Invitation to Social Construction (Thousand Oaks, CA: Sage, 1999).
17. Marilee G. Goldberg, The Art of the Question: A Guide to Short-Term Question-Centered Therapy (New York: John Wiley, 1998).
18. Ibid.
19. Viktor E. Frankl[TU1], Man's Search for Meaning (New York: Washington Square, 1998).
20. Marilee G. Goldberg, The Art of the Question (New York: John Wiley, 1998).
21. William Martin, The Couple's Tao Te Ching (New York: Marlowe,

2000).
22. Parker Palmer, Let Your Life Speak: Listening for the Voice of Vocation (San Francisco: Jossey-Bass, 2000).
23. Rollo May, The Courage to Create (New York: Norton, 1994).
24. Frederik Polak, The Image of the Future, trans. from the Dutch [Die Toekomst Is Verleden Tijd] and abr. by Elise Boulding (San Francisco: Jossey-Bass, 1973).
25. William Bergquist, The Postmodern Organization: Mastering the Art of Irreversible Change (San Francisco: Jossey-Bass, 1993).
26. Linda Jones, The Power of Positive Prophecy. (New York: Hyperion, 1999).
27. Gervase R. Bushe and Graeme H. Coetzer, "Appreciative Inquiry As a Team-Development Intervention: A Controlled Experiment," Journal of Applied Behavioral Science 31 (March 1995): 13.
28. Diana Whitney and David L. Cooperrider, "The Appreciative Inquiry Summit: Overview and Applications," Employment Relations Today 35, no. 2 (1998) 17-28.
29. David Bohm, Wholeness and the Implicate Order (New York: Routledge, 1980).
30. Rachel Naomi Remen, Kitchen Table Wisdom (New York: Berkley, 1996).
31. Mikhail Gorbachev, The Search for a New Beginning (San Francisco: Harper, 1995).
32. James Ludema, "From Deficit Discourse to Vocabularies of Hope: The Power of Appreciation," in Appreciative Inquiry: Rethinking Human Organization Toward a Positive Theory of Change, ed. David Cooperrider, P. Sorensen, Diana Whitney, and T. Yaeger (Champaign, IL: Stipes, 2000).
33. Martin Luther King Jr., "The Most Durable Power." Sermon delivered

November 6, 1956, in Montgomery, AL.

34. Jon Kabat-Zinn, Wherever You Go, There You Are: Mindfulness Meditation in Everyday Life (New York: Hyperion, 1994).
35. Franklin D. Roosevelt, "Second Inaugural Address," delivered January 1937, Washington, DC.
36. Jane Galloway Seiling, The Membership Organization: Achieving Top Performance Through the New Workplace Community (Place [TU2]of publication: Davies-Black, 1997).
37. Tom McGehee, Whoosh: Business in the Fast Lane (Cambridge, MA: Perseus Books, 2001).
38. Rollo May, The Courage to Create (New York: Norton, 1994).
39. Geoffrey M. Bellman, Your Signature Path: Gaining New Perspectives on Life and Work (San Francisco: Berrett-Koehler, 1996).
40. Max DePree, Leading Without Power: Finding Hope in Serving Community (San Francisco: Jossey-Bass, 1997).

Chapter 4
Appreciative Inquiry in Action: From Origins to Current Practice

41. David L. Cooperrider, Frank Barrett, and Suresh Srivastva, "Social Construction and Appreciative Inquiry: A Journey in Organizational Theory," in Management and Organization: Relational Alternatives to Individualism, ed. Dian Marie Hosking, H. Peter Dachler, and Kenneth J. Gergen (Brookfield USA: Avebury, 1995).
42. Ibid.
43. Diana Whitney, David L. Cooperrider, M. Garrison, and J. Moore, "Appreciative Inquiry and Culture Change at GTE: Launching a Positive Revolution," in Appreciative Inquiry and Organization Transformation: Reports from the Field, ed. Ronald Fry, Diana Whitney, Jane Seiling, and Frank Barrett (Westport, CT: Quorum Books, 2001).

44. Martin Seligman, "Speech at Lincoln Summit," September 1999, Positive Psychology Center, University of Pennsylvania, http://www.ppc.sas.upenn.edu/lincspeech.htm (retrieved October 18, 2009).
45. Ibid.
46. Martin Seligman, Authentic Happiness: Using the New Positive Psychology to Realize Your Potential for Lasting Fulfillment (New York: Free Press, 2004).
47. http://www.ppc.sas.upenn.edu/.
48. http://www.sas.upenn.edu/lps/graduate/mapp/.
49. http://www.mentorcoach.com/AHC/index.htm.
50. Jerry Sternin and R. Choo, "The Power of Positive Deviancy," Harvard Business Review, January 1999.
51. Ibid.
52. Charles Gibbs, "The United Religions Initiative at Work: Interfaith Dialogue Through Appreciative Inquiry, Sowing Seeds of Transformation," in [TU3]Interfaith Dialogue and Peacebuilding (Washington, DC: United States Institute of Peace, 2002).
53. Jane E. Dutton, Robert E. Quinn, and Kim S. Cameron, eds., Positive Organizational Scholarship (San Francisco: Berrett-Koehler, 2003).
54. Gervase R. Bushe and Robert J. Marshak, Revisioning Organization Development: Diagnostic and Dialogic Premises and Patterns of Practice (forthcoming).
55. http://appreciativeinquiry.case.edu.

Chapter 7

Discovery: Appreciative Interviews and More

56. Diana Whitney, David L. Cooperrider, Amanda Trosten-Bloom, and Brian Kaplin, Encyclopedia of Positive Questions, vol. 1 (Euclid, OH: Lakeshore Communications. 2002).

57. Diana Whitney, David L. Cooperrider, Amanda Trosten-Bloom, and Brian Kaplin, Encyclopedia of Positive Questions, vol. 1, Using AI to Bring Out the Best in Your Organization (Brunswick[TU4], OH: Crown Custom Publishing, 2001).
58. Diana Whitney, Amanda Trosten-Bloom, Jay Cherney, and Ronald Fry, Appreciative Team Building: Positive Questions to Bring Out the Best of Your Team (Lincoln, NE: iUniverse, 2004).
59. Dawn C. Dole, Jen Hetzel Silbert, Ada Jo Mann, and Diana Whitney, Positive Family Dynamics: Appreciative Questions to Bring Out the Best in Families (Chagrin Falls, OH: Taos Institute Publications, 2008).
60. Davis Taylor, Reflections on work with the San Jose Mercury News national advertising team.
61. Karl E. Weick, Sensemaking in Organizations (Thousand Oaks, CA: Sage, 1995).
62. Jerome Brunner, Acts of Meaning: Four Lectures on Mind and Culture (Cambridge, MA: Harvard University Press, 1990).
63. H. Paul Grice, Studies in the Way of Words. Cambridge, MA: Harvard University Press, 1989.
64. David L. Cooperrider and Diana Whitney, Appreciative Inquiry: A Positive Revolution in Change (San Francisco, Berrett-Koehler, 2005).

Chapter 8

Dream: Visions and Voices of the Future

65. David L. Cooperrider, "Positive Image, Positive Action: The Affirmative Basic of Organizing," in Appreciative Management and Leadership (San Francisco: Jossey-Bass, 1990).
66. Jim C. Collins and Jerry I. Porras, Built to Last: Successful Habits of Visionary Leaders (New York: Harper-Collins, 1994).
67. Ibid.

68. Richard Strauss, "Einleitung" ("Introduction") from Also Sprach Zarathustra, op. 30, 1896.

Chapter 9
Design: Giving Form to Values and Ideals

69. Margaret Mead, ed. Cultural Patterns and Technical Change (New York: Mentor Books, 1955).
70. Thomas J. Peters and Robert H. Waterman, In Search of Excellence (New York: Harper & Row, 1982).
71. David Korten, The Post-Corporate World: Life After Capitalism (San Francisco: Berrett-Koehler, 2000).
72. Dee Hock, Birth of the Chaordic Age (San Francisco: Berrett-Koehler, 1999).
73. Diana Whitney, "Designing Organizations As If Life Matters: Principles of Appreciative Organizing," in Designing Information and Organizations with a Positive Lens: Advances in Appreciative Inquiry, vol. 2, ed. Michel Avital, Richard J. Boland, and David L. Cooperrider (Oxford: Elsevier Science, 2007).
74. Jane Watkins and Bernard Mohr, Appreciative Inquiry: Change at the Speed of Imagination (San Francisco: Jossey-Bass/Pfeiffer, 2001).

Chapter 10
Destiny: Inspired Action and Improvisation

75. Diana Whitney, Kae Rader, and Amanda Trosten-Bloom, Appreciative Leadership New York: McGraw-Hill (forthcoming).
76. Jim Anthony, Ette Gazette, Twentieth Anniversary Edition, October 2009, 13.

Chapter 11

Appreciative Inquiry: A Process for Community Planning
77. Peter Block, Community: The Structure of Belonging (San Francisco: Berrett-Koehler, 2008).

Chapter 12
Why Appreciative Inquiry Works
78. Paulo Freire, Pedagogy of the Oppressed (New York: Continuum, 1970).
79. Sheila McNamee and Kenneth J. Gergen, eds., Relational Responsibility (Thousand Oaks, CA: Sage, 1999).
80. Alan Fogel, Developing Through Relationships (Chicago: University of Chicago Press, 1993).
81. Kevin Kelly, New Rules for the New Economy (New York: Penguin, 1998).
82. Wallace Black Elk and Joseph Epes Brown, The Sacred Pipe: Black Elk's Account of the Seven Rites of the Oglala Sioux (Norman: University of Oklahoma Press, 1989).

| 저자 소개 |

다이아나 휘트니 박사Diana Whitney, Ph.D.

CPC Corporation for Positive Change사의 대표이다. 영감이 가득한 기조 연설가이자 경영고문, A 리더십과 긍정변화 분야의 이상을 꿈꾸는 선구자이다. 30개국 이상에서 에이아이의 도입과 개발에 이바지했으며, 이를 활용해 사업과 의료건강, 교육, 종교 단체 등의 대규모 변혁과 전략적 문화 변화에 대한 자문을 하고 있다. 그녀의 저서는 전 세계 수백만 명에게 영향을 미쳤고, 본인에게는 화려한 수상경력을 안겨줬다. 15권의 책과 수십 편의 글을 저술 혹은 편집했다. 현재 공인된 지도자들의 국제망을 두고 있는 ALDP Appreciative Leadership Development Program을 설계했다. 타오스 연구소Taos Institute의 설립자이자, 세이브룩 대학Saybrook University의 특별자문위원이며, 세계 비즈니스 아카데미World Business Academy의 명예회원이다.

연락처: Diana@positivechange.org

아만다 트로스텐-블룸Amanda Trosten-Bloom

CPC사의 Managing director이다. 널리 존경받는 컨설턴트이자, 전문지도사이며, 활력적인 연설가이다. 에이아이 분야의 선구자로, 영리사업과 비영리단체, 지역사회 등의 전체적인 체계 변화에 활발히 참여하고 있다. 조직 탁월성 추구, 조직 문화변화, 전략기획을 도우며 경영자 및 경영진들과 성과지향적인 협력관계를 쌓고 있다. 첨단기술과 서비스, 제조업, 공공부문 등에 관한 수십 편의 탁월한 글과 책을 저술하여 상을 받았다. "The Power of Appreciative Inquiry"와 "The Encyclopedia of Positive Questions"을 포함해 책 4권의 책을 공저하였다.

연락처: Amanda@positivechange.org

| 역자 소개 |

이영석

ORP연구소의 대표이며 미국 CPC(Corporation for Positive Change)의 컨설팅파트너, CPC의 Certified Appreciative Inquiry Practitioner, Appreciative Leadership Development Program로 공식 Trainer, ICA(Institute of Cultural Affairs)의 CTF(Certified ToP-Technology of Participation- Facilitator)로 활동하고 있다. 한국긍정변화센터KCPC를 설립하여 AI를 통한 긍정변화 전파에 노력을 기울이고 있으며, 한국 ToP 퍼실리테이션센터(KTCF)를 설립하여 참여기반의 퍼실리테이션을 통한 조직과 사회변화 활동을 수행하고 있다. 한국에이아이협회 부회장, 한국퍼실리테이터협회부회장으로 활동하고 있으며 성균관대학교에서 산업조직심리학박사학위를 취득하였고, 성균관대 겸임교수를 하고 있다. LG전선(현 LS전선) HR팀, 한국능률협회(KMA)의 컨설팅 부문장을 역임하였으며 조직개발전문가로 활동하고 있다. 저서로 "조직신뢰", "DC 기반학습"가 있으며 공역으로 "퍼실리테이션 쉽게 하기", "핵심역량과 학습조직", "컨센서스 워크숍 퍼실리테이션", "긍정조직혁명의 파워", "A 팀 빌딩", "AI Summit", "A Coaching", "A리더십" 등이 있다.

이지영

현대모비스 기업문화팀 과장이다. 서울대학교에서 조직심리 석사/박사학위를 취득하였으며 "팀-조직 문화 적합도가 팀 만족과 조직 만족에 미치는 영향"으로 박사학위논문을 출간하였다. 박사과정 중에 서울대학병원, 안양

샘병원, 포스코 등의 조직문화 프로젝트를 수행하였으며, 이후 삼성엔지니어링, SK planet 등 국내 대기업에서 조직문화 진단 및 분석 전문 연구원으로 재직하였다. 긍정 리더십, 긍정 조직문화 등의 긍정조직연구에 주된 관심을 가지고 있으며, 논문으로는 "조직에서의 긍정 심리학의 적용: 긍정조직학의 현주소와 지향점(2008)", "팀 수준에서의 강점에 대한 탐색적 연구: 팀 리더와 팀 구성원간의 차이를 중심으로(2011)", 등이 있다.

김명언

서울대학교 사회과학대학 심리학과의 조직심리학 담당 교수이다. 미국 미시건대학교에서 조직심리학 석사 및 박사학위를 취득하였으며 동대학교 경영대학 교수, 서울대학교 대학생활문화원장, 한국 산업 및 조직심리학회 회장, 한국심리학회 회장을 역임하였다. GS Caltex, LG, 삼성, SK, 노동부, 서울대학병원 등의 자문교수 및 연구 프로젝트를 수행하였다. 저서로는 "한국기업문화의 이"해가 있으며 역서로는 "긍정에너지 경영", "이기는 결정"(공역) 등이 있다.

The Power of Appreciative Inquiry: A Practical Guide to Positive Change

Copyright ⓒ 2010 by Diana Whitney and Amanda Trosten-Bloom
All rights reserved.

Korean Translation Copyright ⓒ 2010 by ORP Press
Korean translation rights arranged with Berrett-Koehler Publishers, Inc.
through EYA(Eric Yang Agency).
All rights reserved.

이 책의 한국어판 저작권은 EYA(에릭양 에이전시)를 통해
Berrett-Koehler Publishers, Inc.와 독점 계약한 '주식회사 ORP 연구소'에 있습니다.
저작권법에 의하여 한국 내에서 보호를 받는 저작물이므로 무단전재와 복제를 금합니다.

긍정조직혁명의 파워

초판 1쇄 발행 2014년 3월 25일

지은이 다이아나 휘트니, 아만다 트로스텐-블룸
옮긴이 이영석, 이지영, 김명언
펴낸곳 ORP Press
펴낸이 이영석
출판등록 2003년 4월 3일 제321-3190000251002003000015호

기획편집 최보배
마케팅 영업 김지애
디자인 아이테르 커뮤니케이션
인　쇄 동아사 02-815-0876

주소 서울특별시 서초구 방배동 894-2 선빌딩 3층
전화 02-3473-2206
팩스 02-3473-2209
홈페이지 www.orp.co.kr　www.positivechange.or.kr
이메일 kcpc@orp.co.kr

ISBN　978-89-965141-4-5

값 18,000원